经典战史回眸·空战系列

折翅之鹰

德国空军的不列颠之战

张天骏 著

WUHAN UNIVERSITY PRESS
武汉大学出版社

图书在版编目(CIP)数据

折翅之鹰 ：德国空军的不列颠之战／张天骏著．-- 武汉 ：武汉大学出版社，2025.7. -- 经典战史回眸.空战系列. -- ISBN 978-7-307-24480-1

Ⅰ. E195.2

中国国家版本馆 CIP 数据核字第 202467WQ72 号

责任编辑:周媛媛　　责任校对:鄢春梅　　版式设计:马　佳

出版发行：**武汉大学出版社**　（430072　武昌　珞珈山）

（电子邮箱：cbs22@ whu.edu.cn　网址：www.wdp. com.cn）

印刷:武汉中远印务有限公司

开本:787×1092　1/16　印张:24.75　字数:497 千字　插页:1

版次:2025 年 7 月第 1 版　　2025 年 7 月第 1 次印刷

ISBN 978-7-307-24480-1　　定价:99. 00 元

目　录

第一章　西线战役：不列颠之战的序幕 …………………… 001

静坐战争开始 …………………………………………………… 003

黄色作战：纳粹的镰刀 ………………………………………… 008

敦刻尔克：伟大的撤退 ………………………………………… 021

第二章　希特勒的战略选择，1940 年 7 月 ……………… 034

外交：拳头握住的橄榄枝 ……………………………………… 036

海空封锁：可能有效的长期方案 ……………………………… 038

直接攻击：穿越海峡的入侵 …………………………………… 041

间接方式：在外围战线展开作战 ……………………………… 042

转为防御战略：不可接受的选项 ……………………………… 043

恐怖轰炸：希特勒的杀手锏 …………………………………… 044

总结 ……………………………………………………………… 045

第三章　德国空军的实力 ……………………………………… 047

轰炸机部队 ……………………………………………………… 050

战斗机部队 ……………………………………………………… 055

兵力部署与战役指挥官 ………………………………………… 057

德国空军最高司令部 …………………………………………… 060

德国空军的情报工作 …… 061
无线电监听部门 …… 067
作战规划流程 …… 070

第四章　皇家空军战斗机司令部 …… 072
Y 部门和无线电挖掘 …… 075
链式本土预警雷达网络 …… 076
观察团 …… 077
指挥和控制：战斗机司令部和大队作战室 …… 078
分区作战室 …… 079
高频无线电测向 …… 080
战斗机司令部的迎敌战术 …… 081
情报 …… 082
ULTRA …… 082
情报融合的失败 …… 082
一个不祥的开端 …… 083

第五章　海峡之战：6 月 30 日至 8 月 11 日 …… 085
7 月 4 日：斯图卡突击！ …… 086

7 月 10 日：CW3 的激战 …… 092
7 月 11 日至 7 月 14 日：攻击海峡商船队 …… 094
7 月 19 日：无畏的悲歌 …… 099
7 月 25 日：CW8 的灾难 …… 103
7 月 19 日至 7 月 27 日：攻击多佛海军基地 …… 106
8 月 8 日：CW9 与英吉利海峡的封闭 …… 109
8 月 11 日：最后的海峡之战与鹰击作战的序曲 …… 117
德国空军的海上布雷作战 …… 122
战略评估 …… 125

第六章　海狮作战计划 …… 127
鹰击作战计划 …… 130
鹰作战的作战目标 …… 136
海狮行动计划继续 …… 138
德国空军的空中侦察方案：区分优先级 …… 141

第七章　鹰击作战阶段一：8 月 12 日至 19 日 …… 144
8 月 12 日：对本土早期预警雷达链的首次打击 …… 144
8 月 13 日：鹰日 …… 150

8 月 14 日：对沿海机场的攻击…… 158
8 月 15 日：黑色星期四…… 161
8 月 16 日：继续扫荡沿海机场…… 178
8 月 17 日：间歇期…… 184
8 月 18 日：最艰难的一天(上) …… 187
8 月 18 日：最艰难的一天(下) …… 198
8 月 19 日：卡琳宫会议…… 209

第八章　鹰击作战阶段二：8 月 24 日至 9 月 6 日 …… 218
8 月 24 日：鹰击重启…… 218
8 月 25 日：沃姆韦尔空袭…… 222
8 月 26 日：德布登空袭…… 225
8 月 27 日：再次休战，再次复盘…… 232
8 月 28 日：战斗重启…… 233
8 月 29 日：战斗机大扫荡…… 234
8 月 30 日：比金山之战开始…… 236
8 月 31 日：比金山之战继续…… 242
9 月 1 日至 9 月 6 日：最后的机场战役 …… 248

第九章　鹰击作战阶段三：9 月 7 日至 9 月 15 日 ········ 262
伦敦变成了目标 ········ 262
9 月 7 日：对伦敦的第一次昼间轰炸 ········ 266
9 月 8 日至 9 月 14 日：间歇期 ········ 278
9 月 15 日：戈林在伦敦上空的失败(上) ········ 289
9 月 15 日：戈林在伦敦上空的失败(下) ········ 300

第十章　败局已定：9 月 16 日至 12 月 31 日 ········ 313
9 月 16 日至 9 月 23 日：鹰击作战的终结 ········ 313
9 月 24 日至 9 月 26 日：对英国航空工业的攻击 ········ 318
9 月 27 日至 9 月 30 日：对伦敦最后的大规模空袭 ········ 325
德国空军的夜间闪击战 ········ 333
10 月：战斗轰炸机的时代 ········ 339
11 月至 12 月：最后的昼间空战 ········ 354

第十一章　德国空军失败的原因 ········ 366

附录 …………………………………………………………………… 372
德国空军作战单位缩写说明 …………………………………………… 372
1940 年 8 月 13 日德国空军作战序列 ………………………………… 373
1940 年 8 月 1 日皇家空军战斗机司令部作战序列 ………………… 377
德国空军航空部队骑士十字勋章获得者名录
（1940 年 7 月至 12 月） ……………………………………………… 380

参考书目 ………………………………………………………………… 384

第一章　西线战役：不列颠之战的序幕

不列颠空战堪称是史上最著名的一场空中战役，其结果是希特勒未能彻底完成其征服西欧的计划，德军在“二战”中第一次吃到真正意义上的败仗。此战虽未对德国的庞大战争机器造成伤筋动骨的打击，但令希特勒放弃了在短期内击败英国的幻想。虽然在很大程度上避免了双线作战的困扰，但当德军将矛头指向东方的苏联时，英国的存在令希特勒不得不分出一定比例的兵力来提防海的那一边。有英国这样一个稳固的桥头堡，美英可以在较宽松的条件下积蓄反攻的能量，为最终击败德国发挥了举足轻重的作用。

不列颠之战是一场纯粹通过双方在空中的较量分出胜负的战役。令恐怖的德国战车停止前进并调转方向的不过是英国皇家空军战斗机司令部的几百架飞机而已，这也难怪丘吉尔在评价不列颠空战时指出，“在人类战争史上，从来没有这么少的人为这么多的人做出过这么大的贡献”。那么，彼时不可一世的德国空军，为什么无法击败看似弱小的“少数人”？

我们今天所熟知的不列颠之战，实际上可以算作希特勒的西线战役的最终章，该战役始于1940年5月10日德军对法国和低地国家的入侵。但这并不是希特勒的初衷。相反，他想要把德意志帝国的领土向东面扩张。

希特勒无休止的领土诉求，以及他在执政后的好战言论，真正目的是入侵苏联，消除对纳粹德国构成威胁的布尔什维克主义。关于希特勒对于英国的态度，他在《我的奋斗》中写道：“在欧洲只有一个可能的伙伴——英国。只有和英国在一起，才能使自己(德国)的后背得到保护，开始新的日耳曼式扩张(向东)……为了赢得英国的默许……任何牺牲都不算过分。”希特勒的世界观是，两个最强大的欧洲大国的“联姻”将消灭布尔什维克主义，创造一个不可战胜的“欧洲联盟”。

在希特勒执掌政权的早期，他就积极“讨好”英国，在此期间，最突出的成果是1935年6月签署的《英德海军协定》。在这份协议中，希特勒获得了英国的许可，可以无视《凡尔赛和约》中的海军条款，开始实施一项大规模的主力舰建造计划，只要求不超过英国皇家海军总吨位的35%。在此基础下和英国对他于1936年3月重新占领莱茵兰地区不采取行动的鼓舞下，希特勒在 1937 年 11 月 5 日的首脑会议中向他的军事长官们宣布，他打算“从奥地利和捷克斯洛伐克开始，使用武力来实现他在欧洲大陆的目标”。他断言，英国不会对此进行干涉。

德国通过公开的入侵和威胁吞并了同样是日耳曼民族国家的奥地利。捷克斯洛伐克被大多数德国人视为“可耻的凡尔赛和约”的私生子，希特勒决定必须将其粉碎。然而，武装占领莱茵兰以及吞并奥地利的行动让英国政府对希特勒提高了警惕。双方的“感情”迅速降温，并随着 1938 年 9 月 30 日《慕尼黑协定》的签署而破裂。通常，英美历史学家将张伯伦在慕尼黑的“绥靖”视为避免第二次世界大战的第一次外交失败。但是，希特勒未能按照他的意愿粉碎捷克斯洛伐克，仅吞并了苏台德地区。希特勒把他在慕尼黑的失败归咎于英国人，并一再发誓，“我才不管是否要花十年时间，我一定要把他们打趴下”！

■《慕尼黑协定》签订后，自慕尼黑返回伦敦的张伯伦，在机场上挥舞着协定得意地宣称：“我带来了整整一代人的和平！”

尽管未能如他所愿的那样达成与英国的“联姻”，但希特勒继续朝着他的目标努力，“示好”苏联领导人斯大林。通过 1939 年 8 月 23 日的《莫洛托夫-里宾特洛甫条约》，希特勒巧妙地避免了德皇在第一次世界大战中试图进行两线作战的错误，暂时解除了来自苏联的威胁。

事实上，国防军领导层继续支持希特勒的主要原因就是，他有效地消除了不得不进行两线作战的威胁。然而，英法在希特勒入侵波兰后对德宣战的结果，决定了在继续实施对苏联的作战之前，必须将法国和英国消灭掉。因此，1939 年 10 月 9 日，在华沙的余烬冷却之前，希特勒指示他的军事首长开始规划黄色方案，即入侵法国和低地国家的作战。

虽然可以通过革命性的闪电战策略击败法国，但德国陆军和海军在当年 11 月至 12 月进行的研究得出结论，德国强大的战争机器缺乏对英伦三岛进行跨海峡作战的条件。因此，国防军最高统帅部击败英国的战略计划寄希望于 U 艇封锁和从空中对英国港口、军事工业以及炼油厂和仓储设施实施战略轰炸。

早在 1938 年 8 月，当希特勒将矛头对准捷克斯洛伐克时，德国空军总司令赫尔曼·戈林（Hermann Göring）就十分担心英国的强烈反应，尤其是来自皇家空军轰炸机司令部的反应。因此，他指示赫尔穆特·费尔米（Hellmuth Felmy）航空兵上将对他旗下的航空部队（即将改组为第 2 航空队）的反击能力进行评估。

费尔米的《计划调研 38》确认：“就目前可用的资源而言，一场针对英国的歼灭战看起来是不可能的。”因为大多数英国工业目标在他的中型轰炸机的航程之外，他的轰炸机部队的规模受到现代化机场的限制，而且还没有护航战斗机可用。费尔米的结论是，“唯一的解决办法……(是)在对英国人发动空中攻势之前夺取低地国家(荷兰和比利时)的基地”。

按照这个方案，希特勒的西线战役的战略目标是通过闪电战将法国击退，并在此过程中通过占领法国北部、比利时和荷兰的机场，将英国的目标纳入轰炸机的攻击范围，同时获得U艇基地，以方便扼杀英国在大西洋上的海上生命线。

静坐战争开始

在希特勒入侵波兰3天后，英国和法国开始积极组织他们的防御。与此同时，两个中立国荷兰和比利时也终于不得不认真准备自己的防务。但他们不愿意通过与英法签订任何合作协议来与希特勒作对，而是固执地坚持保持中立的幻想。

当法国开始动员其规模庞大且相当现代化的军队时，1939年9月9日，英国陆军开始将10个英国远征军步兵师中的第一个运过英吉利海峡。为了提供空中支援，皇家空军建立了远征军航空部，包括4个布伦海姆侦察/轰炸机中队和6个(后来减少到5个)莱桑德陆军联络机中队。这些部队和他们的机场将由皇家空军战斗机司令部部署的4个“飓风”Mk I中队负责保护。

法国空军拥有一支庞大的战斗机部队，共有490架单发战斗机和67架双发战斗机，分属22个战斗机大队。飞机的型号各异，从过时的莫拉纳-索尼埃MS. 406到较现代化的美制柯蒂斯霍克75。法国空军战斗机部队主要负责法德边境和陆军前线的防空，以及保

■ 一批占据波兰机场的德军He 111轰炸机。

卫巴黎。法国缺乏大规模的轰炸机部队，其大部被撤至法国南部和北非，以便将明显过时的飞机换装为现代化的高速全金属轰炸机，仅在北部和东部战区留下了少量的轰炸机。

为了弥补这一不足，皇家空军将其第1大队的全部兵力，即10个单发“战斗”式轻型轰炸机中队，以及第2大队的两个双发布伦海姆IV型轻型轰炸机中队，组成战略性的先遣空中打击部队，驻扎在巴黎东北部的香槟区。为了给先遣空中打击部队的基地提供防空保护，新的指挥部接收了远征军航空部的两个“飓风”中队(第1和第73中队)。填补这两个中队空缺的是皇家空军第607和第615中队，装备明显过时的“角斗士”双翼战斗机，不过它们在1940年4月收到16架“飓风”后进行了装备升级。如果德国人发动进攻，将安排另外四个“飓风”中队来提供快速增援。

当皇家空军的第一批中队越过英吉利海峡，开始沿着里尔附近的比利时边境进入阵地时，德国空军系统地摧毁了波兰空军，通过闪电战占领了这个注定失败的国家，并最终将华沙炸成了废墟。与此同时，德国空军将16个战斗机大队部署在北海海岸至阿尔卑斯山脉，负责保护德国北海沿岸、鲁尔工业区以及德国与比利时、荷兰和法国接壤边境，它们几乎全部装备Bf 109D型和E型战斗机。当时，德国空军仅有7个轰炸机大队和一个斯图卡大队可以在法国发起救援波兰的反击

■ 驻扎在法国皇家空军第73中队的一个“飓风”小队，采用典型的三机紧密编队战术。

时应对来自这个方向的敌军。

从1939年9月22日开始，随着波兰在德国国防军的猛攻下彻底崩溃，德国空军最高司令部开始从东部向西转移部队，将它们分配到针对英国和法国的两支航空队(第2和第3航空队)中。在随后的7个月里，即所谓的静坐战争期间，德国空军的武装力量扩充至40个轰炸机大队，包括877架He 111、448架Do 17Z和268架Ju 88A双发轰炸机，以及10个密接空中支援大队，包含362架Ju 87B/R俯冲轰炸机和49架Hs 123对地攻击机。为了防止盟军对德国城市和具有战略意义的鲁尔工业区进行轰炸，德国空军在西部的防御力量增加到34个战斗机大队，包括1102架单发Bf 109战斗机和334架双发Bf 110C/D驱逐机。

■ 1939年深秋，JG 51第二大队的Bf 109E正在准备起飞巡逻德法边境。

为了指挥如此众多的He 111H/P和Ju 88A中型轰炸机、Do 17Z轻型轰炸机、Ju 87B/R俯冲轰炸机和Hs 123对地攻击机，德国空军设立了7个航空军。此外，还成立了3个战斗机指挥部负责指挥数量陡增的Bf 109和Bf 110，其中两个负责支援第2和第3航空队的进攻作战，另一个(德意志湾战斗机指挥部)负责保卫北海海岸。

到1940年2月，德国入侵法国和低地国家的黄色计划已经完成。这个计划要求勒布指挥的C集团军群在法德边境牵制马其诺防线后的盟军部队，伦德施泰特的A集团军群则率领绝大部分的装甲部队穿越比利时和卢森堡南部的阿登森林发起最主要的攻击。同时博克的B集团军群将前往比利时北部和荷兰南部地区以吸引英法军队的主力北上，这样一来就可以使伦德施泰特的部队有机会攻击盟军的侧翼。支援B集团军群的空中力量是航空兵上将阿尔贝特·凯塞林(Albert Kesselring)指挥的第2航空队，支援A集团军群的则是航空兵上将胡戈·施佩勒(Hugo Sperrle)指挥的第3航空队。

从理论上来说双方的地面部队实力是相近的。德军共有136个师参战，盟军(包括法国、英国、荷兰和比利时)则有149个师。盟军不仅拥有更多的坦克，而且部分的性能优于德国的坦克。然而在空中，情况就大不一样了。德国空军不但在作战飞机数量上明显占优，飞机的性能也优于大部分盟军飞机。

德国空军发起大规模进攻战役之前，必须对盟军的防御工事、铁路网和机场进行空中侦察，同时还要设法阻止敌人的空军在德国上空进行同样的侦察。

事实证明，Bf 109在拦截入侵的盟军侦察机方面特别有效，即便没有雷达预警手段，它们也在德国上空击落了22架法国双发飞机(例如波泰637)和11架皇家空军的布伦海姆。在边境一带，它们击毁了10架法国单发侦察机(大部分是米罗115)和8架“战斗”式轻型轰炸机。盟军的战斗机也对入侵的德国侦察机进行了拦截，战果稍逊一筹，共击落25架Do 17P

和10架He 111，其中约12架落入“飓风”之手（“飓风”因德机防御火力损失了4架）。

由于皇家空军的战斗机驻扎在法国与德国和卢森堡的边界（以保护先遣空中打击部队的机场）以及比利时的边界（以保护远征军航空部的机场）后方，巡逻的梅塞施密特战斗机最常遇到的对手是法国空军的莫拉纳和柯蒂斯战斗机，后者以34架飞机的代价击落了25架Bf 109和3架Bf 110，另有两架法国战斗机和一架Bf 109E被对方侦察机的后射机枪手击落。

皇家空军第1和第73中队偶尔也在边境巡逻，他们最常遇到的对手是由维尔纳·莫尔德斯（Werner Mölders）上尉率领的德国空军JG 53第三大队的Bf 109战斗机，莫尔德斯参加过西班牙内战并在那里取得了14次空战胜利。他们的第一次相遇对年轻而没有经验的皇家空军战斗机飞行员来说是苦涩的。12月22日14时30分左右，3架第73中队的“飓风”战斗机在梅斯东北方向巡逻时，发现两架德国空军第123侦察机大队第1（远程）中队的Do 17P正在侦察萨尔布吕肯以西的法国防线。在英国飞行员看不见的地方，11架JG 53第三大队的Bf 109E战斗机正在莫尔德斯的指挥下掩护着这两架侦察机。莫尔德斯后来在报告说道：“我从高空俯冲攻击，向左边的飞机射击。它立即‘沉了下去’——我一定是击中了飞行员。那架飞机燃烧着坠毁在一个村庄附近。”佩里（R. M. Perry）中士的头部被射穿，确实在莫尔德斯的第一轮射击中丧生。莫尔德斯的僚机，汉斯·冯·哈恩（Hans von Hahn）中尉击落了第二架“飓风”，飞行员韦恩（J. Winn）中士也被哈恩的第一轮机枪扫射打死，坠落在阿尔特罗夫（Altroff）附近。

维尔纳·莫尔德斯

1913年3月18日生于鲁尔区的盖尔森基兴（Gelsenkirchen），1931年加入陆军。1934年，随着德国空军的成立，他申请调任成为一名飞行员。完成飞行训练后，莫尔德斯少尉于1935年7月1日被派往什未林飞行大队，1936年3月15日担任JG 334第1中队长（后来的JG 53第1中队）。1938年，他志愿加入秃鹰军团参加西班牙内战，接替阿道夫·加兰德（Adolf Galland）担任J/88第3中队长。1938年7月15日至11月3日，他击落了14架飞机，获得西班牙金质奖章，期间和其他飞行员一起开发了被称为“四指编队”的战斗机战术。二战爆发时，他担任JG 53第1中队长，1939年9月21日取得“二战”中的第一次空战胜利，11月1日成为JG 53第三大队长。他于1940年5月27日取得第20次空战胜利后获得战斗机部队的首枚骑士十字勋章。1940 年 7 月 19 日晋升少校并在 7 月 27 日成为 JG 51 联队长。不列颠战役期间，他将个人战果迅速提升，9 月 21 日获颁橡叶骑士勋章(第二位)，10 月 22 日成为第一位取得 50 次空战胜利的德国空军飞行员。1941 年 6 月 22 日，莫尔德斯参加了入侵苏联的巴巴罗萨行动并于当日获得宝剑橡叶骑士勋章(第二位)，7 月 15 日成为第一位取得 100 次空战胜利的飞行员并被立即授予钻石宝剑橡叶骑士勋章(第一位)。在戈林的亲自命令下，他被禁止升空作战。8 月 6 日，年仅 28 岁的莫尔德斯上校被任命为战斗机部队总监。此后他不顾禁飞令继续执行作战任务，并在克里米亚上空取得了几次未经证实的空战胜利。1941 年 11 月 22 日，他搭乘一架 He 111 从克里米亚飞回德国，参加恩斯特·乌德特的葬礼。在布雷斯劳的雷雨中降落时，飞机坠毁，莫尔德斯和飞行员均在此次事故中遇难。为了纪念他，他曾执掌过的 JG 51 联队被授予了“莫尔德斯联队”这一荣誉称号。在第二次世界大战中，莫尔德斯共执行了大约 330 次作战任务，击落 101 架飞机。

在静坐战争期间，战斗经验丰富的德国空军飞行员驾驶着 Bf 109 战斗机利用先进的编队和交战战术，击落了 9 架“飓风”战斗机，自身损失 4 架。在更为罕见的与双发 Bf 110C 驱逐机的交锋中，“飓风”击落了 3 架敌机，没有损失。

多方面的因素让英国空军在与德国空军的最初交锋中处于劣势：Bf 109E 是一种更优秀的战斗机，它的飞行员训练有素，经验更丰富，他们的四机编队和更自由的交战战术远远优于战斗机司令部僵硬的三机编队和皇家空军过时、死板的攻击流程。

■ JG 2 第 4 中队的一架 Bf 109E-1 正在边境巡逻。

霍克“飓风”被设计为防空截击机和轰炸机猎手。它虽然采用了可伸缩式起落架、封闭驾驶舱和八门机枪的武器配置等现代化设计元素，但其机体是沉重的。虽然在一台强大的12缸直列发动机的驱动下，“飓风”拥有不俗的爬升性能，但相对于更轻、更现代化、动力相似的Bf 109E来说，它的机动性较差。

“飓风”飞行员几个月来一直接受的是拦截轰炸机的训练，而不是空对空作战。他们的编队和战术是为了让他们获得最佳的机会来使用八挺勃朗宁机枪对付轰炸机。

■ 皇家空军的第一种现代化战斗机霍克“飓风”Ⅰ型，它的飞行性能不及德国空军的Bf 109E。

作为第一次世界大战的遗产，皇家空军的编队基于紧密飞行的三机编队，战术是高度理想化的战斗区域攻击，即一个小队排成一排连续攻击一架轰炸机，这样的理想攻击条件在日后的战斗中被证明很难实现。

战斗机之间的战斗从未被认真考虑过，因为德国空军的轰炸机从位于本土的基地起飞后，在到达英国海岸线之前就已经超出了德军现有战斗机的护航范围。詹姆斯·约翰逊(James E. Johnson)在1939年至1940年加入皇家空军并接受战斗机训练，后来以34次空战胜利成为皇家空军最伟大的王牌飞行员之一，他在自传中说道：“战斗机司令部的战术训练是基于这样的理念，对英国的空中威胁将是成群结队的德国轰炸机，且没有战斗机的护航，因为梅塞施密特109不可能从德国的机场飞到我们的海岸。显然，那些进行风险评估的人并没有考虑到更邻近机场被德国空军利用的可能性。”

黄色作战：纳粹的镰刀

1940年5月10日黎明时分，500多架德国轰炸机从它们位于本土的基地起飞，扑向在荷兰、比利时和法国的目标。与纳粹空军的作战理论相一致，当天上午的主要目标是敌人的空军，计划是在他们有机会起飞实施有效防御措施之前，在地面上将其摧毁。

在这支庞大的航空编队中，大约四分之一的轰炸机(115架)以荷兰为攻击目标。在大约40架ZG 1第一和第二大队的Bf 110C远程驱逐机的护航下，来自KG 4和KG 30的He 111和Ju 88A轰炸机分别袭击了6个荷兰机场。但是德国空军在荷兰遇到了顽强的抵抗，荷兰空军的飞行员驾驶福克D. 21和福克G. 1战斗机击落了21架德国飞机，仅KG 4就在当天的作战中损失了11架轰炸机，连联队长马丁·菲比格(Martin Fiebig)上校都成为了俘虏。

■ 1940 年 5 月 10 日，德国空军发起攻击。数波轰炸机起飞前去摧毁位于法国、比利时和荷兰境内的盟军及中立国机场。虽然取得了战斗的突然性，德国空军还是损失了大量飞机，此图为从机鼻机枪手位置拍摄的一架 He 111。

此后不久，JG 26 和 JG 51 的 Bf 109E 战斗机开始在阿姆斯特丹和鹿特丹上空进行持续的战斗巡逻，在那个致命的早晨击落了 48 架荷兰战斗机中的 17 架。到当天结束时，轰炸和空战的结合已经摧毁了荷兰 124 架作战飞机中的一半。残存的 10 架 D. 21 和两架 G. 1 战斗机，再加上后来修复的飞机，被聚集在阿姆斯特丹附近一个小小的伪装辅助机场以及一个幸存的空军基地(卑尔根)内，在接下来的四天里进行空中游击战。

跟在第一股攻击波后面的是 400 架 Ju 52/3m 运输机，运送 5 个伞兵营和 3 个空中突击步兵团。其中大部分降落在海牙周围的 3 个机场，降落区的有效防空火力和对降落区的炮击摧毁或瘫痪了 232 架运输机，当地守军的顽强抵抗击退了所有进入荷兰首都的企图。这里的空降作战失败了。但是德军在另外两个同时进行的空降行动中成功地夺取了莫尔迪克(Moerdijk)和鹿特丹的桥梁，并在荷军的反击中守住了这些桥梁。

显然，德国空军在荷兰上空取得制空权的目标已经实现。随后的空中攻击行动有效地孤立了荷兰，挫败了其与从安特卫普逼近的法国第 7 集团军建立联系的努力，并阻止了英国所有的海上援助措施。除了与残余的 D. 21 和 G. 1 战斗机的零星交战外，德国空军的制空权几乎没有受到挑战，直到 5 月 13 日，英国皇家空军战斗机司令部派来了六架第264中队的“无畏”式战斗机，由相同数量的第66中队的“喷火”战斗机护航。在发现LG 1第四(斯图卡)大队的编队后，“喷火”战斗机将它们的任务丢在一边，击落了3架斯图卡，但是让护航的JG 26第5中队的Bf 109E抓住机会，在很短的时间里击落5架“无畏”，3名机组人员被俘，两人死亡，一人失踪。

西线战役在比利时方向的开局阶段也是如此，只是情况更糟。

在长达8个月的静坐战争期间，德国空军通过彻底的空中侦察，找到了大部分比利时军用机场，第2航空队的轰炸机(KG 27和KG 77)和“斯图卡”(StG 2第二大队)在JG 1和JG 27的Bf 109E以及ZG 26的Bf 110C的护卫下，全天攻击了15个机场，取得了十分显著的成果。比利时人唯一的“飓风”中队被摧毁了，同时被摧毁的还有两个使用过时的意大利产菲亚特CR. 42的战斗机中队之一，以及另一个装备同样过时的费尔雷“狐”式侦察战斗机的中队。

■ 荷兰空军的主力战斗机福克D. 21，虽然机动性出色，但是难以与高速的梅塞施密特战机抗衡。

到5月14日，荷兰已经毫无任何防空手段，甚至连剩余的防空炮弹药也越来越少。在德国空军对鹿特丹进行毁灭性的轰炸后不久，荷兰就投降了，这次轰炸造成874名平民死亡，85000名居民的房屋被毁，整个城市中心一片狼藉。

德国空军在5月10日派出的第一批轰炸

■ 比利时人的唯一一个“飓风”中队，在 1940 年 5 月 10 日凌晨拥有 8 架战机，当天早上即有 6 架被摧毁在地面上，剩余两架也在第二天遭遇了相同的厄运。

机中有半数负责攻击法国的 47 个机场。其中大部分是法国空军的基地，但只有少数受到严重破坏，法军报告在一开始的空袭中共损失了 60 架飞机。英国空军在法国境内使用的 3 个机场也遭到袭击，导致第 88 和第 142 中队的 6 架“战斗”式轰炸机被摧毁。

德国空军轰炸机的损失明显高于在荷兰和比利时的损失。第一天的战斗中，两支航空队损失了 64 架轰炸机，大部分是被守护机场的法国空军和皇家空军拦截机击落。当它

■ 一架 KG 1 第 9 中队的 He 111H 在 5 月 10 日下午对盟军机场的攻击中被皇家空军“飓风”战斗机击落。

们抵达这些严密布防的目标时，大多数轰炸机编队没有战斗机护航。所有 Bf 109E 都按照设计理念被使用在前线 50 公里范围内以争夺制空权。它们有效地掩护了在马斯特里赫特和附近桥梁上渡河的两个装甲师，以及穿越森林茂密的比利时阿登地区的装甲突击部队主力。

远程 Bf 110C 驱逐机部队中，有两个联队(ZG 1 和 ZG 26)在荷兰和比利时上空奋战，只剩下 103 架 Bf 110C[包括 ZG 76 第二大队、ZG 52 第一大队和 LG 1 第五(驱逐机)大队]为深入法国境内的约 300 架次轰炸机护航，其中许多目标甚至在驱逐机的极限航程之外。因此，大多数轰炸机编队根本没有得到护航，轰炸机背部和腹部的 7.92 毫米 MG 15 机枪不足以抵御战斗机的坚决突击。在德国空军进攻的第一天，总共有 35 架 He 111 和 21 架 Do 17Z 被盟军的战斗机击落。

和法国空军的同行一样，皇家空军的“飓风”中队奋起保卫他们的机场，击落了 19 架 He 111 和 10 架 Do 17Z。当然，第一天没有击落德国战斗机的战果只因为它们根本就没有在机场上空现身。Bf 109E 机群在穿越阿登山脉的德国国防军装甲纵队上空巡逻，击落了 3 架法国空军波泰 63.11 侦察机，但有 3 架侦察机返回报告说，大量的机械化车辆堵塞在穿过卢森堡的狭窄道路上。先遣空中打击部队出动 48 架无护航的“战斗”式轰炸机对德军发动了两次大规模攻击，其中 21 架被战斗机和装甲部队的机动高射炮组击落。

与此同时，“飓风”中队损失了 8 架飞机，全部被轰炸机的防御火力击落，但它们得到了英国本土的 3 个各拥有 16 架飞机的战斗机中队增援。第 3 和第 79 中队分别从克罗伊登(Croydon)和比金山(Biggin Hill)加入远征军航空部，第 501 中队从坦米尔(Tangmere)基地赶来援助先遣空中打击部队。

第二天，“飓风”飞行员们第一次真正尝到了与作为主要对手之一的 Bf 110 战斗的滋味。下午时分，一群来自 ZG 2 第一大队的驱逐机正在为 30 架 KG 53 第三大队的 He 111H 护航，皇家空军第 73 和第 501 中队发起攻

■ 这架第 105 中队的“战斗”式轰炸机在 5 月 10 日攻击穿越卢森堡的德军装甲车队时被防空炮击落。

击，击落了一架轰炸机和两架梅塞施密特。当天晚些时候，15 架 ZG 76 第一大队的 Bf 110 在为 30 架 KG 76 第三大队的 Do 17Z 护航时遭到了皇家空军第 1 中队的攻击，又损失了两架飞机。

德国空军在第二天继续执行攻击机场的作战，轰炸了法国的 23 处设施。在清晨对兰斯东南部孔戴-芙劳(Condé-Vraux)机场的一次壮观的低空攻击中，皇家空军第 114 中队在地面上被消灭了。6 架布伦海姆 IV 被摧毁，另有 5 架受损严重，以至于不得不在三天后从机场撤离时放弃它们。

与此同时，对盟军轰炸机及其机组人员的屠杀仍在继续。由于缺乏自封油箱和保护飞行员及机组人员的装甲，皇家空军和法国空军的轰炸机是缓慢而脆弱的目标。在没有战斗机护航的情况下，屠杀的舞台搭好了：在 5 月 11 日，盟军空军对比利时境内的桥梁和德军摩托化纵队发动了几次打击。空袭动用了 44 架“战斗”、布伦海姆和 LeO 451 轰炸机，全部没有得到战斗机掩护。Bf 109E 和高射炮击落了其中的 13 架。第二天早上，9 架无护航的皇家空军第 139 中队布伦海姆 IV 试图轰炸马斯特里赫特和通厄伦之间的德军摩托化部队。防御战斗机和高炮摧毁了其中的 8 架，所有付出的损失都未能减缓装甲部队

■ 5 月 12 日，第 12 中队的 5 架“战斗”轰炸机被派去摧毁阿尔伯特运河上的桥梁，但在德军严密的防御面前全军覆没。

穿越比利时平原的进程。

盟军迟迟没有意识到马斯特里赫特以西的两座桥梁是咽喉要道，直到在两个装甲师越过它们后才如梦方醒，皇家空军出动“战斗”和布伦海姆发动两场几乎同时进行的空袭。但此时德国空军早已将高射炮部署在桥梁周围，上空还有 JG 1 第一大队和 JG 27 第一大队的战斗机负责巡逻。

先遣空中打击部队的指挥官们此时终于认识到，他们极其脆弱的轻型轰炸机需要战斗机的保护，所以在派出的 5 架第 12 中队“战斗”轰炸机前方，8 架第 1 中队的“飓风”负责进行扫荡。后者与位于南方的 JG 27 第 2 中队巡逻队交战，在梅塞施密特战斗机面前损失了 3 架“飓风”，还有一架轰炸机被德国战斗机击落。剩余 4 架轰炸机来到目标上空，但都被高射炮击落，造成的破坏微乎其微。

另一场空袭行动中，驻扎在英国本土的第 15 和第 107 中队的 24 架布伦海姆轰炸机本应跟在两个远征军航空部负责扫荡的战斗机中队（第 85 和第 87 中队）身后，但是战斗机的时间节点和导航都不对，所以轰炸机在没有保护的情况下冲入战场。11 架布伦海姆被 Bf 109 和高射炮击落。第 85 中队未能保持作战纪律，它的飞行员被路过的德国轰炸机引诱开，击落了一对 KG 54 第 2 中队的 He Ⅲ 和一架第 121 侦察机大队第 1（远程）中队的 Ju 88A。第 87 中队编队的导航向南偏离，最终逼近了列日而不是马斯特里赫特。在那里，它吸引了 JG 27 联队司令部小队的注意，领队的是联队副官，日后的德国空军传奇飞行

■ 法国空军的霍克 75 战斗机正在掩护英国的“战斗”式轻型轰炸机作战。虽然美制霍克战斗机的表现良好，皇家空军的轰炸机却频频遭受严重的作战损失。

员阿道夫·加兰德上尉。

加兰德后来在他的自传《第一个与最后一个》(*The First And The Last*)中提道：

在列日以西约五英里处，我和我的飞行队友们从约12000英尺的高度俯冲向我们下方3000英尺处一个8架“飓风”组成的分队。那些“飓风”还没有发现我们。我既不兴奋也没有任何猎杀的热情。当我将枪口对准8架飞机中的一架时，心想：“拜托，保护好自己!”我靠得越来越近，却没有被发现。“应该有人警告他!”

我向他发出了第一声枪响，考虑到当时的情况，开火距离还是太远了。我完全对准了目标。这个可怜的家伙终于注意到发生了什么。他采取了相当笨拙的规避行动，使他进入了我的僚机[古斯塔夫·罗德尔(Gustav Rödel)少尉]的火力范围。其他7架“飓风”没有试图来帮助它们遇险的同伴，而是向各个方向飞去。在第二次攻击后，我的对手失去了方向舵，螺旋下坠。他的部分机翼脱落了。再来一次射击只是浪费弹药……

加兰德击落的是弗兰克·霍维尔(Frank Howell)中士，他设法跳伞逃生，重重地落在地上。加兰德继续说道：

我立即去追击另一架逃散的“飓风”。这架飞机试图通过俯冲逃跑，但我很快追近到100码的距离。(他)做了一个半滚，从云层中的一个洞中消失。我没有跟丢他，从非常近的距离再次发动攻击。飞机陡直爬升了一秒钟，失速，并从只有1500英尺的高度垂直落在地上。

第二个受害者是坎贝尔(J. A. Campbell)中尉，他在这次坠机中丧生。这场战斗中，双方在战斗经验上的巨大差异是明显的。

阿道夫·加兰德

1912年3月19日生于威斯特伐利亚的韦斯特霍尔特(Westerholt)，1932年2月进入位于布伦瑞克的德国商业航空运输学校，毕业后成为一名汉莎航空公司的飞行员。1934年2月他加入秘密成立的德国空军。在希莱斯海姆(Schleissheim)的战斗机航校学习，成为一名优秀的飞行员和教官。1937年，他志愿加入秃鹰军团并负责指挥装备He 51的J/88第3中队进行对地攻击和支援作战。在1938年被莫尔德斯接替前，他执行了280架次作战飞行。二战爆发时，加兰德是LG 2第4(对地攻击机)中队长，他驾驶着Hs 123在波兰完成了50次对地攻击作战。波兰战役结束后，加兰德声称患有风湿病，不再适合驾驶敞开式座舱的攻击机，遂被调往JG27担任联队副官。1940年5月12日，他取得了首次空战胜利，到法国战役结束时，他已经积累了14次空战胜利。1940年6月6日，他被任命为JG26第三大队累长，8月1日以17次空战胜利获得骑士十字勋章。8月22日，加兰德升任JG26联队长，9月25日又以40次空战胜利的成绩获得橡叶骑士勋章(第三位)。1941年6月21日，他的个人空战胜利已经攀升到69次，获颁宝剑橡叶骑士勋章(第一位)。在莫尔德斯因坠机事故遇难后，加兰德接任战斗机部队总监的职位。他成功指挥战斗机部队完成掩护德国海军主力舰穿越英吉利海峡的“地狱犬行动”，并于1942年1月28日获得钻石宝剑橡叶骑士勋章(第二位)。随着美军轰炸机开始对德国展开战略轰炸，加兰德与帝国元帅戈林之间的关系变得愈发紧张，最终于1945年1月被解除战斗机总监的职务。在那之后，加兰德组建驾驶Me 262喷气机的JV 44继续与盟军战斗直至战争结束，他在705次作战任务中共取得了104次空战胜利。

所谓制空权就是制服敌方空中对抗力量的能力，使其他友军的空中和地面行动可以在特定的时间和地点进行，而不会受到敌人的严重干扰。

毫无疑问，德国空军进攻的第一天便在荷兰上空取得了制空权，第二天在比利时东部取得了制空权。到了第三天，当装甲部队从阿登森林现身并逼近色当(Sedan)和蒙特尔梅(Monthermé)时，德国空军在比利时中部和法国边境的战线上也取得了制空权。

■ 1940年5月中旬，KG 3第1中队的Do 17Z向法国北部的一个目标飞去。

起初，盟军的战斗机部队能够保持平均每天594架次的出击频率，其中434架次由法国空军执行，160架次由皇家空军执行。为了维持英军的战斗力，第504中队于5月12日从英国皇家空军的德布登(Debden)空军基地带着16架“飓风”抵达战场，以增援远征军航空部。第二天，第一批另外32架“飓风”及其飞行员开始抵达以加强其他中队。然而，这并不能弥补迄今为止因各种原因而损失的41架飞机。

面对盟军每天近600架次的活动，德国空军日均出动多达1500架次，以压倒性的数量优势掩护快速推进的装甲纵队。这些飞机越来越多地迫使它的对手在不为己方轰炸机的攻击任务护航时，要保卫他们的基地、火车站和其他重要的后方目标。

5月13日，海因茨·古德里安将军的3个装甲师抵达色当，在德国空军毁灭性的轰炸下开始了他们为期两天的进攻。大约270架次斯图卡和310架次Do 17Z战术轰炸为先锋部队和步兵冲过马斯河铺平了道路，所有轰炸行动都没有受到盟军战斗机干扰。唯一的损失是一架StG 76第3中队的Ju 87B被地面火力击落。

一夜之间，古德里安的工兵们建造了四座浮桥。第二天，这些浮桥以及堵塞在通往浮桥的道路上的德国装甲纵队，成为盟军一系列猛烈空中反击的主要目标。在63架战斗机的护航下，法军和皇家空军总共出动了124架次轰炸机。然而，在色当、桥梁和通往桥梁的道路上，负责防御的Bf 109E有了用武之地。这一天成为了德国空军的“战斗机之日”，德国参战部队中最成功的大概是洛塔尔·冯·扬森（Lothar von Janson）上尉率领的JG 53第一大队，他们宣称共击落了39架敌机，仅第1中队长汉斯·卡尔·迈尔（Hans-Karl Mayer）上尉一人就击落了5架英国战机。JG 53第二大队则在与法国战斗机交战后重创了随后赶来的英国轰炸机。同样在这一天，JG 53的头号王牌飞行员，第三大队长维尔纳·莫尔德斯上尉就不那么走运了。他的座机被一架法国战斗机击落，还好本人没有受伤。另一支成功的德国战斗机部队是哈里·冯·比洛·博特坎普（Harry von Bülow-Bothkamp）中校率领的JG 2，尽管该联队也损失了9架Bf 109。当天德国战斗机部队共飞行814架次，击落盟军飞机89架。

■ JG 53在“战斗机之日”表现优异，仅第一大队就声称击落39架敌机。不过因为疑似政治原因，位于发动机罩上的“黑桃A”联队队徽在不列颠战役期间被一条红带取代。

这场持续两天的突击战足以证明德国空军掌握了制空权。第一天，德国空军战斗机在色当战场上的压倒性优势使得轰炸行动不受阻碍，德军在几个地点成功渡河。第二天，德军的制空权使敌人的多次进攻尝试未能收获任何成效。

5月15日上午，在色当摧毁了两个防御的法国步兵师（第55和第71步兵师）后，古德里安将他的装甲部队向西推进，并开始向英吉利海峡沿岸急速推进。为了消除盟军空军干扰他在法国北部大胆的装甲突击的能力，德国空军对机场再次发动了一系列轰炸攻击。第一波空袭在当天早上开始，袭击了16个法国空军机场，法国战斗机当天的出击数锐减到只有153架次。

作战力量的急剧削弱迫使法国总理保罗·雷诺敦促英国首相丘吉尔提供更多的皇家空军战斗机支援。盟军最高司令官莫里

■ JG 2 第 1 中队长奥托·贝特拉姆(Otto Betram)中尉在 1940 年 5 月 19 日被击落在康布雷附近成为战俘，他在法国战役结束后被释放。

斯·甘末林(Maurice Gamelin)和东北战场司令官阿尔方斯·约瑟夫·乔治(Alphonse-Joseph Georges)确信德军前一天在色当、蒙特尔梅和迪南取得突破的关键是“斯图卡”精准而恐怖的轰炸，在德国空军战斗机的掩护下，它们可以肆无忌惮地实施攻击。法国空军已经倾其所有，没有任何预备力量。对法国人来说，皇家空军似乎还有大量战斗机仍未投入对德作战。

因此，在 5 月 14 日 17 时 45 分，雷诺给丘吉尔发了一封电报，其中部分内容是这样说的：“刚离开战时内阁后，我以法国政府的名义向你发出以下声明。情况确实非常严重。德军已经突破了我们在色当南部的防线。在色当和巴黎之间，没有任何防线可以与之相比，我们必须不惜一切代价恢复防线……您很慷慨地派出了 4 个中队(第 3、第 79、第 501 和第 504 中队)，这比您承诺的要多，但如果我们要赢得这场可能对整个战争具有决定性意义的战斗，必须立即，如果可能的话就在今天再派出 10 个中队。如果没有这样的援助，我们不能确定是否能够阻止德国人的前进。”

第二天早上七点半，沮丧而惊恐的雷诺给丘吉尔打电话说道：“我们被击败了……我们被击败了，我们输掉了这场战斗。”英国首相把这个令人震惊的消息和雷诺要求增加 10 个皇家空军战斗机中队的请求带到了他于十点半召开的参谋长会议上，也就是在上午的战时内阁会议前半小时。

根据两天前参谋长会议的讨论结果，休·道丁(Hugh Dowding)上将被邀请参加会议。当被要求分享他的观点时，这位坚定的保守派和悲观的战斗机司令部司令说道：“如果情况不妙，我们将不得不面对来自这个国家的直接攻击……然而，如果拿走更多的战斗机，它们不会在法国取得决定性的结果，而(我)留下来的兵力将太过薄弱，无法继续在这里进行战斗。”除非被战时内阁否决，否则他坚决反对派出哪怕一架“飓风”战斗机。

半小时后，道丁的意见被传达给战时内阁，他的观点最初是由空军参谋长西里尔·纽沃尔(Cyril Newall)上将表达的，他说“只有将它们从本土的积极防御中抽调，才能为法国找到额外的战斗机”，他“不会在这个时候建议向法国派遣任何额外的战斗机”。当被问及他的意见时，道丁再次“强烈反对派遣任何战斗机出国”。战时内阁同意“目前不应继续向法国派遣战斗机中队”。

然而，“目前”只维持了一天时间。

当天晚上，甘末林向纽沃尔发出了另一份措辞相近的呼吁，要求派遣10个战斗机中队。纽沃尔在第二天早上的参谋长会议上发出了新的倡议。尽管道丁在前一天提出了警告，但在他缺席的情况下，军事首长们一致认为派遣更多的战斗机是“正确的事情”。丘吉尔含糊其辞，一方面说这是“非常严重的风险”，但鉴于“新的危机局势”，法国人需要得到增援。问题是，要派多少个中队？经过在派遣4个或6个中队之间的辩论，参谋长们决定部署四个中队，再备用两个中队，以加强皇家空军在法国的10个疲惫且耗损严重的中队(迄今已损失了78架“飓风”)。

战时内阁同意了这一决定。

当天下午，丘吉尔飞往巴黎，与雷诺、法国战时内阁和盟军最高司令部举行会议。在那里，他继续收到更多相同的请求。在认真讨论了迅速恶化的局势和就法国继续坚持要求派出更多皇家空军战斗机中队进行辩论后，晚上九点，丘吉尔给伦敦发送电报，要求战时内阁在深夜召开会议，考虑皇家空军的下一步行动。除了指示轰炸机司令部猛烈打击“越过马斯河并涌入‘突出部’的德军外……(以及)我们是否可以提供比法国人非常感激的4个中队更多的兵力……我个人认为，我们应该在明天派出所需的战斗机中队(即再派6个)……给法国军队最后的机会来集结其勇气和力量”。

23时30分，战时内阁通过电报表示同意。

到第二天早上(5月17日)，法国北部的局势已经危如累卵。古德里安在前往英吉利海峡的半路上，急速的突击使可用于接纳战斗机司令部增援部队的机场数量骤减。因此，纽沃尔决定6个增援中队(实际上是3个中队和6个“半中队”，即分遣队)将从英国基地起飞，在法国降落、补充燃料和弹药，然后连夜返回英国基地。

这种做法仅维持了三天。5月20日，随着快速推进的装甲部队威胁到他们的主要基地，英国远征军航空部被命令从法国撤走。第二天，7个中队残存的66架“飓风”战斗机返回英国，开始重建工作。从某种程度上讲，法国的沦陷是英国乐于看到的，英国从上到下都感到法国给他们拖了后腿。英国国王表示：“对于失去一个既要尊重又要纵容的盟友，我个人的感受是高兴。”丘吉尔也乐意看到这个事实，因为现在英国的命运掌握在自己手中。战斗机司令部司令道丁爵士更是对于这个国家从战争中出局感到如释重负，后来他说：“我屈膝下跪，感谢上帝！”

皇家空军在法国共损失了215架战斗机，

■ 1940 年 5 月，JG 51 的队员们正在检查一架被击落的英国“飓风”战斗机。

■ 第 85 中队的“飓风”战机，法国战役期间，这个中队在 12 天的战斗后就只剩下 4 架飞机，不得不返回英国。

大约一半损失于战斗中。其中，77 架被德国战斗机击落。与之相比，有 35 架 Bf 109E 被“飓风”击落，每损失一架 Bf 109E 就有 2.2 架“飓风”被击落，充分证明了 Bf 109 在“飓风”面前的优势。

飞机可以很容易地得到替换。但令人不安的是，在法国的战斗中，有56名飞行员阵亡，18名被俘，人员损失相当于4个战斗机中队(皇家空军一个满编战斗机中队配备18名飞行员)。

同样，法国空军也将其在法国北部的战斗机防御力量(法国空军第25战斗机大队)撤回到索姆河以南的基地。根据两个盟国空军指挥官的协议，从此时起，对英国远征军和法国第一集团军残余部队的空中掩护将由位于英格兰东南部的战斗机司令部第11大队提供，这两支部队现在正向布洛涅、加来和敦刻尔克撤退。

敦刻尔克：伟大的撤退

5月21日，当7个损耗严重的远征军航空部战斗机中队撤回英格兰时，只有第79中队仍保有继续作战的能力，皇家空军战斗机司令部只剩下37个做好作战准备的单发战斗机中队。其中有8个“飓风”中队、7个“喷火”中队和一个“无畏”中队隶属于基斯·帕克(Keith Park)少将的第11大队，该部负责守卫英吉利海峡最狭窄处的英格兰南部地区。第11大队的可用飞机包括114架“喷火”、137架“飓风”和18架“无畏”，其中有大约200架可以投入在法国上空的作战，5个装备“喷火”战斗机的中队被留作本土防御。

■ 皇家空军第11大队指挥官基斯·帕克少将

此时，盟军正努力保卫一块包括敦刻尔克、里尔和布鲁日在内的靴状区域。5月20日，德国装甲部队在索姆河河口上的滨海努瓦耶勒(Noyelles-sur-Mer)抵达英吉利海峡岸边，完成了对英法联军的封锁。经过一天的休息和整顿，古德里安奉命派遣第2装甲师北上围攻布洛涅(Boulogne)，第1装甲师进攻加来，然后向东推进到敦刻尔克，但该行动在5月24日被希特勒著名的停止前进指令所阻止。“根据元首的命令……(沿着)朗斯—贝蒂纳—艾尔—圣奥梅尔—格拉沃利讷守住有利的防线，并允许敌人对其发动进攻……现在首要的是为今后更重要的任务保留装甲部队。”

由于希特勒想保留他的装甲部队以彻底击败法国，当盟军被包围在“敦刻尔克—里尔口袋”内，他希望他们会向西南方向突围，并试图与索姆河以南的法国军队会合，从而在突围过程中被装甲部队击溃。而根据戈林的狂言，事情不会进行到这一步，当天他向希特勒请求得到一个赢得荣誉的机会，他说：“我的元首，把消灭被包围在敦刻尔克的敌人的任务交给我和我的空军吧。”当天结束之前，希特勒发布第13号元首令批准了戈林的请求。

德国空军的任务是粉碎被包围(英军和法军)敌军的所有抵抗，阻止英军逃过英吉

利海峡，并保护A集团军群的南翼（索姆河）。——第13号元首令

戈林的吹嘘完全脱离了现实，他没有考虑到在两个星期的高强度空战中，他的空军在面对盟军战斗机坚决抵抗时所遭受的巨大损失。截至5月25日，共有641架作战飞机被毁或重创，占德国空军初始兵力的23%，而且由于战损和持续的快节奏作战消耗，总体出动率已经降至50%。即便得到了及时的补充，许多轰炸机大队也只剩下15架可出动的飞机，而满编数量为30架。

这样的行动"很难由新的部队成功完成。我向戈林表达了这一观点，并告诉他即使有第八航空军的支持也无法完成这一任务……但戈林已向元首保证要用他的空军消灭英国人。我指出，最近出现了现代化的'喷火'战斗机，使我们的空中作战变得困难且代价高昂"。

凯塞林的航空队下辖第一和第四航空军，含24个轰炸机大队，除了部署在阿姆斯特丹史基浦（Schiphol）机场的KG 30第一和第三大队外，所有的轰炸机大队仍然驻扎在德国本土。那两支Ju 88A大队在挪威战役中积累了

■ 这架KG 76第5中队的Do 17Z在5月22日攻击圣奥梅尔（Saint-Omer）附近的一个目标时严重受损，不过飞行员还是驾驶它回到了福格尔桑（Vogelsang）机场。

因此，戈林没有得到他的两个航空队司令的支持。由航空兵上将凯塞林指挥的第2航空队正在支援博克将军的B集团军群，这是一个在宽广战线上对抗盟军口袋东侧的全步兵军团。在他的自传中，凯塞林指出"这项工作完全超出了我枯竭的部队的能力"，而且

反舰作战经验，它们主要是用于对付在北海南部和英吉利海峡东端作战的英国皇家海军。

第3航空队司令施佩勒航空兵上将执掌第二、第五和第八航空军。其中，罗伯特·里特·冯·格里姆（Robert Ritter von Greim）中将的第五航空军负责守卫A集团军群的左翼，

保护后者免受来自索姆河以南的盟军反击。为了支援伦德施泰特右翼对敦刻尔克-里尔口袋的作战，布鲁诺·洛泽尔(Bruno Loerzer)中将的第二航空军的9个轰炸机大队每天从它们位于德国的基地起飞。其中一些基地离敦刻尔克有300英里远，这些部队在其极限航程上作战，每天只能执行一次任务。

这使得沃尔夫拉姆·冯·里希特霍芬(Wolfram Freiherr von Richthofen)少将的第八航空军成为唯一能够执行戈林既定意图的航空部队，但它也有自己的问题。里希特霍芬的3个Ju 87俯冲轰炸机联队(StG 1、2和77)难以跟上高速前进的装甲部队。此时，StG 1已经来到距离敦刻尔克65英里处的康布雷(Cambrai)，但StG 2仍在后方40英里外圣康坦(St Quentin)附近的吉斯(Guise)，而StG 77又在更后方43英里处的罗克罗伊(Rocroi)，在其作战半径的极限活动。汉斯·迪特尔·贝伦布鲁克(Hans-Dieter Berenbrok)在《德国空军战争日记》中提到里希特霍芬感叹："我的斯图卡飞机太靠后了，它们的入场飞行时间太长。因此，我每天最多只能动用它们两次，而且无法将它们集中使用在一个点上。"

里希特霍芬的评论反映了他对他的航空军所面临的特殊要求的挫败感。例如，在针对敦刻尔克的头两天作战中，第八航空军未能参加，因为它正与布洛涅、里尔和亚眠的法国军队以及防守加来的英法联军展开激战。此外，由于过快的前进步伐，对斯图卡部队的补给也明显放缓。车队被耽搁在行军的步兵编队后面，而德国空军Ju 52/3m运输机的严重损失(476架损失了232架)意味着残余的空运部队无法携带足够的燃料、炸弹和弹药来维持早期的快节奏作战。

尽管如此，为了履行戈林对元首的承诺，两支德国空军航空队于5月25日开始了对敦刻尔克的作战行动，其中第一、第二、第四航空军对那里实施了猛烈的轰炸，摧毁了所有的电力和水管，破坏了主要的海港入口闸，并毁坏了所有装卸船只所需的大型起重机。空袭者在港口发现了一支法国补给船队，停泊的13艘货船中有5艘被击沉。

■ 德军的装甲部队突进速度太快，负责支援它们的斯图卡部队(StG 1、2、77)难以跟上步伐，经常要在极限航程处作战。图中一架"飓风"还留在被放弃的远征军机场上，背景停放着一架Ju 87轰炸机。

与此同时，当天上午被包围在布洛涅的法国守军投降了，守卫加来的盟军在第二天也被击溃，仅剩敦刻尔克作为被困在口袋里的英法联军唯一可能的登船点。由于帕克的第11大队正在为英军第30旅(该旅正在加来古城墙内奋战）提供战斗机掩护，皇家空军的战斗机几乎没有插手德国空军对敦刻尔克港口设施的不断轰炸。

5月26日15时30分，德国陆军最高司令部命令伦德施泰特恢复攻势："装甲集群和步兵师从西部向图尔奈、卡塞尔（和）敦刻尔克方向发起进攻。"摩托化步兵几乎立即开始了对运河防线的攻击，装甲部队在第二天也加入进来。为了支援他们的作战，德国空军将敦刻尔克作为海港的功能彻底破坏。出动225架次轰炸机和75架次斯图卡，投下超过350吨炸弹，一波又一波KG 1和KG 4的He 111轰炸机粉碎了城市的港口设施，彻底摧毁了7个船坞，5英里的埠头和115英亩的码头和仓库。KG 54和StG 2的攻击击沉了两艘法国轮船，一艘辅助扫雷艇和一艘小型英国沿海商船。KG 2和KG 3的Do17Z摧毁了铁路调车场，并点燃了城镇和圣波尔炼油厂。到中午时分，港口被完全封锁，大火肆虐，造成1000名平民死亡。巨大的黑烟蹿升到11000英尺的空中，成为袭击者和防御者共同的灯塔。戈林宣称："只有饵鱼才能到达（英吉利海峡的）另一边。我希望汤米们（指代英国人）是游泳健将。"

皇家空军第11大队派出23次中队规模（12架战斗机）的巡逻队进行反击（共287架次），向东最远飞到奥斯坦德（Ostend），向南最远至圣奥梅尔。它们摧毁了15架轰炸机，但在轰炸机的防御火力和护航战斗机面前损失惨重。在与550架次以大队规模（40架战斗机）行动的Bf 109战斗机交战时，明显寡不敌众的皇家空军损失了14架"飓风"和5架

■ 5月27日，KG 3第二大队的道尼尔轰炸机（如图）和KG 2的战友们一起，摧毁了敦刻尔克的铁路调车场，还点燃了城镇和圣波尔炼油厂。

“喷火”。德国空军仅有 4 架 Bf 109E 和 5 架 Bf 110C 被摧毁。

皇家海军多佛司令部迅速制订了营救英国远征军的计划，然后对接收到的越来越多的船只进行组织，并规划它们穿过众多雷区到达滩头的路线。随着敦刻尔克港口的毁坏，岸上的高级海军军官威廉·特南特(William G. Tennant)上尉指挥第一批救援船只前往 3 个新的登船点：敦刻尔克东郊的马洛(Malo-les-Bains)海滩(第三军)、布赖迪讷(Bray-Dunes)海滩(第一军)和拉帕尼(La Panne Bains)海滩(第二军)。5 月 26 日(星期日)18 时 57 分，发电机行动开始。

为了阻止德国空军扰乱行动进程，皇家空军奉命为港口、海滩和船只提供持续有效的空中掩护。为此，帕克计划从每天的黎明时分开始，间隔派出“喷火”和“飓风”战斗机。起初，这些飞机的出动间隔为 50 分钟(从 4 时 30 分到 19 时 30 分)。从距离敦刻尔克 60 英里的霍恩彻奇(Hornchurch)、格雷夫森德(Gravesend)、霍金奇(Hawkinge)和曼斯顿(Manston)出发，战斗机以 180 英里的经济巡航时速到达巡逻区域的飞行时间为 30 分钟，其中包括在空中组成中队编队所需的 10 分钟。这样一来，从霍恩彻奇和格雷夫森德出发的“喷火”战斗机的实际巡逻时间为 20 分钟，从曼斯顿和霍金奇出发的“飓风”战斗机的巡逻时间为 40 分钟。当一个中队不得不开始返航时，它的替换中队才刚起飞，留下多达 30 分钟的时间没有英国战斗机在被围困的城市、海滩或盟军的防御圈上空飞行。

前一天的巨大损失促使帕克立即改变了战术：以两个中队为一组配对出击以便在接近对等的数量条件下迎击 Bf 109。5 月 28 日，第 11 大队出动了 11 个两中队规模的巡逻队，平均每个巡逻队 29 架战斗机，共出动 321 架次。但将各中队配对后，防空掩护的真空期变大了，因为帕克实际上是派出了 11 个大型编队，而非 23 个小型编队：在一天 15 个小时的空中行动中，皇家空军的战斗机只在战区上空停留了大约 6 小时，两次现身的时间间隔最久达 90 分钟。无怪乎英国远征军和皇家海军开始提出质问：“皇家空军在哪里?”

虽然采用了联合编队，但“喷火”和“飓风”飞行员仍然寡不敌众，此外还有一个不利因素。他们在新型链式本土预警雷达系统和第 11 大队分区电台的有效工作范围之外进行巡逻。因此，相对较稚嫩的“喷火”和“飓风”飞行员在与德国空军训练有素的战斗机飞行员作战时无法得到来自地面的情报支持。

■ 1940 年 5 月，JG 2 第 8 中队的飞行员们正在战斗警戒状态。

考虑到敦刻尔克港口的设施已经被全部

破坏，第2航空队在28日将注意力转向盟军口袋内其他较小的海港——比利时的奥斯坦德、纽波特(Nieuport)和泽布吕赫(Zeebrugge)，而第3航空队则继续猛攻里尔周围的法国第一集团军的集结地。在自以为已经消除了敌军逃跑的可能性后，德国空军领导层期望能够像去年九月轰炸倒霉的波兰人一样，将被逼入绝境的盟军部队炸至屈服。

因此，28日针对敦刻尔克的轰炸只有75架次，最大的一次空袭在10时来临，由KG 77的道尼尔在Bf 109E战斗机的严密护航下进行。来自JG 3、26、51和54的"埃米尔"(Bf 109E的代称)数量众多且非常高效。只有两架道尼尔被皇家空军的战斗机击落(尽管英国飞行员宣称击落23架)，而在此次冲突和当天的其他零星战斗中，共有3架"喷火"、3架"无畏"和8架"飓风"被击落，Bf 109E的损失仅为两架。

持续的严重损失促使英军再次变更战术。第二天，第11大队开始同时出动两个双中队，这样在作战区域内平均有两个30架飞机组成的巡逻队(9次任务共出动275架次)。这种新的编队方式使得战斗机的掩护真空期更长，两次现身的时间间隔最高达到3小时。

利用这3个小时的间隙，德军对敦刻尔克进行了5次大规模的空袭，其中两次几乎没有遇到任何抵抗。在175架次的轰炸中，德国空军损失了4架KG 1第1中队的He 111和4架LG 1第二大队的Ju 88，而护航的Bf 109E则击落了7架来自第41、第64和第610中队的"喷火"，以及7架第151、第229和第241中队的"飓风"，JG 3第一大队和JG 27第一大队损失了6架飞机，另有一架Bf 110C的损失。

在令法国第4和第5军的撤退陷于停顿之后(他们于6月1日在里尔投降)，里希特霍芬的第八航空军将其注意力转移到了法国第16军和被困在敦刻尔克的英国远征军身上。235架斯图卡战机在几乎畅通无阻的情况下，袭击了敦刻尔克附近的许多商船和它们的护卫军舰。15时许，第一波空袭的180架Ju 87到达目标上空。皇家空军第56中队独自拦截这些飞机，在斯图卡后部机枪手的火力下损失了两架"飓风"，却没有击落一架敌机。30分钟后，KG 30第一大队和LG 1第二大队的Ju 88轰炸机俯冲跟进。另有55架Ju 87在19时30分至19时55分抵达，为这场毁灭性的风暴画上句号。4架StG 2和StG 77的斯图卡被击落，其中一些是被舰上的防空火力击中。

这一系列毁灭性空袭针对的是在港口东面1.3公里长的栈桥上装载部队的许多固定船只，空袭击沉了一艘驱逐舰，并严重损坏了另外8艘，使它们被迫撤走修理。在布赖迪讷附近，1105吨的护航双桅船"比迪福德"号(Bideford)的船尾被炸断，为了防止沉没，该船只得选择搁浅。在拉帕尼附近，两艘古老的木制桨轮扫雷舰、一对小型拖网渔船和6艘大型载员船被击沉。最大的一艘是6787吨的商船"麦卡利斯特氏族"号(Clan MacAlister)，它被多次击中，熊熊燃烧着沉

■ 皇家海军抵达时所见的敦刻尔克港，背景可见圣波尔炼油厂正在熊熊燃烧。

■ 5 月 29 日 15 时，180 架 Ju 87 向敦刻尔克港外的商船和护航舰发起攻击。在三波空袭中，有一艘驱逐舰、5 艘载员船和 3 艘拖网渔船被击沉，还有 5 艘驱逐舰被击伤。

入浅水。斯图卡还在港口击沉了 4 艘法国轮船和 3 艘比利时拖船。

第二天天气恶劣，让疲惫的双方都获得了喘息之机。低压的云层和雾气笼罩着整个海岸，云底高度 300 英尺，云顶高度 3000 英尺，任何轰炸行动都无法进行。

道丁利用这短暂的平静增援第 11 大队，把第 43 中队从威克(Wick)派到坦米尔以接替第 601 中队，后者向西转移到刚刚开放的中沃勒普(Middle Wallop)基地。第 66 中队从科提肖(Coltishall)来到格雷夫森德，替换返回到比金山的第 610 中队。第二天，第 72 中队也从阿克灵顿(Acklington)被派往格雷夫森德，第 66 中队转移到马特尔舍姆希思(Martlesham Heath)。6 月 2 日，第 266 中队从威特灵(Wittering)出发与第 66 中队会合。

至 5 月 31 日，已有 126606 名盟军士兵被运送到安全地带，剩下大约 92000 名英国士兵和 160000 名法国的士兵被围困在敦刻尔克周边地区。当天上午，入侵者发起了一系列协同攻击，以突破盟军的防线。

浓厚的晨雾刚刚消散，德国空军就回来了，目标是海滩上及附近的英军集结地，而不是近海的船只。在 260 架次 Bf 109 战斗机的保护下，共计 195 架次轰炸机发动了三波大规模空袭。皇家空军以 289 架次战斗机应战，它们共执行了 8 次三四中队规模的作战。当空袭在 14 时 15 分、17 时和 19 时到来时，有一些巡逻队正在现场。但在占据数量优势的护航战斗机面前，它们未能有力阻击空袭敌机，只击落了 6 架 KG 4、27 以及 LG 1 的轰炸机和 4 架 JG 26 第三大队的 Bf 109E。轰

■ KG 76 第 4 中队的一架 Do 17Z，这架飞机在 6 月 1 日对敦刻尔克的空袭中被一架皇家空军战斗机击伤，迫降在伊普尔(Ypres)和敦刻尔克之间。

炸机防御火力和梅塞施密特战斗机摧毁了6架“喷火”、8架“飓风”和5架“无畏”，这是发电机行动期间皇家空军最高的单日损失。

6月1日，正在荷兰各城市巡游以搜刮战利品的戈林终于意识到他的猎物快跑掉了，他许下的诺言可能无法实现。于是戈林急忙回到工作岗位，试图重新激励他的指挥官，扭转德国空军即将无法实现他的承诺的局面。

当天，德国空军以全新的强度发起了猛烈攻击，160架次轰炸机和325架次斯图卡的出动规模创下战役期间之最，标志着战斗的高潮。德国空军的5次大规模空袭面对的是皇家空军的典型还击：在8次作战中共出动267架次战斗机。即使皇家空军在场时，420架Bf 109E和110架Bf 110也成功地保护了它们的轰炸机。只有KG 4第1中队和KG 76第4中队的两架轰炸机，以及TrGr 186第一(斯图卡)大队的两架Ju 87被皇家空军战斗机击落，后者损失了6架“飓风”和10架“喷火”。德国空军损失了7架Bf 109E和3架Bf 110C。

从晴朗的天空俯冲而下，猛烈的空袭对撤离的舰队造成了巨大的破坏。攻击从5时15分开始，由40架StG 1斯图卡组成的编队在第11大队的黎明巡逻之前到达，袭击了近海的船只。7时20分，由StG 2、77的Ju 87和LG 1的Ju 88实施的更大规模空袭行动开始了，这次行动没有受到抵抗。

主要目标是在布赖迪讷附近的1400吨驱逐舰“基思”号(Keith)，它是发电机行动的现场指挥官威廉·威克·沃克(William F. Wake-Walker)少将的旗舰。只剩下30发防空炮弹的“基思”号很快就失去了防御能力，在被三波轰炸机摧残后倾覆沉没。驱逐舰“巴斯里斯克”号(Basilisk)和“哈文特”号(Havant)也被击中，前者随后沉没，后者不得不被凿沉。现代化的扫雷舰“鲣鱼”号(Skipjack)被5枚炸弹击中，很快便沉没了。海军部的大型拖船“圣阿布斯”号(St Abbs)在刚救出“基思”号上的许多幸存者后，就被Ju 88A的一枚炸弹送入海底。

10时，大屠杀继续进行，KG 76的道尼尔和KG 4的亨克尔向庞大的集结船队投下雨点般的炸弹。小型炮艇“蚊子”号(Mosquito)被击中起火，在拖回英国的过程中沉没。4240吨的“布拉格”号(Prague)轮船在返航时，船上有3000名法国士兵，它受到严重损坏，但还是回到了英国水域。

当斯图卡在中午时分再次现身时，第43、第145、第245和第609中队的“飓风”也来到现场，但是护航的JG 26第二大队Bf 109E战斗机将英机阻挡在外，击落5架“飓风”，自身损失两架。Ju 87以3次直接命中击沉了1356吨的法国驱逐舰“闪击”号(Foudroyant)。3454吨的老式轮船“斯科舍”号(Scotia)也被3枚炸弹击中并迅速沉没。

尽管约有64429名盟军士兵在6月1日被撤出，但代价是惨重的。大约17艘各型船只(包括4艘驱逐舰)被击沉，另有8艘严重受损。很明显，皇家空军战斗机司令部无法阻止德国空军的空袭。由于损失太过严重，当天晚上，作为多佛司令部长官指挥发电机行动的伯特伦·拉姆齐(Bertram Ramsay)中将

■ 一艘载满人员的渔船正在全速驶离燃烧着的敦刻尔克。

命令所有船只在日出前撤出敦刻尔克。从这一刻起，撤离行动只能在夜间继续，即便如此，也只持续了两个晚上。

对于英国人而言，苦难也快到头了。在撤走了189441名英国士兵和94785名法国士兵后，岸上仅剩7208名英国人以及大约87000名法国人。再经过一个晚上的努力，所有的英国士兵就都能回家了，而在两个晚上过后，尽可能多的法国人(最终结果是46792人)也被救出。

6月2日，德国空军的第一波空袭于8时到来。空袭部队由KG 54的亨克尔和StG 2的斯图卡以及5个大队的护航机组成，这些飞机没有找到可以轰炸的船只。120架德国护航机遇到了皇家空军第32、第66、第92、第266和第611中队，一场激烈的空战随之展开。梅塞施密特战斗机再次取得胜利，击落5架“喷火”和一架“飓风”，仅损失一架JG 27第3中队的Bf 109E。经过一周的休整，第92中队当天重新投入战斗，击落6架轰炸机，自身没有损失。第611中队击落了一架Ju 87B(来自StG 2第1中队)，

■ Bf 109统治了敦刻尔克的天空，图中是一架JG 2第2中队的Bf 109E-1。

■ 发电机行动给“喷火”提供了第一次与 Bf 109E 交手的机会，当发电机行动在 6 月 4 日结束时，皇家空军损失了 20 架“喷火”、30 架“飓风”和 6 架“无畏”，作为交换的是击落了 26 架“埃米尔”。

但是被“埃米尔”们打得落花流水，两架“喷火”被击落，飞行员阵亡，另有 6 架受损。

这是发电机行动的最后一次大规模空战。

法国守军继续勇敢的坚守了两天，英国皇家海军在夜间返回，搭载友军的士兵，皇家空军每天早晨和黄昏各进行两次巡逻。与此同时，德国空军命令它的主力部队停止行动，为“保拉行动”做准备，这是一场大规模的午后攻势。640 架轰炸机在 460 架梅塞施密特的护送下，对巴黎周围的法国空军基地和法国航空工业目标进行攻击，这场教科书般的空袭拉开了红色作战的序幕，即对法国的最后征服。

在发电机行动中，帕克的第 11 大队宣称摧毁了 258 架德国飞机。在仔细核对德国空军损失报告和部队作战记录后发现，实际上只有 45 架轰炸机和 36 架战斗机在敦刻尔克上空被英国战斗机击落。此外，还有 4 架斯图卡和两架 Ju 88A 被军舰防空火力击落。作为代价，帕克的第 11 大队在梅塞施密特战机和轰炸机的防御火力面前损失了 84 架战斗机（总损失为 106 架），63 名飞行员阵亡或被俘，英军每击落一架敌机就会损失一架以上的战斗机。

虽然“喷火”是一架出色的战斗机，与 Bf

■ 德国空军在法国取得胜利的象征，KG 55 的一个 He 111 中队在巴黎上空列队。

109E 不相上下，但它在空战中的高损失是皇家空军过时的编队和战术造成的。

在诺曼·弗兰克斯(Norman Franks)的《敦刻尔克空战》中，指挥第 111 中队的约翰·汤普森(John Thompson)少校认为：

在我看来，在战争的那个阶段，我们还没有开发出一种有效的方式，让我们的飞机组成一个合适的战斗编队并能够快速地发起协同进攻，同时还能为我们提供所需的全方位掩护，特别是在身后。我们仍然以三机组成的 V 型编队飞行，不算太紧密，但仔细想想，也不够展开。这意味着我们没有足够的机动性，在面对德国战斗机时，这是一个严重的缺陷。

考虑到作战的强度，在战斗结束前不可能发展并建立一套合适的队形。我们不得不倾其所有去弥补。我一直觉得，即使在不列颠战役中，我们的编队也不完全适合于手头的任务。这是我们战前训练中被忽视的一部分，或者可以说也许是没有充分考虑。直到 1942 年，(我们)才以所谓的“四指编队”飞行。这是发展出的最佳方案，也是整个战争剩余时间里昼间战斗机的基本战斗队形。

虽然官方的抵制和官僚主义的惰性使战斗机司令部难以对“被忽视”的战前编队和战术进行修正，但有几个中队自行采用了四机编队，特别是第 72 和第 74 中队。在战斗中，这个束手束脚的司令部没有能力进行调整，这使得更多的“少数人”失去了年轻的生命，并差点使皇家空军在即将到来的不列颠之战中落败。

传统观点认为，敦刻尔克是德国空军在战争中的第一次受挫。虽然这是事实，但这并不是因为皇家空军战斗机司令部在敦刻尔克上空占了上风或取得了某种程度的制空权，而是因为德国空军没能实现其指挥官的目标，即摧毁英国远征军和法国守军并阻止他们从海上逃走。发电机行动的九天里，德国空军

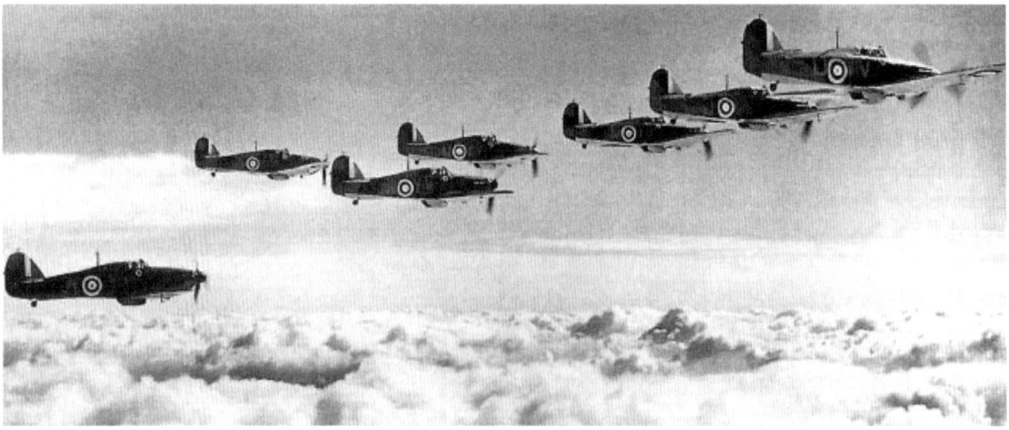

■ 这张第 85 中队的照片清楚的展现出在采用过时的紧密编队时，英国飞行员不得不将更多的注意力放在避免与战友相撞上。

只在其中三天发动了实质性的攻击，尽管它造成了巨大破坏和伤亡，但显然结果是失败的。考虑到这三天被击沉的船只数量，人们不禁会想，如果发动了六到八天的(5 月 30 日的天气让空中行动无法进行)空袭而不是只有三天，德国空军是否会取得成功。

皇家海军的疏散行动将 196649 名英国士兵和 141577 名法国士兵送到了英国港口。另有 27949 名法国士兵乘坐法国船只到达法国港口。虽然取得了一场伟大的胜利，但丘吉尔很快就提醒大松一口气的英国人民和议会："我们必须非常小心，不要给这次撤退赋予胜利的属性。战争不是靠撤退赢得的。"

■ 英国陆军的物资损失是灾难性的：2347 门火炮(60%的库存)和 615 辆坦克(总量的 47%)被抛弃，还有 63879 辆汽车、76000 吨弹药和 165000 吨燃油。

第二章　希特勒的战略选择，1940 年 7 月

德国国防军最高统帅部作战参谋长阿尔弗雷德·约德尔(Alfred Jodl)将军认为，“我们赢得战争”的方式之一是：英国人将很快就会寻求和谈。如果英国拒绝和谈，他认为无论是采取直接攻击还是间接方式，德国都将取得这场“(已然)获胜的战争”的胜利。

为了评估直接进攻英伦三岛所涉及的风险和成功的可能性，约德尔从最高统帅部档案中调出了一份名为《西北调研》的假想战役研究报告。除了随口一说和少数猜测性的讨论外，很少有人关注到可能需要通过入侵才能让英国退出战争。毕竟，西线战役的目的之一就是动用 U 艇和德国空军实施围攻或封锁，以所谓的经济封锁战或“商船之战”来迫使英国投降。封锁战略需要投入漫长的时间、丰富的资源和巨大的耐心，而约德尔考虑到可能没有这么多时间和资源，在把“入侵”加入他的行动方案列表供元首决定之前，他花时间审查了《西北调研》(实际上是陆军和海军的两份独立研究报告，归入同一档案)。

《西北调研》的起草是源于德国海军总司令埃里希·雷德尔(Erich Raeder)元帅的担忧，即如果西线战役取得了胜利，元首可能会受到诱惑，开始实施或许是灾难性的跨海峡登陆作战，而不是等待封锁策略生效。1939 年 11 月 14 日与希特勒开会讨论以占领荷兰、比利时和法国的海峡港口为目标的黄色方案后，第二天，雷德尔指示他的海战指挥部(海军总司令部下属的海战参谋部)负责作战的参谋长奥托·施尼温德(Otto Schniewind)少将研究“如果战争的未来进展导致问题出现时，在英国(进行)军队登陆的可能性”。

在短短五天内，海军总司令部作战部负责评估入侵英国的作战行动可行性的汉斯·尤尔根·赖尼克(Hans-Jürgen Reinicke)少校编写了一份 12 页的《红色调研》，这是一份充满悲观色彩的报告，强调在英国海岸实施登陆的巨大困难。由于皇家空军的空中侦察，突然性是不具备的，而英国的水雷、潜艇和空军，更别提英国皇家海军强大的本土舰队的存在，使得这个提议不具备可行性，除非满足四个条件：

——英国海军被消灭或被封锁在前进和登陆区外；

——皇家空军的空中力量被消灭；

——摧毁“沿海地区”（包括英吉利海峡和沿着英国东海岸直到本土舰队位于苏格兰和斯卡帕湾的锚地，但不包括本土舰队）的所有皇家海军力量；

——对登陆舰队的全部水下威胁——水雷和潜艇——都被消除了。

同时，施尼温德与最高统帅部合作制定了第 9 号元首令，该指令在第 6 号元首令的基础上增加了内容，明确了成功实施对英国的海上及空中封锁所需的空中和海上行动。该文件于 11 月 29 日由希特勒签署正式发布。

为了确保元首采纳雷德尔的经济封锁战略，《红色调研》在两天后被提交给最高统帅部，该报告主张反对实施登陆战。约德尔尽职地要求陆军总司令部和空军最高司令部审查海军的入侵调研。陆军总司令部的答复题为《西北调研》，由赫尔穆特·施泰夫（Helmuth Stieff）少校完成。在报告中，施泰夫得出结论，只要海军完成六项任务，登陆虽有风险，但是可行的：封闭多佛海峡、消灭英国海上力量、清除水雷、收集运输船、提供专用登陆艇及用海军炮火支持登陆。在通过交给海军不可能满足的前提条件，继而排除了实施这一异想天开的冒险的可能性后，施泰夫又脑洞大开地阐述了三四个步兵师如何在空投的支持下登陆东盎格鲁海岸，在第二波的两个装甲师和一个摩托化师登陆后，如何推进并占领伦敦。

戈林的回复是对这一荒谬想法更简洁的否定。他对海军和入侵的构想都不屑一顾，他让一位小参谋军官给最高统帅部发了一页谴责信，声明“必须否定以在英国登陆为目标的联合作战。它只能是一场已经取得胜利的对英战争的最后行动，否则就不具备取得联合作战成功的先决条件”。

12 月中旬，德国空军最高司令部的信件、施泰夫的《西北调研》和赖尼克的《红色调研》被一起搁置在最高统帅部的档案室里，希特勒从未看到过。

5 个月后，闪电战横扫西欧的速度使战败者和胜利者都感到震惊。但在能够继续追求他的主要目标——消除布尔什维主义对德国的“威胁”之前，希特勒需要解决“英国问题”。虽然第 9 号元首令提供了最可行的长期方案，但实际上，希特勒并不确定下一步该如何进行。他所需要的是一个能够确保顽固的英国人愿意通过谈判结束战争的计划。

为了着手进行研究，约德尔审阅了《西北调研》，并于 1940 年 6 月 30 日起草了一份长达 6 页的思考文件，题为《对英战争的继续》，简明而准确地概述了德国的六个战略选项：

——外交手段：与英国谈判达成和平解决方案；

——经济封锁战：通过击沉商船、轰炸商业港口和其他关键设施来扼杀英国的经济；

——直接攻击：对英国发动穿越海峡的入侵；

■ 当德军装甲部队在1940年6月抵达英吉利海峡沿岸并完成对法国的征服时，国防军仍未准备任何跨越海峡征服英国的计划。

——间接方式：对英国的地中海属地直布罗陀、马耳他和苏伊士开展军事行动，以封锁来自中东和远东的最短供应线路；

——转为防御战略：忽略英国，强化德国在欧洲占领区的地位。遣散部分军队，强化德国经济，等待敌人犯错；

——恐怖轰炸：通过对所有主要城市的狂轰滥炸，打破英国民众继续进行战争的意愿。

外交：拳头握住的橄榄枝

英国历史学家没有认识到，希特勒的第一次和谈姿态是6月22日在贡比涅做出的，尽管丘吉尔肯定看到了它的存在。当时他的停战条款被宣读给法国代表，并由戈培尔的宣传网络向全欧洲广播。美国历史学家瓦尔特·安塞尔（Walter Ansel）（一位具有德国血统的美国海军军官）正确地指出，当希特勒“宽宏大量”地允许投降的法国政府保留其海军时，橄榄枝已被首次抛出。“法国舰队应在港口集结……复员并解除武装……德国政府郑重声明，他们无意在战争期间为自己的目的动用法国舰队。”希特勒实际上已经承诺他不会使用法国舰船来对付皇家海军。

在战胜法国人之后，希特勒对英国的态度又回到了他以前的示好加胁迫的模式。第一次示好于1938年底在慕尼黑结束，当时希特勒认为张伯伦挫败了他“粉碎”捷克斯洛伐克的意图，只允许他拥有德国族裔的苏台德地区。随后，胁迫和恐吓的成分越来越多，当希特勒确信英国除了抗议之外不会有更多举动后，他在1939年3月拿下了捷克斯洛伐克的其余部分。当胁迫不起作用，英国和法国在白色作战（即德国入侵波兰）一开始就宣战时，希特勒很生气。但是，一旦他在法国北部给了英国“鼻子上一记重拳”，他就决定重新对在他看来已经被削弱的敌人示好。

与他蔑视欧陆邻国并付诸暴力的方式不同，希特勒对英国作为一个平等大国和潜在伙伴的印象，使他寻求进行和谈。德国对英国的举措是围绕着交易而不是征服的主题展开的。希特勒保证英国将继续统治海洋，这将是他“交易”的一部分。

奥托·迈斯纳(总统府国务秘书，希特勒政权的最高行政岗位)在他的日记中记录到，6 月底，希特勒告诉他，他将“在帝国议会的演说中提出一个具有明确详细建议的盟约式和平提议，从而为达成和约奠定基础；他希望英国人民自己，如果在他们的政府仍然抵制的情况下，会同意他的提议，从而对战争贩子(指丘吉尔)主导的内阁施加压力”。

由于完全缺乏任何教育、培训或作为世界舞台上演员的经验，这位政治流氓完全不知道他的名字在英语中已经完全成为“邪恶”的代名词。他不理解他的名字所引起的厌恶和反感，特别是在英国人之中。

即便英国领导层曾经意识到希特勒关于法国舰队的庄严声明是为了保证他对英国没有敌意，他们也不会正式承认这一点。相反，英国皇家海军无视他的承诺，于 7 月 3 日在阿尔及利亚的凯比尔港(Mers-el-Kébir)几乎摧毁了法国的主力舰队，并在埃及的亚历山大港和平地使巡洋舰中队解除武装。使法国人付出巨大的生命代价并对战后英法关系造成了几乎不可调和的损害，丘吉尔的政府向元首发出了最强烈的回击。

这一令人震惊的事件极度动摇了希特勒的信心。

■ 在凯比尔港遭到英军毁灭性打击的法国舰队。

第二天，丘吉尔为英国对希特勒暗示的回应画上了句号，他在议会中说：“任何(谈判)的想法都应该被我们感到不得不采取的激烈和悲痛的行动所彻底扫除……相反，我们将以最大的力度进行战争。”没有任何含糊之处。

三天后，希特勒的反应被前去柏林聆听万众瞩目的“国会演讲”的意大利外交部长加莱阿佐·齐亚诺伯爵(Count Galeazzo Ciano)敏锐地捕捉到，演讲被推迟了。在与希特勒的一次个人会晤后，他记录道：“他相当倾向于继续斗争，并对英国人发动一场愤怒的钢铁风暴。但最后的决定还没有达成，正是出于此原因，他推迟了他的演讲，正如他自己所说，他要考量每一个字。”

7 月 19 日，瓦格纳式的悲剧在克罗尔歌剧院达到了高潮，希特勒在帝国议会前发表了他期待已久的、长达两小时的“最后的呼吁理性”演说。值得注意的是，演讲中完全没有任何“明确的详细建议”。相反，他说：“在这个时候，我觉得我有责任在我的良知面前再次呼吁英国保有理性和常识……我认为我有资格发出这一呼吁，因为我不是乞求恩惠的战败者，而是以理性的名义发言的胜利者。我看不出有什么理由让这场战争继续下去。想到它将带来的牺牲，我感到很难过……也许，丘吉尔先生会再次把我的这番话抛在一边，说这只是源于我们对最终胜利的怀疑。如果是这样的话，我就会在考虑接下来的事情时抛弃我的良知了。”

这是强者对弱者的赦免，而不是一个和平提议。

希特勒的示好又一次结束了。以他可以利用的最强力方式进行胁迫，成为元首的指导原则。

海空封锁：可能有效的长期方案

希特勒在第 9 号元首令中正式阐明了他的意图，那就是征服法国，利用夺取的法国海岸线上的港口和机场，通过 U 艇的封锁和空中轰炸来征服英国，这是解决英吉利海峡造成的地理僵局的一个可行的长期方案。6 月14 日，他重申了“经济封锁”战略，指示“将工业资源转给海军用于 U 艇的生产，转给空军用于 Ju 88 双发俯冲轰炸机计划，以便这些军种可以继续对英国进行围攻战”。

然而，这个任务是巨大的，而且海上方案在当时是不现实的。自 1935 年 6 月签署英德海军协议以来，德国海军集中精力实施一项雄心勃勃、极其昂贵且耗时的主力舰建造计划。当希特勒入侵波兰时，计划中的超过 58 艘潜艇中，只有 27 艘是远洋型，其余的是训练和近海型。然而，受到第一次世界大战期间虽然不具决定性但相当有效的 U 艇战役的鼓舞，德国在主力舰方面的劣势很快使雷德尔重新思考并调整了他的海军优先级，其结果是一个集中于建造更多更便宜且生产更快的潜艇的计划。但将钢铁供应和熟练技工转移到 U 艇的生产上需要时间，因此战前每月两艘的生产速度一直持续到 1940 年夏天。此外，U 艇的船员培训计划需要 9 个月的时间才能完成，以大约相同的速度输送毕业的水兵。

■ 前去巡逻的德国 U 艇，德国海军可用于进行远洋破交战的潜艇数量太少。

因此，日后被称为大西洋之战的战斗有一个缓慢的开局，尽管有几次对英国皇家海军部队的惊人突袭，特别是在斯卡帕湾击沉“皇家橡树”号(Royal Oak)战列舰和在一次不明智的沿海反潜巡逻中击沉“勇敢”号(Courageous)航空母舰。最初的战果当然是鼓舞人心的。利用包括水面突袭在内的一切可用手段，从战争爆发到 1940 年 6 月底，德国海军已经击沉了 469 艘商船(总吨位 167 万吨)。然而，同期有 25 艘 U 艇被击沉。由于 U 艇的建造和船员培训严重滞后，到 6 月，德国海军仍然只有 32 艘远洋 U 艇可用，在任何时候最多只能有 22 艘潜艇在海上战斗。

在建造和训练的速度远远超过损失的速度之前，雷德尔在 1942 年前几乎没有希望实现有效的、破坏经济的潜艇封锁。

德国空军为参与对英伦三岛的空中/水下封锁做了更充分的准备，黄色作战开始的两个星期后，它已经开始了一场有限的海上空袭战役，试图封锁英国的港口，不让商船抵达。5 月 24 日，就在敦刻尔克战役和撤退即将开始之际，第 13 号元首令授权德国空军开始攻击“英国本土……根据第 9 号元首令和最高统帅部发布的进一步命令”。第 9 号元首令命令“通过布雷和封锁通往主要港口的海上通道，并破坏重要设施和水闸来实施对主要港口的攻击，攻击英国商船和保护商船的敌方军舰”。伦敦、利物浦和曼彻斯特被指定为主要目标。

在黄色作战开始时，有两个德国空军指挥部专门负责反舰作战：第 9 航空师和第十航空军。后者是德国空军的主要海上打击指挥部，但它正在挪威支持针对在纳尔维克的英法波远征军的作战，所以暂时还不能发挥作用。约阿希姆·科勒(Joachim Coeler)少将的第 9 航空师以 KGr 126 的 36 架 He 111H 和 3 个海岸航空中队的 34 架 He 115B/C 型双发鱼雷轰炸水上飞机开始了这场战役。

自 1939 年 11 月 18 日以来，科勒的部队以一种相当散漫的方式进行对英作战，在泰晤士河和亨伯河口以及哈里奇(Harwich)附近布下反舰水雷。在接下来的 5 个月里共出动

■ 德军对水雷封锁战寄予厚望，德国空军命令第 9 航空师专门从事空投水雷作战。这架 He 111 携带了两枚 500 公斤 LMA 磁性水雷。

了205架次，布下262枚500公斤的A型空投水雷和1000公斤的B型空投水雷。在此期间，这些水雷击沉了7艘船，总重14564吨。对于封锁英国来说，这不具备任何决定性。

当黄色作战胜利完成后，为了扩大执行第13号元首令部队的规模，5月30日，KG 4被分配给第9航空师，而德国空军的其他部队则负责支援红色作战。在6月的第一周对英国皇家空军的多个机场进行了一连串的夜间轰炸后，KG 4的各个大队轮流回到德国，进行为期两周的布雷训练。

6月17至18日夜，中队规模的空袭重新开始(平均每晚约50架次)，几乎天天持续直到7月底。到了6月底，KG 27、51和55也加入了夜间空袭的行列，但是亨克尔轰炸机长期以来不精准的轰炸瞄准设备在夜间作战中变得更加不堪用，飞机通常将它们携带的炸弹广泛地散布在目标周围的旷野上。

此外，装备了新型四发Fw 200C-1“秃鹰”远程海上侦察机的KG 40第一大队被分配到第9航空师。6月中旬开始从奥尔登堡(Oldenburg)和马尔克斯(Marx)执行夜间布雷行动。期间从未拥有超过9架飞机，少有超过半数飞机可用。7月12日，该部队被调往法国布雷斯特，在布里斯托尔海峡、默西塞德附近和克莱德湾执行了12次布雷任务，而KGr 126和KG 4的He 111则在英吉利海峡的港口附近布设水雷。在这些行动中损失了两

■ 德国空军的Fw 200“秃鹰”拥有极远的航程，可以执行海上封锁作战，但是它的可靠性不足且数量太少，难以对战局产生决定性影响。

架“秃鹰”后，KG 40 的任务又改回了远程海上侦察，在皇家空军战斗机无法到达的东大西洋上空为 U 艇搜寻商船队。

总的来说，德国空军初期的封锁作战的结果与汉斯·盖斯勒(Hans Geisler)中将 1939 年 5 月在第 2 航空队的报告《计划调研 39》里的预测一致，即“德国空军只有通过超过两年的长期空中作战才能给英国造成重大损失”。从德国海军和德国空军的角度来看，经济封锁战略在 1942 年之前不可能让英国投降。

希特勒等不了那么久。

直接攻击：穿越海峡的入侵

1939 年 12 月搁置的《红色调研》和《西北调研》本应已经终结了对这一“不负责任的”(雷德尔原话)理念的所有妄想。然而，与法国人在贡比涅签署停战协议后，希特勒开始认真考虑加速解决他的“英国问题”。

促使他从承诺过的经济封锁战略中转向的主要动机与英国人无关，而是俄国人。

红色作战期间，斯大林的军队占领了爱沙尼亚、拉脱维亚和立陶宛，并将它们纳入苏联。这是经过修订和更新的(1939 年 9 月 28 日和 1940 年 1 月 10 日)《苏德互不侵犯条约》所允许的。8 月 11 日，随着德国外交使团和领事馆被驱逐，这一过程得以完成。

起初，这一扩张并不令人惊讶。但在停战协议签署的第二天，苏联外交部长莫洛托夫通知德国大使弗里德里希·冯·德·舒伦堡伯爵(Friedrich Werner Graf von der Schulenburg)，斯大林打算从罗马尼亚这个“受德国保护”的独立主权国家夺取比萨拉比亚和布科维纳，必要时会动用武力。希特勒对这一突然的专横扩张主义感到非常不安，但还是说服罗马尼亚国王卡罗尔二世相信让出这两个省符合他和德国的最佳利益。事实上，当时德国在该国没有任何驻军，罗马尼亚的军队也太弱，无力抵抗，所以两者都无法阻止苏军于 6 月 28 日对该地的占领。

之后，希特勒越来越担心斯大林“无礼的”大胆行为，认定他是一个两面三刀、危险且不可预测的敌人，可能代表着来自东方的威胁变大。考虑到必须尽早解决苏联的问题，希特勒开始希望迅速解决“英国问题”，并于 6 月 25 日指示最高统帅部负责人威廉·凯特尔(Wilhelm Keitel)大将让他的参谋部对在英国实施登陆作战的可行性展开初步研究。尽管 6 个月前陆军总司令部和海军总司令部的评估是消极的，但凯特尔提交的乐观评估促使希特勒命令他在 7 月 2 日发布一条启动令。

命令写道：“元首和最高统帅部决定，只要能取得制空权并满足某些其他必要条件，在英国登陆就是有可能的。开始的日期还不确定。所有准备工作应立即开始。”该指令命令 3 个军种向凯特尔的参谋部提供构想建议，包括所需的部队和预估的时间。

十天后，一份由约德尔撰写的最高统帅部备忘录在凯特尔的初步计划指令之后发布，该备忘录纳入了希特勒本人对这一问题的想法以及他的参谋部的理念。备忘录旨在为协调陆军最高司令部和最高统帅部的详细计划

■ 当斯大林宣布他打算从罗马尼亚夺取两个省时，希特勒把苏联看作更大的威胁，并决定他的“英国问题”需要尽早解决，为此可能需要直接穿越英吉利海峡进行两栖登陆。为了准备这样的作战，海军将1000多艘莱茵河上的驳船改装成临时登陆艇，其中许多是无动力的。在拖船的牵引下，这种无动力的登陆艇在沿海水域进行了登陆演习。

设立一个宽泛的基础，它建议将入侵看成在一条宽阔战线上的“超大规模渡河”作战，并暂时将其命名为海狮行动。

第二天(7月13日)，陆军总司令瓦尔特·冯·布劳希奇(Walther von Brauchitsch)大将和他的参谋长弗朗茨·哈尔德(Franz Halder)炮兵上将会见了希特勒并介绍了陆军总司令部的作战构想。他报告说，假设海军能够把部队送过英吉利海峡，德国空军能够保护滩头不受皇家空军的攻击，那么陆军指挥官们对胜利有相当大的信心。希特勒很高兴并批准了哈尔德的建议——“作为实际备战工作的基础，(并命令)立即开始入侵的准备”。

7月16日，在布劳希奇和哈尔德的简报三天后，以及希特勒蹩脚的“呼吁理性”演讲三天前，最高统帅部发布了他的第16号元首令，指出“由于英国虽然陷入绝望的军事处境却没有显示出准备达成和解的迹象，我已经决定准备一场针对英国的登陆行动，如果有必要的话，就要付诸实施”。该行动被命名为“海狮”，所有准备工作将于8月15日完成。

间接方式：在外围战线展开作战

虽然希特勒急于让他的参谋部们开始详细规划和准备一场大规模的跨海峡登陆作战，但他对胜利的前景并没有信心。如此宏大的作战一旦失败，遭受的惩罚实在是令人生畏：如果攻击在穿越海峡的途中被阻挡，甚至在英国海岸上被击退，物资和人力的损失将是巨大的，但并不致命。然而，政治上的惩罚，特别是它可能对斯大林产生的激励作用，是希特勒不敢设想的。所以，在他进行尝试之前，必须保证海狮的取胜前景。因此，他和最高统帅部不得不寻找其他没有遭受重大失败风险的方法来削弱英国。

在地理上，希特勒的战争已经急剧扩张，6 月 10 日，他的意大利盟友墨索里尼加入进来，通过滨海阿尔卑斯山攻击法国，轰炸马耳他，并从利比亚组织了一场大规模攻势以夺取苏伊士运河。英国从其主要帝国属地（印度、伊拉克、伊朗、中东和远东）运输石油、橡胶和其他现代战争所必需资源的最短“生命线”是通过苏伊士运河和直布罗陀海峡穿越地中海。墨索里尼不一定能占领苏伊士运河，尤其是纳粹在西班牙内战中给予佛朗哥决定性的支持后，控制直布罗陀才是封闭这条路线的更可靠选择。

因此，7 月 13 日，希特勒表示，他希望“把西班牙拉入游戏，以便建立一条从北角（挪威北部）到摩洛哥（直布罗陀对面）的（反英）战线”。同一天，他写信给“领袖”，拒绝了墨索里尼提出的派遣 10 个意大利师和 30 个空军中队加入海狮行动的提议，而是强调，考虑到“对英战争的战略宽度，意大利入侵埃及将是一个好主意”。

墨索里尼在四天后回应说，他“希望在德国攻击英国的时候进攻埃及”。

有了这个保证，7 月 22 日，最高统帅部派遣军事谍报局负责人威廉·卡纳里斯（Wilhelm Canaris）海军上将前往马德里，开始与佛朗哥及其战争部长胡安·维贡（Juan Vigón）将军讨论，并对前往直布罗陀的通道进行侦察。他回来后告诉凯特尔，佛朗哥由于一系列原因不愿意参战，但如果能得到他的配合，一支由两个步兵团和三个战斗工兵营组成的攻击部队，在一个战斗机和两个斯图卡联队的支援下，可以通过一场空地协同作战夺取直布罗陀。

8 月 8 日，在海狮行动的准备工作即将完成前一周，佛朗哥向德国驻马德里大使通报了他允许德国国防军部队在西班牙过境以实施突击作战的条件。其中最主要的是，“德国军队必须首先登陆英国本土，实施全面入侵”。

因此，本来应该是在地中海两端作为可选（或平行）战略的间接方案，却成了要以成功发动直接入侵作为先决条件。

转为防御战略：不可接受的选项

最具有吸引力的选项之一，特别是对德国人民和他们的民政部门来说，在于认识到英吉利海峡对于英国返回欧洲大陆所造成的障碍，正如同它对海狮行动所造成的障碍一样。在这个巨大的天堑后面转为防御态势，将允许 25% 的军队复员，解放大约 25 万劳动力回到工业和农业生产队伍中，正好赶上收获季节。

在红色作战成功结束之前，6 月 14 日，希特勒就指示，一旦取得最终胜利，陆军要从 167 个师减少到 120 个师。正如哈尔德在他的日记中写道："由于敌人的最终崩溃近在眼前，陆军将完成它的任务，然后……（可以）舒服地开始为其计划的和平时期组织做准备。只有空军和海军（将）继续针对英国的战争。"

但是，除了通过遥远的空中和海上封锁，不对英国进行威胁不符合希特勒的本性，也不符合他的政治利益。事实上，对英国"不采取行动"的后果几乎与试图采取行动（例如"海狮"）却失败了一样严重。这构成了事实上的承认，即英国人确实打败了他，最终的胜利实际上与他无缘，当他不可避免地转向对抗斯大林的俄国时，一个有实力且不断增强的敌人将持续在他的后方存在。

必须做点什么，但必须是不带有严重风险和重大失败后果的事情。

恐怖轰炸：希特勒的杀手锏

第一次世界大战期间，德国主要针对英国进行的轰炸行动在其平民百姓中引起了广泛的恐慌。在 1915 年至 1918 年，由飞艇和多发夜间轰炸机进行的 78 次空袭，造成近 1400 人死亡，3330 人受伤。如同统计数字一样悲剧的是，它们导致了对轰炸城市可能造成的物质和心理影响的高估。战后，《制空权》（1921 年出版，1928 年大幅修订）的作者意大利空战理论家朱利奥·杜黑（Giulio Douhet）认为未来的战争胜利将完全由空军赢得，他确定了五个基本目标类别：工业、交通基础设施、通信、政府和"民意"（恐怖轰炸）。

杜黑的一系列"未来战争"丛书（1928 年至 1930 年发行，包括《未来战争的可能面貌》《扼要的重述》《一九××年的战争》等）激发了大家的畅想，因为书中承诺可以通过"把战争带给人民"来避免像第一次世界大战那样的大屠杀。在 20 世纪 20 年代，防守方的空军无法阻止对城市等大型目标的轰炸，正如 1932 年 11 月斯坦利·鲍德温（Stanley Baldwin）在议会前发表的题为"对未来的担忧"的演说中所言，"轰炸机总是会通过的"。因此，民众现在要担忧曾经只会出现在前线的大屠杀发生在自己身上。那个时代耸人听闻的粗劣小说将这种担忧升级为恐惧，而在真正的战争中，国家领导人则期待着无节制的畏惧和恐慌。

各地的政治家，甚至是极权主义者，对民众的感受和士气总是很敏感，他们担心，如果使其爆发，杜黑的预言可能成为现实。因此，从"二战"一开始，双方的领导人就坚决不愿意率先使用轰炸机来对付敌人的平民，因为他们害怕遭到同样形式的报复。所以，他们中的大多数人，包括丘吉尔和希特勒，起初都没有动用空中力量攻击敌人的城市，因为担心敌人同样对自己的人民使用空中力量。

同样，更像是一位政治家的戈林，对杜黑理论的正确性也有一种夸大的看法。他对

■ 英国问题的另一个解决方案是恐怖轰炸。到 1940 年 6 月，纳粹战争机器已经在华沙和鹿特丹验证了此方案的效果，图中是被德国空军轰炸机摧毁的鹿特丹。

空军的理解是如此肤浅，而他的天性又是恐吓自己的对手，所以他热切地拥抱了杜黑过分乐观的预言，主张用轰炸城市的方式来恐吓平民百姓，使其屈服。

然而，他的将军们对杜黑未经验证的通过恐怖轰炸打破平民士气的理论的信心要小得多，他们更主张对英国工业目标和港口实施战略攻击。事实上，1939 年 5 月，当德国空军最高司令部参谋部审查第 2 航空队不乐观的《计划调研 39》(对《计划调研 38》的复述，由参谋部五天的“地图推演”得出)时，他们评论道：“此外，对伦敦这个敌军防御的要塞进行恐怖袭击，很难产生灾难性的影响，也不会对战争决策有重大作用。它们只会加强英国人的抵抗意志。”

由于担心对自己的人民产生相反的影响，希特勒甚至在发布《对英国的空中和海上战争的实施》(第 17 号元首令，1940 年 8 月 1 日)时称：“我本人保留决定采用恐怖袭击作为报复手段的权力。”

总　　结

希特勒的“理性呼吁”演说是为了让英国人民和他们的议会代表听到和思考。英国媒体迅速又充满敌意地向希特勒传递了民众的情绪。7 月 20 日，元首对齐亚诺说：“英国媒体对昨天讲话的反应，使人看不到(和平的)前景。”

希特勒的外交，如果可以这么说的话，

已经彻底失败了。一个静态的防御战略是不可能的，正在进行的经济封锁战役将花费长达两年的时间，在地中海的间接途径已经与取得直接进攻（“海狮”）的胜利联系在一起，而恐怖轰炸被英国皇家空军轰炸机司令部的实力所威慑。这一切使得穿越海峡的入侵成为希特勒唯一的选择。正如他在 7 月 21 日与雷德尔会面时的记录所证明的那样，“必须尽快完成作出动用武力决定的准备工作，（元首）不会让军事和政治的主动权从他手中溜走”。

因此，海狮行动将不可避免。

达成入侵的关键先决条件（确保在英吉利海峡和英格兰南部的制空权）是要由戈林的德国空军独立完成的责任。

第三章　德国空军的实力

在有史以来最强大、最高效和最成功的战术空军的支持下，德国国防军以令人震惊的速度征服了法国并将英国远征军赶出欧洲大陆，这一切只用了六个星期。戈林的德国空军的组织、训练和装备正是为了赢得这样的战役。但随着对法国的征服，希特勒的西

■ 不列颠战役期间，德国空军的战斗机指挥部设立在格里内角上。图中的纪念碑是为一战中的英国远征军而建的，背景中是一台 FuG 401 弗莱雅雷达。

线战役只完成了一半。从敦刻尔克的海滩到瑟堡的港口，特别是在加来附近格里内角(Cap Gris Nez)的灰色悬崖上，德国国防军和德国空军的军官们都在想，他们是否能消灭大英帝国。

正如很多学者指出的那样，德国空军不是一支战略空军。“一战”结束后，《凡尔赛和约》命令德国解散航空力量，并禁止德国拥有任何飞行兵器。战后的德军总司令冯·塞克特将军(Johannes Friedrich Leopold von Seeckt)十分清楚空军的重要性，虽然德国未被允许拥有空军，但他还是在军队人事局为魏玛国防军争取了180个飞行员的名额。由他精心挑选的一个空军军官团成为日后德国空军复兴的基础。尽管塞克特将军承认空军作为战术武器的重要性，但他从未对战略空中战争或轰炸敌人的城市表达出任何兴趣。

1919年至1920年，隐身于幕后的德国空军对第一次世界大战的经验进行总结，议题主要关注的是如何最好的组织空中观察和支援陆军作战，一系列讨论中最引人瞩目的特征就是他们对战略空军作战兴趣不大。虽然军官团中有曾指挥过轰炸作战的专家，但德军总参谋部和空军都没有组织过关于这一主题的研讨。直到20世纪20年代后期，魏玛国防军才对重型轰炸机的战术和在一战中的使用经验进行了研究，但只是提到了重型轰炸机对支援地面部队所起到的战术作用，与战略无关。重型轰炸机被定义为集团军和集团军群的支援兵器，用于打击敌军后方用于联络的军事目标，从而影响敌军前线部队的作战效能。

同时期，英、美和意大利军队的空军理论与魏玛国防军相去甚远。他们吸收了主张进行更大规模战略轰炸的理论家的观点，皇家空军更是第一个将战略轰炸确立为空军理论的基础信条。魏玛国防军对外军的理论进行了分析和批判，他们重点批判了那些战略轰炸理论家的观点，认为战略轰炸的作用完全言过其实。

1933年至1934年，德国开始重整军备时，魏玛国防军的影子空军已经发展出了一套完整的作战理论，强调空军支援地面部队的战术作用。战略轰炸尽管没有被完全排除，但其重要性远不及战术空中支援。1934年，新成立的帝国航空部发布了正式的空军作战手册，即《德国空军条例16：空战指导》，其中战略轰炸在空军的任务中优先度极低，条例中甚至包括对城市发动恐怖轰炸的禁令，仅保留有发起复仇轰炸的权力。当德国空军于1935年正式成立登上舞台后，绝大多数国防军军官习惯认为空军主要是一种协同作战力量，大部分德国空军军官也接受这一观点。

也许只有一个人可能改变德国空军的发展方向，那就是空军第一任参谋长瓦尔特·韦佛(Walther Wever)中将，他是德军最能干的军官之一。1933年进入帝国航空部时，韦佛是战略轰炸理论的狂热支持者。他希望组建一支远距离的战略轰炸部队。在他的领导下，德国空军曾试图通过设计和开发一种四引擎的大型夜间轰炸机来实现这一理论宗旨。1936年秋天，被乐观地称为“乌拉尔轰炸机”的Do 19和Ju 89原型机首飞，期望可以携带1600公斤的炸弹飞行2000公里。但由于缺乏提高性能的增压器，这两种飞机的动力严重不足，特别是在高空中。虽然它们有很大的航程，但无法达到He 111那样的载弹量和航速。更遗憾的是，韦佛在1936年6月的一次飞机事故中丧生，德国空军再度回到战术空中支援的老路上。“乌拉尔轰炸机”项目很快就被取消。

随着1937年4月航程1060公里、载弹量2000公斤的He 111的到来，德国空军的新任参谋长凯塞林(取代韦佛)决定，德国不能再为了大致相同的载弹量而花费2倍的资源——2倍的发动机、2倍的燃料消耗和2.5倍的铝，所以他接受了采用航程较短的中型轰炸机来同时完成战略和战术轰炸的职责。凯塞林得到了戈林的完全支持，他经常被引用的一句话是：“元首永远不会问我们的轰炸机有多大，而是问我们有多少架。”

以后的事实证明，长航程和4个发动机对德国空军来说是多余的。和He 111一样，这两种乌拉尔轰炸机的自卫武器都不能免疫战斗机的攻击，为了在敌人的拦截下生存，它们必须在昼间作战中得到战斗机的护航。

■ He 111轰炸机的生产车间。考虑到经济性，凯塞林决定将德国空军有限的资源投入双发中型轰炸机的生产

由于 Bf 110 驱逐机未能达成预期的轰炸机护航作用，四引擎的“战略轰炸机”将被限定在 Bf 109E 的 200 公里作战半径内活动。

因此，凯塞林的决定被证明是正确的。

在执行经济封锁战略时，对英格兰南部海岸的港口和英吉利海峡的航运的轰炸将在 Bf 109E 的有限航程内进行，而对远洋船只进行更远距离的海上打击时，则几乎不用担心战斗机或海岸司令部的布伦海姆 IF/IVF 双发战斗机。同样，对“埃米尔”护航范围以外的港口(包括布里斯托尔、利物浦和格拉斯哥)进行夜间轰炸时，也完全不用担心战斗机司令部当时低得可怜的夜间战斗机能力。

支援跨海峡登陆作战的想法在德国空军高级军官和他们的陆军同行看来不过是一场巨大的在“宽广战线上的渡河行动”。德国空军的理念是把消灭敌人的空军作为首要任务，兼顾掩护军队渡过英吉利海峡并支持先头部队和步兵在对岸作战，在构想上与它在黄色作战第一天对法国空军和皇家空军驻法基地的攻击以及四天后对装甲部队横渡马斯河的非常成功的支援是一样的。由于跨海峡行动将在 Bf 109E 的作战范围内进行，凯塞林和施佩勒的两支航空队的作战理念、角色和任务都没有改变。

这次不同的是，如果希特勒继续推行海狮计划，德国空军将不得不对它所遇到的最强硬的对手发动一场有效的制空权争夺战，英国握有一支在质量和数量上都比它以前面对的其他任何欧陆空军更强大的空中力量。据估计，德国空军将需要几天，甚至两周的时间，来彻底击溃英国的空中防御，使海军能够在没有皇家空军干扰的情况下运送军队穿越海峡。

与以往的战役不同的是，在此之前，对敌空中力量的最初攻击是与陆军对敌边境的首轮攻击同时进行的。而此次，德国空军将被要求连续数周独立于陆军进行空中作战，直到其他两个军种完成所有的准备工作，包括物资和训练，以及出现有利的潮汐和月光来实施夜间横渡海峡作战。开展独立于陆军的空战是德国空军以前从未做过的，在其理论手册《德国空军条例 16：空战指导》中也没有任何指引可寻。

下面我们将检查在 1940 年那个载入史册的夏天到来前，德国空军究竟拥有怎样的实力，让戈林有自信击败海峡对面的皇家空军。

轰炸机部队

1940 年 7 月，德国空军航空兵正处于巅峰状态，经过波兰、北欧、西欧三大战役的洗礼。德国空军积攒了丰富的经验，在此过程中，各种新武器和新战术得到了广泛实战验证。虽然在西欧战役中，英法空军合力给德国空军造成了不小的损失，但这并不足以令其伤筋动骨。德国空军各兵种实力总体保存完好，士气更是在不断胜利的激励下保持高昂。由于法国速败，希特勒寄希望于以外交手段解决英国问题，德国空军获得了宝贵的休整时间，其间大量装备和人员源源不断地加入前线部队，之前一个月战斗的失血很快就会得到弥补。

戈林和他的指挥官们很清楚，轰炸机是他们取得胜利的关键，只有轰炸机才能破坏敌人的军事设施，并诱使皇家空军的拦截机升空，给己方战斗机创造消灭对手的机会。经过多年的发展，德国空军拥有一支高效的轰炸机部队，装备 Do 17、He 111、Ju 88 双发水平轰炸机和 Ju 87 单发俯冲轰炸机。Do 17是三款双发轰炸机中体型最小的，绰号“空中铅笔”的道尼尔最初被设计作为邮政飞机和轻型客机，帝国航空部国务秘书埃哈德·米尔希(Erhard Milch)看出它具有作为高速双发轻型轰炸机的潜力，在原型机合同中就指定“即使是民用版本也应该能够快速转换为军用角色”。至 1940 年 7 月，德国空军有 8 个轰炸机大队装备该机的终极型号 Do 17Z，可以携带 1000 公斤的炸弹，专门从事低空轰炸，以确保对较小的目标有更高的投弹精准度，主要用于相对短距离的战场遮断和机场攻击。与当时的德国空军其他主力战机不同，Do 17 装备的是风冷发动机，这使得它在遭受敌军火力打击时的生存能力高于其他使用液冷发动机的德军战机。虽然道尼尔因在低空的良好操作性能和较高的战场生存能力而受到机组欢迎，但是其缓慢的航速和可怜的载弹量已经越来越难以满足战场的需要，德国空军正准备逐渐用 Ju 88A 取而代之。

与 Do 17 同时投入使用的还有亨克尔公司的 He 111 双发中型轰炸机，此时广泛装备的 He 111H/P(后缀取决于使用的发动机类型)可以携带 2000 公斤的炸弹，有效作战半径为 483 公里。这一半径可以扩大到 645 公里，但只能通过减少炸弹载荷到 500 公斤来实现。He 111 的防御能力不足，只在机头、后背和机腹安装有三挺 7.92 毫米 MG 15 机枪。虽然皇家空军战斗机很快就会迫使它们

■ 德国空军水平轰炸机“空中铅笔”Do 17。

安装更多的自卫机枪，有的还在机鼻安装了20毫米机炮，甚至在机尾安装远程操作的机枪，但唯一有效的是得到战斗机护航。

这种飞机的一个独特之处在于，飞行员在飞行的大部分时间里坐在离机头很远的地方，这样的设计固然有利于空气动力学，但使得飞行员上方及右侧的视野很差，而且他几乎看不到任何后方的东西。KG 53的瓦尔特·莱伯(Walter Leber)少尉回忆说，亨克尔是“一架很好的飞机，在当时非常强大和快速，虽然它的防御武器相当薄弱”。1940年7月，亨克尔是德国空军的标准中型轰炸机，装备了聚集在英吉利海峡沿岸的33个轰炸机大队中的15个。

融合了He 111载弹量和Do 17操纵性的是德国空军最新型的Ju 88A轰炸机，在一对1200马力Jumo 211B发动机的驱动下，该机可以携带2400公斤的炸弹飞行1260公里。虽然防御武器同样只有安装在前部风挡、机背和机腹上的三挺MG 15机枪，但是Ju 88要比He 111的航速高50 km/h，仅依靠速度就更容易摆脱英国战斗机的追击。该机型在1939年9月26日执行了首次作战。到了第二年的7月，一个全面的装备升级计划正在进行中，有3支轰炸机大队(KG 77)正在德国换装Ju 88A，同时有10个Ju 88大队部署在海峡沿岸的前线。

曾在KG 76同时飞过Do 17和Ju 88的京特·昂格尔(Günther Unger)下士回忆道：“Do 17比Ju 88要稳得多，要想最大限度地发挥容克斯飞机的作用，他必须得是一名优秀的飞行员，这是一种要求更高的飞机。在较高

■ 德国空军在不列颠战役期间装备数量最多的水平轰炸机He 111。

的速度下，容克斯飞机的机动性很强，比道尼尔更容易操纵；但在较低的速度下，情况正好相反，因此一些从道尼尔转飞容克斯88的飞行员在初期会重重地降落在地上。”尽管有一些小缺点，兼具速度和机动性的Ju 88仍然是德国空军当时最优秀的水平轰炸机。事实上，在整场不列颠战役期间，Ju 88的战损率要明显低于He Ⅲ和Do 17。皇家空军的战斗机飞行员也承认Ju 88是这三种轰炸机中最难击落的，尽管他们尽了最大努力，每天击落的Ju 88数量始终保持在较低水平。在1940年7月至10月，仅有10天Ju 88的损失数超过3架，只有4次损失达到两位数。

投弹精度是水平轰炸的弱点，在1937年的测试中，道尼尔和亨克尔的轰炸瞄准器只能将2%的炸弹投掷在目标周围200米的半径内。水平轰炸固有的不精确性直接导致了德国空军对俯冲轰炸的痴迷，尤其是对小型目标的精确攻击，如掩体、桥梁、炮兵阵地、战地指挥部和通信站点。在第一代双翼俯冲轰炸机He 50试验成功后，德国空军订购了坚固的下单翼Ju 87斯图卡作为主要战术支援飞机。由于沉重的机体和固定的起落架，Ju 87的航速缓慢，而且只有一挺MG 15机枪朝向机尾，防御能力很差。这种类型的飞机需要在宽松的战场环境下才能顺利完成任务，从俯冲中拉起时是它最脆弱的时刻。在波兰和法国，德国空军掌握了战场制空权，斯图

■ 德国空军当时最先进的水平轰炸机，容克斯公司的Ju 88轰炸机。

卡的表现让人印象深刻，而在跨越海峡的对英作战中，它们将要面对全新的挑战。

1940 年 7 月，德国空军的 11 个斯图卡大队全部部署在海峡前线。一个值得一提的细节是，到不列颠战役期间，作为斯图卡一大标志性特征的风笛已经被大多数斯图卡部队从他们的飞机上拆除。StG 77 第三大队长赫尔穆特·伯德(Helmuth Bode)上尉对此给出了简单明了的解释："它们(斯图卡)在没有额外累赘的情况下就已经够慢的了。"

不难看出，德国空军轰炸机部队虽然作战实力不俗，但是由于理念和装备的限制，它实际上只是一支以配合陆军作战为首要任务的战术部队。在需要德国空军独立进行的对英战役中，它的以下几点缺陷可能是致命的：

德国空军的轰炸机普遍载弹量较低，防御火力薄弱。毫无疑问，载弹量是轰炸机的核心指标，而德国空军大量装备的双发水平轰炸机及俯冲轰炸机以战场支援为主要任务，其体格已经决定了载弹量注定无法与战争后期英美的四发"怪兽们"相比。较低的载弹量意味着德国空军需要派出更多的轰炸机执行更多次数的作战才能达成理想的轰炸效果，当面对英国这样一个巨大的战略目标时，德国空军不得不在港口码头、海运、交通枢纽、机场、雷达站、兵工厂等诸多目标之间进行取舍，而希特勒留给他们的时间表并不宽裕，这意味着一旦在任务优先级和完成度上发生误判，其后果是难以挽回的。而身板脆弱以

■ Ju 87 俯冲轰炸机，德军闪电战的标志。

及防御火力孱弱更是德国空军各型轰炸机的通病，普遍装备的 MG 15 机枪难以对高速灵活的战斗机造成严重威胁。即便是保持了良好的防御编队，在昼间缺乏护航机掩护的情况下，敌军的战斗机部队很容易给它们造成严重杀伤。

■ 一架 Do 17Z 的座舱，飞行员坐在前排靠左位置，观察员位于右手边，还要负责操作他面前的一挺 MG 15 机枪。无线电员坐在飞行员身后，航空机械师一般位于拍摄者所在的位置，他还要负责操作一挺向后射击的机枪，机上经常还要再带一位机枪手操作机腹处的机枪。对于 5 位机组人员来说，道尼尔的座舱无疑是过于狭窄的，而且这是德国空军水平轰炸机的通病。战斗机在对这些轰炸机的座舱射击时，很容易一次性杀伤多位机组人员。

战斗机部队

根据德国空军战前的作战理念，战斗机可以区分为进攻性的重型战斗机和防御性的轻型战斗机。重型战斗机的职责是伴随轰炸机到达它们的目标，这一要求导致了大航程的梅塞施密特 Bf 110 驱逐机的出现，该机于 1936 年 5 月 12 日首飞，是一架纤细快速的双发双座战斗机，它的机头安装了两门 20 毫米 MG FF 机炮和四挺 7.92 毫米 MG 17 机枪，任务是在轰炸机的前面飞行，在它们之前扫除敌人的拦截机，并为 He 111 和 Do 17 提供近距离护航。

在战争早期，戈林认为 Bf 110 是一种无敌的战机，他将其比作英国内战期间克伦威尔的铁骑，德国空军战斗机飞行员中的精英才会被分配驾驶该机型。也许，正是这种精英地位和某种程度的家庭影响相结合，赫尔曼·戈林的侄子汉斯·约阿希姆·戈林（Hans-Joachim Göring）才会被派往驱逐机部队。1940 年 6 月底，戈林中尉在英吉利海峡沿岸的 ZG 76 第 9 中队担任驱逐机飞行员。

让德国空军没有想到的是，驱逐机日后的对手主要是轻型的单发战斗机，它们在驱逐机面前具有决定性的机动优势。西线战役中，Bf 110 在面对英法联军战斗机时已经感到吃力，而在对英作战中，Bf 110 将要接受老对手“飓风”和更加灵活的“喷火”战斗机的挑战。来自 ZG 26 的约阿希姆·科普塞尔（Joachim Köpsell）少尉对该机型的评价是：“由于 Bf 110 型飞机太重，很难将它调整到对敌方战斗机的射击位置。因此，尽管我们在战斗中拥有所有战斗机中最强大的武器装备，但要发挥这种武器的作用是非常困难的。”1940 年 7 月，德国空军共有 9 个驱逐机大队，其中 8 个由海峡前线的第 2、第 3 航空队指挥，剩下的一个（ZG 76 第一大队）隶属于挪威的第 5 航空队。

而作为防御性轻型战斗机的梅塞施密特

■ 一架 ZG 76 第二大队的 Bf 110，机鼻上的鲨鱼嘴涂装十分瞩目，这是该大队的标志。

Bf 109 于 1935 年 5 月 28 日首次试飞，它被设计为可快速爬升的轰炸机拦截机。理论上来说，Bf 109 负责在前线上空争夺制空权，并保卫德国境内重要的工业和政治中心。实战中，Bf 109 展现出了巨大的威力，虽然在一定程度上牺牲了机动性，但它在速度和爬升上的优异性能意味着飞行员可以自行决定最佳交战时机，迅速完成攻击并轻易脱离战斗。然而较短的航程决定了 Bf 109 无法全程伴随轰炸机深入数百公里外的敌军内陆作战，它的最大滞空作战时间只有 90 分钟，起飞后光是飞到英国就要花半个小时，用于作战的时间仅有 30 分钟，只够飞到伦敦北部。德国空军的领导层在对英作战开始后才想到通过使用可拆卸的外部油箱来扩大该机型的续航能力。但这些油箱直到 8 月才交付给第一支前线部队（LG 2 第一大队），该部直到 9 月才开始使用辅助油箱作战。对早期型号的改装直到 10 月才开始，此时战役已经结束了。

另外一个值得一提的事实是，在不列颠战役期间服役的大量 Bf 109 是早期型号的 Bf 109 E-1，它的武器装备只有四挺 7.92 毫米 MG 17 机枪。整场不列颠战役中，海峡沿岸战斗机部队中多达 40% 的 Bf 109 是 E-1 型。Bf 109E-1 逐渐被 E-3 替换，它的两挺翼载机枪被两门 20 毫米 MG FF 机炮取代（一些 Bf 109E-1 以这种方式被改装成了 E-3），武器装备得到了明显强化。但缺点是 MG FF 的射速很低，只有 MG 17 的一半。此外，MG FF 的枪口初速较低——575 米/秒（相比之下，MG 17 的枪口初速为 790 米/秒），这使飞机本身的机动对弹道的影响更加明显，加大了转弯时进行偏转射击的难度。

JG 26 第 9 中队长格尔哈德 · 舍普费尔

(Gerhard Schöpfel)中尉对 Bf 109 的评价较为中肯:“它比‘飓风’更胜一筹,在大约 6000 米以上高度,也比‘喷火’更快。我相信我们的武器是更好的,它位于更中央的位置,使得射击更精确。另一方面,英国战斗机可以比我们转更小的弯。另外,我觉得梅塞施密特战斗机没有英国战斗机那么结实,不能承受过多的伤害。”

■ JG 26 的一个 Bf 109E 编队。

JG 52 第 8 中队长京特·拉尔(Günther Rall)中尉认为:“‘喷火’战斗机的椭圆机翼具有神奇的特性,升力很大。它们非常灵活。我们无法在陡爬升中抓住它们。另一方面,它们在做翻转动作时可能失速,因为重力作用切断了燃料的供应。但它们仍然是非常值得敬畏的敌人。相比之下,我们的 Bf 109 战斗机有缺点。我不喜欢前缘缝翼,而且我们的驾驶舱非常狭窄,后方视野有限。战斗机飞行员需要良好的全方位视野,而我们却没有。”

虽然有着航程不足等缺陷,Bf 109E 依然是当时德国空军最值得信赖的护航机。不列颠战役期间,德国空军的全部 28 个“埃米尔”大队中,除留守挪威的 JG 77 第二大队和负责本土防空的 JG 77 第三大队外,其余都投入了对英作战。

此处还有必要特意提一下一支特殊的德国空军作战部队——ErprGr 210(210 测试飞行大队)。该部于 7 月 1 日在科隆-奥斯特海姆机场成立,指挥官是原秃鹰军团老兵瓦尔特·鲁本斯多弗(Walter Rubensdörffer)上尉。ErprGr 210 成立的初衷是试飞及开发德国空军新一代双发驱逐机 Me 210 的战术,然而由于该机研发进度的滞后,大队转而进行战斗轰炸机理念的验证。ErprGr 210 下辖 3 个中队,其中大队司令部、第 1、第 2 中队装备拥有炸弹挂架的 Bf 110 战斗轰炸机,而第 3 中队则装备 Bf 109 战斗轰炸机。第 3 中队的主要任务是为大队的 Bf 110 护航,尽管如此每架飞机仍装有可携带一枚 500 公斤炸弹的挂架。当遇到危险时,这些 Bf 109 可以立即丢下它们的炸弹转而扮演普通的战斗机角色。该大队将在不列颠之战中大放异彩,并对德国空军对地攻击部队的发展产生深远影响。

兵力部署与战役指挥官

为了准备对英国的进攻,德国空军对进攻法国的部队进行了必要的重组。从 6 月 22 日开始,德国空军最高司令部指挥第 2 和第 3 航空队向北移动,占据位于法属海峡沿岸和比利时及荷兰的机场。这一规模巨大的飞机、人员和地面设备的转移需要两个星期才能完成，特别是要考虑到戈林在1940年6月30日的德国空军最高司令部指令中的指示，即在建立“足够的防空和战斗机防御系统、充足的供给(燃料、弹药和补给库存)，以及完全可靠的指挥系统(指有效的通信网络)”后，才能开始“实施计划中的攻势”。

同样在接下来的几周里，在黄色作战和红色作战中经受的高昂损失得到了弥补。在西线战役六周的激烈战斗中，两支航空队损失了1120架双发轰炸机中的477架。到7月20日，它们的前线兵力恢复到了轰炸机1131架(还有另外129架在挪威)，单发战斗机656架，双发战斗机168架。对手英国皇家空军此时则有1519架作战飞机，其中包括606架单发战斗机，101架双发战斗机。与此同时，在法国战役中被击落和俘虏的大约1833名德国空军官兵中的大多数被释放并回到了他们的部队，接受复训以重新成为合格的空勤人员。此外，从航校输送来的新鲜血液也填补了在法国战役中阵亡的1092名空勤人员，以及1395名伤员留下的空缺。

■ 一架JG 2第1中队的Bf 109E-4正在补充弹药。

45岁的凯塞林元帅(1940年7月19日晋升元帅)继续负责指挥第2航空队，他因具备极高的行政管理和指挥才能而在1933年从陆军调到空军担任行政主管，1936年被任命为德国空军参谋长。由于厌烦被卷入权力斗争(尤其是与国务秘书米尔希的冲突)，凯塞林在任职不到一年后就回到一线担任德国空军第3军区司令部(1939年改组为第1航空队)指挥官。1939年9月，凯塞林指挥第1航空队参加了侵略波兰的战斗。当费尔米因“梅赫伦事件”(一架携带着德国空军伞兵计划的信使飞机错误地降落在比利时)被解职后，凯塞林成了第2航空队的司令，并再次出色地领导他的部队征服了荷兰和比利时。1940年的夏天，他的航空队驻扎在荷兰、比利时和塞纳河以西的法国境内，司令部位于布鲁塞尔。

凯塞林是一位老派的德国军官，对他的下属坚定但有人情味，而且很有礼貌，深受他们的尊重。由于缺乏对飞机的深刻技术理解，凯塞林的行为就像一位试图跟上知识超过自己的儿子的父亲：在对一个飞行单位进行视察之前，他会阅读一些和小部件有关的资料，例如Jumo发动机的燃油喷射系统。然后，他将就这一个部件提出一些问题。然而，这种做法很快就被传开了，在视察过程中，他的下属们总是期待着发现这位元帅刚读过哪一个部件的资料。然而，在这种无伤大雅的乐趣背后，是对一个被视为费尽心思给下属留下深刻印象的指挥官的更大尊重。

法国境内的其他空军作战单位由55岁的

第3航空队司令施佩勒元帅(同样在1940年7月19日晋升元帅)指挥，他将自己的司令部设在巴黎郊外。施佩勒因其巨大的体型和习惯性地在右眼戴着单片眼镜而被人们铭记，他曾被希特勒称为“看起来最残忍的将军”之一。施佩勒在第一次世界大战期间曾在帝国空勤队服役，并在1919年德国军事飞行表面上停止时转入陆军。1934年，他加入秘密组建中的德国空军，并迅速晋升成为第一个战术司令部第一航空师的指挥官。两年后他去了西班牙，指挥德国空军“秃鹰军团”在内战期间支持佛朗哥将军。

1938年，施佩勒成为空军第3集群司令部(第3航空队的前身)长官。他的司令部通过积极的力量展示参与希特勒对奥地利和捷克斯洛伐克的吞并。波兰战役期间，以战斗机部队为主的第3航空队负责在西线提防英法联军。静坐战争中被迅速加强为3个航空军的第3航空队在法国战役大显身手，在施佩勒的领导下，充分发挥了空军在闪电战中的巨大威力。与凯塞林相比，施佩勒更像英国人心目中的德国将军原型，他是一个冷漠的人，很少与他的下属交谈，独断专行，而且对礼节要求非常苛刻。几乎没有人看过他笑，有人说，如果他笑了，他的脸就会裂开。尽管如此，施佩勒依然是德国空军中对空中战役理解最深的指挥官。

两个航空队下属的航空军相比法国战役时只发生了一个变化：第二航空军和第四航空军互换了位置，这是为了使拥有专门负责反舰作战部队的第四航空军更好的破坏英国的海上运输线。驻扎在挪威的第5航空队由汉斯·尤尔根·施通普夫(Hans-Jürgen Stumpff)大将指挥，这个航空队在进攻英国的初期战斗中不会扮演任何重要角色。但是其下属的轰炸机和驱逐机能提供重要的远程反舰兵力，更关键的是它对英格兰北部和苏格兰地区的牵制性攻击会迫使英国皇家空军在北部保留相当数量的战斗机部队，从而削弱了其南部的作战力量。

和法国战役一样，德国空军将战斗机和驱逐机部队合并成两个战术性的战斗机指挥部，其中第2战斗机指挥部归属第2航空队，第3战斗机指挥部归属第3航空队，战斗机指挥部在安排护航和战斗机扫荡任务上拥有自主权。它们的对手英国皇家空军也有类似的作战组织即战斗机大队，与英国战斗机大队相比德国战斗机指挥部没有任何方法探测敌机的位置，战斗机一旦起飞指挥部就完全无法控制它们的作战。因此尽管名义上负责指挥空战行动，德国飞行员们不得不在没有地面引导的情况下战斗，这一缺点最终会摧毁德国战斗机部队的全部努力。

另外一个大问题是飞机的生产情况，自开战以来德国的飞机生产情况就一直难以令人满意。在对付孱弱的波兰和西欧诸国时这个问题还不是特别明显，但是当遭遇到英国皇家空军这支力量相当的部队时飞机的生产能力就将起到关键作用。英国自1940年6月起战斗机的月产量就已经达到446架，同时，轰炸机的当月产量也增加到了407架。从6月4日至7月10日，皇家空军战斗机司令部的实力增长了68%，从446架增加到656架可用战斗机。除此之外，一支由467架可用轰炸机组成的部队将使德国和纳粹占领区领土面临夜间空袭的威胁。之后的4个月里尽管遭到了轰炸，英国战斗机的月产量却依然达到了496架、476架、467架和469架这样的高水平，同期还有1872架战损战斗机得到修理。反观德国空军，在6月、7月、8月、9月里只分别接收到了164架、220架、173架和218架Bf 109战斗机，Bf 110的月产量更是不超过102架。本来德国人在飞机数量上的优势就不大，再加上生产数量比不上对手，这就使此次战役成功的希望又缩小了一成。

德国空军最高司令部

尽管德国空军拥有令人印象深刻的作战能力，但它较严重的缺陷之一是缺少一个合适的总参谋部。由帝国航空部早期(1933年至1935年)的空军指挥部演变而来，德国空军最高司令部的设立和组织作为德国空军总司令戈林的个人参谋部，就像国防军最高统帅部是希特勒的个人军事参谋部一样。它并不是像德国陆军总司令部或德国海军总司令部那样真正的“总参谋部”或“最高司令部”。

德国空军最高司令部的6个分支机构被组织为两个部门，加上表面由航空部国务秘书埃哈德·米尔希(戈林的副部长)管理的通信参谋部作为第7个分支机构，全部听命于戈林的总参谋长汉斯·耶顺内克(Hans Jeschonnek)少校，一位41岁的少壮派军官及希特勒崇拜者，他于1940年7月19日被越级晋升为航空兵上将。

■ 不列颠空战期间的德国空军总参谋长汉斯·耶顺内克。

德国空军最高司令部的两个部门是由奥托·霍夫曼·冯·瓦尔道(Otto Hoffmann von Waldau)少将领导的作战参谋部，以及由军需部长汉斯·格奥尔格·冯·塞德尔(Hans-Georg von Seidel)将军领导的3个后勤机构。所有与通信有关的机构都由独立的信号主管沃尔夫冈·马蒂尼(Wolfgang Martini)少将负责。

这些人不负责规划作战行动。

作战行动是由航空队和航空军司令部分别与负责的陆军集团军群和集团军司令部紧密合作进行规划的。执行陆军总司令部进攻计划的陆军司令部向所属的德国空军各级指挥机构提供作战指示并确定优先次序，后者则负责分配目标和任务，从而指挥下辖的轰炸机和斯图卡联队攻击目标以实现陆军的预期目的。

瓦尔道的作战参谋部由作战处(第1处)、训练处(第3处)和情报处(第5处)组成，负责分配和调动部队到航空队和航空军，确定军种联合作战的目标和争夺制空权阶段的优先事项，分发建议的目标清单和情报信息。作战处包含各组科室，如“航空部队”“防空炮”等，由负责当前作战、训练要求、技术要求的各个科室组成。

“当前作战”科室通过研究情报文件和侦察照片定期编制目标清单，这是它对空军战役规划的一大贡献。德国空军最高司令部的目标清单是一份敌方设施的目录，通常附在戈林的命令或指示之后，如果设施被摧毁，将有助于实现作战的既定目的和目标。由战场司令部(航空队指挥官和参谋部)根据这份清单做出目标选择。

塞德尔的后勤部门由动员处(第2处)、军需处(第4处)和军械处(第6处)组成。在战胜法国之后，第2处忙于在离英国最近的新占领区寻找合适的机场，并为接收德国空军庞大的航空部队做准备，命令运输和储存燃料、军需品(炸弹、空投水雷和燃烧弹)、弹药和其他维持大规模空战所需的物资。除了供应上述物资外，第4处还要努力弥补在西线战役前两个阶段(黄色作战和红色作战)损失的1401架飞机。

马蒂尼的信号部门是在1939年2月1日重组后依然直属于帝国航空部的四个部门之一，由米尔希负责行政管理。然而，在作战层面，马蒂尼通过耶顺内克向戈林报告。马蒂尼被认为是“一个将事业利益置于个人之上并持续以最紧密的方式与总参谋部合作的军官”。

信号部总部的工作人员管理着一个庞大、忙碌并在不断扩张的机构，他们负责电子系统的开发，所有通信和地面航空导航设备的安装和维护，以及在所有德国空军作战单位、基地和司令部之间建立高效的通信网络。1940年夏天，它的主要外勤人员正忙于在后两者之间铺设固定电话，将它们连接到大型复杂的交换机上，并在新占领的基地和机场建立11个新的航空安全机构(为德国空军提供空中交通管制服务的组织)设施和38个导航信标台。此外，马蒂尼的无线电监听单位沿着被占领的海岸线部署，开始窃听皇家空军的无线电通信，以尽可能多地了解他们的下一个对手。

德国空军的情报工作

从1939年4月1日开始，德国空军最高司令部的情报处主管由约瑟夫·施密德(Joseph Schmid)中校担任，这是一位年轻且富有野心的非航空军官，与戈林关系密切。上任后，施密德立即着手创建三份情报评估文件：《蓝色调研》(英国)、《绿色调研》(波兰)和《红色调研》(法国)，其中最重要的是第一份。

戈林在1938年11月下令开展《蓝色调研》，当时希特勒对在慕尼黑被张伯伦“击败”感到愤怒，并发誓要为此“惩罚英国人”。在56岁的预备役军官希尔默·冯·毕洛(Hilmer Freiherr von Bülow)上校的领导下，此项目进展缓慢。戈林将他派往罗马担任空军武官，并任命38岁的施密德为第5处的新主管。《蓝色调研》是这位新任情报处长第一次有机会给他的领导留下深刻印象。一个精心挑选的委员会在一个多月的时间里每周召开两次会议，每次四五个小时，审议来自不同渠道的信息。

由戈林任命的研究组的固定成员包括他的参谋长耶顺内克、18个月前曾对英国进行过实况调查和“友好”访问的帝国航空部副部长米尔希以及从其技术部带来技术专家的装备总监恩斯特·乌德特(Ernst Udet)。施密德通过私人渠道邀请了著名的科学家、杰出的经济学家、地缘政治学教授和工业家参加。考察的信息来源包括1936年4月(直到1939年9月3日)以来德国空军驻伦敦武官鲁道夫·温宁格(Rudolf Wenninger)中将获得的信息，卡纳里斯上将的军事谍报局间谍网，马蒂尼的无线电监听部门(通过监听皇家空军的无线电通信，编制了相当准确的皇家空军作战序列)，德国空军最高司令部新闻组翻译的英国新闻媒体文章，以及西奥多·罗韦尔(Theodor Rowehl)中校的秘密摄像侦察单位利用装有照相机的He 111C“邮政飞机”进行汉莎航空“航线验证试验”时所收集的图像。

西奥多·罗韦尔

1894年2月9日生于下萨克森州的巴施吕特(Barschlüte)，“一战”期间曾在德国海军服役并在英国上空进行过侦察飞行。战争结束后，由于担心新生的波兰与法国结盟所带来的战略影响，他开始在空闲时间驾驶租借的私人飞机对波兰进行摄像侦察，曾于1929年5月26日在一架容克斯W34上创造了12739米的飞行高度纪录，他拍摄的照片受到了德军情报部门的重视。1934年，罗韦尔重新入伍成为一名军官。1936年，在戈林的邀请下，罗韦尔和他的侦察单位被调到德国空军，成为第5处(情报处)下属的特别中队。他四处招募飞行员，并积极协助新型侦察机和侦察设备的开发。他的部队通常被称为罗韦尔飞行队，负责为德国陆军和空军提供战略侦察服务。“二战”爆发后，该中队扩充为四个中队，每个中队有12架飞机，并正式更名为德国空军最高司令部直属远程侦察机大队。

1940年9月27日，罗韦尔因在航空侦察领域作出的巨大贡献而被授予骑士十字勋章。他的侦察大队为德军在巴巴罗萨行动初期的辉煌胜利作出了巨大贡献。1941年7月1日，罗韦尔晋升上校。1943年过后，德国处于守势，对空中战略侦察的需求逐渐减少。1944年9月30日，在妻子死于盟军的一场空袭后，罗韦尔选择从军队退役以照顾两个孩子。

■ 伦敦的战前航拍照片，据说是由罗韦尔的摄像侦察单位驾驶 He 111C“邮政飞机”进行汉莎航空“航线验证试验”时所拍。

通过各种讲座、讨论和讯问，施密德创建了一份惊人精确的 94 页情报评估文件。他于 1939 年 5 月 2 日发表并发送给戈林和三位航空队指挥官的初版报告中，施密德指出英国经济极度依赖海上航线，其海军和商船港口对来自空中的威胁高度敏感。他还预见性地警告，预计到 1941 年，皇家空军的战斗机力量将与德国空军战斗机部队不相上下，但“英国的防御系统（在当时阶段）无力保卫除伦敦周边地区以外的地方。这将使英格兰的其他地区在攻击面前毫无防备”。

在考虑了航空队指挥官的反馈和作战参谋部的意见后，1939 年 7 月 9 日，耶顺内克向费尔米的第 2 航空队参谋长发出指示，内容包括潜在的目标清单和由《蓝色调研》提供的预期皇家空军作战序列，一旦获得了较近的基地或更远航程的轰炸机，就要开始制订针对英国战争工业和物资供应中心的空袭计划。

无论希特勒采取哪种方案，《蓝色调研》都是德国空军在即将到来的战争中的主要信息来源，因为一旦战争爆发，德国空军的情报职能就会发生巨大的变化。在敌对行动开始之前，德国空军关于敌空军和航空工业的主要信息来源是对外国新闻媒体的翻译以及来自军事谍报局和德国空军附属机构的报告。

一旦战争开始，这些来源就会停止。

翻译和发掘公开来源的敌方新闻媒体信

息最初是帝国航空部新闻组的职责。起初，它是中央(行政)部的一部分，随着《蓝色调研》的启动，它被转到施密德的第5处，为情报研究工作作出了重要贡献。安德烈亚斯·尼尔森(Andreas Nielsen)中将在《德国空军最高司令部的情报收集和评估》(美国空军历史研究第171期)中指出，“外国报纸、插图期刊、工业目录和其他重要的军事文献”的主要提供者是纳粹党的帝国保安部。莱因哈德·海德里希(Reinhard Heydrich)的帝国保安部忙于确保纳粹政权的安全，从未关注过满足德国空军的情报需求。这些材料“不定期交付，并且没有系统地挑选，因此无法进行情报挖掘”。随着战争的开始，这一来源几乎断绝了，施密德的新闻组转而制作德国空军的宣传资料，并对德国媒体的出版物进行审查，以确保没有任何有情报价值的东西提供给敌人。

当然，外国出版物的另一个来源是空军武官，“但(他们)在获得必要的外国(货币)兑换方面遇到了相当大的困难”。无论如何，随着敌对情绪的升级，空军武官会被召回或驱逐，就像温宁格遭遇的那样，所以这个来源也被切断了。

随着战争的爆发，军事谍报局的行动从情报收集转向进行破坏工作，并在希特勒的坚持下，积极开展反情报行动。这样，外国情报信息的最后外部来源也断绝了。对被俘的敌方飞行员的审讯也是由军事谍报局负责，收集到的信息不是交给德国空军最高司令部，而是交给当地军区的德国空军情报官员。官方历史证实“德国空军司令部和参谋部没有自己的情报收集机构”。

在德国空军内部，主要的信息来源是罗韦尔在柏林的德国空军最高司令部侦察机大队(包含四个中队)，马蒂尼的无线电监听部门，以及从德国空军总部情报机构“上传”来的报告和图像。根据这些资料，施密德的第5处有时会被要求“根据战地指挥部收集的信息汇总对空中局势进行预估”。

以施密德在1940年1月1日提交的《英国空军(本土)的结构》为例，其内容主要来自马蒂尼的无线电监听部门，并更新了最初的1939年6月1日皇家空军作战序列，将其替换掉《蓝色调研》的原始附录3发给战地指挥部。与当时实际的皇家空军作战序列相比较，该文件中关于第11大队的基地和作战单位的内容非常准确。然而，依赖温宁格关于战斗机司令部未来扩张计划的过时信息，该文件的其余内容充满了谬误。

德国空军掌握的皇家空军作战序列情报与真实皇家空军作战序列的对比，1940年1月1日

德军情报掌握的皇家空军作战序列	真实皇家空军作战序列
第11大队 阿克斯布里奇(Uxbridge)	
坦米尔	坦米尔

续表

德军情报掌握的皇家空军作战序列	真实皇家空军作战序列
第 1 中队(飓风)	第 1 中队(飓风)
第 43 中队(飓风)	第 43 中队(飓风)
	第 601 中队(飓风)
	第 605 中队(飓风)
肯利	肯利
第 3 中队(飓风)	第 3 中队(飓风)
第 17 中队(飓风)	
第 615 中队(飓风)	
	克罗伊登
	第 615 中队(英国远征军 1939 年 11 月至 1940 年 4 月)
比金山	比金山
第 32 中队(飓风)	第 32 中队(飓风)
第 70 中队(飓风)	
霍金奇	
第 25 中队(飓风)	
霍恩彻奇	霍恩彻奇
第 54 中队(飓风)	第 54 中队(飓风)
第 65 中队(飓风)	第 74 中队(喷火)
第 74 中队(喷火)	第 611 中队(喷火)
	曼斯顿
	第 79 中队(飓风)
	第 600 中队(布伦海姆 IF)
	罗奇福德(Rochford)
	第 611 中队(喷火)
北威尔德(North Weald)	北威尔德
第 56 中队(飓风)	第 56 中队(飓风)

续表

德军情报掌握的皇家空军作战序列	真实皇家空军作战序列
第151中队(飓风)	第151中队(飓风)
	第604中队(布伦海姆IF)
德布登	德布登
第29中队(布伦海姆)	第17中队(飓风)
第85中队(飓风)	第29中队(布伦海姆IF)
第87中队(飓风)	第85中队(英国远征军1939年11月至1940年4月)
	第87中队(英国远征军1939年11月至1940年4月)
诺索尔特(Northolt)	诺索尔特
第111中队(飓风)(1940年5月前在苏格兰)	第65中队(喷火)第25中队(布伦海姆IF)
亨顿(Hendon)	
第192中队(喷火)	
第600中队(布伦海姆)	
第601中队(布伦海姆)	
第604中队(布伦海姆)	
合计:21个中队	合计:21个中队
第12大队 哈克诺(Hucknall)	第12大队 哈克诺
杜克斯福德(Duxford)	杜克斯福德
第19中队(喷火)	第19中队(喷火)
第66中队(喷火)	第66中队(喷火)
威特灵	
第23中队(布伦海姆)	第23中队(布伦海姆IF)
第213中队(飓风)	第213中队(飓风)
迪格比(Digby)	迪格比
第46中队(飓风)	第46中队(飓风)
布罗米奇堡(Castle Bromwich)	布罗米奇堡
第605中队(飓风)	仅有制造厂

续表

德军情报掌握的皇家空军作战序列	真实皇家空军作战序列
第 606 中队(飓风)	
未知	皇家空军状态
第 121 中队(喷火)	第 121 中队 1941. 5. 14 成立(鹰中队)
第 122 中队(喷火)	第 122 中队 1941. 5. 1 成立(喷火)
第 124 中队(喷火)	第 124 中队 1941. 5. 10 成立(喷火)
第 128 中队(喷火)	第 128 中队 1941. 10 成立(飓风)
第 130 中队(喷火)	第 130 中队 1941. 6 成立(喷火)
第 134 中队(喷火)	第 134 中队 1941. 9 成立(飓风)
第 136 中队(喷火)	第 136 中队 1941. 8 成立(飓风)
第 168 中队(喷火)	第 168 中队 1942. 6 成立(战斧)
第 187 中队(喷火)	第 187 中队 1945. 2 成立(哈利法克斯运输司令部)
第 191 中队(喷火)	第 191 中队 1943. 5 成立(卡特琳娜侦察机)

带着这份更新后的作战序列和一份修订了的目标清单，施密德在六个半月后的 1940 年 7 月 16 日制作了一份修订后的《蓝色调研》。虽然施密德仍在宣扬初版中提出的经济封锁战略，但他没有任何外部渠道来提供任何新的或当前的信息，这使得修订版不足以作为一个准确的情报评估，因为它所依赖的数据是一年多以前的，而且只是随着时间的推移进行推断。换句话说，它在很大程度上只是一种猜测。

随着几乎所有外部信息来源的断绝，施密德的主要任务实际上从情报分析评估转变为向戈林和耶顺内克的空军最高司令部参谋部提供每日战局报告。这种报告是对下属空军司令部、陆军和海军机构的每日情况报告，以及来自其他情报来源(尤其是无线电拦截)的报告和信息进行整合。

无线电监听部门

通过马蒂尼的无线电监听部门，施密德和德国空军领导层获知了皇家空军新型预警雷达网络，但当时没有人意识到它的能力或潜力，施密德在《蓝色调研》的两个版本中都没有提到它。事实上，马蒂尼和他的幕僚早在两年前就已经意识到了链式本土雷达系统的存在。

1934 年 5 月，马蒂尼在他的帝国航空部信号部门设立了一个科室(小组 IIIC)，负责拦截敌人的无线电通信，破译和评估它们，并派发从中获得的情报。伪装成“气象报告接收站”的作战单位沿着德国的边界和海岸线建立，从 1936 年 9 月 21 日开始，它们开始记录外国发射机的位置(通过测向三角定位)和信息内容，将这些“原始”信息输入到波茨坦的密码中心进行处理、破译和解析。

沃尔夫冈·马蒂尼

1891 年 9 月 20 日生于波森的利萨(Lissa)，他在体育学院上学时就成为一名无线电爱好者。毕业后他加入军队，因为拥有无线电专长而快速成为一名少尉，在一个通信营担任连长。“一战”期间，他在多个无线电单位担任领导，并晋升上尉。战争结束时，他在总司令部负责无线电事务，并在德军占领的比利时那慕尔担任陆军信号学校的领导。《凡尔赛和约》签署后，马蒂尼是少数被允许留在军队中的军官之一。接下来的五年里，他在几所陆军学校担任信号教官，1928 年至 1933 年，他在国防部担任无线电专家并被提升为少校。1933 年德国空军成立后，马蒂尼被调到这里，并很快成为无线电事务委员会的主任。1938 年，他晋升少将，并被任命为德国空军的信号部门主管。马蒂尼是德国雷达技术的主要推动者，但戈林从未完全信任他，两人经常在技术决策上发生冲突。例如，当马蒂尼通过信号情报知道英国雷达的存在后，他们对其重要性产生了激烈的争论。戈林曾对其他指挥官说马蒂尼是个傻瓜，“所有的专家都是这样，他们夸大了他们正在研究的东西的重要性”。1941 年，马蒂尼晋升通信兵上将，并保持此军衔直到 1945 年 5 月战争结束。

根据官方历史，“随着 1938 年外交政策的发展和 1939 年 3 月 15 日波希米亚和摩拉维亚保护国的建立(希特勒对捷克斯洛伐克其余地区的占领)，未来军事政治发展的趋势似乎表明，如果发生战争，英国也必须被算作一个未来的敌人”。

动员开始后，每个航空队作战区域内都要建立一个中央控制基地，如凯塞林的控制基地就负责通过位于明斯特附近的泰尔格特(Telgte)和胡苏姆-米尔德施泰特(Husum-Mildstedt)的两个固定拦截站以及两个机动连来监听英国。这些设施“监听邻近国家的总体通信，特别是空中通信；(确定)外国空军的地面组织、战术、指挥、报告、导航系统、行动流程、无线电频率……(并)利用外国无线电通信为本国轰炸机部队导航”。但他们并不向凯塞林报告，而是将原始的截获信息发送到波茨坦的密码中心。

马蒂尼的监听部门对定位英国的无线电发射器特别感兴趣，因为英国比德国在欧陆上的其他邻国距离远得多，预计可以利用皇家空军和民用航空导航信标台以及英国广播公司的广播站来引导德国空军的轰炸机穿越海洋并进入该国的内陆。由于距离较远，无法全面覆盖位于英国内陆的无线电信标台和广播站，马蒂尼向戈林申请使用国内现有的两架飞艇（LZ127 和 LZ130，均命名为齐柏林伯爵）中的一架，该申请得到了批准。1938年，齐柏林飞艇（LZ 127）进行了两次巡航，飞艇上载有无线电拦截人员，沿着英国的东海岸，探测迄今为止还没有记录过的无线电频率。

尽管人们通常认为这些飞行任务是专门为了调查皇家空军的链式本土雷达网络，但事实并不是这样。然而，沿海的雷达发射器被列入无线电监听部门的英国无线电台名单，这促使德国空军在第二年使用 LZ 130 进行了又一次的电子情报航行，但没有收获。

马蒂尼希望他的无线电拦截部门成为“一个为空军总司令服务的情报机构”，提供“作战情报，以深入了解外国空军的战略集中区域、他们的地面组织、他们的力量和他们的攻击目标”。

德国空军最高司令部的其他参谋人员不一定会同意。

无线电监听部门被视为“几乎是马蒂尼将

■ 1938 年至 1939 年，德国空军使用两架齐柏林飞艇搜索皇家空军的导航信标台以及英国广播公司的广播站发射器。

军的私人领域”。他在没有得到施密德的第5处加入的情况下就向作战单位分配它们的任务，他的密码中心在无法获知其他情报信息的条件下评估和解析英国的解码信息。虽然由此得到的“情报”被发送到第5处，以散发给航空队和较低级别的指挥部，但其内容经常是错误的，完全脱离了背景，并且与德国空军最高司令部情报科室正在发送的信息冲突。

用现代的说法，这就是“情报融合失败”，即不同来源的情报在没有关联或修正的情况下被结合起来，从而产生了一个误导性的或不准确的“产品”。

根据官方历史，“无线电拦截部门只能补充或确认其他来源的信息；由于此原因，任务的分配和结果的直接评估应该由负责整体情报状况的机构负责。这不是信号通信系统的主要任务，而是德国空军最高司令部参谋部的第5处”。

作战规划流程

最后，在描述1940年夏天德国空军对英国的作战行动之前，理解德国空军的作战规划流程是很重要的。攻击行动以48小时为周期，从“第1日”的黎明开始发起系统性的摄像侦察作战(有它们自己的24小时行动周期)。通常情况下，这些飞行任务会在中午之前返回，机组人员将在冲洗照片时报告他们的观察结果，之后图片将被传递给司令部的规划人员。

以戈林的指令和耶顺内克的补充指示为指导，司令部的作战规划人员将从德国空军最高司令部当前的目标清单中选择他们作战区域内的目标，并在审查目标细节和预期的敌军防御后，确定哪种类型的部队(Ju 87、He 111、Do 17Z或Ju 88A)最适合发起攻击，确定时间点要求(侧翼的佯攻，以及战斗机在前进路线上的扫荡)并与邻近的航空队进行时间点的协调。

■ 由于缺乏一个司令部层级的总参谋部，德国空军的战役计划只能以戈林的指示和空军最高司令部的目标清单为指导。

然后，当天下午晚些时候，司令部的参谋长将根据飞机的类型、攻击方式(俯冲轰炸、中空轰炸或低空轰炸)和最适合摧毁选定目标的武器，将第二天的任务分配给下属的航空军。航空军的作战规划人员把任务分配给选定的轰炸机或斯图卡联队的参谋部，并与航空队的战斗机指挥部参谋部协调战斗机护航事项，规划作战的飞行路线和高度，以尽量减少暴露在敌方防空系统面前的次数，并与该地区的其他空袭行动的地点和时间不冲突。轰炸机和斯图卡联队的参谋部将通过检查目标卷宗来完成详细的作战计划，准备简报地图板和打印目标区域的照片，在简报和飞行中供导航员/投弹瞄准员（在德国空军，这些任务被合并由机组中的观察员负责，观察员经常是一架轰炸机上的机长，皇家空军轰炸机的机长则通常是飞行员）使用。

第二天早上，当“第 2 日”的摄像侦察任务正在进行时，轰炸机和斯图卡联队的作战指挥官将向他们的大队和中队指挥官介绍作战细节，首先是起飞时间和会合流程，以组成“打击群”编队并让他们的护航战斗机占据位置。如果天气条件理想，第一波作战通常会在中午前发起，大约在上午的侦察作战返回开始下一轮作战规划周期的时候。

通常情况下，如果当天的作战被推迟或取消，规划的结果将保持不变，允许作战在第二天或随后的日子里执行。一旦选定了攻击目标，作战计划就很少会被完全取消。与陆军的日常目标选择不同，有时会因目标被强攻的装甲部队占领而被推翻，德国空军最高司令部为了争夺制空权而设定的攻击目标在第二天仍然存在，如果德国空军要打倒皇家空军战斗机司令部以保障跨越海峡的两栖作战，则依然需要对目标实施攻击。

第四章　皇家空军战斗机司令部

当第一次世界大战结束时，英国拥有世界上规模最庞大的空军，包括293532名官兵和22000架飞机，但一年后这个数字就骤降至31500名官兵和371架飞机。只是在空军参谋长休·特伦查德(Hugh Trenchard)的坚持下，皇家空军才免遭解散的命运。特伦查德是“进攻是最好的防御”学说的信奉者，在他任内轰炸机部队的建设享有最高的优先权，例如特伦查德曾在1922年建议皇家空军的本土部队应拥有24个昼间轰炸机中队，15个夜间轰炸机中队、13个战斗机中队，轰炸机和战斗机的比例为3∶1。

不过他也为英国的防空体系作出了一定贡献。20世纪20年代及30年代早期，由于相信德国已经受到《凡尔赛和约》的严重削弱，英国将法国预设为主要威胁。为此，特伦查德建立了一条与海岸线平行，呈曲线状环绕伦敦的战斗机防线。这条防线上有8个15英里宽的分区，每个分区部署一个战斗机中队，不过在伦敦南部和东南部的两个分区各部署有两个战斗机中队。除此以外，还有3个战斗机单位驻扎在沿海机场上，当敌机到达防线前和撤离防线时攻击敌人。轰炸机机场的设置也是为了应对英法战争的需要，坐落在战斗机防线的后方，矛头直指法国。除了没有雷达网和完善的联络系统外，该防御体系与不列颠之战时的战斗机司令部十分相似。将法国设为假想敌对于英国来说是极为幸运的一个决定，因为德国空军正是从位于法国的占领区机场向英国发起攻势的。

1936年，休·道丁爵士被任命为新成立的战斗机司令部指挥官。道丁并不赞同轰炸机势不可挡的信条：雷达的发明可以提供早期预警，新一代单翼战斗机的出现也意味着拦截机的航速得到大幅提升。虽然在皇家空军高层内部，战斗机的地位依然不如轰炸机，但道丁不断争取在战斗机部队的建设上投入更多的资源。终于在1936年至1937年，英国政府强迫皇家空

■ 不列颠战役期间的皇家空军战斗机司令部指挥官休·道丁爵士。

军将资源倾斜给战斗机司令部，这一决定违背了空军参谋部大多数人的意见，但确实在1940年拯救了英国。1939年9月，道丁表示：“国家最好的防御是一支令人畏惧的战斗机部队。如果我们的战斗机力量足够强大，我们就不会遭受大规模攻击，只有力量不足时才会招致攻击。”

于是，到1940年6月，当希特勒的装甲部队抵达英吉利海峡的法国海岸时，德国空军面对的是世界上最复杂和最高效的防空网络。史上首个综合防空系统由六个主要部分组成，另有两个机构负责向其提供情报和信息支持，该系统被俗称为“道丁系统”。

其中三个主要部分和一个支持机构负责探测和跟踪来袭的敌机；另外三个部分负责指挥皇家空军拦截机作出回应，使它们能够被引导到敌机所在的位置并进行攻击。一个值得关注并引发广泛讨论的附加机构向空军部提供了有用的战略情报。虽然“飓风”和“喷火”拦截机是面对德国空军的战斗核心，但它们还得到了防空炮和阻拦气球的补充，后者分别作为主动和被动的“定点防御”措施保卫着英国境内的重要目标。

这六个部分被联结成一个指挥和控制系统，旨在使防御战斗机能够拦截并消灭入侵者，限制轰炸可能造成的损害。

首先，皇家空军的无线电拦截部门(Y部门)探测到代表德国空军正准备从荷兰、比利时和法国北部的机场派出飞机的无线电信号。然后，沿英国海岸线部署的最早防空雷达网，即所谓的链式本土防空雷达网，提供了飞机穿越英吉利海峡或北海而来的预先警告。最

■ 第65中队的地勤人员正在推动一架“喷火”Ⅰ型战斗机。

后，由于简陋的(相对后来的标准来说)沿海雷达无法看到它们身后的陆地，在天气晴朗的情况下，一个庞大的目视观察站网络会跟踪并报告入侵者继续向其目标飞行的情况。

初始的 Y 部门通信情报、防空雷达信息和对敌机的目视跟踪报告都被送到战斗机司令部，在那里进行“过滤”以消除多余的和错误的信息。总部的信息过滤室再向司令部的作战室报告空袭的信息。在那里，道丁或他的“代理空战司令官”将作战任务分配给他的四个战斗机大队(第 10、第 11、第 12、第 13 大队)之一，出动拦截战斗机迎击来袭的入侵者，警告防空司令部，激活受威胁地区的民用空袭预防网络，并关闭 BBC 广播站，使其不能被德国空军轰炸机用作归航信标。

皇家空军的战斗机大队与德国空军的战斗机大队并不是一个概念，后者是德国空军的基本战术单位，而前者更像是德国空军战斗机指挥部这样的指挥机构。作为德国空军在不列颠之战中主要对手的 4 个皇家空军战斗机大队分别承担一块地区的防空任务。第 11 大队成立于 1936 年 7 月 14 日，是皇家空军最早设立的战斗机大队，起初负责保卫整个英格兰南部地区和英国首都伦敦，指挥官为基斯·帕克少将。随着法国的沦陷和德国空军入驻布列塔尼和诺曼底，仅靠第 11 大队守护英格兰南部的广阔海岸不再合适。于是在 1940 年 6 月 1 日，战斗机司令部设立第 10 大队，接管英格兰西南部地区的防空任务，指挥官是昆廷·布兰德(Quintin Brand)少将。这样，第 11 大队的负责区域就缩减为英格兰东南部及伦敦，但它所承担的防御任务依然是最艰巨的，因此第 11 大队也是不列颠战役期间实力最强大的战斗机大队。英格兰中部和东部地区的防御任务由第 12 大队承担，该指挥部成立于 1937 年 4 月 1 日，指挥官特拉福德·利·马洛里(Trafford Leigh-Mallory)少将。1939 年 9 月设立的第 13 大队负责保护英格兰北部和苏格兰，指挥官为理查德·索尔(Richard Saul)少将。

在大队层面，指挥官将从他们的机场派出战斗机中队(在战役开始时，第 11 大队有 21 个中队，分别驻扎在 7 个分区基地和 14 个前沿作战机场上)，将空战任务分配给他的一个分区指挥官，负责空战的战术指挥，并通知其作战区域内的防空部队，以尽量减少因友军误伤造成的战斗机损失。

■ 一个链式本土防空雷达站内部的景象，左侧是两台 RF7 接收器之一，右侧是Ⅲ型联络操纵台。所有的海岸雷达站都通过电话线将高度和位置等信息传给战斗机司令部的信息过滤室。

分区指挥官通过一个独立的位置报告系统，即高频无线电测向系统来跟踪他们下属的战斗机。由战斗机司令部过滤室提供的入侵敌机和英军出动的战斗机中队的位置显示在一张巨大的地图桌上，就像一个游戏棋盘，呈现可视化的入侵者和拦截机的相对位置。

通过航向计算，分区指挥官将通过无线电指挥升空战斗机单位移动到拦截点，此过程被称为引导。战斗机单位指挥官将带领他的编队前往拦截点，在那里，他将开始进行战斗巡逻，从驾驶舱向外寻找入境的空袭敌机，看到它们后，呼叫“呔嗬!”，让他的僚机和指挥官知道他已经发现了他的目标。然后带领编队进行攻击。

一旦交战开始，决定每场战斗结果的是有利的战位、交战双方的相对实力、不同型号飞机的性能、飞行员的飞行和射击技巧、战术协同以及个人的勇气和纪律。

从 Y 部门首先探测到德国空军发出的无线电到与敌机交战的各阶段和过程描述如下。

Y 部门和无线电挖掘

为了辅助导航，德国轰炸机机组人员使用一个全国性的 176~580 KHz 中频无线电信标网络。每个德国空军基地都有自己的独立信标，供升空机组返回基地使用。在挪威、丹麦、荷兰、比利时和法国沦陷后，信标网络被扩大到包括被占领国家的沿海地区，保障飞机在看不到陆地的海面上进行长时间可能迷失方向的飞行后能够安全返回。到 1940 年 6 月，皇家空军的 Y 部门通过三角定位已经准确定位了从挪威到波尔多的全部 38 个导航信标台和 11 个空中交通管制无线电发射器的位置。尽管信标台的通信频率和呼号每天都在变化，但德国空军作战单位使用的名称和无线电识别码，使 Y 部门很快就建立了关于德国轰炸机、侦察机和运输机部队的准确作战序列。

在执行作战之前，每个相关的机场都会启动无线电信标，从而提醒 Y 部门预计飞机将从该地点起飞。此外，当机组人员正在听当天的任务简报时，地勤人员将校准每架飞机上的高频无线电报莫尔斯码发射器，这些发射器在飞行期间用于与基地和空管站进行通信。这些校准检查通常证明该单位很快就会发起作战。

为了保证高频无线电空地/地空战术通信的安全，德国轰炸机和远程侦察机机组使用“低级”的代码和密码。从战争爆发前，沿着海岸分布的无线电监听站将德国空军的低级战术无线电通信发送到位于斯塔福德郡奇德尔(Cheadle)的皇家空军 Y 部门中央拦截基地，在那里由皇家空军情报人员进行解码和破译，并由来自高度机密的政府密码学校(主要负责在布莱切利园破译截获的高级恩尼格码)的一个密码学家小组进行补充。到 1940 年底，皇家空军奇德尔中央拦截基地已经破译了 75 个空地代码和 18 个机场可用性代码，以及两个用于加密地图点位号的系统。

当德国轰炸机从他们的基地起飞时，Y 部门的定位站通过三角测量和绘图作业对报告飞机升空的空中交通管制无线电发射器进行定位，确认空袭是从该地点发起的。通过将中频导航信标的激活和作战前的高频无线电检查及空中交通管制台宣布的“飞机升空”地点联系起来，可以得知德国空军的作战序列，欣斯利(F. H. Hinsley)在《第二次世界大战中的英国情报》第一卷中写道，奇德尔经常能够在“每次行动开始后不久”确定参与空袭的轰炸机部队，并将此信息报告给战斗机司令部过滤室。

德国空军的轰炸机、侦察机和运输机使用缓慢而笨拙的莫尔斯码无线电话通信，德国战斗机则使用更快的、可即时理解的语音无线电或高频无线电电话。为了监听战斗机和驱逐机的空空/空地通信，1940 年初，空军部在英格兰东南海岸多佛以西的霍金奇空军基地建立了一个小型的实验性信号单位。在 6 月和 7 月，该单位迅速扩充，从皇家空军妇女辅助队招募了几名讲流利德语的成员来窃听战斗机的无线电通信。妇女辅助队用德语记录发射机的细节和信息内容，加上英语翻译，通过电话将即时的战术信息传递给阿克斯布里奇皇家空军的第 11 大队作战室。

在此期间，为了增加无线电拦截的覆盖面，又在诺福克的戈尔斯顿(Gorleston)、东萨塞克斯(East Sussex)的比奇角(Beachy Head)和德文郡的斯特里特(Strete)建立了 3 个沿海拦截站(谎称其为“本土防御单位”)，将 Y 部门的语音拦截范围延伸到从丹麦至布列塔尼。这一宽广而迅速的扩张导致皇家空军在北唐斯(North Downs)的西金斯顿(West Kingsdown)建立了主要的无线电话通信情报基地。虽然在作战上的重要性不及奇德尔的空袭前信息，但对无线电话的利用有助于战斗机司令部理解正在进行的空战，并且在德国战斗机开始返回基地时提醒第 11 大队及其分区指挥官方面有奇效。

链式本土预警雷达网络

皇家空军的综合防空系统相对于当时所有其他防空组织的主要优势之一，就是通过开发和部署一个复杂的预警雷达网，在来袭敌机到达英国海岸之前就发现它们。战斗机司令部的链式本土雷达及其综合网络的发展历史不在此赘述，本节将重点介绍其在战斗机司令部综合防空系统中的应用。

原始的空军部实验站 1 型预警雷达天线阵列可以向一个主要方向(位于南海岸的站点向南，位于东海岸的站点向东)发射 100 度宽幅的射频能量到 160 至 190 公里外的 20000 英尺高空(取决于大气条件)。反射的射频能量被单独的天线阵列接收，后者与发射机的发射方向成一定角度，希望能够确定可以提供飞机或目标位置信息的雷达回波方向，方位角和距离。经过努力验证后，雷达操作员发现粗糙的“无线电测向”技术还不具备实用性，所以通常要与相邻的雷达站配合，利用雷达波的交叠来确定目标的位置。

雷达操作员在大型阴极射线管示波器上观察雷达回波，距离由坐在操作员身边的“绘

■ 一个典型的皇家空军本土雷达站。

图员”记录，并将测距信息传递给战斗机司令部总部过滤室。通过练习，这个两人小组可以同时跟踪最多 12 个目标，每两分钟记录并传达每个目标的最新信息。

观 察 团

由于一些技术上的限制，本土防空雷达无法跟踪其身后的目标，这项工作由民间观察团来完成。该组织最初创建于第一次世界大战期间，用于跟踪德国飞艇和夜间轰炸机的空袭，阿什莫尔（E. B. Ashmore）少将将其发展为一个可靠的、反应迅速的报告系统，使用志愿者和专用电话网络向他的司令部作战中心报告。

■ 一旦德机越过英国海岸后，观察团的目击报告就成为跟踪敌机编队的唯一途径。

1925年，该组织作为英国防空的一部分得以重建，并扩大到包含100个观察站，向四个大队司令部报告。四年后，该组织成为皇家空军的一部分，并在1936年5月战斗机司令部成立时为道丁的综合防空系统奠定了基础。在空军准将阿尔弗雷德·沃林顿·莫里斯(Alfred Warrington Morris)的指挥下，该网络从海岸开始，每隔6~10英里就有一个小型的、由3~5人组成的观察站，更多的观察站以大约相同的间距向纵深排列，从而使他们的视野可以重叠。他们通过电话与一个观察组司令部相连，后者向其辖区内的分区基地报告观测图。在英格兰东南部，帕克的分区指挥官从观察团1号(梅德斯通)、2号(霍舍姆)、3号(温彻斯特)、4号(牛津)、17号(沃特福德)、18号(科尔切斯特)和19号(布罗姆利)观察组获取最新的空袭跟踪信息。

观察站报告飞机的数量(以十为单位)和类型(亨克尔、道尼尔、斯图卡等)、位置、方向和高度。正如安迪·桑德斯(Andy Saunders)在他的《不列颠战役皇家空军作战手册》中所言："在不列颠战役期间，观察团收集的信息的重要性及其对战斗机指挥官的价值怎么高估也不为过。志愿观察员们昼夜不停，一周7天，一年365天地工作，以保障这一重要信息流入指挥和控制系统。"

指挥和控制：战斗机司令部和大队作战室

本土雷达站和观察组司令部通过一个巨大的电话线网络连接战斗机司令部总部过滤室。在这里，不断变化的信息被评估和整理，以快速识别和消除错误的信息。一旦确认了一次空袭，它的位置、方向、强度和高度就会由一名"报告员"传到隔壁的司令部作战室。在那里，妇女辅助队的绘图员在一张巨大的总体局势图上放置木质标记。这些标记代表友军战斗机和敌军编队的位置，就像棋盘上的棋子。从在高处的位置上，道丁的代理空战司令官可以看到整个国境内不断更新的作战局势，使他能够将应对指定空袭部队的任务分配给合适的大队，并在他认为必要时从邻近的大队调用增援。

在结构相似的大队作战室，总体局势图描述的是大队辖区以及相邻大队一部分辖区

■ 妇女辅助队的绘图员在战斗机司令部地下作战室内工作。

内的局势。战斗机司令部过滤室报告员的电话线也与大队作战室相连，使信息得以平行传递。这确保了大队的总体局势图也能同时进行更新，使大队司令官和他的战斗机作战指挥官能够在观察战术形势的发展时不会出现延迟。局势图上方的墙上有类似赛马赌金揭示牌一样的面板显示大队指挥下各分区每个中队最新的战备状态信息，通过点亮板上不同的灯光代表某个中队是处于战备、升空、寻敌或交战状态。

通常情况下，大队司令官出动他认为应对当前局势发展所需要数量的中队，他的作战指挥官命令每个中队到指定的巡逻线，或拦截逼近的敌机，由分区指挥官负责拦截的战术指挥。

分区作战室

每个分区的作战室都是大队作战室的缩小版，围绕着一个与大队作战室相同的总体局势图，地图桌上方的墙上有该分区的“赌金揭示牌”。在战役的最初阶段，通常分配给每个分区4个战斗机中队。两个中队通常驻扎在分区基地，那里有用于保护飞机的土制护墙，还有一个警报棚，有专用电话热线与作战室相连。每个分区还至少有一个，通常是

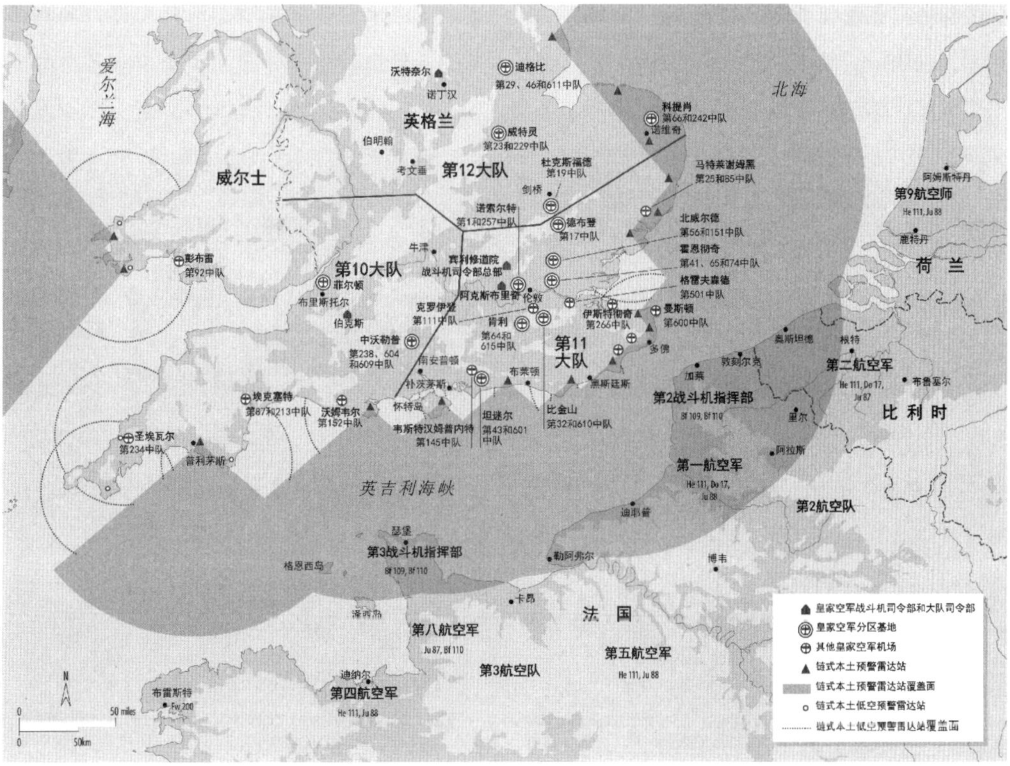

■ 1940年8月12日的英国综合防空系统。

两个“卫星机场”，能够支持一个战斗机中队作战。偶尔有 3 个中队驻扎在分区基地，但无论如何，由于通信上的限制，一个分区最多只能同时指挥 4 个中队。在战役接近尾声时，通过将两个或更多的中队组合成“联队”得以克服这一限制。

通信方面的限制是由于每个分区都有一个专用的无线电频率，驻扎在该分区的各中队飞机的 TR9D 电台都被调到了该频率。如果所有中队都在空中用他们的无线电台交谈，那么随着空战的激烈进行，嘈杂的对讲声很快就会让该分区的指挥官陷入混乱。

这种限制并不妨碍一位分区指挥官引导他的拦截机迎击相邻分区的空袭，但空中中队的指挥官无法将频道切换到另一个分区的频率，以获得交战中的进一步指示。一旦超出距离该区移动高频无线电中继站 50~65 公里，拦截的成功性就无法得到保障。

高频无线电测向

第二个限制因素是每个分区用来跟踪 4 个升空中队的高频无线电测向系统。

为了指挥一次成功的拦截，分区指挥官必须知道他自己拦截部队的准确位置以及敌机编队的位置和方向。每个分区都有大约 3 个高频无线电测向固定站。它们呈三角形排列，彼此相距约 48 公里，对空中的无线电发射器(通常安装在中队长和另一候补队长的飞机上)进行三角测量。

飞机上的 TR9D 无线电台被改装成可以通过无线电发射器在第二个预先设定的高频频率上发送信号。分区的 4 个中队各被分配到一个 14 秒的单独传输时间，并且不会与其

■ 皇家空军诺索尔特基地内完美复原的 Z 分区作战室。

他3个中队的传输发生冲突。因此在每分钟内，每个中队都在向3个高频无线电测向站传输14秒的1MHz信号声。

接收站每分钟会对每个无线电发射器发出的信号进行一次三角测量并标出它们的位置，然后通过专用座机将位置信息转发到分区作战室，在那里将位置标注到指挥官的总体局势图上。这一信息随后被反馈到大队和战斗机司令部作战室的系统上。通过这种方式，分区和大队的指挥官以及战斗机司令部的代理空战司令官可以得知每个分区的4个升空中队不断更新的位置。

战斗机司令部的迎敌战术

1940年夏天，一个典型的皇家空军战斗机中队由16架飞机组成，其中12架可以用于执行作战，而其余4架则进行维护或修理。战术上，中队由两个包含6架飞机的“A”/“B”分队组成，每个分队由包含3架飞机的两个小队组成，在无线电中用红、黄、蓝、绿的颜色代码来识别各小队。每个小队有一位小队长和两位僚机，以数字进行识别。例如，蓝色小队的队长是蓝色1号，他右边的僚机是蓝色2号，左边的是蓝色3号。

问题在于要让12架飞机保持一个紧密的编队，只有领队的飞行员可以自由地搜索敌人，其余11架飞机必须集中精力保持位置以避免空中碰撞。一旦发现了敌人，编队指挥官就会呼叫“呔嗬”，并命令采用他认为战斗手册中最适合当前局势的攻击战术。

战前的战术手册中设想的三机小队攻击最多3架无护航轰炸机的战术完全没有实用性。此外，3架飞机的V形编队的主要缺点除了观察视野受限外，还有将攻击重任落在小队长身上，其他两位僚机的工作只是保护他们的队长。

因此，一个由12架战斗机组成的中队只有4名攻击手，战斗力相当于德国空军的8架战斗机。当一个德国空军战斗机中队在进行扫荡时，12架“埃米尔”战斗机对阵同样12架皇家空军战斗机具有6：4的战斗力优势。

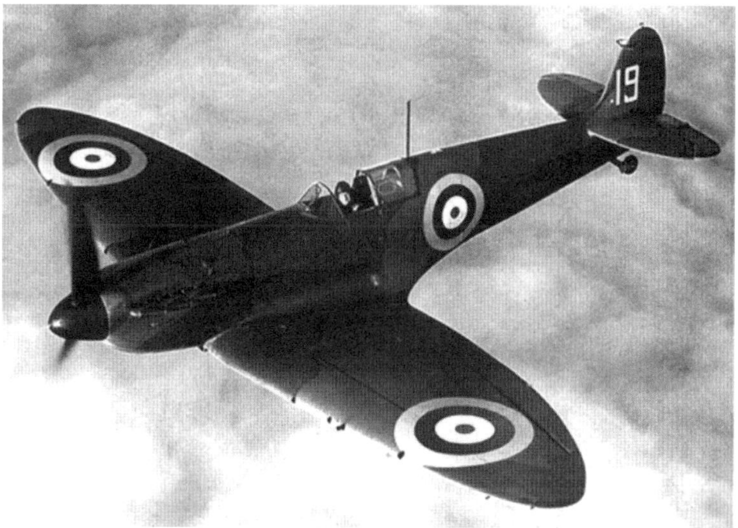

■ 皇家空军“喷火”战斗机，德国空军最可怕的对手。

情　报

道丁系统受益于两个组织的支持。Y部门通过拦截、解码和破译低级的战术通信来提供对德国空军行动的提前警告，而另一个组织则应在更常规和战略性的“情报”背景下考虑。

空军部内设立的专门的空情处，到1940年已经扩大到包含240名官员。1940年夏天，情报处由一个辅助处和3个副处组成，每个副处又被细分为若干科室或办公室。

战斗机司令部在1940年夏天面临的一个关键问题是，德国空军第2、第3和第5航空队加起来的规模到底有多大。因此，建立一个准确的空战序列是至关重要的，也是第三副处较紧迫的任务之一，需要使用现有的最机密的情报收集工具。

ULTRA

德国人相信，他们精密复杂的恩尼格码信息加密装置可以保证通信内容无法被破解。最高司令部使用它向高级战场指挥官发送敏感信息，恩尼格码彻底改变了加密战场通信。该机器类似于一个加大的便携式打字机，是一台以电池为动力的机电装置，能够创建高度复杂的加密信息，密文的结果有一亿亿种可能性。

破解恩尼格码密码是向一群精心挑选的天才提出的挑战，他们后来被称为密码学家，但起初被称为计算家，由政府密码学校招募，安置在布莱切利公园。在外交部秘密情报处(后来被称为军情六处)负责人的监督下，住在布莱切利公园3号小屋的密码分析员翻译由6号小屋的密码学家破译的德国空军高级恩尼格码信息，将所得到的情报提供给空军部空情1(e)通信分析办公室，以发送给那些被允许进入ULTRA信号情报计划的官员。

从恩尼格码收集到的高级情报对英国的战争至关重要，其安全等级超过了最高机密。在战争初期，为了掩盖其来源，使用了诸如“来自最可靠来源的信息……”或“据可靠报告……”这样的措辞，从而给人以信息来自一个位置极佳的间谍印象。为了使这一骗局更加可信，一些解密文件被归功于“博尼费斯”。不过，最终ULTRA的分级变得标准化了。

ULTRA信息的派发受到严格限制，只包括那些参与制定战略和政策的人：丘吉尔、少数政府高级成员、外交部官员和三个军种的合适成员。1940年在空军部内，有58人被批准接收ULTRA信息。在这个数字中，只有11人知道信息的真实来源。由于战斗机司令部司令道丁上将并不直接参与战略的长期制定，所以没有记录显示他在1940年10月中旬前接触过ULTRA信息，这时距离他“退休”也只剩几天时间。

情报融合的失败

空军部没有想到德国空军也会使用高级

密码器进行作战通信。因此，除了向奇德尔提供有关德国空军作战序列的细节外，它既没有安排空情处参与作战情报，也没有安排布莱切利园的密码学家将他们解密的高级情报传递给奇德尔或作战指挥部。因此，当ULTRA 开始产出作战/战术情报时，它们被分发给负责解决德国空军作战序列问题的空情三科。但这个科室与奇德尔不同，并不负责作战情报的发掘利用。

其结果是又一次情报融合的失败。从高级和低级来源获得的战术信息没有进行关联，导致反复出现信息的缺失。3 号小屋中的航空科发现了这一问题，并主张将这两类情报融合在一起。然而，令他们失望的是，空军部的一些有影响力的高级官员最初抵制这一举措，直到 1940 年至 1941 年冬季对航空情报部门进行彻底重组，这一问题才得以解决。

一个不祥的开端

为了掩护通往福斯湾的皇家海军重要基地的通道，在道格拉斯伍德(Douglas Wood)、卓恩山(Drone Hill)以及后来的安斯特拉瑟(Anstruther)设置了雷达站。卓恩山站于 1939 年 4 月 7 日投入使用，6 个月后的 10 月 16 日 9 时 20 分，该站探测到两架从北海而来的入侵者。战斗机司令部接到了警报，第 13 大队位于特恩豪斯(Turnhouse)的分区基地派出第 602 中队的蓝色小队。它的目标是两架来自 KG 26 的 He 111，正在执行武装侦察任务。尽管遭到拦截，两架入侵者还是回到了韦斯特兰(Westerland)，报告该地区的天气状况良好，以及他们观察到“胡德”号(Hood)战列巡洋舰[实际上是外形相似的“反击”号(Repulse)]在海湾内。这样一个诱人的目标没有停泊在码头上是非常重要的，因为当时希特勒给德国空军定下了严格的交战规则。这些规则禁止攻击可能导致平民死亡或受伤的目标。

在满足希特勒的交战规则的条件下，第十航空军命令立即对皇家海军的宝贝战舰发动攻击。KG 30 第一大队的 12 架 Ju 88A 于 11 时 55 分从格赖夫斯瓦尔德起飞，向西北方向穿越北海。皇家空军奇德尔基地破译了德国空军关于这次空袭足够多的信息通信，警告战斗机司令部对福斯湾军舰的空袭即将发生。不过，战斗机司令部当时的政策是不接受未经证实的通信情报警告。

然而此时，卓恩山雷达站由于技术故障无法正常工作，所以攻击者在未被发现的情况下到来，并在空袭警报汽笛响起之前攻击了福斯湾的 3 艘皇家海军战舰。幸运的是，“反击”号已经驶入了罗塞斯海军船坞，根据希特勒的交战规则，它不再是一个可以攻击的目标。作为替代，Ju 88A 攻击了两艘城级轻巡洋舰“爱丁堡”号(Edinburgh)和“南安普顿”号(Southampton)，以及部族级驱逐舰“莫霍克”号(Mohawk)。虽然没有船只被击沉，但“莫霍克”号被弹片击中，有 13 名士兵和两名军官死亡。第 602 和第 603 中队的“喷火”在攻击者撤离时进行拦截并击落两架敌机，它们坠入海中，还有第三架 Ju 88 在艰难地返

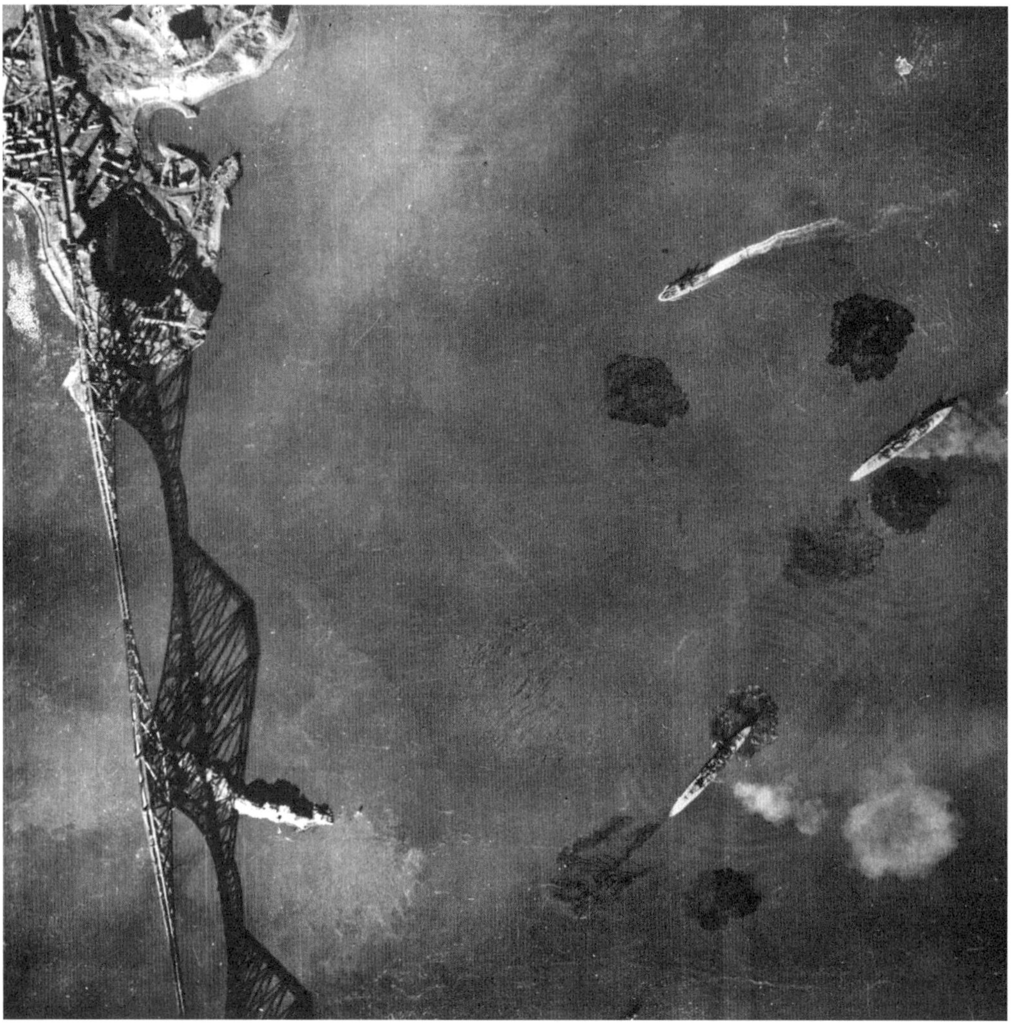

■ 10 月 16 日 KG 30 的空袭结束后，一架 KG 26 联队部的 He Ⅲ 拍摄到的“爱丁堡”号、“南安普顿”号和“莫霍克”号。

回到荷兰试图迫降时损毁，机组人员全部身亡。

道丁后来向空军部解释说，他知道该地区有敌人的活动，巡逻队正在进行调查，但他最先是从海军部那里获知此次空袭。他判断，在这么晚的阶段才发布空袭警报已经没什么用处。奇德尔提供的情报的重要性和潜力对战斗机司令部来说是一个不小的教训。

第五章　海峡之战：6 月 30 日至 8 月 11 日

对于德军来说，不列颠战役开始于 1940 年 6 月 30 日。在这一天，他们登上了英吉利海峡群岛中的格恩西岛（英国皇家属地），早在 6 月 18 日，那里的英国军队就已经部分撤退并“解除武装”，接下来的 24 小时内这一小群岛屿全部落入德军手中。到 7 月底，德国空军的一支小分队被部署在格恩西岛的机场上，这个机场是德国空军在英国领土上所占有的唯一一个机场。JG 27 一部和 JG 53 第二大队的一个中队在接下来的不列颠空战中将从此处发起对英国的攻击。

同样在 6 月 30 日，为了执行希特勒的第 13 号元首令，在确定“有足够的兵力”后，戈林发布《空军对英国作战的总指令》，“通过攻击敌人的空军、它的地面组织和它的工业，为对敌人的进口、供给和国防经济进行一场满意的全面战争提供必要的条件……（并通过）攻击进口港及其设施、进口运输船和军舰，摧毁英国的补给系统。这两项任务必须单独进行，但必须相互协调地（完成）”。

7 月 2 日，戈林命令位于瑟堡附近海峡战线左翼的里希特霍芬的第八航空军（隶属于施佩勒的第 3 航空队）开始攻击“海峡海上交通”。该航空军的 9 个斯图卡大队（来自 StG 1、2、77）已经赶到了法属海峡沿岸，并获得了炸弹、弹药和燃料的优先供应，他们已经准备好在第二天开始战斗。

同一天，在英吉利海峡的右翼（加来海峡地区），凯塞林组建了一支由约翰内斯·芬克（Johannes Fink）上校的 KG 2 和两个斯图卡大队［刚从第八航空军调来的 StG 1 第二大队和 LG 1 第四（斯图卡）大队］，以及特奥·奥斯特坎普（Theo Osterkamp）上校的 JG 51 组成的特遣队。该特遣队是海峡战斗期间最活跃的德国空军部队，因为想要切断英吉利海峡上的航运，最好是将注意力放在较狭窄的海峡东段，尤其是仅有 35 公里宽的多佛海峡。JG 51 也成为海峡战役中与皇家空军战斗机交手最多的德国战斗机联队。芬克被任命为第 2 航空队的海峡作战指挥官来领导这支专门的海上打击力量，他后来回忆道：“我搭乘一辆旧巴士来到位于法国沿海靠近格里内角的指挥所，从那里，通过双筒望远镜，我可以清楚地看到英国海岸线，包括我们认为是大型无线电塔杆的东西。后来我们才意识到，这些与战斗机指挥或雷达有关。”

■ 作为一位在一战的堑壕内摸爬滚打过的老兵，约翰内斯·芬克在1933年加入德国空军，并于1938年担任KG 252(KG 2的前身)联队长。芬克成功率领该联队参加了在波兰和法国的战斗，并成为第一位荣获骑士十字勋章的Do 17飞行员(1940年6月20日)。

实际上，自“二战”爆发以来，商船一直是德国空军的攻击目标。早期的攻击大多是由单机入侵英格兰和苏格兰的北海沿岸，以及对港口实施小规模袭击。此外，德国空军还在英国的港口及附近海域布设了水雷。事实上，除了运送进出口货物的远洋船队外，英国在很大程度上依赖沿海交通来运输大宗货物，如煤炭和原材料。虽然可以选择铁路运输，但那是相对低效和不经济的。现在，德国空军要认真地开展一场针对英吉利海峡运输线的进攻战役了。

海峡战役的第一场大胜发生在两天之后。

7月4日：斯图卡突击！

7月4日8时15分，英国皇家海军基地波特兰(Portland)港遭到了26架StG 51第三大队(两天后改编为StG 1第二大队)斯图卡的攻击，担任护航的是LG 1第五(驱逐机)大队的Bf 110和JG 1第一大队(第二天改编为JG 27第三大队)的另外两个中队。有3艘英国轮船(16000吨)被损坏，一艘55吨的拖船被炸沉，由一艘有9年船龄的商船(5582吨)改装而来的防空辅助船“福尔班克”号(Foylebank)被点燃并沉没。这艘船安装了4个双联高仰角4英寸炮塔，两个四联2磅炮和几挺0.5英寸机枪，遭到斯图卡的集中攻击。在俯冲攻击中，斯图卡飞行员通常采用的方法是尽可能大角度地向船尾俯冲，有时甚至高达90度。在1500英尺左右时，俯冲角减小到45度，飞行员将反射式瞄准器对准目标船只的尾部，同时发射机翼下的两挺7.92毫米MG 17机枪。子弹会从船尾一直扫到船头，当飞行员看到子弹击中船头前方的水面时，就可以投下炸弹了。以这种方式，机枪射击既起到了辅助炸弹瞄准的作用，也可以压制船上的防空炮手。当斯图卡从俯冲中拉出并远离目标时，后座的机枪手将接替进行射击以维持对防空火力的压制。“福尔班克”号被22枚炸弹击中，298名船员中的176人死亡，其中包括一等兵约翰·曼特尔(John F Mantle)，他被追授维多利亚十字勋章，以表彰他操作防空炮英勇战斗到最后一刻所展现出的巨大勇气。

尽管有约翰·曼特尔的英勇奋战，但“福尔班克”号并没有做出任何可称为十分有效的防御，这完全是在攻击到来时，该舰并没有处于战备状态且没有得到任何预警。胜利的德国空军部队在福尔班克的4英寸防空炮下仅损失了两架斯图卡（StG 51 第 7 中队），且“第一批到达现场的皇家空军战斗机已经来不及与空袭部队交战了”。据率领护航驱逐机的 LG 1 第五（驱逐机）大队长霍尔斯特·连斯伯格（Horst Liensberger）上尉所说：“在英国港口上空，以及在海上，皇家空军的战斗机都没有来与我们碰面。我们只能认为，他们看到我们的部队对他们来说太过强大，所以他们只能离开了。我们的斯图卡完成了它们的工作，而我们只是在上方盘旋，观看整个表演。这一切都太容易了。他们甚至很晚才让高射炮发挥作用！”

■ 在斯图卡空袭后燃烧着的“福尔班克”号。

当波特兰上空升起黑烟时，一架德国空军第 123 远程侦察机大队第 1 中队的 Ju 88A 发现了由 14 艘满载货物前往北美的商船组成的 OA 178 商船队（开头字母 OA 代表从泰晤士港驶出的船队，OB 代表从利物浦港驶出的船队）。该船队于 7 月 3 日离开伦敦港，当晚安全通过了多佛海峡。现在这些船只排列在托基（Torquay）和瑟堡的中间，导航和站位都很差，战斗机司令部没有提供空中掩护，道丁认为保护商船队是“海军的事情”。事实上，商船队唯一的护卫是 940 吨的“克拉克亚”号（Clarkia）轻型护卫舰，它只有两对可以用于防空的机枪。

奥斯卡·迪诺特（Oskar Dinort）少校的 StG 2 刚来到卡昂和拉昂附近的机场不久，现在已有足够的炸弹可以立即发动攻击，目标在瑟堡西北方向仅 90 公里处。24 架 StG 2 第一大队的斯图卡在 JG 1 第一大队一个中队的 Bf 109E 战斗机掩护下，向这些无助的商船扑去。不久后，匆忙重新武装并补充燃料的 StG 51 第三大队又派出了 23 架斯图卡。

在斯图卡的无情攻击下，4952 吨的“达拉斯城”号（Dallas City）很快被击中，起火并失去控制，与 4674 吨的“弗林斯通”号（Flimstone）相撞。两艘船被锁在一起 15 分钟后，“弗林斯通”号才得以脱身，留下熊熊燃烧的“达拉斯城”号沉入大海。随它一起沉入海底的还有荷兰的“布里索姆”号（Britsum，5255 吨）和“丢卡利翁”号（Deucalion，1796 吨）以及爱沙尼亚的“科尔加”号（Kolga，3526 吨）。另有 8 艘货轮和油轮在斯图卡的残暴攻击中受损。

皇家空军得到警报的时间太晚。8 架“飓风”战斗机从霍金奇空军基地紧急起飞，但这些飞机遭到了 JG 51 第二大队 Bf 109 战斗机编队的攻击。一架“飓风”被 JG 51 第 5 中队长霍尔斯特·蒂岑(Horst Tietzen)中尉送入英吉利海峡，其他英国战斗机也被驱离。

7月4日是英军在斯图卡轰炸机面前损失最惨重的一天，充分说明了在没有干扰的条件下，俯冲轰炸的威力有多么巨大。雪上加霜的是，当天晚上OA 178还遭到了第1快艇支队(装备鱼雷快艇)的攻击。德国海军的快艇击沉了一艘4343吨的货船，杀死了16名水手，并损坏了一艘油轮和另一艘货船，造成另外4人丧生。

听到这个消息后，丘吉尔脸色铁青，要求战斗机司令部“在保护海峡航运方面做得更多”。道丁被命令提供“由6架战斗机组成的常驻巡逻队。一旦有德国编队接近的报告，它们就会立即得到增援”。为了根据要求提供空中掩护，道丁命令帕克将来自霍恩彻奇的第65中队部署到曼斯顿，将比金山的第79中队部署到霍金奇，这两个地方都位于东南海岸，并将第238和第501中队从中沃勒普调到西南海岸靠近韦茅斯(Weymouth)的新机场沃姆韦尔(Warmwell)。

由于战斗机司令部在敦刻尔克附近的痛苦经历让海军对其失去信心，因此海军部的解决方案是让大西洋商船队改道绕过苏格兰北部，以避免在英吉利海峡航行的危险。

得知这一消息后，德国海军战争指挥部指出，伦敦的商船队为了与从格拉斯哥、利物浦和布里斯托尔出发的船只会合而不得不大大延伸航程，增加了它们暴露在U艇攻击面前的风险。“英国运输船队完全改走北线……导致敌人的运输船队极度集中在赫布里底群岛和北海峡以西的地区，这对潜艇作

■ 德国海军的鱼雷快艇航速高达40节，航程1500公里，它是行驶在英吉利海峡上的英国商船的噩梦。

战非常有利。”

由于伦敦的远洋船队绕道苏格兰北部，英吉利海峡的航运缩减为每天由小船组成的船队，负责将煤炭从威尔士的矿场运送到集中在大英帝国首都的大量工业和商业企业。发电站、工厂、铁路机车和穿梭于两地之间的轮船每天需要消耗大约7000吨煤，由威尔士、诺森伯兰和约克郡的矿场提供。对于来自威尔士的货物来说，要长途跋涉650公里以通过“窄海”(皇家海军对英吉利海峡的传统称呼)，其西端的宽度为180公里，瑟堡和怀特岛之间为95公里，而多佛海峡宽度为35公里。向东前往伦敦的船队前缀是CE，返回的船队前缀为CW(通常不装载货物)。战斗机司令部为每个船队指定了一个代号以协调战斗机的掩护。

接下来的一周，德国空军的作战任务变得越来越繁忙，其中包括空中侦察，对英国航空工业目标的零星攻击，夜间的“骚扰性”袭击，以及偶尔对南部沿海港口和海峡航运的打击，其中很少有被证明是非常精准或具有破坏性的。英方的拦截行动很少，主要是1~3架飞机的小编队只有在非常近的距离内才会出现在雷达屏幕上，并且在穿越海岸线时迅速消失，而西南地区的地面观察网络还没有组织好。大多数入侵者没有被发现、跟踪或报告。德国空军最高司令部的每日战局报告显示在这七天内仅损失了11架轰炸机和侦察机。

由15~20架轰炸机执行的6次较大规模空袭(对商船队和皇家海军基地各3次)可以在更远的距离上被雷达发现，使帕克能够做出更快更强力的回应。成功的拦截引发了双方战斗机之间的格斗战，通常发生在海峡商船队的上空。在这些交战中，15架皇家空军战斗机被击落，12名飞行员死亡。德国空军损失了6架Bf 109E战斗机和两架Bf 110驱逐机作为代价，然而英方声称的击落数量是这个数字的5倍。

在连续两天的恶劣天气过后，7月7日下午，德国空军的战斗机来到多佛海峡上空执行自由猎杀作战，其中包括ZG 26第三大队的驱逐机。此时经验不足的地面观察员未能辨认出Bf 110与中型轰炸机的区别，由于又有一支沿海商船队正在通过英吉利海峡的途中，三天前吃过大亏的英国人不敢再冒任何风险。第54中队的B分队出击迎敌，这6架“喷火”正准备向Bf 110发起进攻，18架JG 51第三大队的Bf 109突然从天而降，迅速击落了3架“喷火”。当时在第54中队服役的艾伦·迪尔(Alan Deere)上尉回忆道：“这是在我们自己土地上空进行的最不幸的初战，它证明了德国空军飞行员没有失去他们的狡猾和侵略性，更糟糕的是，敦刻尔克空战的教训还没有被我们的飞行员完全消化。”

晚上，KG 2第一和第二大队的45架道尼尔于21时30分左右向多佛附近的商船队发起空袭，投下的可能超过200枚炸弹仅击沉了1艘船并击伤另外3艘。与斯图卡俯冲轰炸相比，对船队实施大规模高空轰炸是非常低效的，这并不是Do 17所适合的作战类型。位于佩文西(Pevensey)、莱伊(Rye)和多佛的雷达站对于此次空袭提供了足够的预警信息，7 架第 64 中队和 6 架第 65 中队的“喷火”分别从肯利和霍恩彻奇出动，但是它们的起飞时间太晚，未能阻止空袭的实施。第 65 中队遭到了 JG 51 第二大队的 Bf 109 袭击，其绿色小队的 3 架“喷火”全灭，3 名飞行员也全部丧生。不过第 65 中队的牺牲给战友创造了攻击机会，第 64 中队的“喷火”击落了 KG 2 的两架 Do 17Z。被道尼尔的损失激怒的芬克打电话给奥斯特坎普，要求他把他的战斗机留在轰炸机附近进行所谓的近距离护航。奥斯特坎普强烈反对，在这种情况下，梅塞

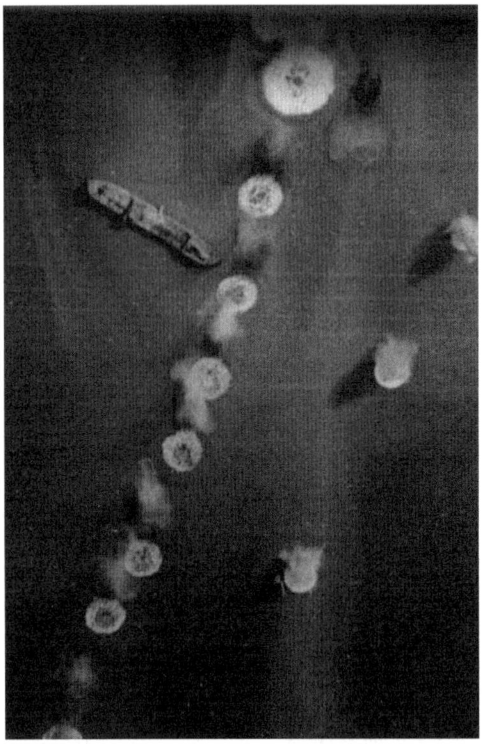

■ 德国空军的水平轰炸机通常携带多枚 SC50 炸弹攻击商船，投弹后会在海面上留下一串水花，实际命中率很低。较少的装药量意味着即便是取得了直接命中，对船只造成的损伤也不会很大。

施密特的速度和高度优势将化为乌有。但芬克拒绝让步。最后，他们同意由 ZG 26 第三大队的 Bf 110 为轰炸机提供近距离护航，而奥斯特坎普的 Bf 109 可以继续进行不受约束的自由猎杀。似乎第八航空军的里希特霍芬少将也给 LG 1 第五(驱逐机)大队做了类似的安排。

尽管被证明表现不及 Ju 87，但在 7 月 8 日，芬克再次派出 Do 17 对海峡上的英国船队发动攻击，结果第 610 中队的“喷火”成功阻击并迫使它们在船队上空随意丢下炸弹，不过有一位飞行员被轰炸机自卫火力击落身亡。有 3 架德国战斗机在当天的扫荡战斗中损失，其中就包括第一架坠落在英国本土的 Bf 109E。这架来自 JG 51 第 4 中队的Bf 109E-3 战斗机由约翰·伯姆(Johann Böhm)少尉驾驶，被英国第 74 中队的“喷火”击伤后于 15 时 45 分迫降在肯特郡的伊勒姆村(Elham)。19 时 30 分第二架 Bf 109 战斗机坠落在英国，这次的飞机来自 LG 2 第 3(战斗机)中队，被皇家空军第 54 中队击落后坠毁在肯特郡桑威奇镇(Sandwich)附近，飞行员阿尔伯特·施特里伯尼(Albert Striberny)少尉在跳伞后被俘。这一天损失的另一架飞机来自 JG 51 第三大队，此外该联队第二大队还有一架飞机在与第 610 中队的战斗中受伤。

7 月 9 日的战况和前一天相似，凯塞林派出更多的轰炸机攻击英国商船队。帕克在 6 支小规模船队上空各部署一个小队的战斗机负责守卫，并将第 609 中队转移到沃姆韦尔以掩护波特兰港。德国空军的多次单机入侵穿过了英军的防线，其中 Do 17 对加迪夫

码头的轰炸击伤了“圣费利佩”号(San Felipe)和“毛地黄”号(Foxglove)轮船，当地的一座机场也遭到轰炸，两名飞行员在地上被炸死。但是德国空军在中午对泰晤士河口上一支船队的大规模攻击再次受挫，原因是英国战斗机和天气的干扰。轰炸机编队被打散，其中一个编队在船队上空投下炸弹，但没有击中任何目标。首次执行近距离护航作战的ZG 26第三大队损失了一架Bf 110。

在当天的西面战场，斯图卡再次回到了英吉利海峡。27架StG 77第一大队的飞机在下午俯冲轰炸了波特兰西南部约15英里处的一支商船队。除了击伤一艘货船以外，这次攻击并不成功，而且斯图卡部队受到了沉重打击。StG 77第一大队长弗雷德里希-卡尔·冯·达尔维克·祖·利希滕费尔斯(Friedrich-Karl Freiherr von Dalwigk zu Lichtenfels)上尉被皇家空军第609中队的“喷火”飞行员迈克尔·克鲁克(Michael Crook)上尉击落身亡。护航的LG 1第五(驱逐机)大队击落了一架“喷火”，但也损失了一架Bf 110。当天在泰晤士河口和英吉利海峡上空有多次单发战斗机交锋记录，皇家空军宣称击落两架Bf 109战斗机，事实上当天德国仅损失了一架来自JG 51第二大队的战斗机。

弗雷德里希·卡尔·冯·达尔维克·祖·利希滕费尔斯

1907年4月1日生于易北河畔的托尔高(Torgau)，是帮助组建俯冲轰炸机部队的元老派飞行员之一。1933年10月1日以少尉军衔正式加入德国空军，1936年作为StG 162第二大队司令部的一员晋升中尉。在1938年4月该部改组为StG 167第一大队，他成了第2中队长。1939年3月1日，达尔维克·祖·利希滕费尔斯晋升上尉并在战争爆发后不久被调任StG 77第一大队长，他在波兰战役和对低地国家和法国的入侵中表现优异，参加了他的大队的绝大部分作战飞行，并经常亲自承担对最危险目标的攻击。法国战役结束后，他继续参加对英吉利海峡上盟军航运和英格兰南部的作战任务。1940年7月9日，他在波特兰南部约20公里处攻击海峡商船队时遭到第609中队的“喷火”攻击，坠海身亡。他的作战任务总数不明，在1940年7月19日追晋少校，7月21日追授骑士十字勋章。

7 月 10 日：CW3 的激战

7 月 10 日，由 25 艘小轮船组成的代号为“面包”的 CW3，在 6 架第 32 中队“飓风”战斗机的掩护下，绕过北福尔兰（North Foreland）前往多佛海峡，它被芬克的 KG 2 的一架 Do 17Z 发现。一场空袭行动很快被组织起来，KG 2 第一及第三大队从康布雷附近的两个机场出动 27 架道尼尔轰炸机，JG 3 第一大队和 JG 51 第三大队的 Bf 109E 也加入此次作战。每个战斗机大队在轰炸机的两翼各部署一个中队进行密接护航，另外两个中队则爬升到 3000 至 6000 英尺的高度以提供高空掩护。一个由约翰·沙尔克（Johann Schalk）少校的 ZG 26 第三大队组成的驱逐机编队在前方扫荡，试图吸引敌人的注意力，整支部队共约 70 架飞机。

13 时 20 分，多佛附近的斯维盖特（Swingate）雷达站探测到编队在加来上空聚集，并向战斗机司令部发出警报，司令部将拦截任务交给第 11 大队。帕克派出第 56 及第 111 中队的“飓风”和第 64 及第 74 中队的“喷火”，共计 32 架战斗机前去拦截这些入侵者。

20 分钟后，在轰炸机前面率领 JG 51 第三大队的汉斯·特劳夫特（Hannes Trautloft）上尉看见了位于前下方的第 32 中队的“飓风”战斗机，他跟着它们，将自己的编队带到一个有利的攻击位置。这时，4 个出击的皇家空军中队一个接一个地赶来。“突然间，天空中满是英国战斗机，”他事后写道，“今天我们将迎来一段艰难的时光。”

驱逐机编队首当其冲地受到了英国战斗机主力的围攻，第 111 中队则一头冲向“一波波从法国飞来的敌军轰炸机”，多达 9 架“飓风”集中攻击一架道尼尔并将其打成碎片。这时，特劳夫特的 14 架 Bf 109 向英国战斗机俯冲下来，在 JG 51 第 7 中队长瓦尔特·奥绍（Walter Oesau）中尉（此时已是拥有 6 次空战胜利的王牌飞行员）的精准射击下，汤姆·希格斯（Tom Higgs）中尉的“飓风”失去控制，撞上了 KG 2 第 3 中队长瓦尔特·克里格（Walter Krieger）上尉的 Do 17Z，两架飞机全部落入海中。希格斯壮烈牺牲，两名德国机组人员跳伞成为战俘，另外两人在战斗中失踪。

■ KG 2 的 Do 17Z 参加了 7 月 10 日在英吉利海峡上空的第一场大规模空战。

此次鲁莽的攻击没能阻止轰炸机，正如编队指挥官之一，KG 2 第三大队长维尔纳·克赖珀（Werner Kreipe）中校所言：“英吉利海峡沐浴在灿烂的阳光下。英国海岸上笼罩着一层淡淡的雾气，在我们下面很远的地方，商船队就像是许多玩具船一样，后面是飘忽不定的波浪。在看到我们后，这些船马上就散开了，商船剧烈地机动着，而护航的军舰则全速驶出。高射炮弹在天空中飞舞。我们进行了第一轮轰炸，喷泉在船只周围涌起。现在皇家空军的战斗机中队也加入进来，天空中出现了纠缠在一起的战斗机混战。”

在投下炸弹后，道尼尔们立即转向法国，俯冲加速，以避开被护航机牵扯住的英国战斗机。从 4000 英尺高度在商船队中随意撒下 150 枚小型炸弹后，KG 2 声称击沉一艘巡洋舰和 4 艘商船，击伤另一艘巡洋舰和 3 艘商船。但实际上他们只击中了一艘船，击沉 466 吨的荷兰商船“比尔 S”号(Bill S)。

夸大战果，这个始于法国并延续到敦刻尔克上空的问题，在这次交锋中再次出现。沙尔克的驱逐机大队声称击落 14 架英国战斗机，特劳夫特的战斗机大队声称击落 7 架“喷火”战斗机。事实上，除了希格斯的“飓风”外，只有 4 架“飓风”和 3 架“喷火”战斗机在空对空的战斗中受损。皇家空军声称击落了 3 架 Do 17Z，6 架 Bf 110 和一架 Bf 109E，但德军实际损失为两架道尼尔和 3 架 Bf 110C 被毁，两架 Bf 109E 受损。

同一天，新来不久的 LG 1 第三大队开始认真参与作战，派出单机或成对的 Ju 88A 攻击普利茅斯(Plymouth)、加迪夫(Cardiff)、卢伊(Looe)和法尔茅斯(Falmouth)的港口。在最后一次攻击中，两架容克斯在空袭警报发布后仅两分钟就到达了目标上空，在附近没有皇家空军战斗机的情况下，实施了毁灭性的攻击。英国油轮“塔斯卡卢萨”号(Tascalusa，6499 吨)燃起大火并在码头沉没，装满了成捆棉花的希腊商船“玛丽·钱德里斯”号(Marie Chandris，5840 吨)也被点燃，烧成了一具空壳，一艘荷兰打捞拖船被严重损坏，后来也沉没了。

■ 这架 KG 2 第 2 中队的 Do 17Z 在 7 月 10 日对“面包”的攻击中受损，回到法国后完成迫降。

7 月 11 日至 7 月 14 日：攻击海峡商船队

在 7 月 10 日之后的两个星期里，德国空军对英吉利海峡商船队、波特兰、朴次茅斯和多佛的零星但相对较大规模的攻击仍在继续，除了对多佛的轰炸外，基本上都没有取得成功。在这 14 天里，德国空军的攻击击沉了 8 艘船只，总吨位 12975 吨。

7 月 11 日，里希特霍芬命令第八航空军在天亮时开始作战，StG 2 的 Ju 87 向沿海的船队发起攻击并击沉了 36 年船龄的蒸汽快艇"勇士"号。第 501 中队奉命拦截，但是被护航的 Bf 109 击落一架飞机，飞行员溺水身亡。第 609 中队在 Ju 87 开始俯冲时赶来，6 架"喷火"分成两个小队，分别对付斯图卡和护航机。但是由于数量悬殊(6∶1)，中队损失了两位飞行员却未能击落一架敌机。

11 时左右，第 601 中队的 A 分队奉命从坦米尔出发，拦截一架被认为是在返回法国的单飞侦察机。结果，在波特兰南部地区，"飓风"飞行员们发现在 15000 英尺高度有一个由 15 架 Ju 87(StG 2 第三大队)组成的编队，正在 30 到 40 架 Bf 110(ZG 76 第三大队，首次执行越过海峡的作战任务)的护卫下直扑波特兰港。

其他皇家空军战斗机紧急起飞，包括第 601 中队剩余的飞机，第 238 中队(6 架"飓风")、第 501 中队(3 架"飓风")、第 87 中队(3 架"飓风")和第 213 中队(9 架"飓风")。除第 213 中队外，其他拦截机都找到了空袭的德机。虽然未能及时赶到以阻止波特兰港于 11 时 53 分再次遭到轰炸，但幸运的是此次空袭造成的损失相对较少，只有一艘商船受轻微损伤。

"飓风"战斗机在多塞特郡(Dorset)海岸上空与德国入侵者交火，ZG 76 第 9 中队长格尔哈德·卡多(Gerhard Kadow)中尉对当时的情形做了第一手的描述：

■ ZG 76 联队部的 Bf 110C-1 在海峡上空巡逻。

那天我和我的无线电员兼机枪手赫尔穆特·舒尔茨(Helmut Scholz)一等兵从我们位于拉瓦尔(Laval)的基地起飞。我们飞到迪纳尔(Dinard)加油，并在大约 11 时从迪纳尔飞往英国。我是第 9 中队的指挥官，我的部队和联队的另外两个大队一起，奉命保护飞去攻击波特兰的 Ju 87 斯图卡。就在我们开始行动之前，我的指挥官格拉布曼(Walter Grabmann，ZG 76 联队长)少校告诉我，最要紧的是不能让斯图卡飞机出现损失，所以我们必须冒着生命危险，必要时牺牲自己来确保这一点。当时，我的中队只有 7 架飞机做好了战斗准备，我的命令是在 12000 英尺高度保护(斯图卡编队)右翼，其他大队中的一个在 18000 英尺高度保护左翼，最后一个大队则为斯图卡提供近距离护航。在英国海岸，我们遇到了敌人的战斗机，我在远处数出了大约 20 个斑点，但无法分辨它们是“飓风”还是“喷火”。然而，我知道双发 Bf 110 不是单发战斗机的对手，取得这场战斗的胜利是不可能的。

我们七机中队面对的是 1：3 的数量劣势，但我们的命令是战斗以确保轰炸不受阻碍。我从正面攻击第一架战斗机，我的子弹和炮弹像水管里的水一样飞向迎面而来的战斗机。接近的速度非常快，我们双方都不得不脱离战斗。下一刻，两架英国战斗机在我身后开火，两台发动机都被击中并在之后停转。敌人看到他取得了成功，停止继续射击，只是在后面看着我们。我抛掉了我的机舱顶盖，希望它能击中他，还告诉赫尔穆特·舒尔茨也这样做并准备跳伞，但他报告说他的机舱顶盖因为被子弹击中而卡住。所以，我不能抛下他，别无选择，只能降下迫降，我现在知道那是一个叫波文顿希思(Povington Heath)的地方，就在韦勒姆(Wareham)外面。

卡多的第 9 中队遭到重挫，为了阻止皇家空军的战斗机越过他们攻击斯图卡，该中队接下了“飓风”的铁拳。第 9 中队的乌尔班·施拉弗(Urban Schlaffer)中尉和他的后座机枪手弗朗茨·奥布泽(Franz Obser)一等兵是此次战斗的幸存者，后者回忆道：

在这次攻击中，帝国元帅的侄子戈林遇难。在远处，我们看到两架飞机正试图阻挡一群“喷火”(原文如此)。其中之一肯定是戈林。孤身一人去援助他是没有意义的。祖·

■ 7 月 11 日，ZG 76 的 Bf 110 在掩护 StG 2 第三大队的 Ju 87 攻击波特兰时遭到皇家空军痛击。图中是第 9 中队长格尔哈德·卡多中尉迫降的座机，他的飞机是皇家空军获得的第一架完整的 Bf 110。

卡斯特尔伯爵仍试图帮助他。但只有一架飞机有什么用呢？舒尔茨和施罗德也成了战俘。

戈林的飞机燃烧着垂直落在波特兰佛恩山悬崖顶上并爆炸，当时正好是12时，这是不列颠战役中第一架坠落在英国土地上的Bf 110。奥布泽提到的祖·卡斯特尔伯爵实际上是ZG 76第7中队的弗雷德里希·沃尔夫冈·冯·祖·卡斯特尔(Friedrich-Wolfgang Graf von und zu Castell)少尉，他的飞机也被击落在英吉利海峡中，机上两名乘员全部失踪。约阿希姆·施罗德(Joachim Schröder)是那天被击落的另一名ZG 76第9中队飞行员，他和祖·卡斯特尔一样坠入海中，但幸运的是，他几乎立即就被皇家海军的救生艇救起并关押。施罗德的机枪手受了重伤，落海后未能生还。

对于付出了4架Bf 110损失的ZG 76第三大队来说，海峡前线的初战无疑是痛苦的。但那些幸存下来的人没有时间悲伤，他们要立即为下一次作战做准备。ZG 76第三大队的飞行员回忆道："回到拉瓦尔，机场上一片忙碌，地勤和技术人员蜂拥而上，努力为下一次飞行做好准备。在这样一场艰苦的战斗之后，承担参谋责任的军官飞行员们没有时间放松。大队信号军官弗洛伦茨少尉召集所有的无线电员进行汇报，技术军官马赫费尔德少尉则忙于监督维修工作。迪科雷(Friedrich-Karl Dickoré，大队长)上尉要向总部报告，而他的副官迪特尔·努勒(Dieter Nülle)少尉则开始了繁重的任务，即提交伤亡报告和起草给(阵亡飞行员)亲属的信。"

ZG 76第三大队的下一个任务是掩护轰炸机对朴次茅斯港的袭击。在任务准备期间，StG 2第二大队的斯图卡要对波特兰北部的约维尔空军基地实施攻击，同样由Bf 110驱逐机提供近距离护航，这次来自LG 1第五(驱逐机)大队。

StG 2第二大队的下士飞行员，埃哈德·雅纳特(Erhard Jähnert)回忆道："这是我们第一次执行攻击英国的作战，我们注意到已经做了特别的准备。一大早，我们的Ju 87就装上了500公斤的炸弹，从位于内陆的固定基地昂热飞往位于布列塔尼北部海岸的迪纳尔，就在英属海峡群岛的南部。在那里我们受到了第四航空军指挥官阿尔弗雷德·科勒将军的接见。他发表演讲以鼓舞我们的士气。"12时整，斯图卡飞机起飞并向海峡方向爬升，但是看不到承诺过的护航机的身影。"当我们的Ju 87在英吉利海峡上空爬行，逼近英伦三岛的时候，我们变得越来越紧张，该死的护航战斗机到底在哪里?"

事实上，LG 1第五(驱逐机)大队的飞行员在厚重的云层中没能找到Ju 87，于是就折返回家。俯冲轰炸机机组人员完全有理由担心，德国飞机会被在英吉利海峡另一边的雷达提前探测到。当第601中队的"飓风"扑向他们时，德国人甚至没有到达英国海岸。雅纳特继续他的叙述："我们的指挥官下达取消作战并返航的命令。我拼命向下方的云层俯冲，才免遭英国战斗机的攻击。当我再次从云层中出来时，我发现我就在波特兰上空。

我们有 3 架 Ju 87，而且没有看到英国战斗机，所以我们决定攻击。我们在港口设施和船只上空投下炸弹，然后全速出发，低空飞行穿越海峡。”

通过及时的撤退，斯图卡战机避免了作战损失，除了雅纳特和他的两位战友对波特兰进行了投弹外，此次空袭一无所获。

临近傍晚时分，施佩勒派遣 KG 55 第一大队的 12 架 He 111 前往朴次茅斯，由 ZG 76 第三大队同等数量的 Bf 110 护航。亨克尔轰炸机抵达朴次茅斯并投下炸弹，使该市的煤气厂着火。然后它们遭到了皇家空军第 145 和第 601 中队“飓风”战斗机的拦截。这次战斗的结果与中午完全相反：驱逐机飞行员击落了两架“飓风”，却没有损失一架 Bf 110。虽然驱逐机取得了不俗的战果，但它们在保护轰炸机方面不太成功。

赫伯特·阿莱思(Herbert Aleith)上士的 He 111 遭到第 601 中队的战斗机攻击，直接凌空爆炸，爆炸如此剧烈，以至于在它旁边飞行的轰炸机也被波及，齐格弗里德·施魏因哈根(Siegfried Schweinhagen)中尉和他的飞机上的两人跳伞后被俘。第三架 He 111 摇摇晃晃地飞过了英吉利海峡，由于受损严重，它在法国坠落后完全报废。英国方面，第 145 中队的损失最为严重，中队长约翰·皮尔(John Peel)少校被击落，但幸运地被英国救生船救回，还有一架该中队的“飓风”带着严重的作战损伤返航。

7 月 12 日黎明时分，灰蒙蒙的天空下着阵雨，代号为“战利品”的一个大型船队从泰晤士河口出发，在埃塞克斯海岸外向西南航行。由于目标超出了 Bf 109 的有限航程，凯塞林冒险派出 KG 2 第二大队和 KG 53 第三大队的 40 架轰炸机向“战利品”发动无护航攻击，这将是一次代价高昂的试验。

8 时左右，第 17 中队的 6 架“飓风”从马特尔舍姆机场的潮湿跑道上起飞，向“战利品”进发。几乎与此同时，多佛雷达站探测到了一个大型德国飞机编队正在逼近。地面指挥员立即命令这 6 位英国飞行员拦截德军的空袭。与此同时，增援部队从几个机场赶来，包括第 85、第 151、第 242、第 264 中队的 30 多架战斗机。

而从德布登基地出发的第 17 中队正在船队上空巡逻，得到预警的皇家空军出动第 85、第 151、第 242、第 264 中队赶往现场增援。8 时 48 分，德国轰炸机在开始投弹时遭到第 17 中队拦截，后者的目标是一个由 12 架 He 111 组成的编队，很快就有两架轰炸机燃烧着坠入大海。突然，3 架“喷火”战斗机从另一个方向出现，它们是第 74 中队的红色小队，由著名的南非飞行员“水手”阿道夫·吉斯伯特·马兰(Adolph Gysbert Malan)上尉指挥，3 架飞机集中向一架 He 111 发起攻击。

远在下方船只甲板上的水手们欢呼起来，疯狂地将他们的帽子高高抛向空中。第三架轰炸机冒着浓烟落入一艘拖网渔船旁边的水中，船员们救起了 3 名幸存者。指挥 KG 2 第 5 中队的埃里希·马切茨基(Erich Machetzki)上尉的 Do 17 遭到了两架英国战斗机的攻击，轰炸机被一点一点地打成碎片，直到最后俯冲坠落，4名机组成员无一生还。

最终，德国人设法组成了紧密的战斗编队，它们的交叉火力击落了两架“飓风”战斗机，一位第85中队的飞行员阵亡，还有几架英国战斗机的机身和机翼也严重受损。但是德国人受到了最严重的惩罚，他们被击落了5架轰炸机，第6架飞机后来在荷兰坠毁。6架飞机的损失意味着整个攻击部队的战损率超过10%！

7月13日，施佩勒决定给Bf 110装上炸弹，并派它们去攻击波特兰南部的一支船队。被选中承担此任务的是LG 1第五(驱逐机)大队。德国人没能找到船队，却遭到了第238和第609中队的“飓风”和“喷火”的攻击。由于沉重的炸弹负荷，Bf 110的飞行速度很慢，飞行员们别无选择，只能扔掉炸弹，组成一个防御圆环。4架Bf 110被英国人的机枪击中，其中3架坠落在法国海岸。

几个小时后，当代号为CW5的运煤船队离开多佛港时，德军立即派出了一个Ju 87编队。但是该船队得到了来自第54和第64中队的18架“喷火”护航，这使德机无法进行精确轰炸。尽管如此，“瓦内萨”号(Vanessa)驱逐舰还是被一枚在船尾爆炸的炸弹重创。然后，“喷火”战斗机与护航的JG 51第三大队的10架Bf 109交火，双方各损失一架飞机。

一个小时后，StG 1第二大队的一个中队(12架Ju 87)被派去继续尝试攻击CW5。为他们护航的是JG 51第二大队，第4中队长约瑟夫·福佐(Josef Fözö)中尉参加了当天的战斗：

我们整个大队从代夫勒(Desvres)机场出发，任务是护送6架斯图卡前去攻击多佛附近的一些船只。在英吉利海峡中部，我们被警告要注意搜寻敌机，不幸的是，16~20架“飓风”战斗机(第56中队)设法溜到斯图卡和我们近距离护航的梅塞施密特之间的攻击位置。我们开火射击，当即就有3架“飓风”从编队中掉出，2架坠落，1架冒着浓烟向水面滑行。在那一瞬间，我看到一架斯图卡正在俯冲，试图抵达法国海岸。它正被一架“飓风”追逐。在那架“飓风”后面是一架Me 109(即Bf 109)，在它后面是第二架“飓风”。所有飞机都在向前面的飞机开火。我看到了这一危险的状况并冲了下去。现在有5架飞机排成一列向水面俯冲。那架斯图卡被严重击伤，坠落在维桑(Wissant)附近的沙地上。由约翰上士驾驶的打头的梅塞施密特，将第一架“飓风”击落入水，它的右翼在下沉前像鲨鱼的背鳍一样浮现在海浪之上。我的“飓风”像石头一样落在约翰击落的那架附近。

■ JG 51第4中队长约瑟夫·福佐中尉从一次作战中归来。

虽然斯图卡将它们的炸弹投向了船队，但这次行动成了1940年夏天Ju 87战机在整场战役中的缩影。不管护航距离多近或护航效果多好，皇家空军的战斗机经常有机会突破防线攻击斯图卡。此次作战中，虽然斯图卡部队没有飞机被击落，但这样的幸运是无法持久的。

鲁本斯多弗上尉的ErprGr 210当天完成了在不列颠战役中的首次作战，它的攻击目标是泰晤士河口附近的两支船队。在没有遇到英国战斗机拦截的情况下，这些战斗轰炸机声称击中了共计20000吨的商船，所有飞机都返回了法国。

第二天，另一支船队(CW6)在英吉利海峡遭到Ju 87的攻击，LG 1第四(斯图卡)大队的40架飞机在JG 3第三大队和JG 51第二大队的护航下实施攻击，结果被3个中队的英国战斗机击落两架Ju 87。俯冲轰炸的效果同样令人失望，只有779吨的“岛后”号(Island Queen)沿海商船被炸毁。

■ 7月14日，又一支遭到攻击的海峡商船队。

7月19日：无畏的悲歌

这段时间里，除了侦察飞行外，斯佩勒的第3航空队在战场左翼的行动基本上没有受到挑战，因为英格兰西南部的防空网络才刚建立好。在5月和6月，英军沿着南安普顿以西的海岸修建了6个新的雷达站，全部都与位于普利茅斯的海岸司令部第15大队总部临时情报过滤室联网。该防空系统于6月23日开始工作，向战斗机司令部总部和第11大队提供情报，第10大队虽然已经设立并于7月13日投入工作，但在中沃勒普和科勒恩(Colerne)这两个分区基地建设完成之前，该指挥部无法指挥战斗机实施作战。

在战争爆发时，广阔的西南地区唯一的战斗机部队是第501中队，驻扎在菲尔顿(Filton)以保卫布里斯托尔飞机公司的工厂。1940年5月，该中队被派到法国救火，并由海岸司令部装备布伦海姆IF的第236中队接替。法国战役结束后，3个“飓风”(第87、第213和第238中队)和3个“喷火”(第92、第234和第609中队)中队被转移到新建成的皇家空军中沃勒普基地以及在彭布雷(Pembrey)、埃克塞特(Exeter)和圣埃瓦尔(St Eval)的机场。

新组建的第238中队于6月2日抵达中沃勒普，随后第609中队于7月6日入驻，前者被转移到位于沃姆韦尔的Y分区前沿机场。15天后，中沃勒普基地移交给第10大队管辖。布兰德的总部过滤室于7月24日开始工作，但直到8月的第二周才完成对所有外围战斗机基地的掌控。

在为改善英格兰西南部地区防空而进行的调整过程中，7 月 11 日，第 141 中队驾驶着“无畏”式炮塔战斗机，从爱丁堡附近的特恩豪斯机场轮换到位于西莫灵(West Malling)的比金山分区新前线机场。随着英吉利海峡战役开始升级，威廉·理查德森(William Richardson)少校的部队被命令前去 C 分区的另一个前线机场——位于福克斯通附近的霍金奇机场，那里也是第 111 中队(来自克罗伊登)的临时驻地。

7 月 19 日中午过后，斯维盖特雷达站探测到一个编队在加来海峡上空聚集，帕克命令霍金奇的两支部队出动。第 111 中队于 12 时 20 分起飞，9 架“无畏”在 10 分钟后跟进。帕克的战斗机作战指挥官威洛比·德·布鲁克男爵约翰·维尼(John Verney)中校引导第 111 中队在 10000 英尺的高度飞向迪尔，告诉约翰·汤普森(John Thompson)少校预计会有敌军轰炸机，并让理查德森在 5000 英尺的高度巡逻福克斯通(Folkestone)以南 32 公里处。如果没有遇到敌人，他们将向格里内角扫荡过去。

■ 威洛比·德·布鲁克男爵约翰·维尼中校。

这两个中队的指挥官向 C 分区指挥部报道，比金山基地的指挥官理查德·格里斯(Richard Grice)中校此时身兼 C 分区的战斗机指挥官。尽管从地理位置上看，霍金奇位于 D 分区的辖区内，但该机场是隶属 C 分区的前线机场，所以由 C 分区指挥中心向部署在那里的中队发出拦截指引和其他指令。

在霍金奇的部队出动时，德国空军 ErprGr 210 的 12 架 Bf 110C/D 战斗轰炸机向多佛港的皇家海军船只展开攻击，汉斯·特劳夫特的 JG 51 第三大队的 20 架 Bf 109E 提供高空掩护。

特劳夫特后来回忆道：

能见度非常好，可以看到任何从海岸附近机场起飞的飞机。突然，维纳尔(Wehnelt)少尉报告说在右下方，有几架飞机刚刚越过英国海岸。我朝那里看去，找到了这些飞机，数出来有 9 架。它们似乎才刚刚起飞。它们迅速爬升，向英吉利海峡中部转了个大弯，直奔我们而来。它们还没有发现我们，我们钻出云层向它们扑去。

当我离它们的编队只有 800 米左右的时候，我注意到飞机的驾驶舱后面有炮塔……我的脑海里突然浮现出“无畏”——重武装的双座飞机，后座机枪手有四挺重机枪，火力强大。敌人的编队仍然紧紧地飞在一起，就像在演习一样，这时它突然调头返回……在再次确认了“飓风”或“喷火”的踪迹后，我下达攻击命令(并)翻身向最后面的“无畏”俯冲，我的僚机维纳尔、凯斯(Kath)和皮琼

(Pichon)紧随其后。稍微靠后的 3 个中队也跟在后面。我瞄准了右侧的“无畏”。

突然间，一切都乱套了。英国佬已经看到了我们。大量炮塔的防御火力向我射来，四周到处是烟火。我可以看到子弹从两侧飞过并感觉到我的飞机被击中了，但我还是坚持进攻。第一轮齐射位置太高了，但第二轮射击正中机身，“无畏”的部件裂开并从我身边闪过。我看到机身下方出现了一股细细的烟迹。突然，飞机像一团巨大的火球一样爆炸，向海中坠落。我在俯冲中获得了速度，并利用它再次向右弯曲攻击……现在我的所有飞行员都在攻击中，然后我的发动机突然震动起来并开始不平稳地运行着。我在驾驶舱里闻到了油燃烧的味道，冷却液温度显示为 120℃，油温也在逐渐升高。我感到很不安——我不想在英吉利海峡中间跳伞。

其炮塔机枪手跳伞逃生。4 名飞行员和 6 名机枪手在这场大屠杀中丧生。他们的飞机严重受损，特劳夫特和他的一名僚机迫降在法国，两架梅塞施密特飞机都因“无法修复的损伤”而报废。第 111 中队试图介入并救援这些倒霉的“无畏”，但为时已晚，它只能追逐着胜利向法国返航的“埃米尔”们(但声称击落 3 架敌机)。

■ 1940 年 7 月，JG 51 第三大队长汉斯·特劳夫特上尉(右一)和大队司令部的队员们在一起。

在这次压倒性的攻击中，理查德森后来报告说：“中队遭到了 20 至 25 架从太阳中钻出的 Me 109 的攻击。我立即转向左边，完成了一个 360 度的急转弯。这被证明是无效的，因为我的飞机从下方和(转弯的)外侧受到了攻击。然后我进行 S 弯机动，始终转向攻击方向，这被证明是有效的。5 分钟后，‘红色 2 号’和我成了唯一剩下的两架‘无畏’，所以我决定中断战斗并返回基地。”

第 141 中队有 6 架“无畏”被击落，第 7 架“无畏”被严重损坏，

英军最终会认识到，“无畏”和斯图卡一样不适合在没有取得制空权的环境下作战，三天后第 141 中队被撤回到位于普雷斯特威

■ 7 月 19 日，第 141 中队的 9 架“无畏”遭到 JG 51 第三大队的 Bf 109E 攻击。15 分钟内就有 6 架飞机被击落，还有一架受重创。

克(Prestwick)的第13大队，在那里几乎不可能遇到德国空军轰炸机，更别提他们的战斗机了。

7月20日，斯图卡轰炸机时隔近一周后再次出现在英吉利海峡上空。在JG 27、JG 51的Bf 109和一些Bf 110的护航下，StG 1第二大队与ErprGr 210合力向CW7商船队发起攻击，其中一艘护航驱逐舰“布莱曾”号(Brazen)受到了特别关注。最终，这艘驱逐舰被一枚炸弹炸断，最终在当天20时左右沉没，值得注意的是，该舰上仅一人丧生。斯图卡大队还击沉了860吨的运煤船“普尔伯勒”号(Pulborough)，并击伤了“西城”号(Westown)商船。

雷达给战斗机司令部提供了足够的时间，第32和第615中队的“飓风”在第5和第610中队“喷火”的掩护下从阳光中俯冲下来，StG 1第二大队的4架Ju 87被击伤，第32中队的“飓风”还声称击落一架Bf 110D，该机实际上回到了法国，损伤可以修复。3架Bf 109被击落，两架属于JG 51，更严重的损失是JG 27第一大队长赫尔穆特·里格尔(Helmut Riegel)上尉，他在搜寻一位失踪飞行员时被击落。第32中队损失了一架飞机及其飞行员，第610中队也损失一架“喷火”，飞行员身负重伤。

21日的大规模战斗直到下午才展开，来自KG 3的Do 17在JG 27第三大队和LG 1第五(驱逐机)大队的约50架护航机掩护下，空袭位于尼德尔斯(Needles)南部的船队。第43中队的一架“飓风”与JG 27第7中队的一架Bf 109相撞，两名飞行员全部丧生，道尼尔们未能对船只造成伤害。接下来两天，海峡上空较为平静。

■ JG 27的飞行员们正在等待前往海峡上空的起飞命令。

7月24日，芬克上校得到了最新科技装备的辅助，一台弗莱雅雷达设立在了维桑附近的白鼻岬角(Cap Blanc-Nez)。有了它，德国人就能及时发现英吉利海峡中的英国船只，继而发动空袭。这是对英吉利海峡中的英国船只进行强化攻击的开始。当天上午，KG 2第二大队就击沉了多佛海峡中的两艘扫雷舰，然后返回基地，自身没有受到任何损失。

几个小时后，不久前刚加入第2航空队的JG 26奉命执行它在不列颠战役中的首次任务，JG 26第三大队出动40架Bf 109掩护15架KG 2第一大队的Do 17对泰晤士河口上的一支船队发动攻击，JG 26第二大队在轰炸机前方进行扫荡，皇家空军果断派出战机进行拦截。得益于紧密的阵型和精准的交叉防御火力，英国战斗机未能摧毁任何一架

Do 17，但是 JG 26 损失了 3 架 Bf 109，JG 26 第二大队的作战就是一场灾难，这个大队由于尚未完全进入作战状态，只能出动 10 架飞机参战。逼近多佛时，第二大队长埃里希·诺亚克（Erich Noack）上尉报告看见上方有“30 架喷火”（实际上是第 610 中队的 9 架飞机）并放弃作战，返回基地降落时，诺亚克的飞机失速坠毁，杀死了这位大队长。

阿道夫·加兰德指挥下的 JG 26 第三大队先后与第 54 和第 65 中队前来拦截的“喷火”交手，双方打了个平手。两架第 54 中队的“喷火”被击落，第三大队也损失了两名飞行员，其中一人丧生，大队技术军官维尔纳·巴特尔斯（Werner Bartels）中尉成为战俘。首战即损失两位飞行员的结果让加兰德感到震惊，他后来表示在英国上空的第一次战斗就让他坚信皇家空军战斗机司令部将是最强劲的对手。

但是有比 JG 26 更惨的。JG 52 第三大队同样在当天完成自己的首次亮相，这批 Bf 109 负责掩护 Do 17 和 JG 26 第三大队撤退，却在靠近自己的掩护目标前遭到第 610 中队 9 架“喷火”的突袭。第一轮攻击中，JG 52 第三大队长沃尔夫·海因里希·冯·胡瓦尔德（Wolf-Heinrich von Houwald）少校就被击落身亡。片刻之后，又有 3 架 Bf 109 落入海中，其中包括第 7 中队长赫伯特·费尔默（Herbert Fermer）中尉和第 8 中队长洛塔尔·埃利希（Lothar Ehrlich）中尉。首战即损失一位大队长和两位中队长，这样的结果对于 JG 52 第三大队来说是难以接受的。

当天，由 ErprGr 210 第 2 中队的飞行员保罗·赫尔曼（Paul Hermann）下士和无线电员海因茨·迈因哈特（Heinz Meinhardt）下士驾驶的一架 Bf 110 在攻击商船队时被船上的防空炮火直接命中，坠入哈里奇以东的北海，这是该大队损失的第一名飞行员。

7 月 25 日：CW8 的灾难

在 7 月 11 日至 24 日，大部分复习和战术训练工作已经完成，特别是让德国空军战斗机飞行员熟悉护航的节奏、战位保持流程和作战配合（在起飞后没有公用的无线电频率可用于重新计划）。让快速的战斗机与缓慢的斯图卡实现会合和伴飞的系统也已经得到了充分的测试，变得相当完善了。这些训练作战随着更多的部队在他们的新基地安顿下来并恢复到作战状态，而变得越来越常见，看起来像是佯攻并试图侦测战斗机司令部的防御，或将英国战斗机引出英吉利海峡。大量 Bf 109E 和 Bf 110C/D 部队的加入，使两个航空队可以在每天的 11 时 30 分至 20 时沿着法属海峡海岸，从加来到瑟堡进行强有力的防御性战斗机巡逻。

部队练度的提高使德国空军可以在 7 月 25 日展开第一次大规模行动。《皇家空军实录》第二卷“不列颠之战”记载，那是一个“晴好天，多佛海峡有雾气”，CW8 船队的 21 艘商船在一对武装拖网渔船的护送下，从 12 时至 18 时经过海峡。看到大型商船队以 6 节的航速在格里内角外仅 32 公里远的地方

JG 2 第 3 中队的 Bf 109E 编队正在执行巡逻任务。

蜗行，第 2 航空队从 11 时 30 分至 18 时 40 分发动了四轮攻击，每次攻击由一个 Ju 87 或 Bf 110C/D 战斗轰炸机大队执行，由驱逐机密接护航，一两个战斗机大队在前方扫荡，在海浪顶部高度飞越水面，这样雷达站是发现不了它们的。这种新战术的设计是为了确保斯图卡在从俯冲中改出的最脆弱时机，能够得到最有力的战斗机保护。StG 1 第 8 中队飞行员克劳斯·奥斯特曼（Klaus Ostmann）中尉回忆道：

1940 年 7 月 25 日的第一次作战中，我的大队飞越了海峡。我们爬升到 4500 米的飞行高度。（在海上）估算你的高度相当困难——你经常会在把飞机指向下方一点的时候就觉得自己要落入水中了。接下来在远方，一道黑线现身了——英国海岸。现在白崖变得越来越明显。在水面上飞行已经够让人神经紧张的了，但现在这种感觉正在加剧。

我们经常能够听到敌人完整的无线电通信，告诉我们敌军的战斗机已经起飞了。在我们发起攻击前，我们看见它们在上方的高空中。看起来就像在等待扑杀的鸟一样。这是一种不安的感觉。我们的目标是波特兰岛附近的一支商船队。我什么也没看到——在海上搜寻船只相当困难——但是编队已经开始俯冲了。紧张过后，一股解脱感涌上心头。你下定决心冲向目标，只有一种想法——击中目标。不会注意到向你射击的高射炮和在两边发生的爆炸。现在我已经选中了目标，丢下炸弹并做出剧烈的规避动作，我跟上了已经再次聚集在一起的编队。但是现在我们的机枪发出砰砰声，我可以看到一架“喷火”射出的曳光弹划出的八道轨迹一次又一次的像幽灵的手指一样试图抓住我。有几次你可以听到尖锐的噼啪声，但飞机的机身很宽，如果关键的部位没有被击中，可靠的容克斯飞机可以承受很多这样的伤害。我已经成功避开了最后一架攻击我们的战斗机，安然无恙地降落在了前沿机场。我们都遭到了猛烈的射击，中队长的飞机油箱被一发子弹命中，非常艰难的得以返回。到处都沾满了油污，所以他不得不在瑟堡附近的一个小机场紧急着陆。由我率领编队回到了机场。

前三次攻击(11时50分，14时50分和16时30分)都在没有受到严重干扰的情况下完成，当三四个出击的皇家空军中队现身后，Bf 109E战斗机就会从海平面拉升拦截接近的英国战斗机，并将它们牢牢牵制住。而斯图卡就趁机从高空俯冲，然后毫发无伤的逃离。这些战斗机之间的格斗战导致第54、第64和第610中队的5架“喷火”战斗机被击落，作为交换的是两架Bf 109E，分别来自JG 26第9中队和JG 51第5中队。在大约18时40分的最后一次攻击中，第54和第610中队终于能够接近轰炸机，击落两架StG 1第二大队的斯图卡和4架护航机。这批护航机又是来自倒霉的JG 52第三大队，阵亡者包括代理第7中队长职务的威利·比尔费尔德(Willy Bilefeld)中尉和被正式任命为第7中队长的威廉·凯德尔(Wilhelm Keidel)中尉。短短24小时内失去了一位大队长和4位中队长，这样的损失之前从未出现在任何一个德国空军大队身上。五天后，JG 52第三大队就被撤回国内休整，并重新承担起本土防空职责。第54中队此战只损失了一架“喷火”。StG 1第二大队的一位飞行员还记得当时的情形：

法国海岸在我们身后渐渐远去。我们保持着紧密的队形，护航战斗机则在周围盘旋，我们在轻柔的海波上方朝目标驶去。当我们找到商船队的残部时，已经可以看见英国的模糊轮廓了。一些散开的船只正试图到达那遥远岸边的安全地带。在我们之前来到这里的战友们已经很好地完成了他们的工作。水面上只剩下了8艘船。

大队长发出了预先安排好的攻击信号。我前方的飞机一架接一架的翻转机翼并消失进入垂直俯冲中。我正准备效仿，一架英国战斗机向我逼近。我迅速地把飞机拉起从它上方越过，成功地把他甩开了。当我的无线电员观察敌人并持续报告他的动作时，我的注意力集中在我选中作为目标的那条船上。它在我的瞄准具中变得越来越大。轻轻按一下投弹按钮——一阵颠簸——我的炸弹就上路了。

我回头看到它在船身旁爆炸。但我身后的飞机取得了直接命中。没有时间沉浸在我们的成功中——尽管我们的护航战斗机尽了最大努力，但敌人的战斗机已经突入，正试图把我们一个个地干掉。它们从阳光中俯冲出来，干掉了我侧前方的一名战友。虽然他的飞机已经着火了，但他还是短暂地拉升起来，给自己和他的操作员争取到一个跳伞的机会。几秒钟后，他的飞机消失在一片浪花中。

我的操作员报告说有两架战斗机正在接近。一架就在我的机尾后，另一架则在一旁的高处。我倾斜飞行以躲避第一架战斗机的火力，一侧翼尖几乎要碰触水面，而我的观察员则向第二架战斗机射击。它们疏散开来准备发起下一轮攻击，但此时我快速将自己塞到前方的一群战友中间，我们开足马力向家飞去。

StG 1 第一、第二大队和 LG 1 第四(斯图卡)大队的斯图卡，以及 ErprGr 210 的 Bf 110 战斗轰炸机，共击沉了 5 艘小船，总吨位 5107 吨，还击伤了另外 5 艘，其中一艘受损严重不得不搁浅在岸边。从多佛派出的两艘驱逐舰“朔风”号(Boreas)和“辉煌”号(Brilliant)试图抵御不断的攻击，结果也被击中，严重受损，不得不被拖回港内。当天晚上，德国海军的鱼雷艇又击沉了商船队的 3 艘小船，总吨位 2480 吨。

虽然被击沉的吨位不大，德国空军展示出的极高作战效率显然给皇家海军和丘吉尔留下了深刻的印象。第二天，他给海军部写信说：“很明显，为这支商船队的安全所采取的预防措施是完全无效的，它的组成及护航方式都不适合执行此任务。我认为这是迄今为止海上战争中最可悲的事件之一。”

海军部的选择是在白天“关闭海峡通道”。在采取更有效的防空措施之前，不允许商船在白天通过海峡的东端航行。第 2 航空队部分地实现了海峡战役的既定目标之一。

7 月 19 日至 7 月 27 日：攻击多佛海军基地

ErprGr 210 在 7 月 19 日上午对英国皇家海军多佛基地的攻击只击中了一艘武装拖网渔船，但这是一系列试图将多佛地区防御舰队(主要是皇家海军第 1 驱逐舰支队)赶出其海峡基地的攻击的开始。战斗轰炸机们在当天下午取得了更大的成功，击中了 5581 吨的皇家海军辅助舰“印度佣兵”号(War Sepoy)的引擎室，并点燃了油仓。它们还损坏了两艘驱逐舰和另外两艘船只。第二天，ErprGr 210 第 2 中队在 13 时 10 分至 13 时 40 分攻击多佛港，从 8000 英尺俯冲到 2000 英尺投弹。它未能击中任何目标，但没有遭到拦截。

在持续几天的坏天气后，7 月 27 日，战斗轰炸机们再次饥渴地扑向多佛。14 时 30 分，ErprGr 210 第 3 中队的 Bf 109 战斗轰炸机从低空向港内的皇家海军舰艇发起突袭。驱逐舰“沃波尔”号(Walpole)前一天刚加入多佛司令部，在空袭中被数枚近失弹命中，当场失去战斗力。当天的天气恶劣，斯图卡无法实施攻击，守军被打了个措手不及，没能来得及做出任何反击。同一支部队在 18 时的第二次袭击造成了更大的破坏，2012 吨的驱逐舰支队领舰“科德林顿”号(Codrington)被击沉，系泊在它身边的 11500 吨的补给舰“桑赫斯特”号(Sandhurst)也受到重创。第 501 中队试图进行拦截，但反被 ErprGr 210 第 3 中队霍尔斯特·马克思(Horst Marx)少尉驾驶的 Bf 109E-4/B战斗轰炸机击落了一架“飓风”。

与此同时，在苏塞克斯海岸，KG 53 的 He 111 击沉了“鹪鹩”号(Wren)驱逐舰，还击伤了“蒙特罗斯”号(Montrose)，它们在为扫雷舰提供防空掩护，以清扫在通往哈里奇的入口处由德军第 9 航空师、快艇和 U 艇布下

■ 7月27日被德国空军击沉的“科德林顿”号驱逐舰。

的水雷。当天，ErprGr 210第2中队也攻击了一支英国船队，一架Bf 110被防空炮火命中后凌空爆炸。

尽管7月28日是个好天气，双方直到下午才开始大规模交战。刚在一天前接替奥斯特坎普担任JG 51联队长的德国空军头号王牌飞行员维尔纳·莫尔德斯少校（战斗机部队首枚骑士十字勋章获得者，当时二战击坠战果25架）率领JG 51第一、第二大队掩护一批轰炸机前往多佛，皇家空军第41和第74中队的“喷火”在海峡上空实施拦截，轰炸机调头放弃作战。在掩护这批轰炸机撤退的过程中，莫尔德斯取得了他的第26次空战胜利，但是JG 51第2中队损失了一架飞机，莫尔德斯本人也在空战中受伤。英方的战斗报告显示击伤莫尔德斯座机的飞行员是来自第74中队的“水手”马兰上尉，不过后来的研究却显示实际击伤莫尔德斯座机的飞行员更可能是来自第41中队的韦伯斯特（J. T. Webster）上尉。莫尔德斯本人评论自己第一次在英吉利海峡上空的作战时说：

我将永远记住我在英格兰上空的第一次飞行。我的副官基尔歇施中尉与我伴飞。在多佛上空，我们看到下方有一些“喷火”战斗机，更多的飞机从它们身后的雾气中钻出。我们向第一组飞机发起攻击，我将其中一架点燃送往地面。但是这下我发现自己落入8~10架英机之间，全部都疯狂地追向我。幸运的是，他们都同时发起攻击。为了赢得击落我的竞赛，他们互相受到了干扰。我持续在他们之间穿梭，造成了更大的混乱。然而，我无法避免地中弹了。有东西疯狂地击打着我的飞机。散热器和油箱都被穿了孔。我只能俯冲并全速穿越海峡逃离。他们像猎犬一样追着我。莱普拉中尉注意到此事，设法击落了在我身后的一架“喷火”。这让我感觉好多了。我的发动机一直坚持到了我抵达法国。

然后它就爆缸了。我无法降下起落架着陆，所以我进行了机腹降落。它顺利的完成了。当我想要离开飞机时，我的腿根本站不直。靠近一看我发现了血迹。医院检查发现：大腿上有三块碎片，膝盖里有一块，左脚上有一块。在激烈的战斗中我都没注意到。顺便一提，膝盖里的那块还在那里。我就在那时注意到我们的帝国元帅有多体贴，我被空运到了柏林的空军医院。在那里的 11 天对于我来说是极好的休息。护士们非常认真地照顾我，比我母亲还尽心。后来我给那些姑娘们送去了一袋从敌人那里缴获的咖啡。

29 日也是个适合飞行的好天气，德国空军在清晨派出来自 LG 1 第四(斯图卡)大队和 StG 1 第二大队的 48 架斯图卡前往多佛港，护航部队是来自 JG 51 和 JG 26 第三大队的 80 架 Bf 109，由于莫尔德斯的伤退，率领这批护航机的是 JG 26 第三大队长加兰德。来自曼斯顿的第 41 中队(“喷火”)和来自霍金奇的第 501 中队(“飓风”)向空袭部队展开左右夹击，JG 51 与“喷火”发生激战，第 41 中队损失了一架飞机及其飞行员，还有 4 架飞机受损迫降。就在德国护航机忙于对付第 41 中队时，第 501 中队趁机向斯图卡编队发起进攻。2 架 Ju 87 被击落，3 架受损，4 名机组人员死亡，3 人受伤，这些损失来自于 StG 1 第二大队。俯冲轰炸机们击沉了武装快艇“古

■ 7 月 29 日，LG 1 第四(斯图卡)大队和 StG 1 第二大队的斯图卡向多佛港内的商船投弹。

尔扎”号(Gulzar)，在7月25日的空袭中受损的CW8指挥舰“格陵兰”号(Gronland)当时正在多佛港，它也被击沉了。而更多的炸弹击中了已经瘫痪的“桑赫斯特”号，使其燃起大火。

下午的战斗则围绕着两支运输船队展开，但德国空军几乎没有对它们造成任何损伤。在其中一次作战中，KG 76第三大队试图从低空轰炸船队以躲避雷达的搜索，结果他们不但未能取得任何直接命中或近失，大队长阿道夫·根特(Adolf Genth)中校还撞上阻拦气球，不幸遇难，还有一架轰炸机被护航船只的防空火力击落。这再次证明了水平轰炸机不适合执行对商船这类小目标的攻击。不过俯冲轰炸机再次取得成功，StG 2第三大队在离波特兰25公里处击沉了“愉悦”号(Delight)驱逐舰。4艘驱逐舰(“布莱曾”号、“科德林顿”号、“鹪鹩”号、“愉悦”号)在短短十天内被击沉足以证明德国空军在削弱皇家海军在“狭海”制海权上面的有效性。

持续的损失，再加上皇家空军摄像侦察部队发现德国国防军正在加来附近集结远程火炮，促使英国海军部下令放弃多佛基地，将多佛地区防御舰队的幸存者撤到希尔内斯(Sheerness)。在7月1日分配给该舰队的7艘驱逐舰中，仅有“活泼”号(Vivacious)是适航的，它和残破的“沃波尔”号以及受损的“辉煌”号[由海军部的打捞拖船“布莱西夫人”号(Lady Brassey)拖曳]一起，在当天晚上撤离了基地。

通过迫使英国皇家海军驱逐舰从多佛撤离，德国空军在海峡战役阶段的海上空战中达成了另一个重要的作战目标，皇家海军的驱逐舰被迫要走更长的路线来拦截穿越海峡的行动，从而使它们的响应时间被延长，并要在白天面对斯图卡和战斗轰炸机的反舰打击，夜间面临快艇和U艇的袭击。

8月8日：CW9与英吉利海峡的封闭

作为对英国战时内阁下令采取“更有效防空措施”的回应，海军部决定在可能遭到德国空军攻击的目标上方或周围拴上阻拦气球，以干扰或阻止来自低空和俯冲轰炸的攻击。Mk Ⅶ型系留气球充满了566300升氢气，被拴在1500米长的线缆末端，系留在固定位置、重型卡车和停泊在河流及河口的驳船上。到7月底，大约1466个阻拦气球被部署在52个中队内，每个分队含8~9个气球，保护主要城市、港口和工业中心。多佛的第961中队是最新的阻拦气球部队之一，部署了16个气球，其中半数固定在岸上，其余的系留在港口附近的水面上，希望能干扰俯冲轰炸的实施，以保护皇家海军驱逐舰队的返回。它于7月31日开始投入作战。

此外，位于泰晤士河口的希尔内斯海军基地的第952中队增添了一个由8个气球组成的小队(被称为海上阻拦气球支队)用于给商船护航。阻拦气球被拴在昵称为“漂流者”的机动渔船上，这个小支队由451吨的前比利时引航船“星辰”号(Astral)率领，插入商船编队中间，陪伴它完成从希尔内斯到怀特岛的一整天航程。

■ 海上阻拦气球支队的一艘船只。

有了这一新的保护措施，8月7日，海军部在泰晤士河口的滨海绍森德(Southend-on-Sea)召集了24艘货船和运煤船，组成了代号为“田凫”的CW9船队，这是两周以来的第一支海峡西行商船队。护航队由“斗牛犬”号(Bulldog)和“费尔尼”号(Fernie)驱逐舰、4艘反潜拖网渔船和6艘海上阻拦气球支队的船只组成，这是海上阻拦气球防空系统的第一次真正亮相。

当天上午，第2航空队的晨间侦察机(一架来自KG 2联队司令部的Do 17Z)从邓杰斯(Dungeness)附近绕过肯特郡海岸往东北方向飞往北福尔兰。在检查了泰晤士河口的入口后，道尼尔转向北面，沿着埃塞克斯郡和萨福克郡的海岸进行侦察。天气干扰了目视侦察，在2000英尺高的雾气笼罩下，能见度被限制在3~8公里，因此机组人员未能发现商舰队。云层向东变厚，覆盖了法国东北部、比利时和荷兰，让第2航空队在当天早上无法发起任何袭击。

当天晚些时候，CW9组成两个平行的长纵列，绕过北福尔兰，于14时30分在不受干扰的情况下驶过多佛，阻拦气球分别释放在两列纵队的头尾和侧面。晚上，德国海军第1快艇支队在比奇角和纽黑文(Newhaven)附近攻击了商船队。出乎意料的是，4艘快艇击沉了两艘货船，并在黑暗中引发船队进行规避机动，导致碰撞事故发生，又有第三艘货船沉没，共11名水手丧生。反复的夜间攻击所造成的混乱导致船队失去了秩序，到黎明时分，船队分散在130平方公里的开阔水域上。第14远程侦察机大队第4中队的一架Do 17P在进行晨间侦察时，于6时20分发现了分散在休斯角(Selsey Bill)附近的船只，这还得感谢那6个漂浮在稀薄云层中的阻拦气球的指引。更倒霉的是，负责保护船队的第501中队(6架“飓风”)此时刚返航降落在坦米尔基地，因此道尼尔飞机的侦察工作没有受到任何阻碍和干扰。

一场斯图卡攻击马上组织起来，57架Ju 87在8时25分至8时30分起飞，携带总计32.4吨的285枚高爆炸弹，担任护航的是JG 27第一、第三大队的“埃米尔”。斯图卡和它们的护航机组成了两个攻击群。第一个攻击群的 StG 1 第三大队（原 TrGr 186 第一大队）从瑟堡飞往怀特岛，于 8 时 40 分被文特诺（Ventnor）雷达站发现。第二个攻击群的 StG 1 第一大队于 15 分钟后在前往休斯角的中途被发现。由 6 架第 145 中队“飓风”战斗机组成的皇家空军护航队刚刚从韦斯特汉姆普内特（Westhampnett）起飞。

■ JG 27 第 3 中队的 Bf 109E 在法国吉讷（Guines）机场上。

此时分布广泛的 CW9 船队仍能得到部分云层的遮蔽，时间进度比计划晚了两小时，但是由 6 艘货船组成的另一支小船队正从圣海伦锚地（索伦特海峡的东部通道）驶向圣凯瑟琳角附近与 CW9 会合，赫尔穆特·马赫克（Helmut Mahlke）上尉的 StG 1 第三大队的斯图卡在上空盘旋，准备从西北偏西方向发起攻击。

一位幸存者后来回忆道：

我们 6 艘船驶向怀特岛附近与西行的船队碰面……（并）遭到容克斯俯冲轰炸机最恐怖的攻击。攻击来自破裂的云层中，当德国飞机向我们冲来时没有任何警报。首先传来的是飞机俯冲的刺耳声音，以及呼啸的引擎上像汽笛一样的尖啸声。然后，当炸弹落下时，它们发出尖锐的哨声。在超过五六分钟的时间里，至少有 50 架飞机向我们俯冲下来。它们一个接一个地飞过来，地狱般的噪声此起彼伏……冲击波一次又一次地冲撞着你，让你喘不过气来，巨大的水柱向你打过来，还有硝烟的气味。

马赫克也回忆了这次攻击：“在怀特岛西南方向约 10 海里处发现了商船队。我决定将以小队形式发起攻击。风很稳定。在俯冲过程中，目标牢牢地固定在我们的瞄准器中，因此轰炸的效果非常好。有好几艘船被直接命中，看见它们正在沉没。其余的也被我们的炸弹重创。”这次攻击是毁灭性的，击沉了“阿贾克斯”号（Ajax）和“科克代尔”号（Coquetdale）轮船（总吨位 2539 吨），另外 4 艘轮船受损严重，载着 4 具水手的尸体跌跌撞撞地返回圣海伦锚地。也许“约翰 M”号（John M）的舰长道森（W. H. Dawson）的一句话可以概括斯图卡攻击有多么恐怖，他在正式的报告中写道：“大副和一名健壮的海员后来完全崩溃了，我认为他们再也不会出海了。”

赫尔穆特·马赫克

1931年8月27日生于柏林，起初在海军服役，于1935年转入德国空军。他起初在多个海上航空单位工作，直到1939年9月在基青根(Kitzingen)接受作为一名俯冲轰炸机飞行员的训练。随后他成为驻扎在基尔和韦特海姆(Wertheim)的TrGr 186第2中队长，并在法国战役中完成个人的初次战斗任务。1940年7月，他被任命为StG 1第三大队长，先后参加了在英吉利海峡、英国、马耳他、北非、克里特和苏联上空的战斗，其间他至少被击落了3次。马赫克于1942年6月晋升少校，他执行了159次作战任务并击沉了数艘苏联船只和一艘潜艇。1941年7月16日获得骑士十字勋章，战争的后半段时间里他在东线的德国空军东部司令部和第6航空队担任参谋职务。

差不多同时抵达的第145中队长约翰·皮尔少校“收到敌机从西南方向接近的警告，向着太阳爬升到16000英尺高度。看到Ju 87大编队从西南方接近，Me 109战斗机在12000英尺高度结成梯队。在没有被发现的情况下从海上接近，并在敌方战斗机拦截之前与黄色小队一起对尾部的Ju 87发起攻击”。英军声称击落8架斯图卡，实际损失只有两架StG 1第9中队的飞机，4名机组人员全部失踪，另有两名飞行员和一名无线电员/机枪手受伤。第145中队在JG 27第一大队护航机的攻击下损失了两架“飓风”，两名飞行员都在战斗中失踪，3架JG 27的Bf 109E战斗机未能返回，两名飞行员阵亡。

当最后一架斯图卡在水面上方的低空撤离时，“十字军帝国”号(Empire Crusader，商船队总指挥的座舰)、阻拦气球支队的头两艘船和一些CW9船队的船只从稀疏的云层下现身并被发现，第二轮攻击的命令马上下达。大约49架StG 2第一、第三大队的斯图卡，装载245枚炸弹(27.75吨)于11时45分开始起飞，还是在JG 27第一、第三大队战斗机的护航下，组成了一个大型编队。文特诺雷达站在瑟堡以北30公里处发现这支“超过100架”飞机的空袭队伍正朝着“田凫”船队飞去。

霍尔斯特·连斯伯格的LG 1第五(驱逐机)大队的16架驱逐机在空袭部队的前方扫荡，飞向比奇角实施佯攻。它成功了。第145中队再次升空，A分区指挥部[此时中沃勒普基地指挥官杰克·博雷特(Jack Boret)中校兼任A分区战斗机指挥官］引导第145中队长进行拦截。

拦截的“飓风”战机击落了LG 1第14（驱逐机）中队的一架Bf 110C，其机组人员身亡，另有3架战机受到可以修复的损伤，第145中队没有损失。

与此同时，6架第609中队的“喷火”战斗机正在商船队上空巡逻，现在随着向西的推进，船队慢慢地重新组成了两列纵队。帕克很快意识到这些战斗机是不够的，命令6架第601中队的“飓风”于11时55分从坦米尔起飞，在基地上空20000英尺高度巡逻（以防入侵者前往那里），并在12时9分至12时15分又派出3个中队（30架“飓风”）。

12时19分，当天的第二次俯冲轰炸开始了，JG 27第9中队的一个梅塞施密特小队在低空扫射，击落了拦截气球。“北方”号拖曳的气球燃烧着落入船尾一英里处的海中。气球没了，阻拦气球支队的船只迅速成为斯图卡最初的目标。12时20分，一枚50公斤重的炸弹击中了“北方”号，几乎完全摧毁了舰桥。令人难以置信的是，只有6名船员受伤，其中3人是重伤。1042吨的“十字军帝国”号被击中两次，倾覆并沉入大海，而挪威的“特雷斯”号（Tres，946吨）也受损严重，在被拖到圣海伦锚地后沉没。另有一艘较小的船只也被击伤。

只有第609中队拦截了攻击者。但没有击落任何敌机。

在上空，第238和第257中队的24架“飓风”战机赶到，但是在拦截斯图卡之前，它们立即遭到约阿希姆·施利希廷（Joachim Schlichting）上尉的JG 27第三大队攻击，5架“飓风”被击落，5名飞行员全部阵亡或失踪。施利希廷损失了一架Bf 109E，飞行员失踪。

14时25分，保罗-维尔纳·霍泽尔（Paul-Werner Hozzel）少校再次率领StG 1第一大队的22架飞机向船队发起攻击，然而，在发现目标地区的云层高度太低后，他取消了此次作战。尽管这一天的能见度适中，但破碎的云层正在聚集，到15时，德国空军侦察机报告云底高度已经下降到3000至4500英尺。在这样的条件下，对护航船队进行俯冲轰炸是不可能的。事实上，在当天的第一次攻击中，破碎的云层很可能已经给正确识别目标造成了一些困难。

保罗·维尔纳·霍泽尔

一位战功卓著的斯图卡飞行员和编队指挥官。1910年10月16日出生于汉堡，父亲是一位船舶经纪人。霍泽尔也有一段作为船舶经纪人的短暂工作经历，随后他加入了一个普鲁士炮兵团。1934年2月，他以中尉军衔加入新成立的德国空军，起初被分配到科特布斯的一所民用飞行员航校。在希莱斯海姆战斗机航校和策勒(Celle)仪表飞行航校训练了3个月后，他于1937年春被派往安克拉姆(Anklam)的StG 162第三大队司令部，第二年7月担任位于图托(Tutow)的一个对地攻击机中队长，中队当时装备的是He 45和Hs 123。1938年11月，他成为StG 160(1939年6月更名为StG 1)第1中队长。1939年10月19日，霍泽尔被提拔为StG 1第一大队长。他率领大队在波兰、挪威、法国、英国、巴尔干、克里特和地中海战场立下赫赫战功，并于1940年5月8日成为第一名获得骑士十字勋章的斯图卡飞行员。1941年10月，霍泽尔晋升中校并担任StG 2“殷麦曼”联队指挥官，由他率领的这个联队在苏联有着杰出的表现，包括在斯大林格勒上空。1943年4月13日，他因执行超过400次作战任务而获得橡叶骑士勋章，并在不久后退居二线，在斯图卡训练学校从事管理工作。霍泽尔的最后职位是于1945年4月在库尔兰半岛担任第1航空队的参谋军官。

由于霍泽尔的作战失败，德国空军最高司令部拒绝为下午的攻击开绿灯，这让StG 77第二大队长瓦尔德马·普勒维希(Waldemar Plewig)上尉感到很沮丧，他驾驶着大队的Do 17P在目标区域上空观察了一下。作为一名经验丰富的斯图卡飞行员，普勒维希能够做出客观的评估，并确信即便作战条件不是最佳状态，也处于可控范围之内。此外，他可以看到商船队，并认为目标是清晰可辨的。回来后，他作了报告，最终攻击请求得到了许可。

当斯图卡在15时30分至16时20分对CW9发起最后攻击时，船队的大部分幸存者进入了韦茅斯湾和雅茅斯锚地(索伦特海峡的西部通道)避难。留在海上的只有瘸腿的“北方”号，它被两艘阻拦气球支队的舰船拖曳着(所有的气球都在中午的攻击中被击落)，两艘反潜快艇和船队的4艘反潜拖网渔船在附近保驾护航。

带着328枚炸弹的82架斯图卡(来自StG 1第三大队、StG 3第一大队和StG 77第二大队)未能找到CW9船队，它们将怒火都撒向那9艘小小的皇家海军舰船。“北方”号被送入海底，6艘与它同行的小型船只也被击伤。

虽然在下午的作战中没有取得决定性的战果，但这次由JG 27第二大队和JG 53第二大队护航的空袭引发了当天最大规模的空战。帕克出动第152和第238中队掩护“田凫”进入韦茅斯湾，并让第43和第145中队在皇家海军舰船上空进行巡逻。由此引发了大范围的混乱战斗。6架Bf 109E(4名飞行员获救，两名失踪)被击落。第43中队损失了两架“飓风”，第145中队损失了3架，第152中队损失了一架“喷火”，5名“飓风”飞行员全部阵亡。来自StG 3第一大队和StG 77第二大队的4架斯图卡也在空战中被击落，其中就包括普勒维希的座机：

我的大队按照命令开始作战，但注意到其他大队中有一个没有做好起飞准备。我们稳步爬升，向集结点前进。当我们接近海岸时，我意识到第三个大队已经在我们前方的海峡上空盘旋，而且比规定的时间要早。我们的战斗机肯定已经分散了，因为只能看到几架Bf 109和Bf 110。大部分护航战斗机一定已经和先头大队一起飞到了目标区域。只有这样才能解释为什么我的大队后来在逼近商船队时，直接飞进了被第一个大队引诱过来的皇家空军战斗机的怀抱。我们的护航机随后分开了，第一个大队带着护航机返回，而我的弱小的战斗机护航队不得不与占据压倒性数量优势的敌人作战。

尽管我们在战斗机护航上陷入困境，但已经没有退路了，我命令第二大队的3个中队开始攻击。我和增援的司令部小队一起，一直等到了最后。当我们看到越来越多的敌军战斗机出现在我们上方时，我决定不再爬升到通常的高度，而是从大约12000英尺开始攻击。在3个中队攻击完它们的目标后，我选中了我的目标，并进入俯冲姿态，在大约1800英尺高度投下我的炸弹。“喷火”和“飓风”战斗机与我们一起俯冲下来，但我们能够观察到船只周围有一些近失弹。

现在，我试图通过在海平面上的不规则机动来甩掉我的对手，我们总是那样飞行，因为这会让战斗机更难以击中我们。然而，在下降过程中，我被多次击中。我的机枪手绍尔(Kurt Schauer)上士进行了回击直到他被射中。我想他是被击中了脖子和大腿，因为我注意到有血喷出。在此期间，我的右臂和右小腿也被击中，不得不用左手驾驶。同时，供氧系统被击中，一个弹药箱也被曳光弹击中。当飞机的右侧开始出现燃烧的迹象时，我决定跳伞。我的机枪手在对讲机里没有回答，我可以看到他毫无生气地挂在他的安全带上。由于他对我扔掉座舱盖的命令没有反应，而我已经在水面上方改平，飞机也完全着火了，我决定在最后一刻跳伞。我想把机枪手扔出去的努力失败了，他肯定已经死了，我只希望他的尸体可能被冲到某个地方。于是，我向我的战友和朋友库尔特·绍尔道别。

最终普勒维希成为战俘，1940年12月14日，依然被关押在英国的他被授予骑士十字

■ 在8月8日空战中被俘的StG 77第二大队长瓦尔德马·普勒维希上尉。

■ 这架 StG 77 第 4 中队的 Ju 87B 在 8 月 8 日被第 145 中队的“飓风”击落，飞行员迫降在怀特岛后被俘。

勋章。1941 年 1 月，英国战俘营指挥官以全套军礼向他转发了这一殊荣。

■ 这架第 152 中队的“喷火”在 8 月 8 日与 JG 53 第二大队的 Bf 109 交战后迫降，飞行员没有受伤。

总的来说，斯图卡在下午对 CW9 商船队的攻击是非常失败的，这是俯冲轰炸机部队在不列颠战役期间的第一次严重损失。商船队中没有一艘船被击中，斯图卡甚至都没有接近它们。虽然遭到攻击的所有皇家海军船只都受到损坏，但有人员伤亡，除了已经瘫痪的“北方”号外，没有一艘被击沉。而它们并不是什么大船，在皇家海军本土舰队中也并不重要。如果与进攻部队所遭受的损失相比较，甚至算上皇家空军战斗机的损失，德国空军所付出的代价与取得的成果肯定是不对等的。事后看来，霍泽尔决定放弃此前的攻击，以及随后指挥部高层起初拒绝批准任何攻击行动的决定，都是正确的。

尽管如此，7 艘商船（6114 吨）沉没以及另外 7 艘重创，也就是全部 24 艘船中的 14 艘（58%）沉没或受损，导致英吉利海峡被关闭，直到下达进一步的通知。事实上，直到三周后的8月30日，当德国空军正在全力以赴地进行摧毁皇家空军战斗机司令部的空中战役时，下一支CW商船队才从绍森德驶出。从这个意义上说，海峡之战最终完全实现了其主要的作战目标。

用德国空军驻雷德尔参谋部的联络官瓦尔特·高尔(Walter Gaul)上校的话来说，“总而言之，这些轰炸行动对海军的(封锁)目标作出了有效的贡献，即阻止了对英国的物资供应，并且为即将到来的对英国的围困开了一个好头”。

8月11日：最后的海峡之战与鹰击作战的序曲

因为天气条件欠佳，德国空军在8月9日至10日几乎按兵不动，但是作战强度在8月11日再次提升。凯塞林在上午多次派出单个中队的轰炸机编队，试图打乱皇家空军的防御部署。虽然第11大队出动了一定数量的拦截机升空，但凯塞林的意图总体上未能实现。

早上，ErprGr 210第3中队的Bf 109来到多佛港，击落了保卫港口的3个阻拦气球。紧随其后的17架Bf 110战斗轰炸机对多佛进行扫射和轰炸，但没有造成严重损失。帕克出动“水手”马兰的第74中队进行拦截，他们遇到了JG 51的3个Bf 109中队，短暂的交手后，一位英国飞行员落入大海，随后被及时救起。JG 2第一大队与第64中队狭路相逢，两架Bf 109被击落，一名飞行员阵亡，另一人负伤。

德国空军在上午的主要攻击目标是波特兰港，此次空袭由施佩勒的第3航空队实施，英国雷达探测到庞大的编队从瑟堡半岛飞向多塞特郡海岸。这些飞机包括54架来自KG 54第一、第二大队的Ju 88，20架KG 27的He 111，61架ZG 2第一、第二大队的Bf 110，以及30架JG 2第三大队的Bf 109，JG 2第一、第二大队的战斗机在轰炸机编队的前方进行扫荡，JG 27和JG 53的Bf 109负责在编队返航时提供掩护。共有8个皇家空军中队升空迎击这支在当时规模最大的对英空袭部队。

■ 为了应对英国人的阻拦气球，不少德国轰炸机加装了笨重的阻拦索挡板或切割器，但这一做法并不成功，因为额外的负荷让轰炸机在拦截机面前更加脆弱。所以这些配件很快就被移除。

首先与英国战斗机发生冲突的是在前方扫荡的JG 2第一大队，这是德国空军最优秀的战斗机大队之一，它的对手是第87和第238中队的“飓风”，日后的空战明星JG 2第3中队长赫尔穆特·维克(Helmut Wick)中尉回忆道：

一个中队的“喷火”从后方向我们俯冲下来！我做了一个急转弯。过程中，我看到一架“喷火”跟在我们的一架 Bf 109 身后。有两架德机已经负了轻伤，两架“喷火”都飞走了。其他人想要突破，而这只是一个开始。一切都发生得非常快，就像一股令人难以置信的旋风。转瞬间，一架飞机结果了另一架飞机，有我们的和他们的，但他们的飞机更多。我看到了 3 架装备星型发动机的英国飞机，并迅速将自己置于它们后方。我环顾四周，在那几秒钟里，天空中是空无一物的。我俯冲下来，把领头的那架放入瞄准镜，并按下扳机。它起火并向地面坠落。我抬头一看右边，简直不敢相信自己的眼睛。天空中到处都是“喷火”，我只看到了两架梅塞施密特。我无法帮助他们。我的战友们正在杀出他们的血路。突然，一架“喷火”出现在我的身后。该死的！我油门全开，但敌人正在快速逼近。我转向一侧，拉起进行爬升。我从眼角的余光中看到了座舱盖右侧太阳的反光。我向那里看去，看到另一架敌机向我飞驰而来，并射出曳光弹。我向左转弯，一头扎了下去。在我的左边有 3 架“喷火”。我知道我被包围了。依然处于火力之下，我全速前进，稍向左侧爬升，在我的左右和上方都有曳光弹飞过。我开始失去周旋的空间，但突然间我的几位战友出现在敌人中间。当我想要发动攻击时，突然一架“喷火”出现在我身后，我被迫放弃。在一团混战中，我看到一架 Bf 109 拖着一架“喷火”落下。我立刻趁着混乱，来到另一个英国佬身后，把它放入我的瞄准镜中，看到我的子弹消失在它的机身上。现在我独自飞在空中，可以看到那个英国佬。它落入水中，立即被一个巨大的波浪淹没。

返航途中，维克又遇到 4 架“飓风”并很快击落了其中一架，将个人战绩提升至 17 次空战胜利。维克声称击落的星型发动机战机不可能是霍克 75，因为皇家空军并不使用该型号战斗机，他的 3 个战利品可能都是“飓风”。在这场前哨战中，英军损失了 6 架飞机，德军损失了两架 Bf 109。

赫尔穆特·维克

1915 年 8 月 5 日出生在曼海姆，完成学业后，他开始接受作为林业工人的培训。维克于 1935 年加入新生的德国空军，训练结束后，他被分配到 JG 134 第二大队驾驶 Ar 68 战斗机。1938 年 9 月 1 日，他被授予少尉军衔，1939 年 1 月，他被调到 JG 53 第 1 中队驾驶 Bf 109 战斗机。1939 年 8 月 30 日，维克被调到 JG 2

第3中队，并在波兰战役期间与该部队一起负责首都柏林的防空。1939年11月22日，他在斯特拉斯堡附近取得第一次空战胜利，法国战役中，他又取得了12次空战胜利。1940年8月1日，他被任命为JG 2第3中队长，并于8月27日以22次空战胜利获得骑士十字勋章。1940年9月1日，维克晋升上尉，9月9日成为JG 2第一大队长。10月5日，他在怀特岛地区击落了五架皇家空军战斗机(第37至41次空战胜利)，这使他于第二天荣获橡叶骑士勋章(第四位)。1940年10月20日，25岁的维克作为国防军最年轻的少校担任JG 2联队长。1940年10月28日，维克取得了个人的第55至56次空战胜利，随后就被皇家空军第609中队的战斗机击落。维克被看见离开飞机完成跳伞，但再也未能发现他的踪迹，他在168次作战任务中取得了56次空战胜利。

Bf 110遭到了皇家空军多个“喷火”和“飓风”战斗机中队的攻击，战斗在23000英尺高度展开。ZG 2的驱逐机虽然组成了防御圆环阵，但依然在英国战斗机的偏转角射击下损

■ 多佛白崖上空的Bf 110，来自ZG 2第6中队。

失惨重，联队司令部有一架飞机被击落，飞行员落海失踪，还有一架 Bf 110 迫降在海峡中，飞行员被德国海空救援组织救回。第一大队损失了大队长恩斯特·奥托(Ernst Ott)少校，第二大队也损失了一架飞机，另有一架受损飞回。ZG 2 在这场混战中并不只是被动挨打，作为它的主要对手之一的第 601 中队也损失了 4 架“飓风”。

弹药耗尽的驱逐机部队开始撤退，途中得到了 JG 53 和 JG 2 第三大队的掩护，Bf 109 飞行员报告击落了大量英国战斗机，仅 JG 53 第三大队长哈罗·哈尔德(Harro Harder)上尉一人就声称击落 3 架“喷火”。JG 2 第三大队声称击落 7 架敌机，但损失了 4 架 Bf 109 和两名飞行员，最终“里希特霍芬”联队(JG 2 的荣誉称号)在这场空袭中共损失了 8 架飞机，5 名飞行员阵亡或失踪，其中包括第三大队技术军官和第 6 中队长。实际上，这成为 JG 2 在整场不列颠战役期间单日损失最大的一天。

大多数英国拦截机被护航战斗机所吸引，只有 4 架第 152 中队的“喷火”战斗机注意到轰炸机的存在。He 111 从 15000 英尺高度进行轰炸，而 Ju 88 则下降到 10000 英尺并击中了两个大型储油罐，两艘货船和一艘驱逐舰也被击伤。较晚抵达现场的第 213 中队“飓风”战机在 KG 54 完成俯冲轰炸后拦截并击落了 5 架 Ju 88，其中 3 架来自第二大队司令部，大队长库尔特·莱昂哈迪(Kurt Leonhardy)少校在此次空袭中丧生。He 111 编队的情况更好，仅有一架轰炸机被击落。

JG 27 在空袭部队撤退的过程中加入了战斗。面对第 238 和第 145 中队时损失了 3 架 Bf 109，但也摧毁了 4 架第 238 中队的“飓风”

■ KG 54 第二大队司令部在 8 月 11 日空袭中损失的 3 架 Ju 88 之一，编号“B3+DC”。

（飞行员全部丧生），并击伤了另外一架。第145中队被击落击伤战机各两架，两名飞行员丧生。这场大规模空战导致皇家空军损失16架“飓风”和一架“喷火”，14名飞行员死亡，两人受伤。在英吉利海峡上空损失的飞机数量促使双方都派出部队寻找幸存者。来自第604中队的两架布伦海姆在第152中队“喷火”的掩护下巡视了多佛至加来的海峡。他们遇到了一架由Bf 109保护的He 59救援机，“喷火”挡住了德国战斗机，而布伦海姆则摧毁了那架He 59。第610中队也发现并摧毁了一架He 59，但又遭到Bf 109的攻击，两名飞行员死亡。

下午的作战焦点转移到东部，凯塞林派出鲁本斯多弗的ErprGr 210的4架Bf 110与KG 2第9中队的8架Do 17对行驶在哈里奇附近的一支船队发动攻击，护航机为ZG 26第一大队的20架Bf 110。由于糟糕的协同工作，护航计划失败了。负责指挥护航部队的是ZG 26第1中队长汉斯·科格勒（Hans Kogler）上尉：“ZG 26第一大队要在格拉沃利讷（Gravelines）上空与一个Bf 110快速轰炸机编队会合，并护送它们前往泰晤士河口。由于计划的混乱［大队长威廉·马克洛基（Wilhelm Mackrocki）上尉在这一天缺席，我是他的代理］，我们晚了三四分钟抵达格拉沃利讷集结点，在那里我们没有看到需要护送的飞机。我认为战斗轰炸机已经向目标飞去，所以我决定往那边走。”

那4架Bf 110战斗轰炸机在拦截机现身前进行轰炸，成功击伤了驱逐舰“埃斯克”号（Esk）和“温莎”号（Windsor），后者的受损程度十分严重，维修工作一直持续到10月。德机为此付出了惨重的代价，由于没有护航机保护，它们遭到了第17、第85中队的“飓风”和第74中队的“喷火”围攻，两架笨重的Bf 110C-6被快速击落，剩下的飞机勉强逃出虎口，KG 2第9中队有3架Do 17被击伤。

■ ErprGr 210的Bf 110编队。

当ZG 26第一大队终于现身时，英国战斗机已经做好了准备。

科格勒回忆道："在伊普斯维奇(Ipswich)/哈里奇以西的某处，仍然没有战斗轰炸机的身影，我们遭到了'喷火'的攻击。"一场激烈的战斗机格斗战爆发了。ZG 26第1中队损失了两架驱逐机，科格勒本人也被击落，在海上漂流了四天后才被救回，第2中队也有两架飞机带着战伤返回了法国。皇家空军方面有5架飞机被击落，两架飞机严重受损。

不到两小时后，曼斯顿机场的警报再次响起。第74中队的飞行员紧急升空，与第111中队的"飓风"一起被引导向马盖特(Margate)东北地区，那里有一个德国飞机编队。这是StG 1第二大队的30架Ju 87，以及它们的护航机：霍尔斯特·蒂岑中尉的JG 51第5中队的12架Bf 109。对于第111中队来说，这场战斗是一场灾难。在短短几分钟内，它的5架"飓风"被击落，蒂岑中尉一人就击落两架。德军的损失只有一架Bf 109和一架StG 1第4中队的Ju 87。

当道丁翻阅当天的报告时，他感到越来越忧虑。8月11日的战斗报告显示，英军损失了28架战斗机，另外还有6架严重受损，25名飞行员死亡。8月8日和11日的大战已经使战斗机司令部的可用战斗机损失了近百分之十。这样的损失从长远来看是绝对不可持续的。德国空军在8月11日损失了38架飞机，随着"鹰日"作战开始，对航运的攻击被降到了次要地位。大部分可用的轰炸机部队被安排对陆地目标进行轰炸攻击。

德国空军的海上布雷作战

这里有必要简单介绍一下德国空军在不列颠战役期间的布雷工作。从1940年8月中旬起，随着战略重心转向英国本土，德国空军极少再对海峡上的英国船队发动直接攻击。作为海上封锁政策的延续，空投水雷作战的数量逐渐增加，其中许多是由KG 26、KG 30以及专门从事布雷工作的KGr 126完成。除轰炸机部队外，沿海侦察部队也参与了布雷作业，包括主要装备He 115水上飞机的第106和第506海岸飞行大队。

时间	反舰作战架次/次	空投炸弹吨数/吨	空中布雷架次/次	空投水雷数量/枚
1940年8月	239	113	246	328
1940年9月	90	42	279	669
1940年10月	60	135	610	562
1940年11月	23	18	605	1215
1940年12月	8	6	192	557

■ 装在手推车上的空投水雷。

看似简单的布雷作战也是有风险的，KG 4第 7 中队长汉斯-约阿希姆·赫尔曼(Hans-Joachim Herrmann)中尉差点就在这样的一次作战中丧命。1940 年 7 月 22 日晚，他率领 KG 30 第 7 中队的 4 架 Ju 88 前去普利茅斯湾布雷，每架飞机的机翼下都挂有一对 500 公斤重的磁性水雷。这些水雷必须以不超过 310 公里的时速在不超过 100 米的高度投放。为了避免被发现，他越过海岸线，从意想不到的内陆方向进行攻击。他的计划是从 5000 米高度下降，降低油门让发动机处于半停顿状态以尽量减少噪音。随后，机组人员投下他们的水雷，打开油门，向大海方向逃去。

抵达达特穆尔(Dartmoor)上空时，赫尔曼可以清楚地看到月光照耀下的普利茅斯湾。他打开俯冲减速板，让发动机空转。他的 Ju 88以 45 度角向下降去，机头向上，以刚好达到可以控制住飞机的迎角。但这差点成为他最大的败笔：赫尔曼只顾着搜索前方，直到最后一刻才注意到他正直奔一个阻拦气球而去。当他终于注意到它时，已经太晚了。在如此低的飞行速度下，飞机对操纵的响应是迟缓的，他的飞机直接落在了气球上面，气球被压着迅速下坠。容克斯飞机在气球上完全失速，失去平衡向一侧坠落下去。赫尔曼回忆道：“我注意到英国的探照灯从上面照过来——我们从气球上掉下来了，现在我们颠倒过来，几乎没有向前的速度，而且是在失控的情况下落下。我觉得自己就像在弹一台从五层大楼上掉下来的钢琴！”

赫尔曼迅速打开油门，关闭俯冲减速板，但高度只有不到 1500 米，情况十分危急。由于飞机对控制没有响应，因此他下达了跳伞的命令。在紧急舱口被打开的时候，飞机达到了飞行速度，他成功将飞机拉了起来。此时他已被探照灯包围，而高射炮则从各个角度向他射击。赫尔曼丢下水雷，毫发无损地逃了出来。

除了常规的双发轰炸机和水上飞机外，由客机改造而来的 Fw 200“秃鹰”四发侦察/轰炸机(KG 40 第一大队)也被用于布雷行动。虽然皇家空军没有可靠的夜间战斗机防御系统，“秃鹰”还是承受了不小的损失。1940 年 7 月 20 日夜，KG 40 第 1 中队长罗曼·茨欣(Roman Steszyn)上尉在哈特浦(Hartelpool)附近空投水雷时被防空火力击落。三天后，KG 40第 2 中队长福尔克马尔·泽克(Volkmar

汉斯·约阿希姆·赫尔曼

1913年8月1日生于基尔，他于1933年5月加入警察部队，1935年8月1日以少尉军衔调到德国空军，接受作为轰炸机飞行员的训练，1936年夏加入KG 253第9中队。1936年8月至1937年4月，他作为秃鹰军团的一员参加了西班牙内战，1938年6月1日晋升中尉。“二战”爆发后，他随KG 4第7中队参加了在波兰和挪威的轰炸行动，1940年6月20日成为KG 4第7中队长。赫尔曼于1940年10月13日获得骑士十字勋章，他在10月19日的一起飞行事故中受重伤，12月19日晋升上尉。1941年2月，他重返自己的中队(此时已经是KG 30第7中队)，先后参加了攻击马耳他岛和入侵希腊的战斗。在一次攻击中，赫尔曼在比雷埃夫斯港击沉了“弗雷泽家族”号(Clan Fraser)弹药运输船，巨大的爆炸导致11艘船只沉没，使这座港口瘫痪了数月之久。1941年9月，他升任KG 30第三大队长，1942年1月1日晋升少校。1942年7月，他被派往德国空军总参谋部，负责领导一个技术和战术研发部门，在那里他成为德国空军总司令戈林的亲信。赫尔曼在1943年6月组建了JG 300“野猪”联队，使用单发战斗机在夜间拦截皇家空军的轰炸机，他在夜间战斗中取得了9次空战胜利。1943年8月2日，他获得橡叶骑士十字勋章(第269位)，9月26日成为第30战斗机师师长，1943年12月1日兼任夜间战斗机部队总监。1944年1月23日，赫尔曼获得宝剑橡叶骑士勋章(第43位)，3月23日担任第1战斗机师师长，5月1日晋升少校。1945年2月6日，他成为第9(战斗机)航空师师长。赫尔曼被认为是易北河特攻队的主要创立者，该部队培训18至20岁的年轻志愿者驾驶Bf 109向盟军重型轰炸机发起自杀式撞击。战争结束后，他成为苏联的战俘并被关押十年。赫尔曼在“二战”期间的超过320次作战任务中共击沉65000吨船只并击落9架敌机，他是一位坚定的纳粹分子，重返德国后继续支持新纳粹主义活动并否认大屠杀的存在。

Zenker)上尉也损失于贝尔法斯特港附近的一次类似作战，他回忆道：

1940年7月23日，我们从德国北部的吕讷堡(Lüneburg)起飞。我们在布雷斯特加油并在那装载上两吨的磁性水雷。我们的命令是将它们丢在贝尔法斯特港的航道上。我们仅能投下3枚水雷，之后灾难降临了。

我已经在爱尔兰海上空从1800米高度降下。发动机挂在空挡上，因为我希望不被发现。在作战的第一部分中，我飞行在100米高度，但是随后我非常缓慢的打开油门，希望再降低些并扔掉最后一枚卡在支架上的水雷。我成功了，但是现在我们的高度仅为15米。当我继续打开油门时，两台左侧的发动机停转了，飞机突然倾斜起来。为了防止翼尖打到水上，我关闭了右侧发动机并紧急迫降。

乘坐橡皮艇在海面上漂浮了一整晚后，泽克和他的机组成员成为了战俘。

战略评估

虽然在为期五周的断续作战中，海峡之战确实实现了它的作战目标，但这并不意味着经济封锁战略将延续下去。在这场局部的海上空战中，德国空军仅依靠空袭就击沉了34艘英国和盟国的商船，总吨位达77450吨，以及4艘皇家海军驱逐舰、4艘海军辅助舰和5艘武装拖网船。此外，德国飞机、快艇、U艇、驱逐舰和鱼雷艇布下的水雷还击沉了9艘船只，总吨位31135吨，加上5艘扫雷拖网船，这些船只大多在英吉利海峡被击沉。此外，快艇的攻击击沉了一艘大船和7艘小船，总吨位10112吨。在这场海上战役中，英国航运的总损失为合计118697吨的51艘船只。

■ 一艘被德国空军击沉的商船。

表面上看，这些数字似乎非常惊人。然而，它们实际上只代表了穿越“狭海”的海上交通的一小部分。平均而言，每周在英吉利海峡有近一百万吨的航运，平均每天有103艘各型船只通过。在一个月的战斗中，德国空军对商船队实施了4次大规模攻击（OA178、CW3、CW8和CW9），即大约每周一次。虽然这些攻击极具破坏性，平均每次有5艘船被击沉，总吨位约10000吨，但与上述数字相比，它们并不具有决定性影响。

当然，这一数字也说明经济封锁战略确实是一个耗时长久的问题解决方案。正如雷德尔和盖斯勒所预测的那样，围困或封锁战略，即便动用水雷和快艇，也难以在1942年之前取得希特勒所期望的效果。如果他想在1940年解决“英国问题”，他将不得不选择在冬季来临之前入侵英伦三岛。

另一方面，在这轮强度不高的海峡战斗

中，德国空军逐渐完善了自己的攻击战术，并通过与皇家空军战斗机的大量交手逐渐了解了自己的这一强劲对手。虽然皇家空军的反应速度和力量令德国空军颇感惊讶，但强大的护航战斗机部队将损失(因皇家空军战斗机损失66架轰炸机和22架斯图卡)降到了最低，它们在7月的战斗扫荡和密接护航作战中击落了64架“喷火”和“飓风”战斗机。在最初的交锋中，Bf 109E被证明在20000英尺以上的高度比“飓风”和“喷火”略胜一筹，它更快的爬升速度，更高的战斗升限，更强大的武器装备，以及更好的俯冲性能被证明是决定性的。由具备战斗经验的老飞行员使用领先的空战战术，“埃米尔”在海峡战斗期间确立了它的强势地位，仅被皇家空军战斗机击落37架，战损比大约1.7∶1对德机有利。

然而，德国空军现有装备的不足之处也很快显现，这些缺点包括Ju 87极易受到战斗机的攻击，Bf 110在护航方面表现欠佳，以及Bf 109的作战半径有限。

总的来说，海峡之战的结果令人满意，德国空军的士气总体较为高涨。8月7日，JG 51的一位飞行员向联队长莫尔德斯请求休假，好回家完成自己的婚礼。莫尔德斯在回复中说：“现在剩下的对手只有英国一个了，为什么不等到取得最终的胜利后再去结婚呢?”从上述言论可以看出，在此时的德国空军一线飞行员眼中，战胜英国并不是无法完成的任务，并且他们相信可以很快取得胜利。

■ JG 2第二大队的3架Bf 109E-3正在低空飞越海峡。

第六章　海狮作战计划

在海峡战役期间，希特勒发布了著名的第16号元首令，下令启动海狮行动的计划和准备工作。约德尔的最高统帅部指令照搬了哈尔德的陆军总司令部在三天前提交给希特勒的作战构想，假定“登陆的形式是在从拉姆斯盖特(Ramsgate)到怀特岛以西的宽广战线上进行一次突袭。德国空军部队将充当炮兵，而德国海军部队将充当先锋(战斗工兵)”。

在这一启动令中，希特勒任命自己为最高总司令，每个军种的司令官指挥各自的军队参与这一历史上前所未有的大规模行动。他命令陆军总司令部、海军总司令部和空军最高司令部的负责人将他们的总部设在离他自己代号为“鹰巢”的齐根贝格(Ziegenberg)城堡50公里的范围内。陆军总司令部和海军总司令部(海战指挥部)的作战参谋部“应该一起放在(附近的)吉森(Giessen)”(空军最高司令部的作战总部为克兰斯贝格城堡)。

海狮行动中，分配给德国空军的任务是直截了当的。德国空军要削弱皇家空军，使其“无法对德军横渡实施任何有影响的攻击”(建立制空权)，“摧毁沿海要塞(并)击败敌方陆军的第一波抵抗”(提供密接空中支援)，“摧毁可能运来敌军预备力量的重要运输公路”(阻截)，以及“尽可能在远离我们的登船点的地方攻击逼近的敌海军部队”(海上打击)。

就陆军而言，除了在7月1日与施尼温德中将(海战指挥部参谋长)进行了简短的讨论外，哈尔德和约德尔(第16号元首令的作者)都没有费心向海军总司令部核实，以确定海军运送陆军部队穿越海峡的能力范围，这是一个不可原谅的有违军事常识且令人难以置信的失误。因此，由此得来的最高统帅部指令盲目而愚蠢地命令陆军的“第一波”突击部队(26万人和3万辆车)在一条宽达400公里的战线上进行野心过大的登陆行动。

得到“提供和保护入侵舰队(并)在整个海峡穿越期间为两翼提供足够的保护”的指示后，雷德尔和他的海战指挥部参谋人员对实现陆军要求的艰巨性以及所背负的巨大责任感到震惊。即使能够获得所需的登陆船(将内河驳船改装成两栖攻击艇)，在只有重巡洋舰“希佩尔海军上将”号(Admiral Hipper)、3艘轻巡洋舰、10 艘驱逐舰和 32 艘 U 艇可供使用的情况下，很难指望德国海军能够保护登陆行动免遭英国皇家海军本土舰队蹂躏，后者拥有 8 艘战列舰、21 艘巡洋舰和 50 艘驱逐舰。

■ 孱弱的德国海军水面舰艇部队难以保证德军登陆作战的安全。

在希特勒发表臭名昭著的“呼吁理性”讲话的当天，雷德尔向最高统帅部(通过备忘录)抱怨说：“在海狮行动中分配给德国海军的任务与海军的实力完全不成比例……(并且)导致海军总司令部的参谋部看到了特别的困难，在对运输问题进行仔细检查之前无法对其进行单独评估。”

在这项研究完成之前，7 月 21 日，受到英国媒体拒绝他的“呼吁”刺激，以及斯大林在东方令人担忧的举措推动下，希特勒在柏林召开了第一次最高级别的军事会议，讨论这一问题。雷德尔、布劳希奇和耶顺内克代表他们的三个军种出席。在一段冗长的、漫无边际的开场白后，希特勒表示，虽然“只有在没有其他手段可以与英国达成协议的情况下才会采取入侵行动，但英国必须在 9 月中旬之前被削弱”“如果不能确定在 9 月初之前完成准备工作，就必须考虑其他计划”。

随后的讨论产生了更多的问题，特别是对于雷德尔来说，所以希特勒安排了第二次高级别联合军种会议，这次会议于 7 月 31 日在他位于巴伐利亚阿尔卑斯山贝希特斯加登附近的贝格霍夫(Berghof)度假别墅举行。在柏林会议召开五天后，希特勒前往贝格霍夫，用三天时间来仲裁罗马尼亚、匈牙利、保加利亚因最近俄国占领比萨拉比亚和布科维纳而产生的领土争端，并审查关于苏联的军事情报。

■ 希特勒的行宫贝格霍夫度假别墅。

同时，7 月 28 日，雷德尔通知陆军总司令部，德国海军无力实施布劳希奇和哈尔德设想规模的跨海峡登陆作战。作为替代，海战指挥部提议选择穿越多佛海峡的狭窄战线，依靠雷区来保护侧翼，使用战列舰口径的火炮来进行海岸炮兵支援，并由德国空军确保无条件的制空权来阻止英国皇家海军或皇家空军进行任何干扰。这个方案意味着需要十天时间才能将陆军的第一波部队送上英国本土。

三天后，雷德尔、布劳希奇、哈尔德、约德尔和他的上司——最高统帅部的负责人凯特尔元帅，与希特勒在贝格霍夫会面，德国空军没有出席。雷德尔确认，收集合适的内河驳船的工作正在紧锣密鼓地进行，但这些驳船在 9 月初之前无法完成改装和就位。因此，9 月 15 日是可以确定的最早登陆日，他建议将行动推迟到 1941 年 5 月。希特勒礼节性地考虑了这位海军元帅的建议，但得出结论：“我们的感受是，英国人正在崩溃，其影响很快就会开始显现，我们应着手发动攻击。”

令人意外的是，陆军的巨大需求和海军的有限手段之间的巨大差异并没有得到解决。雷德尔还游说陆军放弃最西部的登陆行动（B 集团军群第二军 3 个师在莱姆湾登陆），因为这是不可能实现的，并建议“将突袭限制在多佛海峡的一个区域内”。希特勒接受了海军元帅的建议，但没有对其展开讨论或采取行动。

两个军种将不得不自己想办法解决这个问题。

希特勒的流氓本性让他更喜欢虚张声势，

而不是制订入侵的执行计划。他指示“继续进行准备工作，目标日期为9月15日”，但推迟决定是否发动入侵，等待德国空军对英国防空系统实施一次大规模攻击的结果，并命令凯特尔指示戈林着手进行，其结果是7月31日最高统帅部向空军最高司令部发出的指令。

第二天，凯特尔向其他两个军种发出了一份最高统帅部指令：“(1)海狮的准备工作应继续进行并在9月15日之前完成；(2)元首将决定今年是否进行入侵……取决于空袭的结果……(4)应按原计划继续在广泛的基础上进行攻击准备工作。”

最高统帅部同时还颁布了由希特勒签署的第17号元首令——《对英国的空中和海上战争的实施》。“为了确立最终征服英国的必要条件”，德国空军奉命“在尽可能短的时间内……击倒英国空军，(并且)可以在8月5日或之后开始。准确的时间由德国空军在完成准备工作后并根据天气情况决定”。

鹰击作战计划

由于德国空军缺乏策划独立于陆军的空中战役的手段、指导和经验，后来被称为鹰作战的行动规划始于一系列断断续续的高层会议和书信，征求关于如何策划一场独立的针对英国的空中战役的想法。在德国空军最高司令部总部，收到航空队建议的作战构想和行动方案后，瓦尔道的责任是将不同的建议综合成一个有说服力的、有条理的战略。

这一反复进行的过程始于7月18日，在收到第16号元首令的两天后，戈林召开了他的空军最高司令部参谋会议，讨论希特勒的指令中分配的责任和优先事项，并考虑可以预期的攻击行动。与拟定的跨海峡入侵有关的每个部门都准备并提交了涉及其专业领域的各种文件。

在第16号元首令中指定的四项责任中，对包括耶顺内克和瓦尔道在内的参谋部来说，最紧急和最重要的是消除英国皇家海军干扰入侵舰队穿越海峡作战的能力。制空权的获取是理所当然的，这显然是建立在之前一连串成功的基础上。因此，海峡之战需要继续进行，目的是将皇家海军的驱逐舰队从其位于多佛(7月29日实现)、波特兰和朴次茅斯的海峡基地中赶走。

作战行动也将继续进行，以训练新的和回归的机组人员，并开发和练习轰炸机和Bf 109E战斗机部队之间的密切协同作战。Bf 110C/D驱逐机在履行这一职责方面的能力不足意味着Bf 109E“前线战斗机”部队必须学会怎么做，他们需要通过练习来熟练掌握这一新任务。

此外，戈林还下令扩充德国空军已经被证明有效的海空救援组织，以覆盖英吉利海峡的广度和深度。针对英国空军部在四天前宣布(第1254号公告)皇家空军的战斗机不会遵守日内瓦公约中通常给予带有国际红十字会标志的非武装救护飞机的保护，他还授权对该组织的He 59双发空中救援水上飞机进行武装，以让它们可以在战斗机的攻击面前进行自卫。

■ 不列颠战役期间，许多飞机落在海峡中，德国空军使用水上飞机救援落海的机组人员。起初德国人在他们的救援飞机上刷涂红十字标志，期望皇家空军不会攻击这些飞机。不幸的是，这些水上飞机经常会顺带进行侦察行动。因此，皇家空军也将它们视为可以攻击的目标。于是红十字标志被迅速弃用，飞机的涂装又恢复之前的样式，就如同这架停放在布洛涅港内的 He 59。

三天后，继 7 月 19 日在柏林克罗尔歌剧院举行的纳粹“胜利集会”和“宣传节”（期间包括希特勒的“呼吁理性”演讲），以及随后在戈林精心设计的奢华卡琳宫狩猎小屋举行的德国空军庆祝活动之后，德国空军总司令召开了一次最高指挥官级别会议，讨论如何实施对英国的登陆行动的准备工作。除了他的两位西线航空队司令凯塞林和施佩勒之外，与会的还包括第 5 航空队司令施通普夫大将。

在施密德完成作战评估介绍和情报通告后，戈林强调，航空队的参谋部应该把他们的计划工作集中在攻击皇家海军的战舰和海军基地上，但应该放过英国南部港口的码头，以便让登陆的陆军部队使用。然而，根据最近在法国、比利时和荷兰，特别是在敦刻尔克上空经历的惨重损失，战场指挥官们最担忧的是会有大量斯图卡和轰炸机被皇家空军的战斗机击落。戈林的建议是“战斗机掩护应该尽量在大规模轰炸机到来之前就赶走英国部队”，但这并没有打消航空队将领们的忧虑。

最后达成的共识是，攻击英国海军部队和基地应该是次要的，其优先级在获取制空权之后。凯塞林和施佩勒离开时得到的指示是在一周内提交他们的参谋部和下属航空军对初步作战的评估和建议。

为了监督这一过程，戈林将他的空军最高司令部前线指挥部(代号为“罗宾逊”)安置在一列装甲列车内，位于巴黎以北约80公里的博维尔(Beauville)附近的一条隐蔽侧线上。“罗宾逊”由瓦尔道的作战参谋部、马蒂尼的信号参谋部、施密德的情报处一部和训练主管贝尔纳德·屈尔(Bernard Kühl)航空兵上将组成。为了紧密协调，戈林把他那辆豪华的私人火车(代号为“亚洲”)停在旁边，并把耶顺内克留在后方总部(代号为“选帝侯”)以回答元首的问题，他积极参加了频繁的参谋部会议和讨论。然而，他没有时间参加随后的海狮行动讨论。

约瑟夫·施密德

1901年9月24日生于符腾堡州的格京根(Göggingen)，1933年在德国陆军军事学院学习，1935年7月1日以上尉军衔加入德国空军。他是戈林的密友，1939年4月1日出任德国空军情报处主管，阿道夫·加兰德后来批评他的情报处在不列颠战役中毫无作为，历史学家安东尼·比弗(Antony Beevor)也称他是“德国国防军有史以来最糟糕的情报官员”。1942年底，他被派往突尼斯负责组建“赫尔曼·戈林”师，当时也被称为施密德战斗群。在戈林的亲自命令下，施密德搭乘飞机逃出了突尼斯口袋。1943年3月1日晋升少将，5月21日获得骑士十字勋章。1943年9月15日，他成为负责德国北部、荷兰和比利时防空的第一战斗机军军长，并在短时间内建立了一个有效的防御体系。1944年7月1日，施密德晋升中将，1944年11月15日出任德国空军西线司令部总指挥直至成为英军战俘。公平来说，施密德在战争后半段时间里为德国防空体系的完善作出了较大贡献。

位于布鲁塞尔的第2航空队和位于巴黎的第3航空队的参谋长们责成他们下属的航空军参谋部提供拟议的作战构想和指挥官评估，以供审查、评价并纳入提交给空军最高司令部的总体作战建议。

这些文件在7月24日前后收到。

在第3航空队中，只有里希特霍芬少将的第八航空军的回复留存下来，它只是建议使用他的指挥部的斯图卡来对付“皇家空军的地面设施”(机场、机库和已知的指挥部)。虽然这份文件没有什么价值，但它确实意味着，在施佩勒的司令部里，预期对皇家空军的摧毁将通过对机场和其他地面设施的轰炸来实现。

从凯塞林的第2航空队中，我们可以了解到关于第一和第二航空军回复的细节。乌尔里希·格劳尔特(Ulrich Grauert)大将的第一航空军(参谋长瓦尔特·伯尼克)建议："(1)通过摧毁皇家空军的力量源头，特别是飞机发动机工业来取得制空权；(2)通过打击英国舰队和皇家空军来保护陆军穿越海峡的航道，以及陆军登陆后的地面支援；(3)通过使港口无法使用来封锁英国；(4)考虑……无情的恐怖袭击作为对大型城市的报复。"

伯尼克不相信制空权可以通过"攻击皇家空军的基地和地面组织来实现，它必须在空中取得"。他建议每天发动两波攻击，"第一波是规模仅足以让英国战斗机升空迎战的部队，第二波是大量的战斗机"。

在布鲁诺·洛泽尔航空兵上将的第二航空军的回复中，参谋长保罗·戴希曼(Paul Deichmann)中校(1940年8月1日晋升为上校)强调，伦敦应该是首要目标。他的理论是："攻击伦敦将使英国的战斗机加入城市的防御，从而使战斗机部队能够削弱战斗机司令部，之后德国轰炸机就可以不受限制地横扫内陆。"值得注意的是，在第一和第二航空军的构想中，对战斗机司令部的"削弱"是以一场战斗机之间对抗的空中消耗战形式进行的。

在这些文件中，两个航空队指挥官(实际上是他们的参谋长)附上了他们自己的意见和建议，并将它们转交给了空军最高司令部，后者将把它们提炼成一套在两个航空队之间通用的优先事项，确定总体目标和推荐目标。戈林、耶顺内克和"罗宾逊"考量了各个指挥部差异巨大的意见，并于7月29日将他们的反馈意见发送给各航空队参谋部，同时命令他们在三天内将汇总的作战构想建议送回。

希特勒并没有给戈林这么多时间。7月31日，也就是他在贝格霍夫会见最高统帅部、陆军总司令部和海军总司令部负责人的当天，约德尔给"罗宾逊"发了一份"公报"，指出："元首已下令，德国空军对英国的大规模进攻的准备工作应立即并以最快速度完成，以便在元首下令后12小时内开始。"

戈林没有等待各航空队的书面答复，他将另一次最高级别会议安排在8月1日，在海牙的国防军占领区总部举行，以最终确定德国空军对英国发起空袭的计划。在会议召开之前，空军最高司令部已经收到了第17号元首令，体现了7月31日在贝格霍夫会议上达成的协议和决定。这份文件的具体内容如下：

为了建立最终征服英国的必要条件，我决定加强对英国本土的空战和海战。因此我发布如下命令：

1. 德国空军要动用它的全部兵力在最短的时间内打倒英国空军。攻击主要针对(皇家空军)飞行部队、它们的地面设施和它们的补给组织，但也要攻击飞机工业，包括生产防空装备的工业。

2. 在取得暂时或局部的制空权后，将继续进行针对港口，特别是对食品仓库，以及内陆物资仓库的空中战争。考虑到我们即将开展的作战，对南部沿海港口的空袭将以尽可能小的规模实施。

3. 另一方面，对敌人军舰和商船的空袭可能减少，除非有一些特别有利的目标恰好出现，或者这种空袭会使第2段中提到的那些空袭更加有效，或者这种空袭对于训练空勤人员进行下一步的作战是必要的。

4. 加大强度的空战将以这样的方式进行，即空军可以在任何时候被要求给针对适当目标的海军作战提供充分的支持。它还必须准备好全力参与海狮行动。

5. 我本人保留决定采用恐怖袭击作为报复手段的权力。

6. 空战强度的加大可能在8月5日或之后开始。具体时间由空军在完成准备工作后，根据天气情况决定。

7. 海军被授权在同一时间开始拟议的强度加大的海战。

德国空军的“开拔令”很明确：摧毁皇家空军以确保海狮行动的成功，然后恢复经济封锁战略。

但问题仍然存在：“怎么做?”

在随后的讨论中，施佩勒和凯塞林都对在摧毁英国战斗机部队之前出动轰炸机攻击持强烈的保留意见。特尔福德·泰勒（Telford Taylor）在《破浪》中引用奥斯特坎普的话指出，两人都同意需要“首先进行持续的夜间轰炸机攻击，摧毁战斗机的地面组织和机场等，以及战斗机生产的工业中心。只有在英国的战斗机部队被决定性地削弱之后，才应该对伦敦周围的战斗机场进行大规模的（昼间轰炸机）攻击”。

戈林坚决不同意，他宣布这些反对意见是“荒谬的”，并补充说：“仅在英吉利海峡的第51战斗机联队（由在场的奥斯特坎普指挥，作为战斗机部队代表）就击落了超过150架飞机（海峡战役期间）。这已经是足够程度的削弱了。此外，考虑到两个航空队的轰炸机数量，（剩下的）几架英国战斗机将毫无意义！”

施佩勒和凯塞林的意见都被否决了，“作战命令和执行规划的指示被提了出来……空中和地面的摧毁将分三个阶段进行。前五天在从西到南再向东的半圆环范围内，半径为伦敦以南150至100公里，接下来的三天在50至100公里，最后五天在伦敦周围50公里圆环内”。在这三个阶段的每个阶段之间，将保留一天时间来回顾前一阶段的战果，并计划下一阶段的攻击，总用时15天。

组成两个航空队的5个航空军中的4个将专门用于实施昼间轰炸行动以及“逼退”敌军的空中防线。当然，伦敦将是计划中入侵的主要目标，对于德国空军来说也是如此。德国空军最高司令部为期15天的鹰击作战计划（戈林称德国空军为我的“鹰”）旨在将皇家空军“逼退”到伦敦郊外。

罗伯特·里特·冯·格里姆航空兵上将的第五航空军最初被指派对轰炸机司令部的机场、飞机和航空发动机制造厂、仓库和补给中心实施夜间轰炸。格里姆的工作将得到

■ 第五航空军军长罗伯特·里特·冯·格里姆航空兵上将，他是第一次世界大战中的王牌飞行员。

约阿希姆·科勒少将的第9航空师的支持，后者在执行常规的海岸布雷行动外，还要执行夜间轰炸作战。

对于白天的作战，通过选择这样一个以地理为基础的逼退战略，可以发现德国空军的领导层是以一个近似陆军的视角来看待他们面对的挑战。因为除了施佩勒这个明显的例外，几乎所有组成该军种领导层的人都像凯塞林一样是从陆军转入德国空军，或者像第一航空军指挥官格劳尔特一样，在第一次世界大战后曾在魏玛国防军服役（他是一名炮兵军官），又或者在“一战”后没有延续军旅生涯。戈林是第一次世界大战的王牌飞行员，在战后的几年里成为了一名纳粹政治家，而第二、第五、第八航空军的指挥官也是第一次世界大战的王牌飞行员，在战后的几年里从事其他工作，第10航空军和第9航空师的指挥官是海军出身。

德国空军的领导层只有战术层面的经验，

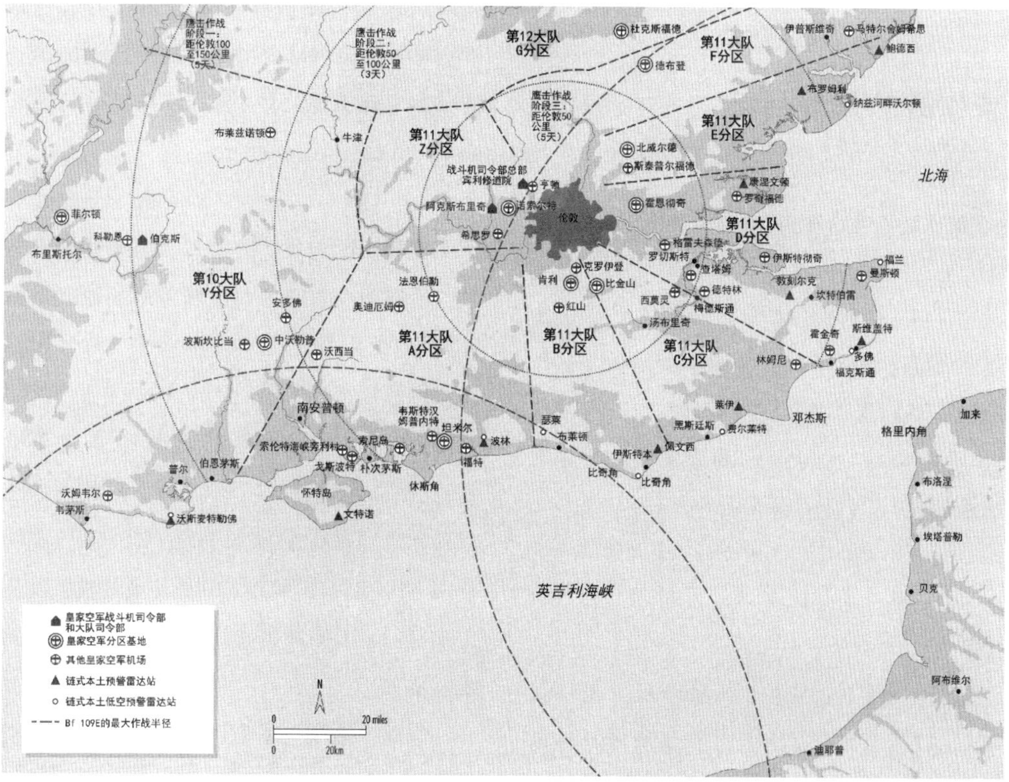

■ 德国空军的三阶段鹰击作战计划

从未接受过作战或战略层面的军事培训或教育，他们几乎无一例外的没有能力从独立空军的视角来解决问题。

逼退战略的第一阶段旨在将皇家空军战斗机司令部赶出沿海地区机场，以及距离伦敦100公里以外可能作为临时战斗机基地使用的任何其他皇家空军、海军或民用机场。航空队的规划人员没有区分战斗机机场和其他机场，因为根据自身的经验，他们很清楚，只要有适当的支持，一个战斗机中队可以在任何合适的着陆场上作战。因此，南部沿海和英格兰东南部的所有机场都必须无法为敌军所用，而这些机场的优先顺序是以地理而不是指挥部关联为基础的。

鹰作战的作战目标

1940年8月2日，“罗宾逊”发布了戈林的《鹰作战的准备和指令》。它的既定目标是：

——通过空战和轰炸机场消灭皇家空军战斗机司令部的军队，以获得在英格兰南部的制空权；

——摧毁可能干扰穿越海峡作战的其他皇家空军轰炸机和海岸司令部单位；

——如果出现“特别合适的”海军目标，则摧毁英格兰南部海岸港口内和海上的皇家海军单位；

——对港口、通信、飞机和航空发动机工厂、皇家空军仓库和轰炸机机场进行骚扰性(夜间)攻击。

该指令附有一份由施密德的情报研究提供的全面目标清单，其中包括皇家空军单位和各类机场，以及生产飞机、零部件和武器的工厂。对于第三个目标，附录中包括英国皇家海军的舰船和设施，对于第四个目标，则是一长串构成封锁目标的港口和码头。

第二天，马蒂尼少将又增加了一个优先目标。在过去的六周内，他的无线电监听部门一直在监测从遍布英国海岸线的神秘塔楼中发出的持续电子信号。通过监听英国皇家空军的语音无线电频率，他们意识到德国飞机在很远的地方就会被探测到，而且战斗机司令部的拦截机正在利用从这些沿海设施获得的信息在特定机场上通过无线电进行指挥。马蒂尼敦促耶顺内克在鹰击行动的第一波攻击中就干掉这些“装备特殊设施的无线电站”。

8月3日，也就是戈林的指令下发到航空队和航空军司令部的第二天，耶顺内克通过电话向两个航空队司令部传达了他上司的补充“战术指令”。在这些指令中，除了告诫战斗机指挥部指挥官让他们的战斗机“紧随轰炸机”和“及时中断(与皇家空军战斗机的)交战以避免燃料耗尽”之外，他还命令施佩勒和凯塞林的参谋长一定要让“第一波的特别飞机(Bf 109和Bf 110战斗轰炸机，以及Ju 87和Ju 88俯冲轰炸机)……攻击英国的无线电站”。

这样，德国空军将以摧毁敌预警雷达网络作为攻击英国综合防空系统的开始。

战斗机和轰炸机大队指挥官参加会议，

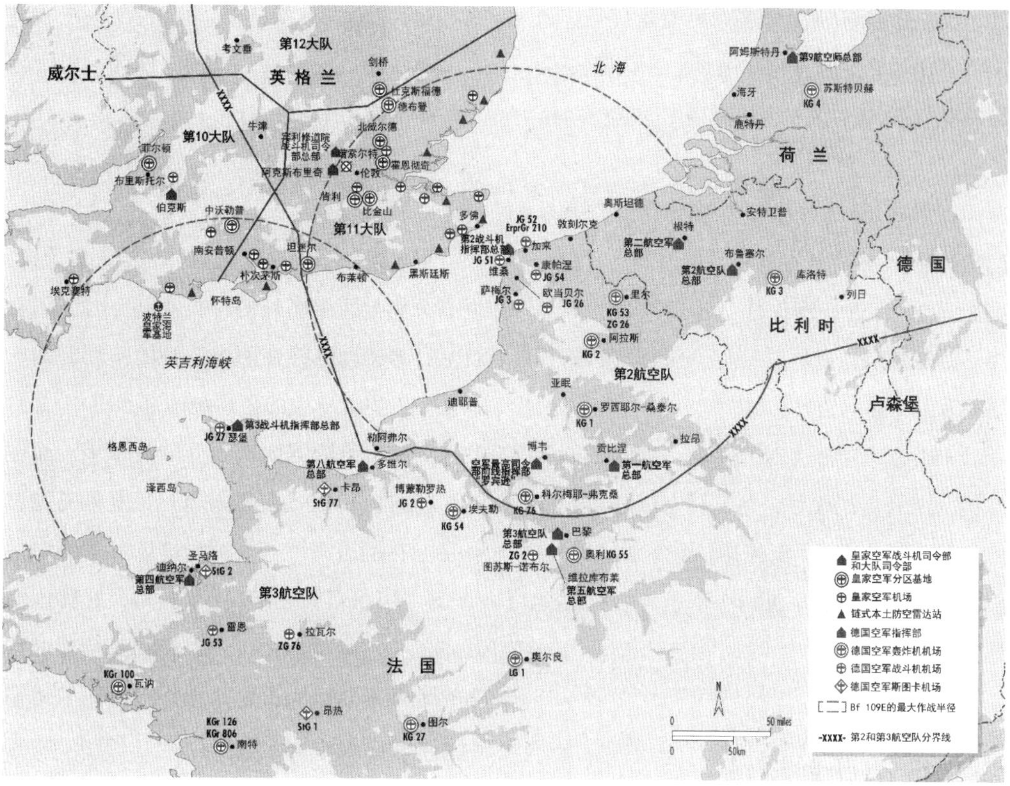

■ 德国空军在鹰击作战中的兵力部署。

并与飞行员和机组人员进行地图演练以使所有参与者熟悉攻击计划，这花了五天时间。8月6日，戈林在卡琳宫主持了最后一次最高级别会议，以确认所有准备工作已经完成。被称为“鹰日”的首次攻击日期被定在了第二天，但在接下来的五天里，英国的天气变得很糟糕。

8月12日13时30分，在当天上午和中午对4个英国本土雷达站实施初次攻击后，一份恩尼格玛信息发送到航空军、战斗机指挥部和轰炸机联队司令部(使用城市代号)，通知“鹰日”将在不久后开始。该电文被Y部门截获，由布莱切利园6号小屋的政府密码学校破译，然后由3号小屋送至空军部，内容如下：

[主题] 鹰

[致] 弗莱堡，布鲁塞尔，卡尔斯鲁厄，汉堡，达姆施塔特，莱比锡

[正文] 最终决定随后由电话通知

(签名) 第2航空队参谋长

[信息编号] 第2180-40

指挥部机密信息

3号小屋建议：“来源没有关于这份文件含义的进一步信息，认为它是一个重要的行

动事项，并猜测（城市）名称可能是代号。该文件不含地址，但有迹象表明，它可能是为第一航空军（也许是为第三和第二航空军）准备的。”

在同一天，3号小屋发送的第二份截获的信息是：“现在通过同一发件人确认，命令在8月13日进行鹰作战，并且与名为弗莱堡、布鲁塞尔、卡尔斯鲁厄、汉堡、达姆斯塔德和莱比锡的地方有关。”

密码破译者很快就会发现，“鹰”实际上是“鹰日”开启的代号，是戈林对战斗机司令部发起全面攻击的“鹰击”作战命令的开始。没有证据表明，战斗机司令部曾经收到过此通知。

海狮行动计划继续

当戈林、空军最高司令部参谋部、第2和第3航空队的指挥官和参谋部正在努力确定摧毁皇家空军战斗机司令部的独立进攻战役的范围、目标和计划时，陆军总司令部、海军总司令部和最高统帅部的参谋部继续就他们相互冲突的需求、限制因素和作战计划进行令人懊恼且充满争议的讨论，以便在希特勒下令时入侵英国。

哈尔德的作战构想，正如凯特尔的最高统帅部指令中所命令的那样，是在从福克斯通到比奇角的三个登陆区实施主攻，较小规模的部队在迪尔和布莱顿（Brighton）附近上岸以保护侧翼。在莱姆湾的次要登陆是为了让应对主攻的英国军队分兵。如果英军的反应主要是针对主攻，则莱姆湾将转变为主攻方向，从西面攻占伦敦。雷德尔认为，由于德国海军的能力有限，海军只能提供在北福尔兰和伊斯特本（Eastbourne）之间的海滩实施登陆。

经过近两个星期毫无结果的辩论和争执，并在分别与两个军种的首长及其主要下属会面后，希特勒最终在两个军种的立场之间作出决定。由此产生的最高统帅部指令中（8月16日），在莱姆湾的次要登陆被取消，而在迪尔（登陆区A）的登陆被推迟，直到有足够的船只在运送完第一波突击部队后返回海峡港口。主攻部队包括9个步兵师，在德国空军的第7空降师的协助下，在福克斯通北部和西北部登陆。为了运送他们，海军的运输行动将连续进行四天四夜。

这些部队预计将建立一个纵深20至30公里的滩头，占领布莱顿和多佛，并抵挡英国人的反击7至10天，直到第二波部队：由9个摩托化师和装甲师组成的所谓“突破部队”完成装载和登陆。

在9月14日的最终运输计划中，这些部队将在4个登陆区登陆：B区和C区，从福克斯通以西到黑斯廷斯（Hastings）以东；D区，从贝克斯希尔（Bexhill，黑斯廷斯以西）到伊斯特本；E区，在布莱顿以东登陆的左翼保卫部队。这些海滩是德国空军必须保护免受皇家空军轰炸机攻击的地方，也是里希特霍芬的第八航空军斯图卡和洛泽尔的第一、第二航空军战斗轰炸机及道尼尔轰炸机提供密接空中支援和战场隔断的地点。施佩勒的第四和第五航空军将通过轰炸伦敦北部和西部的桥梁、铁路和其他运输目标来阻断英军的交通线(增援和补给路线)。

最初的突击波将包括 250 艘突击摩托艇、1130 艘驳船、390 艘拖船和 165 艘小型运输船，分为 4 个运输船队。运输船队 B 和 C 将从鹿特丹、安特卫普、奥斯坦德、敦刻尔克和加来运送恩斯特・布施(Ernst Busch) 大将

■ 德国陆军第 17 步兵师在 1940 年夏进行登陆演习。

■ 德军为海狮行动准备的运输船。

的第16集团军的4个师突击从福克斯通到克利夫恩德（Cliffs End）的两个滩头。运输船队D将载着阿道夫·施特劳斯（Adolf Strauss）大将的第9集团军的两个师从布洛涅和埃塔普勒（Étaples）前去贝克斯希尔至伊斯特本登陆。左翼保卫部队，即施特劳斯的另外3个师将由运输船队E分两波运送，一波从勒阿弗尔（Le Havre）直线穿越海峡，另一波从布洛涅出发。

这一规模庞大的穿越海峡行动的西侧将由10艘驱逐舰、24艘鱼雷艇（一种在尺寸和装备上与皇家海军轻型护卫舰和美国海军护航驱逐舰相似的军舰级别）和15艘U艇保护，由海军舰队司令京特·吕特晏斯（Günther Lütjens）上将指挥。穿过英吉利海峡的东部入口时，运输船队B和C将由4个快艇支队（共20艘）和6艘近海U艇守卫，并且在白天，当需要执行海上打击作战时，由凯塞林的斯图卡和战斗轰炸机提供支援。

为了分散强大的皇家海军本土舰队的注意力，雷德尔的3艘轻巡洋舰将护送秋游行动，即由4艘空的海轮和11艘运输船穿过北海，向纽卡斯尔和阿伯丁之间的英国海岸驶去，而重巡洋舰“希佩尔海军上将”号则试图突入北大西洋，在冰岛和法罗群岛之间穿行。

穿越英吉利海峡的夜间航行需要月光来

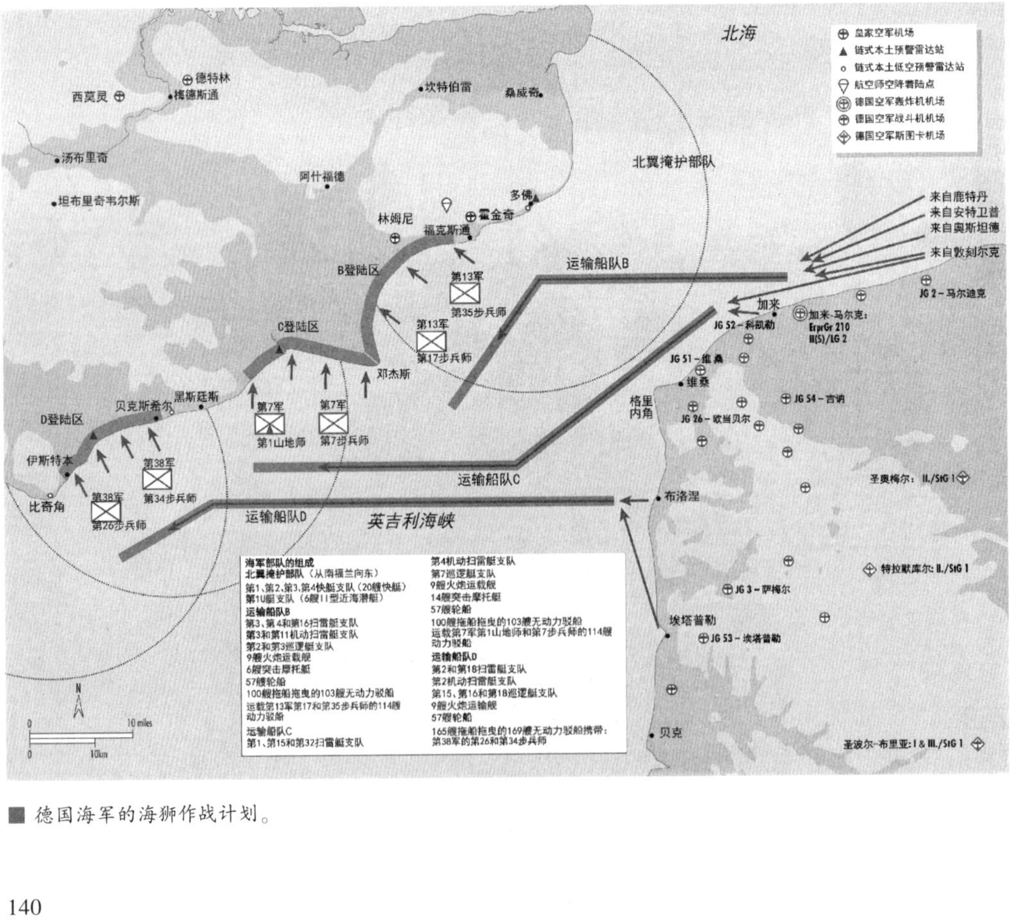

■ 德国海军的海狮作战计划。

进行导航和维持编队队形，而最初的突击登陆必须在黎明前的涨潮时分进行，以便尽可能地靠近英军的防御阵地，减少暴露在敌军火力之下的时间。为了满足满月和涨潮的基本要求，S 日(类似于四年后盟军的 D 日)的时间窗口被选定为 9 月 21 日至 27 日，从港口出发要在前一天晚上。为了完成在大型船只上装载物资、马匹和车辆这一漫长而艰巨的过程，需要提前十天作出启动海狮行动的决定。最高统帅部在 9 月 3 日的指令中规定 S 日为 9 月 21 日，这就需要希特勒在 9 月 11 日作出决定。

德国空军有 5 周的时间(8 月 7 日至 9 月 11 日)击败战斗机司令部并完成支援海狮行动的准备工作。这比戈林想象的要困难得多。

德国空军的空中侦察方案：区分优先级

在这五周内，德国空军的另一项职责是侦察登陆海滩、防御阵地、沿海工事、部队集结地和交通线路。但是，作为航空队计划人员目标信息来源的耶顺内克的空军最高司令部参谋部，也意识到它对皇家空军在英格兰南部的设施的了解是不够的，于是命令从 6 月 27 日开始进行系统的摄像侦察工作，与

■ 德军对多佛港的高空侦察照片。

为陆军登陆的战术侦察同时进行。

由此产生的问题是，德国空军有限的侦察能力——18 个侦察机中队，包括 3 个名义上隶属陆军司令部用于战术侦察的中队，被分配到两个“最高”优先事项。一方面，为了让伦德施泰特元帅的 A 集团军群为海狮登陆行动和在英国本土的初期战斗做准备，必须投入大量精力拍摄海滩防御、内陆防线和潜在的英军转移和增援路线——这是源自第 16 号元首令的主要任务。另一方面，两支航空队的计划人员都需要关于皇家空军地面设施最新的航拍照片，以确定优先次序和为确保海狮行动成功所需的攻击作计划。

如果不是战斗机司令部拥有高效的综合防空系统，完成这两项任务是有可能的。皇家空军战斗机在无线电引导下对被雷达探测到和地面观察站跟踪的侦察机进行拦截，在 7 月和 8 月的第一周，侦察机大队损失了 27 架侦察机；增援它们的轰炸机联队又损失了 23 架飞机，有时甚至在一个战斗机大队的护航下也会遭受损失。仅在 7 月 1 日，KG 77 第一和第二大队就在侦察作战中因英国战斗机和防空炮损失 6 架 Do 17Z，这样的损失让该联队马上被撤回国内，准备换装更先进的 Ju 88 轰炸机。KG 27 的损失更加严重，在 7 月 17 日对博格诺里吉斯(Bognor Regis)地区的武装侦察作战中遭遇皇家空军第 145 中队 6 架“飓风”拦截，联队长伯恩哈德·格奥尔基

1940 年的整个夏天，第 123 侦察机大队第 3(远程)中队的机组人员处于非常繁忙的状态。

(Bernhard Georgi)中校被击落身亡，其职务被格尔哈德·康拉德(Gerhard Conrad)上校接替。

Y部门曾经监听到一起颇为悲惨的事件。

艾琳·克莱顿(Aileen Clayton)是首批被招募到霍金奇的Y部门的6名皇家空军妇女辅助队成员之一，在她的自传《敌人在倾听：Y部门的传奇》中，记录了这样一次常规侦察飞行的命运：

其中一架参与“牛奶列车”(皇家空军给德国空军每天早上的常规侦察作战取的诨号)的飞机已经成了我们的朋友，我们非常期待他“从天上过来”做报告。我记得，他的呼号是“乌鸫一号”。他猜测到我们正在监听，就会用英语跟我们聊天。“我知道，你们这些英国监听站，你们能听到我吗?”他愉快的宣告道，“想让我给你们扔个炸弹吗？听着——咻！—嘭!”他对着话筒笑着说。

然后有一天，他被一个“喷火”小队击落：他无法脱身，我们听见他在大声喊叫，呼唤他的母亲并诅咒元首。我发现自己在祈祷：“逃出去，逃出去。哦，亲爱的上帝，请让他逃出去。”但这没有用，他没能做到。我们一路听着他的声音直到他跌落在地。我走到外面，感到很不舒服。

持续的损失迫使德国空军的侦察机提高飞行高度，而这不可避免的会影响侦察照片的清晰度。因此，尽管德国空军知道哪些机场正在使用，但在大多数情况下他们不知道这些机场上驻扎的是战斗机、教练机、水上飞机，或其他装备。

■ 一架第122侦察机大队第4(远程)中队的Ju 88在7月20日的侦察行动中被皇家空军第56中队的3架“飓风”击落，机组人员全部被俘。

第七章　鹰击作战阶段一：8 月 12 日至 19 日

8 月 12 日：对本土早期预警雷达链的首次打击

8 月 12 日很早就天亮了，但是多佛海峡上空有薄雾。随着太阳升上天空，雾气逐渐蒸发散尽。到 9 时整，英吉利海峡沿岸地区阳光明媚。

一个半小时前，莱伊雷达站探测到“超过 6 架”德机从格里内角逼近，帕克放出来自比金山第 610 中队的 12 架“喷火”。率领它们的是已有 8 个空战胜利的约翰·埃利斯（John Ellis）少校，他们在 7 时 31 分从位于霍金奇的机场起飞，迅速爬升到 10000 英尺高度进行拦截。

■ KG 2 的一位飞行员正在康布雷享受短暂的休闲时光。

这“超过 6 架”德机实际上是马丁·古茨曼（Martin Gutzmann）少校的 KG 2 第一大队的 9 架 Do 17，在它们上方 2000 英尺高度的是执行首次对英作战的 JG 52 第二大队的 12 架 Bf 109E。他们正在前往福克斯通西部靠近海岸线的林姆尼（Lympne）机场，该机场现被第 11 大队 C 分区（比金山）用作前沿机场。德国空军的目标是阻止那里可能存在的敌机前去干涉凯塞林对邓杰斯和比奇角之间两个防空雷达站的首次打击，不过他们并不知道此时林姆尼机场还没有皇家空军战斗机入驻。

埃利斯的“喷火”们在爬升过程中看到了 JG 52 第二大队的

Bf 109E并向其发动突袭，击落两架飞机。第610中队堪称是JG 52的克星，其第三大队在7月24日的灾难性损失就是第610中队造成的。看到友军遇袭，正在附近游弋的JG 54马上向英国战斗机俯冲下来，第610中队的飞行员不得不奋力求生。参加战斗的JG 54第7中队飞行员马克思·赫尔穆特·奥斯特曼（Max-Hellmuth Ostermann）少尉事后写下了对德国飞行员的批评："我们整个大队在空中乱作一团。几乎没有一个有配合的双机。事实证明，'喷火'的机动性十分出色。它们用斤斗和桶滚给我们来了一场飞行表演。在螺旋爬升过程中射击，它们的机动性让我们感到惊讶。我们进行多次射击，但没有多少击中目标。"

交战中，一架"喷火"来到了奥斯特曼面前："突然，汤米开火了，梅塞施密特俯冲下去。我也捏紧了射击按钮，但直到仔细瞄准后才按下。我在轻微的左转过程中向'喷火'开火，我的第一次点射就击中了他。那架英机很快燃烧起来，拖着一道长长的灰色烟柱落入岸边的海中，一个巨大的水柱指明了坠机点。"这次战斗使第610中队损失了两架"喷火"，还有3架飞机受损，但如果德国人更好地协调他们的攻击，损失可能会更大。

由于拦截机被Bf 109纠缠住，古茨曼的Do 17可以在8时不受阻挠的轰炸了林姆尼。道尼尔们向机场丢下了90枚50公斤SC50炸弹，三分之二的炸弹落在了机库和营房上。

8时15分，ErprGr 210指挥官瓦尔特·鲁本斯多弗上尉率领14架携带炸弹的Bf 110和8架Bf 109战斗轰炸机从加来-马尔克（Calais-Marck）起飞，在18000英尺高度向敌人的防空预警系统发起首次攻击。从7月13日至30日这段时间的作战里该部显示出了极高的效率，共击沉总计89000吨的商船外加4艘战舰，为此，凯塞林元帅亲自对他们出的成绩进行了嘉奖。离开格里内角后，鲁本斯多弗几乎笔直向西往伊斯特本飞去，途中与他的护航机（上文提到的JG 54第三大队的Bf 109）完成会合。由于早期雷达系统跟踪方位的能力不足，战斗机司令部情报分析室错误的将这次入侵判定为"X空袭"（来源存疑，可能是友机），没有下令进行拦截。当第一批炸弹落在佩文西雷达站时，唯一在空中的中队是来自格雷夫森德的第501中队，它已完成在霍金奇上空的巡逻，并在9时35分开始降落。

越过多佛，鲁本斯多弗派遣奥托·欣策（Otto Hintze）中尉的第3中队的8架Bf 109E-4/B战斗轰炸机（其中半数携带250公斤炸弹）前去攻击斯维盖特雷达站，但是后者未能造成任何破坏。过了邓杰斯后，鲁本斯多弗将他的战斗轰炸机大队一分为二，马丁·卢茨（Martin Lutz）中尉的第1中队在9时32分以8枚SC500炸弹命中佩文西雷达站，切断了电力供应并导致雷达站在当天的大多数时间里处于瘫痪状态。威廉·理查德·勒西格（Wilhelm-Richard Rössiger）中尉的第2中队继续向西前进，在9时45分向莱伊雷达站投下6枚SC500炸弹，没有一枚造成严重破坏。

3小时后，希望利用预警雷达网出现漏

洞的机会，德国空军出动两股攻击波及其护航机在格里内角会合后直奔曼斯顿，那是一个D分区的前沿机场，驻扎着霍恩彻奇的第65中队。在那之前，还有两波战斗机分别前往邓杰斯和黑斯廷斯作为佯攻。这些编队被斯维盖特雷达站发现，第11大队作战指挥官威洛比·德·布鲁克男爵迅速派出索伊尔（H. C. Sawyer）少校和他的12架“喷火”，并命令同样位于D分区的罗奇福德机场上的曼顿（G. A. L. Manton）少校出动他的第56中队“飓风”在他们的机场上空巡逻。他还派出埃利斯的第610中队在20000英尺高度巡逻霍金奇至坎特伯雷（Canterbury）一线。可是这些部队都未能及时出动。

仅15分钟后，鲁本斯多弗的ErprGr 210带着14架Bf 110和7架Bf 109执行了一次低空突袭。这个位于悬崖上俯瞰着大海的机场没有获得任何警告。第65中队的“喷火”全部列队在地面上，根据卢茨的战争日志所述：“我们的炸弹落在了它们正中心。”根据曼斯顿的作战日志本：“两个机库受损，（基地的）维护车间被摧毁。”紧随这批战斗轰炸机之后的是KG 3的25架道尼尔，它们在14000英尺高度较为精准的投下500枚SC 50炸弹。“机场上留下了大约100个弹坑，暂时无法使用。”

斯维盖特雷达站和在它上空飘浮着的阻拦气球。

从空中看机场似乎是已经瘫痪的，德国空军作战日志引用了鲁本斯多弗的报告：“12枚SC500和4枚Flam C250(250公斤燃烧弹)直接命中机库和营舍。4枚SC 500落在起飞中的战斗机之间。结果在地面上摧毁4架‘飓风’和5架其他飞机。”实际上，只有一架第600中队的布伦海姆IF被摧毁，另有一架第65中队的“喷火”受损。但是机场在12小时内无法使用，D分区指挥官命令空中的战斗机降落在更靠近内陆的机场。入侵的德机及护航机完好无损地返回到了法国。

收到戈林在第二天发动“鹰日”行动的命令后，当天下午洛泽尔的第二航空军发动了对第11大队沿海机场的大规模打击。约翰内斯·芬克的KG 2和ErprGr 210前去攻击两个机场和第4个雷达站，护航部队来自JG 54和JG 52。雷达发现在16时45分至17时22分，有4个编队共计超过150架飞机在加来海峡上空集结。为了避免在曼斯顿的状况重演，探测到第一批敌机后，第11大队的指挥官就马上采取行动保护在东南部的机场。威洛比·德·布鲁克男爵出动第32、第54、第56、第65和第501中队的共计53架飞机升空拦截。

作为领飞编队的约24架KG 2第二大队Do 17Z在芬克的司令部小队率领下以西北偏北航向从加来飞去，17时33分在北福尔兰越过海岸线并转向西方，向坎特伯雷的比克斯伯恩(Bekesbourne)机场投下携带的24吨SC50和3枚Flam C250炸弹。这个机场在1940年5月曾被作为从法国回来的皇家空军第2和第13中队的基地，两个中队已经在6月8日撤往北方，现在机场被弃用，并修筑了障碍物以防止它被德国空军作为伞兵、突击滑翔机和运输机的降落场。尽管如此，对于第二航空队来说，这是一个潜在的战斗机机场，必须将其瘫痪。

17时30分在多佛附近越过海峡后，14架KG 2第三大队的道尼尔在10至15分钟后攻击了霍金奇机场，投下280枚SC50，跟随其后的ErprGr 210投下16枚SC500和8枚Flam C250燃烧弹。起落场被28枚炸弹炸的坑坑洼洼，一个机库被摧毁，另一个严重受损，遭殃的还有里面的两架“喷火”。机场的大型维护车间和装备储藏楼都被摧毁，5人丧生。虽然有足够的净空区可以降落受损的战斗机，但是霍金奇在第二天9时前都无法完全恢复其作为作战基地的功效。

利用对比克斯伯恩和霍金奇的空袭作为掩护，勒西格的ErprGr 210第2中队攻击了位于坎特伯雷附近的敦刻尔克雷达站，丢下5枚SC500和一枚Flam C250，摧毁了两个雷达室，但是未能扰乱到基地的正常报告。几乎在同时，至少3架战斗轰炸机(可能是鲁本斯多弗的司令部小队)攻击了斯维盖特雷达站。投下3枚C250，摧毁了基地内的小屋并造成天线杆轻微受损，但是未能使那里瘫痪。

18时，林姆尼再次遭受攻击，21架KG 2第一大队的道尼尔投下420枚SC50，机场的降落场被约200枚炸弹犁了一遍，在当天剩下的时间里无法继续使用，一名地勤人员在空袭中遇难，另外两人受伤。利用空袭林姆尼作掩护，14 架 KG 76 第二大队的 Ju 88 轰炸机在 17 时 50 分攻击了莱伊雷达站，报告丢下的 28 枚 SC250 炸弹中有 20 枚命中基地范围内。这次空袭摧毁了除传送室、接收室和观测办公楼外的所有工作室。虽然遭到重创，但是“必要的设备在第二天恢复使用”。

虽然出动了大量拦截机应对这些空袭，但 KG 2 没有飞机被击落，这并不代表 Bf 109 的护航工作做得有多好。实际上，指派为 KG 2第二大队护航的 JG 54 第一和第三大队就根本没注意到向轰炸机逼近的英国战斗机。道尼尔机组们不得不进行自卫，这次他们做得相当出色，KG 2 第二大队飞行员库尔特·沃尔夫(Kurt Wolff)军士长说道：“在目标上空，英军以小编队攻击我们，但相当有技术。尽管我们有完美的战斗队形，但个别敌军战斗机还是能够相当接近我们的轰炸机。我的 Do 17 被击中 8 次。一颗子弹摧毁了左侧副翼的一个支架。我们第一次使用手榴弹、纸带和卫生纸来保护自己！通过这种方式，我们成功地迷惑了进攻的战斗机飞行员，使他们放弃了攻击。我们的中队击落了两架‘喷火’，其中一架的飞行员跳伞了。”

与此同时，空战继续进行，现在主要是在双方的战斗机飞行员之间。JG 52 第二大队又损失了一架 Bf 109，这是它当天损失的第 3 架飞机。有两架 JG 54 第三大队的 Bf 109E 也被击落，其中一位飞行员是大队技术军官阿尔布雷希特·德雷夫(Albrecht Drefl)中尉，他回忆道：“在约 6000 米高度(靠近目标)爆发的空战中我击落了一架‘喷火’，但是很快我自己也被击落了。幸运的是，我的飞机没有起火，但是发动机和螺旋桨系统被击中，全部停止工作了。我不得不进行机腹着陆。”另一位被击落的飞行员就没有这么幸运了，他连人带机一头坠入大海。皇家空军此战损失两架“飓风”(来自第 32 和第 56 中队)，一名飞行员重伤。奥斯特曼少尉对当天的战斗进行了总结：“我们知道我们有了一位非常强硬的对手，他也可以打得很好。”

■ 8 月 12 日被击落的一架 Bf 109E-4，由 JG 54 第三大队技术军官阿尔布雷希特·德雷夫中尉驾驶。

在西方，施佩勒的突击兵团更加深入，利用对朴次茅斯的大规模空袭来掩护对文特诺雷达站的定点清除。约翰·福尔克马尔·菲塞尔（Johann-Volkmar Fisser）上校率领 78 架来自 KG 51 和 KG 54 的 Ju 88 向北穿越海峡，护航机包括 ZG 2 和 ZG 76 的 120 架 Bf 110 以及 JG 53 第二大队的 24 架 Bf 109E。这个庞大的编队从侧面绕过文特诺雷达站的侦察范围，在抵达海岸线后向西转向，从正面飞越波林（Poling）雷达站，通过对布莱顿的佯攻甩掉拦截敌机后，笔直进入索伦特河口。由于它们飞行在文特诺雷达站的扫描范围以外，波林雷达站定位能力不足的弱点被暴露出来，混乱的信息干扰了指挥中心的判断，德机得以不受干扰的进行轰炸，朴次茅斯的市中心、火车站、燃料储罐、码头和海军基地遭到严重破坏，96 人丧生，防空炮台击落了两架容克斯轰炸机。

最终，在得到怀特岛上沿海哨所观察团发来的警报后。第 10 大队指挥官昆廷·布兰德少将出动了 4 个中队，帕克放出了另外两个中队，共计 48 架“飓风”和 12 架“喷火”。当这批拦截机抵达现场时，剩余的 61 架德国轰炸机正准备离开这座一片狼藉的城市。

在这之前，菲塞尔带着他的司令部小队和 KG 51 第二大队的 15 架 Ju 88 已经在索伦特上空朝南转向，从后方发起对文特诺雷达站的打击。这次空袭令文特诺雷达站瘫痪了三天，在此期间，一台老式的 M. B. 1 移动雷达设备被安置在这里，“无线电频道在一个小时内就恢复了”。虽然不具备接收信息的能力，此举还是让马蒂尼的无线电监听部门误

■ 这架 KG 51 第 3 中队的 Ju 88 摄于巴黎南部的默伦（Melun）机场上，照片拍完后不久这架飞机就起飞执行 8 月 12 日对朴次茅斯港的空袭。

以为该雷达站依然在正常运行。

由于来得太晚无法阻止轰炸的进行。皇家空军的拦截机首先拿盘旋在索伦特上空的Bf 110泄愤，击落了4架ZG 2第一大队和ZG 76第三大队的驱逐机后，第213中队的“飓风”向在低空逃窜的轰炸机们俯冲过去，另有第152和第609两个中队的“喷火”加入了追逐战。他们一路追击敌机到海上，击落了8架轰炸机，包括KG 51联队长菲塞尔上校的座机，菲塞尔当场身亡。菲塞尔座机的飞行员维尔纳·吕德里茨(Werner Luederitz)中尉回忆道：

在越过海岸线后不久，我们遭到了3架“飓风”(实际上应该是第152中队的“喷火”)的攻击，一架接一架地从后方袭来。我们可以看到子弹打在我们的控制板上——有几发子弹穿过了驾驶舱，但没有造成大的损害。然而，我们已经下降的飞行性能(该机在此前的飞行过程中被防空炮击中，左侧发动机受损)因飞行控制装置的损伤而受到进一步影响。当然，“飓风”战斗机的速度要快得多，每次攻击都会进行短促的射击。我们的飞机在座舱内安装了侧边机枪，这样我们可以向离开的战斗机开火。我不知道我们是否取得了成效。由于规避动作，我们很快失去了高度，在五六次攻击后，我们来到了海平面上方约50米处打算迫降。然而，由于我们被告知英国周围的沿海水域已经被布设了水雷以备入侵，我们转向陆地。当我们处于非常低的位置受到进一步攻击后，我在起落架收起的状态下把飞机降了下去。我们撞上了树篱，飞机燃起熊熊大火。

JG 53第一和第三大队的Bf 109E赶来解围，击落两架“飓风”和两架“喷火”，却损失了第三大队长哈罗·哈尔德上尉。哈尔德在无线电中报告击落两架“飓风”，之后便失去了踪迹。直到9月19日，他的尸体才被冲到法国迪耶普(Dieppe)的海岸上。哈尔德是仅有的28位钻石佩剑金质西班牙十字勋章获得者之一，在西班牙内战中取得了11次空战胜利。最终，第3航空队为这场空袭付出了10架轰炸机、5架驱逐机和两架战斗机的代价，但他们也击落了13架英国战斗机并击伤另外4架。

总的来说，对于德国空军的两个航空队来说，当天的战果是鼓舞人心的：300架次的轰炸机和俯冲轰炸机摧毁了3个沿海机场和一个雷达站，并在朴次茅斯造成了大量破坏和人员伤亡。除了于朴次茅斯空袭中损失5架Bf 110和10架Ju 88A，当天的战斗中德国空军还损失了另外两架轰炸机(一架KG 55第三大队的He 111和一架LG 1第一大队的Ju 88A)，重伤报废一架Bf 110战斗轰炸机，以及9架Bf 109E(还有一架返航后因受损严重而报废)。皇家空军失去了参战的217架战斗机中的18架，还有9架重伤迫降需要进行维修。

8月13日：鹰日

鹰日的原定计划是在6时30分由两个航

空队同时派出第一批编队穿越英吉利海峡，但是当日凌晨，湿冷的雾气弥漫在凯塞林的大部分机场上，低矮的云层从海峡一直延伸到英格兰南部。戈林将时间推迟至 13 时，然而当命令送达时，包括芬克的 KG 2 在内的第一批编队已经在 4 时 50 分至 5 时 10 分从阿拉斯(Arras)和康布雷附近出动，他们没有接收到这个消息。

计划攻击希尔内斯海军基地的 KG 2 第一大队收到了计划取消的命令，古茨曼带着他的大队返回了埃皮诺依(Épinoy)。然而芬克的司令部小队已经收起了他们的无线电天线，所以未能收到消息，他继续率领着第二、第三大队的联合编队前去轰炸希尔内斯附近的伊斯特彻奇(Eastchurch)机场。在加来海峡上空与芬克的 55 架道尼尔会合的是来自 ZG 26 的一个驱逐机编队。但这些 Bf 110 不像往常那样伴飞在身边，而是在他们面前重复着俯冲和陡爬升的机动动作。芬克固执地认为这些 Bf 110 是在做炫技表演，没有意识到它们是在暗示早晨的行动已经取消了，他后来解释道："我早些时候看到了这些护航战斗机，也看到了约阿希姆·胡特(Joachim Huth，ZG 26 联队长)的一些不寻常举动，但我认为他只是想向我表明，他已经与我们的轰炸机会合了。"这一滑稽事件暴露出了德国空军在作战协同上的问题，轰炸机无法与护航机通过无线电进行空中联络。胡特尽管十分愤怒却毫无办法，因此，他只得命令 Bf 110 向它们的基地返航。看到护航机突然离开他的轰炸机，芬克上校同样火冒三丈，但他仍带领着道尼尔们独自继续向着目标飞去。

■ ZG 26 联队长约阿希姆·胡特中校。

一名道尼尔飞行员海因茨·施勒格尔(Heinz Schlegel)中尉向我们描述了当天他的作战经历：

于是 KG 2(缺少了第一大队)朝着泰晤士河口飞去，渴望看到护航驱逐机。到达英吉利海峡后，编队飞入了一块厚重的云层。一架驱逐机在我们周围环绕后又消失了，大概是为了让我们注意到作战已经被取消了的事实。它显然被误认为是我们的护航机。当我们抵达目标时，云层变薄了，但仍然看不到目标，和我们猜测的一样。于是编队绕了一个大弯飞向伦敦，在那里我们再次转弯。现在，编队处在一个向东的航线上。

随后，透过 800 米高云层中的一个洞看见了机场——我们的高度是 1500 米。在又绕了一个 180 度弯后，我们发起了攻击，先是穿过洞口下降，然后准确地投下我们的炸弹。但这时英国战斗机从东边海的方向飞来，那里初升的太阳使我们无法看到它们。当它们的齐射击中我们时，我们被打了个措手不及。无线电员和航空机械师都没有射击的机会。两人都受伤了，特别是他们的前臂。飞机的机身和发动机都被击中。我成功地将飞机拉高到薄薄的云层中，但很快左侧和右侧的发动机就先后停机了。

我意识到我们不可能再飞回英吉利海峡，而且我不知道受伤的机组成员是否还能使用他们的降落伞，所以唯一能做的就是进行迫降。一片开阔的草地出现了，或者说它似乎是开阔的，所以相当明显。但在英国南部的各个地方，居民们都做了一些工作来阻止这些草地被飞机使用。沟渠被挖开，泥土被堆成斜坡，杆子被塞进地面，所以这片友好的草地变得相当颠簸。飞机重重地落下，停在了一棵大树下。我们弃机后看了一眼四周，一些无武装的士兵出现了。他们要走了我们的手枪——反正我们也不可能用这些手枪征服英国！

KG 2 的总体作战情况是怎样的呢？降至云层下和雷达的扫描范围外后，这批低飞的德机在越过海岸线时被发现。但是低空飞行以及恶劣的天气也给地面观察员进行跟踪定位带来了麻烦。得到警报后，威洛比·德·布鲁克男爵出动了 5 个中队，它们在云层上空爬升。仅有第 74 中队成功进行了拦截，当编队尾部的入侵者从云层中显现出来进入轰炸航路时与之交战，约 53 架道尼尔分成两个波次攻击了目标。

在仅 1500 英尺高丢下 480 枚 SC50、3 枚 Flam C250 和 3 枚 SC250，这次突袭摧毁了营房，造成 16 人死亡，48 人受伤。每一个机库都受到损害，第 266 中队的所有弹药以及一架“喷火”被付之一炬，空袭还殃及了来自德特林(Detling)的海岸司令部第 53 中队的 5 架布伦海姆 IV 巡逻轰炸机。

在轰炸机的撤退途中，第 74 中队的“喷火”和第 111 和第 151 中队的“飓风”击落了包括施勒格尔中尉座机在内的 5 架道尼尔，另有 7 架带着各种程度的损伤返回基地。11 名机组人员阵亡，7 人负伤，9 人被俘，相当惨重的代价。不过，如果没有云层的掩护，德国人的损失可能会更加严重。

■ 英国士兵正在检查一架 KG 2 的 Do 17Z 残骸，这架飞机在 8 月 13 日的作战中被击落，机组人员全部被俘。

■ 另一架在鹰日被击落的 KG 2 道尼尔轰炸机，隶属于第 7 中队，在被英国战斗机击伤引擎后迫降在肯特郡斯托德马什(Stodmarsh)的田野上。

现存的德国空军记录没有证据表明施佩勒的第 3 航空队收到了戈林的延期命令。即便是收到了，命令也被无视了。5 时至 5 时 20 分，20 架 KG 54 第一大队的 Ju 88 从埃夫勒(Évreux)起飞，5 至 15 分钟后，又有 18 架 KG 54 第二大队的轰炸机从圣安德烈-德勒尔(St André-de-l' Eure)出动。两个编队完成集结后向北前去轰炸在法恩伯勒(Farnborough)和奥迪厄姆(Odiham)的机场。当他们越过瑟堡时，护航机赶来与之会合，另有 87 架 StG 77的斯图卡在前往波特兰海军基地的路上努力爬高。在这两个宽广的攻击编队上方的是由 173 架 JG 2、JG 27 和 JG 53 的 Bf 109E 组成的高空护航方阵，60 架 ZG 2 和 LG 1 第五(驱逐机)大队的 Bf 110 与轰炸机伴飞负责近距离掩护。

无线电拦截 Y 部门和在沃斯麦特勒佛(Worth Matravers)新建的小型雷达站发出了警报，虽然它的探测距离不及标准的 AMES 1 雷达，但给了布兰德足够的时间来出动中沃勒普的第 238 中队和沃姆韦尔的第 152 中队，威洛比·德·布鲁克男爵也及时派出坦米尔的第 43 和第 601 中队作为增援。当俯冲轰炸机们逼近海岸时，StG 77 联队长克莱门斯·冯·舍恩博恩(Clemens Graf von Schönborn)少校发现身下的云层已经完全闭合，彻底遮住了波特兰，因此他在拦截机抵达前就带着斯图卡们返航了。

Ju 88 继续向北飞去，KG 54 联队长奥托·赫内(Otto Höhne)中校寄希望于下方的云层可以散开，但是他不得不放弃，此时英国战斗机已经出现了。第 238 中队选中了一个由 28 架 ZG 2 第一大队的 Bf 110 掩护的编队，驱逐机们迅速组成防御圆环，成功的阻挡住了皇家空军的攻击。返回基地时有两架飞机受损，3 名机组人员受伤。6 时 30 分，第 43 和第 601 中队的“飓风”在海岸上空拦截住 KC 54 的编队，很短的时间内就击落了 4 架 Ju 88A。在 KG 54 前方扫荡的 JG 2 第一大队也与第 43 中队发生交战，损失一架 Bf 109E，它迫降在肖勒姆(Shoreham)机场附近，还有一架则迫降在了法国海岸。

■ 8 月 13 日，这架 JG 2 第一大队的 Bf 109E 被击落迫降在肖勒姆机场附近的农田里。

施佩勒的第一波攻势以失败告终，归航的幸存者们在稍作休整后，下午，第 3 航空队再次出击，寄希望于英格兰南部的天气已经足够好转，可以让他们对目标实施攻击。阿尔弗雷德·比洛维乌斯(Alfred Bülowius)上校率领 LG 1 的 3 个轰炸机大队的 58 架Ju 88A 轰炸机从奥尔良-布雷西(Orléans-Bricy)和沙托丹(Châteaudun)起飞，向北前去轰炸位于波斯坎比当(Boscombe Down)、沃西当(Worthy Down)和安多佛(Andover)的机场。斯图卡部队同样再次出击，StG 1 第一大队(25 架)、StG 2 第二大队(27 架)和 StG 3(52 架)的目标分别是沃姆韦尔、约维尔(Yeovil)和波特兰。StG 1 第一大队指挥官保罗·维尔纳·霍泽尔少校回忆了他在那天下午参与斯图卡攻击的情况：

不列颠战役中的第一次战略行动是以“鹰日”为代号开始的。那是 1940 年 8 月 13 日。StG 1 第一大队与 StG 2 第二大队联合对英国战斗机基地沃姆韦尔展开作战行动，该基地位于菲尔顿以南约 80 公里处，是 StG 2 第二大队的指定目标。假设我们的攻击是完全出其不意的，我们将在“飓风”和“喷火”有机会起飞之前就击中它们的掩蔽体。我们作为精确定点俯冲轰炸专家，已经为我们的目标做好了准备，但我们没有猜到主人(皇家空军)为我们准备了什么，这一点很快就会看到。那天早上，我们和大约 80 架(原文如此)Ju 87 一起从昂热(Angers)起飞，在迪纳尔降落，准备向海岸发起进攻。被分配给我们作为斯图卡攻击的护航战斗机是装备了 Me 109 的第 53 战斗机联队，由其年轻的指挥官和我以前的训练伙伴冯·马尔灿(Günther Freiherr von Maltzahn)少校指挥，他现在是一位非常成功的战斗机王牌。还有另一个装备双发重型梅塞施密特 110 战斗机的联队。不幸的是，后者的参与只具有象征性意义，因为 Me 110(即 Bf 110)太笨重了，根本不是英国战斗机的对手。我们的重型战斗机实际上自身也需要战斗机护航。我们起飞，在格恩西岛上空接上我们的护航战斗机。然后，爬升到 4000

米高度，我们向敌人进发。护航机在我们周围嗡嗡作响——令人舒适的感觉。

作为诱饵，霍尔斯特·连斯伯格上尉在中午率领LG 1第五(驱逐机)大队的23架Bf 110前往波特兰上空，他们要在两股攻击编队越过海峡前将第10大队的守军注意力吸引向西南方。德国空军希望这些中队的飞机在空中耗尽燃料，当它们降落补充燃料和弹药时，轰炸机可以正好对它们的基地实施空袭。

起初，一切如计划中那样顺利。在与第152、第213和第601中队的拦截机交战后，连斯伯格损失了5架驱逐机，还有两架在法国迫降后伤重报废。一架“飓风”被击落，另有两架受损。战斗结束后，皇家空军中队们降落在了埃克塞特、坦米尔和沃姆韦尔。

3个小时后到来的空袭又将是一次受天气困扰的惨败。霍泽尔继续他的叙述：

在英吉利海峡上空，天气相当晴朗，但当我们到达英国海岸时，我们看到在3000米高度的可视范围内，整个国家都被一团封闭的云层笼罩着。我们无法判断云层距离地面的高度，因此不可能在清晰的视野下接近我们的目标。我们别无选择，只得在穿越海岸线后继续飞行了15分钟，然后在云层中盲目俯冲下去，希望我们在穿出云底来到目标上空时有足够的高度来实施攻击。这是一个非常值得怀疑的假设，因为我们很快就意识到了。

在得到雷达预警后，布兰德派出了5个中队，中沃勒普分区基地指挥官大卫·罗伯茨(David Roberts)中校将它们分别部署在韦茅斯(来自沃姆韦尔的第609中队)、怀特岛(来自坦米尔的第601中队)和两地之间的海岸上空(第152、第213和第238中队)。后者与进行扫荡的战斗机以及斯图卡护航机交战(JG 53第一、第二大队和ZG 76)，给第609中队的“喷火”创造机会直扑StG 2第二大队的斯图卡编队，很快就有6架飞机被击落，9名机组丧生，一人被俘，两人被快艇救回。霍泽尔对于当时的情形印象深刻：

突然间，我们的英国“同志们”像鱼雷一样穿过云层，每架战斗机都用它的八挺枪管向我们开阔的编队猛烈射击。由于250公斤重的炸弹就悬挂在我们的机身上，我们每一位斯图卡轰炸机机组人员实际上都是坐在一个火药桶上。现在，我们听到了第一声爆炸……一个突然的火球……一切都结束了。我们的战斗机(Bf 109)和驱逐机(Bf 110)护卫队向敌人俯冲过去，缠住了大量攻击者，但他们中的许多人仍然能够攻击我们。

我们以孱弱的机枪和炸弹的负荷，无力抵挡住他们。我们别无选择，只能俯冲下去，把炸弹扔在沿海地区，然后以超低空飞行越过海峡返回我们的基地。这样我们躲过了进一步的攻击，虽然仅限于来自下方。我好不容易才把我的大队集合起来，从而加强了对抗追击英国战斗机的防御火力。在英吉利海峡上空一对一的战斗中，许多斯图卡飞机成为了追击者的牺牲品。在迪纳尔再次降落后，我们损失了大约三分之一的出动飞机。(事实上，这次行动的总损失是6架StG 2的Ju 87，而总共出动的是104架斯图卡)其余的飞机在敌人的火力下受到了相当严重的损伤。德军司令部在判断英国战斗机部队的实力方面犯了严重的错误，当时，英国战斗机部队的力量是猜测的两倍。同样的，我们的斯图卡大队被再次投入战斗，两次甚至三次，结果是它们遭受了更多的可怕损失。

StG 1和StG 2的两个目标都被3000英尺高的云层遮蔽，残存的德机不得不选择轰炸此时已经放晴的波特兰作为代替。

密布的云层同样让LG 1第一大队长威廉·克恩(Wilhelm Kern)上尉深感受挫，他转而前去轰炸南安普顿。这一突然的转向让布兰德的拦截机扑了个空，导致南安普顿的港口和居民区遭到严重破坏，大量人员死伤。LG 1第二大队也放弃了对沃西当皇家海军航空基地的攻击，但是12架LG 1第三大队的容克斯轰炸机找到了安多佛，声称命中了“位于(机场)边缘的帐篷和库房”。实际上，有12枚炸弹落在了机场范围内，摧毁了基地司令部和军官宿舍，造成一架飞机受损和两人死亡。由于太过深入第10大队的空域，这个编队损失最严重，被第43和第257中队击落了两架Ju 88A。

东边，凯塞林在下午出动的斯图卡同样受挫。16时，86架Ju 87[分别来自StG 1第一、第二大队和LG 1第四(斯图卡)大队]浩浩荡荡的从它们位于加来附近的基地起飞，JG 51的Bf 109在斯图卡编队前方进行扫荡，ZG 26的两个驱逐机大队负责密接护航。率领StG 1第一和第二大队的安东·基尔(Anton Keil)上尉由于云层掩盖而未能找到罗切斯特(Rochester)机场，这46架Ju 87将它们的炸弹随意丢在了阿什福德(Ashford)、坎特伯雷、拉姆斯盖特和林姆尼，没能造成多大破坏。

■ 这个几乎难以辨认的残骸是一架JG 53第5中队的Bf 109E-4，于1940年8月13日被皇家空军战斗机击落。JG 53第二大队在当天的作战中损失了4架Bf 109E，3位飞行员被俘，一人阵亡。

但是在17时16分，40架LG 1第四

■ JG 51 第6中队的飞行员们在英国上空的一次作战后进行讨论，中间面向镜头者是中队长约瑟夫·普里勒(Josef Priller)中尉。

(斯图卡)大队的斯图卡给德特林带来了巨大的破坏，当时基地的工作人员正准备去吃他们的晚餐。几分钟之内，大约200枚高爆炸弹和燃烧弹以惊人的精度落下，包括机库和三座食堂在内的所有基地建筑都被毁或受损严重，一枚直接击中作战大楼的炸弹炸死了基地指挥官爱德华·戴维斯(Edward Davis)上校。停机坪和跑道上留下了无数弹坑，还有22架海岸司令部的飞机被摧毁。空袭共造成67名军人和平民丧生。虽然损毁严重，但是德特林到第二天中午再次恢复运营。

第2航空队的斯图卡在下午的作战中没有损失，Bf 110再次被定位为保护Ju 87的牺牲品，ZG 26第一和第三大队有效的缠住了第56中队，但在JG 26的"埃米尔"们赶来解围前损失了4架驱逐机，这些"飓风"飞行员一开始甚至把Bf 110误认为是He 111。最终第56中队也有4架"飓风"被击落，JG 26第5中队的卡尔·博里斯(Karl Borris)少尉声称击落两架敌机：

报告在我们的左下方有一个编队，显然是敌人的战斗机，因为它们的三机编队看起来很可疑。在我们的右下方是另一个编队，我向上汇报，指挥官倾斜飞向这个编队。我的小队飞行在司令部小队旁边。我看到在我们正下方有3架飞机，我认出它们是"飓风"。大队长显然没有看到它们，因为他正盯着那个大编队，现在位于我们前方大约3英里处。我俯下机身，很快就把左侧的战斗机套在了我的十字准线上。另外两架飞机会不会来追我？我的紧张感已至极限。100米—70米—"飓风"，带着它那独特的腹部散热器，在我的反射式瞄准器中变得巨大。就是现在！他开始缓慢向左倾斜。打赢了！他在那里，已经燃起明亮的火焰！脱离！我把我的飞机转向左侧，朝我们自己的飞机飞去。在我前方，一架109吊在一架"飓风"下面，正在开火，但无法跟上它的急转弯。向下侧滑！70米—50米—准星套住汤米的机鼻。我火力全开。击中了！浓烟从机翼根部冒出，火焰从两边喷射出来。我脱离战斗，向身后看去。在我的下方，一架“飓风”正在朝我的方向开火。爬升！汤米并没有跟上来，而是断然离开。我的战友们在哪里？我什么也没看见。在那里！一架飞机从后面向我靠近。转瞬之间，我把我的飞机翻转过来，离开了现场……

最终，德国空军在鹰日共出动1484架次，由于天气原因其中大部分成效不佳。但是他们为有限的战果付出了高昂的代价，损失42架飞机，89名飞行员和机组人员阵亡或被俘，占出动兵力的7%。在8月12日至13日被列为目标的13个机场中，德国空军情报机构错误的报告攻击了9个。贝伦布鲁克的《德国空军战争日志》中记录道：“在其中5处取得了良好的效果，它们可以被视作已经瘫痪。”除了沿海的3个机场外，伊斯特彻奇和德特林确实遭到了沉重打击，以至于帕克被迫将第32中队撤至比金山，将第266中队撤至霍恩彻奇。虽然在这两天对机场的攻击中有24架皇家空军战机被摧毁在地面上，但其中仅有一架是战斗机，皇家空军在鹰日的空战中另有13架飞机损失，3名飞行员身亡，两人严重烧伤。

第二天，BBC胜利地宣布了英国人认为的“鹰日”战斗结果：击落德国飞机78架。虽然明显高于德军的实际损失，但是足以鼓舞英军的士气。更重要的是，丘吉尔的坚持战斗决心和皇家空军展现出的抗争精神让美国意识到支持这个脆弱的岛国是值得的。8月14日，美国总统罗斯福决定向英国捐赠50艘驱逐舰，以换取英国某些基地的使用权，尤其是在加勒比海的基地。丘吉尔认为现在看到了隧道尽头的曙光，但他知道真正的战斗才刚刚开始。

8月14日：对沿海机场的攻击

在鹰日令人失望的首秀后，第二天持续的阴云天气继续限制了德国空军的作战。凯塞林的主要攻击兵力是80架来自StG 1第二大队和LG 1第四(斯图卡)大队的斯图卡，护航部队主力是戈特哈德·韩德里克(Gotthard Handrick)少校的JG 26，其中第一、第三大队负责贴身护航，第二大队在前方进行自由猎杀扫荡。此外，JG 52第二大队和JG 51一部也参加了此次护航行动。指挥JG 52第4中队的约翰内斯·施泰因霍夫(Johannes Steinhoff)中尉回忆道：“我们的任务是密接护航。我们的指令是不惜一切代价与轰炸机呆在一起，不要追击‘喷火’。即使你处在一个理想的位置，也不要受到攻击的诱惑。这对我们这些年轻而热切的战斗机飞行员来说，实在是太难了。我们在我们的门徒(轰炸机)身边滑翔而不是飞行，它们看起来就像是以步行的速度在向前爬行。”

对机场(可能是霍金奇和林姆尼)的攻击计划因为云层阻拦而泡汤了，仅有LG 1第10(斯图卡)中队的9架斯图卡击沉了一艘灯标船，这一微小战果实在是无关大局。皇家空军第11大队拥有充足的预警时间，威洛比·德·布鲁克男爵派出了来自4个中队(第32、第65、第610和第615中队)的42架拦截机，双方共计近200架战斗机在多佛上空爆发了一场大规模空战，战斗持续了一个小时之久。

英国战斗机首先向与斯图卡伴飞的JG 52第二大队发起攻击，一架第4中队的Bf 109被击伤，不得不在海面上迫降。与此同时，第610和第615中队的飞行员合力击落了一架Ju 87，并严重损坏了另一架。JG 26第三大队长加兰德少校击落了一架已经逼近斯图卡编队的“飓风”：“我不得不从很远的地方开火，因为Ju 87处于致命的危险之中。‘飓风’俯冲钻入云层，然后穿过云层拉起，在那一刻我干掉了他。”随后另一架“飓风”向加兰德发起攻击，但是被他的副官约阿希姆·明希贝格(Joachim Müncheberg)中尉击落，这是这位21岁年轻军官的第12次空战胜利。

战斗机司令部损失了3架“飓风”和两名飞行员，JG 26较好的完成了护航工作，第一大队损失了一架Bf 109，飞行员被俘。大多数皇家空军战斗机随后未能再接近斯图卡编队，仅LG 1第10(斯图卡)中队有一架Ju 87被击落，两名机组人员全部失踪。

13时14分，JG 51第三大队在汉斯·特劳夫特上尉的率领下从圣奥梅尔起飞，前往肯特郡执行自由猎杀作战。在多佛西北部，德国人发现了一个“飓风”编队正在向内陆前进。那是刚结束战斗，正在返航中的第32中队。最近刚晋升为上尉的的瓦尔特·奥绍带着他的第7中队发起了攻击。不到一分钟后，一架“飓风”落向地面，成就了奥绍的第14次空战胜利。那架“飓风”的飞行员设法完成了迫降，还有另外两架第32中队的飞机也在这场战斗中被击伤。

这只不过是德国人的一次佯攻，13时，ErprGr 210在JG 52第一大队的掩护下从云层中钻出，再次成功袭击了曼斯顿，22架Bf 110和6架Bf 109E战斗轰炸机摧毁了两个机库和3架第600中队的布伦海姆IF，击伤另外两个机库并造成16人伤亡。机场在接下来48小时内无法运作。地面火力击落了两架第2中队的战斗轰炸机，仅一名机组人员幸存。

当天晚些时候，第2航空队出动轰炸机对8个机场实施小规模空袭，几乎没有造成什么破坏。第3航空队也相似地出动KG 55的9个小分队在100英里宽的战线上同时逼近英格兰西南海岸。此举分散了昆廷·布兰

■ ErprGr 210在8月14日对曼斯顿机场的空袭中被击落的一架Bf 110D战斗轰炸机。

德的拦截部队，限制了它们的发挥。阿洛伊斯·施特克尔(Alois Stoeckl)上校的KG 55司令部小队当天的目标是利物浦，但是在飞往目标途中，他的飞机发动机出现故障，不得不提前返航。在汉普郡上空，施特克尔下令攻击第609中队在中沃勒普的机库和办公室，造成了一定破坏并摧毁了3架布伦海姆IF和几架“喷火”。但是两架升空的“喷火”重创了联队长的座机，飞行员布鲁诺·布罗斯勒(Bruno Brossler)中尉试图进行迫降，但是选错了着陆点，飞机落在了中沃勒普南部10公里处的一座军火库内并发生爆炸，杀死了联队长和机上的德国空军第八军区参谋长瓦尔特·弗兰克(Walter Frank)上校，后者曾要求与施特克尔一起飞行，体验一次在英国上空的战斗任务。这是在不到一个月内阵亡的第三位轰炸机联队长(KG 27联队长格奥尔基、KG 51联队长菲塞尔、KG 55联队长施特克尔)。施特克尔(他是戈林的好友)和弗兰克的遇难让帝国元帅怒不可遏，他下令禁止一架飞机上搭载超过一名以上的军官，且联队长不能驾驶单机或以小队形式在恶劣天气条件下出战。其他的小编队们轰炸了西兰(Sealand)机场和在科勒恩的新基地，这两个地方都是“飓风”维护单位的基地，但是造成的破坏十分轻微。

就在KG 55的炸弹落在中沃勒普机场上时，KG 27第一大队的18架He 111也向英格兰南部的机场发起了攻击。它们的运气不错，只有一架亨克尔轰炸机遇到了拦截战斗机，并以轻伤逃离战场。25架KG 27第三大队的轰炸机将会遇到更大的阻力，第9中队的一个He 111小队在前往切斯特(Chester)机场途中不幸遭遇了第92中队的3架“喷火”，率领这个小队的是罗伯特·斯坦福德·塔克(Robert Stanford-Tuck)上尉，他是皇家空军最

■ 8月14日傍晚，3架KG 27第三大队的He 111闯入第10大队的防区，攻击北威尔特郡科勒恩的战斗机维护单位和柴郡的西兰，造成轻微破坏。

优秀的飞行员之一，此前在法国战役中已经击落过9架德机。“喷火”像饿虎扑食一样朝德国轰炸机冲去，将这个小队的3架飞机悉数击落。

8月12日至14日，皇家空军战斗机司令部在空战中损失了36架“喷火”和“飓风”，德国空军战斗机部队损失26架Bf 109E。在海峡战斗期间损失了4架“喷火”和两名飞行员后，第74中队在三天的战斗中又损失了4架战斗机和两名飞行员。它被撤到北方第12大队的威特灵进行休整，接替它来到霍恩彻奇的是从伊斯特彻奇调来的第266中队。

第145中队的境况更糟。它在8月8日至12日损失了10架“飓风”，9名飞行员失踪，一人阵亡。这个遭到毁灭性打击的中队被撤至第13大队的德里姆（Drem）进行彻底重建，接替它在韦斯特汉姆普内特位置的是来自德里姆的第602中队。按照一位幸存者詹姆斯·斯托拉（James E. Storrar）少尉的说法，惨重的损失归因于战斗机司令部依然沿用和平年代那套过时的V型飞行编队，以及在对抗轰炸机时使用错误的战术。

8月15日：黑色星期四

天气预报显示8月14日的坏天气会延续到第二天，于是戈林在卡琳宫召开了又一次会议来反思令人失望的鹰日行动。他认为将大量精力花在轰炸商船这样的次级目标上是不值得的，并且对攻击雷达站的价值表示怀疑。戈林意识到，他的飞行员在8月13日遇到的有组织的抵抗，因为英国人能够在短时间内修复他们被炸毁的雷达站。虽然一些评论家认为，如果德国空军继续攻击英格兰南部海岸的雷达站，这些重要的设施可能会被摧毁，战斗机司令部就会失去实施有效作战所必需的早期预警。但雷达站是小型目标，从空中极难击中它们。雷达站受到的损坏通常可以迅速修复，而在不能修复的地方，战斗机司令部拥有移动备用设备，可以填补雷达覆盖的缺口。尽管有多个雷达站遭到了攻击和破坏，但只有文特诺雷达站被瘫痪的时间超过几个小时。

戈林提醒在场的各位航空队和航空军司令，他们的主要任务仍然是消灭英国皇家空军，尤其是其战斗机部队。在深入内陆进行攻击时要更好地利用远程Bf 110驱逐机。由于俯冲轰炸机部队损失较重，戈林下令每个斯图卡大队在今后的战斗中必须得到3个战斗机大队的掩护，一个大队的战斗机进行贴身护航并在Ju 87进行攻击时和它们一起俯冲，第二个大队在中空迎击英国战斗机部队，第三个大队则在高空保护整个攻击行动。

值得一提的是，皇家空军的夜间轰炸也是此次会议的讨论主题。虽然这些轰炸的范围相对有限，但它们对英国人和德国人都产生了心理上的影响。驻扎在加来海峡地区吉讷机场的JG 54第9中队在战争日记中抱怨道：“英国轰炸机会来拜访我们，每晚德国高射炮都会开火并产生可怕的噪音，而探照灯会把黑夜变成白天。但是他们从来没有能够击落哪怕一架英国飞机!”

戈林和他的高级军官们一直熬夜到8月15日凌晨，虽然凯塞林、施佩勒和他们的航空军指挥官们都不在场，驻扎在海峡前线的德国空军依然按照鹰日行动模式重启新的轰炸作战，但是这次加入他们的还有驻扎在斯堪的纳维亚半岛上的施通普夫大将的第5航空队。在英格兰南部上空三天的战斗后，瓦尔道和他的德国空军最高司令部作战参谋部预计道丁会从北方的大队抽调兵力增援帕克和布兰德，使得米德兰兹(Midlands)不设防。没有证据显示德国空军情报部门获得了皇家空军进行预想中调动的线索，所以第5航空队的作战完全是基于猜测。

当戈林在痛斥他的指挥官们在鹰日作战中的糟糕表现时，天气突然快速好转。很快，天空几乎万里无云，风速下降到几乎不到一米每秒。气象侦察机报告说，从法国中部到英国西海岸同样是好天气。这是大型空中作战的理想天气！第二航空军的参谋长戴希曼上校下令部队按计划出击。第二航空军的第一批攻击波再次重复对霍金奇和林姆尼的攻击，其目的除了以小规模空袭引诱守军战斗机升空外，还包括吸引战斗机司令部的注意力以掩护第5航空队在北方的作战。

在17架第506海岸飞行大队的He 115水上飞机前去佯攻邓迪(Dundee)后半个小时，驻扎在奥尔堡(Aalborg)和斯塔万格(Stavanger)的轰炸机们在10时30分左右起飞，前往450英里外位于乌斯河畔林顿(Linton-on-Ouse)、迪什福斯(Dishforth)和德里菲尔德(Driffield)的皇家空军轰炸机基地，那里是第4大队6个惠特利双发中型轰炸机中队的家。施通普夫的轰炸机刚一升空，第二航空军的两个斯图卡大队[LG 1第四(斯图卡)大队和StG 1第二大队]就从加来海峡周围的机场出击，组成了一个宽广的横队，为他们护航的JG 51在前方扫荡并提供高空掩护。

当莱伊和斯维盖特雷达站在11时接收到这股又大又宽且难以明辨的雷达回声后，比金山分区基地指挥官理查德·格里斯出动第54和第501中队从海边进入内陆，巡逻阿什福德至多佛一线，另外3个中队则在更深入内陆的一线巡逻。当格里斯在等待雷达传来关于空袭更明确的情报时，LG 1第四(斯图卡)大队的16架斯图卡未受干扰的来到霍金奇上空，它们在英国战斗机赶来时已经进入俯冲攻击姿态。两架斯图卡在撤退时被击落，但是Bf 109的及时介入使它们免受更大的损失，两架第501中队的“飓风”被击落。炸弹摧毁了一座机库和一座军营，还破坏了莱伊和斯维盖特雷达站的输电线，让它们停了一整天的电。对林姆尼的空袭也没有受到干扰，StG 1第二大队长安东·基尔上尉率领26架Ju 87进行了一次教科书式的攻击，被炸弹击中的建筑物包括机库，两座用作油漆仓库的木制建筑(烧毁)，基地的病房也被毁坏。所有的电力和供水系统都被切断，让机场在接下来两天都无法使用。

安东·基尔

1910年10月21日生于下巴伐利亚的普拉特灵(Plattling)。他于1931年4月加入德国陆军，后以准尉军衔被抽调到空军。1934年3月6日，他晋升少尉并成为科特布斯的飞行员航校教官。1937年3月1日晋升中尉并成为StG 162第三大队的一位中队长。他作为StG 51第三大队的中队长参加了波兰战役，后又经历了1940年夏天在西线的战役，期间他的大队被改编为StG 1第二大队。他于1939年10月1日晋升上尉并于1940年7月1日成为StG 1第二大队长。基尔对预定目标的导航能力广受赞誉，于1940年8月19日获得骑士十字勋章。1941年他的大队被调往巴尔干地区，随后又参加了巴巴罗萨行动。1941年8月29日，在攻击斯卡洛瓦(Skalowa)以东1.5公里处的火车站时，基尔的飞机被地面火力击中，落在一片沼泽地上并翻了个底朝天，机上两人全部丧命。他驾驶Ju 87共参加了132次作战任务。

从东北方飞来的第5航空队双管齐下，意在通过打击皇家空军第4大队的3个惠特利基地，消灭轰炸机司令部干预德军登陆英格兰的能力。然而，德国空军预想中的皇家空军战斗机向南调动并没有发生，甚至连第二航空军斯图卡对沿海地区机场的空袭也没有动摇战斗机司令部的决策。第13大队司令理查德·索尔少将和第12大队司令特拉福德·利·马洛里少将手下的拦截机们将给施通普夫的两个轰炸机编队好好上一课。

从斯塔万格飞来的是KG 26第一和第三大队的63架He 111，得到21架ZG 76第一大队Bf 110D-1/R1的护航，它们在中午逼近诺森伯兰(Northumberland)的海岸线。与两个轰炸机大队并列飞行的驱逐机此时已经超出了它们的常规航程范围，为此它们都在腹部安装了胶合板油箱，这些难看的1050升油箱将该型飞机的作战半径延伸至1300公里，其代价就是令本来机动性就不佳的驱逐机变得更像是一个靶子而不是战斗机。

安斯特拉瑟雷达站在12时5分探测到这波入侵敌机，很快将警报送至位于布莱克劳(Blakelaw)的第13大队司令部。索尔少将的分区战斗机指挥官果断派出所有可用战斗机迎击来袭的轰炸机。11架第72中队的“喷火”在海面上空拦截住德机，护航机快速组成

■ ZG 76 第一大队一架安装了 1050 升不可拆卸油箱的 Bf 110D 驱逐机，这种飞机在空中毫无机动性可言。

常规的防御环阵，但是很快就被击落了 7 架，其中包括大队长维尔纳·雷斯特迈尔(Werner Restemeyer)上尉。很快，18 架来自第 79 和第 605 中队的"飓风"对亨克尔展开攻击并将它们驱散。部分在 13 时至 13 时 05 分选择轰炸作为次要目标的纽卡斯尔和桑德兰，13 架第 41 中队的"喷火"在它们撤退时展开拦截。卡尔·冯·韦希马尔(Karl von Wechmar)中校的 KG 26 总共损失了 8 架 He 111，一架第 605 中队的"飓风"被自卫火力严重击伤并迫降。德军原计划攻击的目标乌斯河畔林顿和迪什福斯没有受到伤害。

■ 第 13 大队指挥官理查德·索尔少将。

当炸弹落在纽卡斯尔和桑德兰时，第 12 大队的斯塔克顿沃尔德(Staxton Wold)雷达站报告第二波空袭逼近，目标是丘奇芬顿(Church Fenton)和莱肯菲尔德(Leconfield)。这个编队包括 27 架 Ju 88A 轰炸机和 13 架原为 KG 30 驱逐机中队的 Ju 88C 驱逐机。利·马洛里的分区战斗机指挥官面对空袭表现的较为犹豫，下令在丘奇芬顿基地上空进行战斗巡逻，命令第 264 中队的"无畏"掩护从赫尔港出发的一支由 28 艘商船组成的船队，并派出第 73 和第 616 中队的 18 架战斗机拦截来袭的轰炸机。

一位容克斯轰炸机的机组人员鲁道夫·克拉茨(Rudolf Kratz)中尉写下了此次作战的回忆录，后来出版在德国空军的年刊上：

能见度变得非常糟糕。海天一色，看不到地平线的踪影。雾蒙蒙的，但是英国海岸线随时会出现在我们下方。

还是什么都看不见。我们周围的飞机轻

轻地起伏着。我们的目标，一座英国机场。它看起来是什么样子？我们通过侦察照片掌握了它的布局——每一个机库、营房。

“海岸！”没时间做白日梦了。

“战斗机在右侧！”3 个小点正在我们上方的高空飞行。它们消失在远方，然后向我们身后俯冲下来。

我们的机枪向领头的战斗机射出短促的点射。他离开了，第二架飞机接替他的位置。他也未能击中我们。

“左上方有 5 架战斗机”，无线电员冷静的报告着——我们继续向我们的目标前进，试图在已经破裂的云层中发现它。“那里，在我们下方，机场！”

总算找到目标了——飞机俯冲而下，航速快速升高，狂风呼啸。机库变得越来越大。防空炮火很猛烈。

一阵抖动后，炸弹自由落下。地狱之门在下方打开。机库的墙壁和屋顶像锡纸一样皱缩，残骸漫天飞舞，飞机被弹片撕碎，巨大的烟云像巨型蘑菇一样升起，被更多的火焰和爆炸击穿。

克拉茨的回忆录只能代表他个人的感受，并未揭示此次作战的全貌。实际上在快要到莱肯菲尔德时，容克斯编队突然偏向南方攻击了轰炸机司令部的德里菲尔德机场。克拉茨提到的猛烈防空炮火来自该基地的 20 毫米防空炮。瓦尔特·勒贝尔(Walter Loebel)中校的 Ju 88A 对德里菲尔德机场造成严重破坏，摧毁 4 座机库和 10 架惠特利，重伤另外 6 架(第 77 和第 102 中队)。但是德国空军的损失同样惨重，两架 KG 30 第一大队的轰炸机在空袭中损失，5 架 Ju 88C 驱逐机被击落，还有两架严重受损，在返航途中迫降或坠机。

■ 在 8 月 15 日对德里菲尔德机场的空袭中，KG 30 的 Ju 88 摧毁了 10 架惠特利轰炸机，并重伤另外 6 架。

■ 空袭结束后的德里菲尔德机场。

■ 第 5 航空队在 8 月 15 日空袭中被击落的轰炸机，一架 KG 30 第 7 中队的 Ju 88。

3 个目标中仅有一个遭受有效轰炸，但是付出的代价是惊人的：几乎是攻击兵力的 20%。这一场惨败使 8 月 15 日以“黑色星期四”之名被德国空军牢记，第 5 航空队在此后的战役期间再也不敢参与任何昼间轰炸作战。这也证明了德国空军的轰炸机们只有在 Bf 109E 的保护下才有可能生还。

与此同时回到海峡前线，第 2 航空队当天的主攻由芬克上校的 KG 2 和沃尔夫冈 · 冯 · 夏米尔 · 格利钦斯基（Wolfgang von Chamier-Gliczinski）上校的 KG 3 发起。14 时，道尼尔们从机场上倾巢而出。当它们飞越加来海峡时，英格兰东南沿岸的雷达站侦测到了这股又大又宽的雷达回声。然而当 JG 51、JG 52 和 JG 54 的 130 架 Bf 109 护航机爬升来到轰炸机前方时，它们组成的更大更宽的编队有效地屏蔽住了道尼尔轰炸机，给英国情报分析人员带来了困扰。当护航机逐渐爬升到轰炸机上方占据高空掩护的位置时，JG 3 和 JG 26 的 Bf 109 在低空高速逼近海岸线，在多佛两侧登陆进行大规模自由猎杀扫荡，同时 ErprGr 210 要利用大规模编队作为掩护，执行对伊普斯维奇附近马特尔舍姆希思机场的攻击任务。

3 个中队的 24 架“飓风”和 12 架“喷火”被引导对抗来袭的德机编队，另外还有 4 个中队正在升空。JG 26 的 Bf 109 率先与帕克的拦截机交锋，加兰德少校的第三大队受到了来自第 64 中队的 12 架“喷火”的攻击，交战中加兰德取得了他的第 20 次和第 21 次空战胜利。但很快 JG 26 的飞行员们就用完了他们的弹药，不得不提前返航。

此时，KG 2 的 Do 17 轰炸机正在飞越多佛海峡，向英国飞去。这些飞行员在两天前“鹰日”上午的灾难性作战中目睹了他们的许多战友被击落，当他们看到一大群 Bf 109 战斗机返回法国时，他们的情绪瞬间低落下来。不久之后，飞行员们又看到了更糟糕的情况——几架英国战斗机朝着轰炸机飞去。芬克上校一定有一种似曾相识的感觉，于是他立即下令取消对霍恩彻奇、伊斯特彻奇和格雷夫森德的行动。KG 2 的飞行员们匆忙在“后备目标”多佛上空投下炸弹，然后迅速转身返回法国。芬克不会让他的部队重蹈“鹰日”大屠杀的覆辙。

邻近的 KG 3 的 Do 17 机组们惊愕地发现，整个 KG 2 都在调头返航。很有可能，那些被吓坏的 KG 2 飞行员们认为是皇家空军的飞机，其实是 Bf 109 战斗机。事实上，梅塞施密特战斗机的强大阵容成功地使大多数英国战斗机远离了轰炸机。帕克的半数拦截机被德军护航机牢牢地牵制住，剩下的几个中队进行了零散的攻击，无法造成很大的伤害。

当格利钦斯基上校的 88 架 Do 17Z 抵达法弗舍姆（Faversham）后，他命令第一和第二大队攻击罗切斯特，第三大队攻击伊斯特彻奇。约 300 枚炸弹落在了罗切斯特和当地的肖特兄弟（Short Brothers）飞机厂，这个飞机厂在两天前的夜里刚被轰炸过，这轮新的空袭造成了更多的破坏，大量囤积的零件被毁，使得斯特林轰炸机的交付量缩减，投入作战的时间也被拖延到了 1941 年 2 月。这一切的代价相对较低，仅有 3 架 Do 17 被击落，还有一架轰炸机在法国迫降后被注销。

与此同时，ErprGr 210 的 16 架 Bf 110 和 8 架 Bf 109 战斗轰炸机在低空越过肯特郡海岸线，并穿过泰晤士河口的最宽点直指哈里奇，此次作战没有安排护航机，东部海岸边的雷达站只能偶尔侦测到它们的信号。第 17 中队从马特尔舍姆希思出动，但是断续的雷达信号让它们错误的在海岸外约 20 英里处徘徊，试图搜寻入侵者的踪影。当纳兹河畔沃尔顿（Walton-on-the-Naze）雷达站终于找到 ErprGr 210 时已经太晚了，战斗轰炸机们轻松的实施攻击，摧毁了一架费尔雷“战斗”轰炸机，重创两座机库，破坏了基地的车间以及第 25 中队的装备库。该基地瘫痪 48 小时。

北威尔德分区指挥官约翰·切里（John Cherry）少校马上命令大卫·潘伯顿（David Pemberton）少校率领 9 架第 1 中队的“飓风”从诺索尔特出动，同时第 12 大队也派出了来自福尔梅尔（Fowlmere）第 19 中队的 12 架“喷火”，但仅有“飓风”及时赶到现场。已经丢下了炸弹的 Bf 109E-4 爬升迎击来袭的霍克们，击落 3 架英机，自身没有损失。

到目前为止，至少在第 11 大队的区域内，防线处于岌岌可危的状况。从中午开始，6 个空军基地和一个大型飞机厂要么被严重破坏，要么完全瘫痪。此外，3 个雷达站的电力供应被切断。第 2 航空队为此付出的代价仅为 4 架 Do 17，两架 Ju 87 和 3 架 Bf 109。

按照计划，第 3 航空队应当紧随其后攻击第 10 大队的基地，施佩勒希望将帕克的战斗机吸引到西南方，让凯塞林的轰炸机可以在拦截机返航加油时打击它们的机场。然而，比洛维乌斯的 LG 1 一直磨蹭到 16 时 45 分左右才从位于巴黎南部的基地起飞，出动的 27 架 Ju 88A 再次试图打击安多佛(LG 1 第一大队)和沃西当皇家海军航空基地(LG 1 联队部和第二大队)，提供护航的是 40 架 ZG 76 第二大队和 ZG 2 第二大队的 Bf 110。战斗机司令部派出 9 个中队升空迎敌，一场大规模空战拉开帷幕。

在进场飞行中，LG 1 的 Ju 88 和它们的护航机 ZG 76 第二大队遭到 3 架"喷火"战斗机的尾随，它们在德军飞机的上方飞行。来自 ZG 76 第 6 中队的无线电员马克思 · 古什维斯基(Max Guschweski)下士说道："到目前为止，对机场的攻击似乎让英国人措手不及，因为直到 LG 1 从北到南经过目标时(没有投下任何炸弹)，'喷火'才开始起飞，而且是以最混乱的方式从各个方向飞来。"

但是，在德国人看来像是漫无目的行动，实际上是皇家空军的一次有组织的多批次攻击。在德军编队尾部率领 7 架 Ju 88 的 LG 1 第 4 中队长约阿希姆 · 黑尔比希(Joachim Helbig)中尉说道："突然间，一个由大约 70 架英国战斗机组成的紧密编队背对太阳从 6000 米高度发起俯冲攻击。"ZG 76 第 6 中队长海因茨 · 纳克(Heinz Nacke)上尉在这天的作战中带上了一位战地记者，他在后座机枪手的位置上记录下当时的情形：

我们中队的所有飞机都卷入了各自的空战，沃西当的天空上演了激烈的格斗战。我们中队的两架飞机俯冲攻击一个由 3 架'飓风'组成的编队。战斗就发生在我们下方。有那么一小会儿，黑十字和三色徽(分别是德国空军和皇家空军的标志)在日光照耀下闪闪发亮，然后飞机就消失在雾气中。我们的中队已经损失了两架飞机……"

古什维斯基下士发现自己的中队处境十分凶险："ZG 76 第 4 和第 5 中队的飞机与 LG 1待在一起，后者终于投下炸弹，并向南方的巨大积雨云后方寻求庇护。狗总是会咬落在最后的人，但 ZG 76 第 6 中队别无选择，只能留下来与数量不断增加的敌人拼杀。我开始担心我们的大限将至。一开始，雅各布 · 伯恩多弗上士(他的飞行员)忠实地履行着他的职责，保护我们的中队长。但是，当 3 架'喷火'战斗机(很快就会有第四架加入)在我们的梅塞施密特身后占好位置时，他不得不为我们的生命而战。我们都意识到，只有奇迹才能拯救我们。当他试着做各种动作时——他把我们的飞机抛上抛下，并进入令人难以置信的急转弯以躲避他的追兵——我把我们的 MG 15 机枪弹夹打空了一个又一个，但没有任何明显效果。那时我们已经看不到我们的中队长了，也看不到雅布斯少尉的双机或(威廉)赫格特中尉的掩护小队。"

汉斯 · 约阿希姆 · 雅布斯(Hans-Joachim Jabs)少尉是 ZG 76 第 6 中队较好的飞行员之一。当他听到无线电员的呼喊(后方有 6 架敌军战斗机!)后，雅布斯迅速做出反应，他驾驶着Bf 110急转弯，将最后一架“飓风”兜入他的瞄准镜。然后他将机头的火力全开：“那架‘飓风’剧烈摇晃，它的一些碎片飞出，然后它的一个机翼掉了下来，飞机绕着自己的轴线转了一圈，呈宽大的螺旋状向下坠落。”纳克的战地记者继续写道：

空战继续进行，热度不减。轰炸机已经在其他中队的战友们的护送下在海峡上空离去，我们第6中队充当后卫。敌军战斗机的紧密编队再次出现。(雅布斯少尉)突然发现一架“飓风”来到一架德国战斗机身后并准备开火。他转身俯冲攻击敌机，它被他的第一轮射击撕成了碎片。碎片在空中旋转着落下，一个降落伞展开了。陆地上的微风把英国飞行员带到了海上。

与此同时，我们的中队长已经向一个“飓风”三机编队俯冲而去。离我们最近的那架飞机试图通过不断的右转和左转来躲避毁灭性的加农炮弹。与此同时，另外两个英国人也在尽其所能地拯救他们的战友。我们发现自己被曳光弹组成的火网所包围。但驱逐机的机炮已经击中了它们的目标，一架敌机再一次旋转着坠落。在蓝色的水面上，有一小块白色的泡沫水点可以被短暂地看到。

汉斯·约阿希姆·雅布斯

1917年11月14日生于吕贝克(Lübeck)，他于1936年12月4日以军士长的军衔加入德国空军，他的父亲是一位总检察官。完成飞行训练后，雅布斯在KG 253第一大队当了两个月的轰炸机飞行员，随后接受作为战斗机飞行员的专业训练。1938年11月1日，他被派往JG 144第一大队，这支大队后来换装Bf 110驱逐机并成为ZG 76第二大队。1940年3月，雅布斯晋升少尉。1940年5月12日，他在法国战役中取得了第一次空战胜利，并在战役结束时将个人战果提升至6次空战胜利。雅布斯的战术是利用Bf 110的重量和强大火力从上方朝敌机发起俯冲攻击，他强调在空战中保持高速和高度，拒绝进入对于Bf 110来说不利的格斗战。不列颠战役中，Bf 110难以与英国战斗机抗衡，但雅布斯依然可以取得成功，他在8月15日至9月11日击落了11架敌机。1940年8月30日，雅布斯成为ZG 76第6中队长，10月1日以17次空战胜利的成绩获得骑士十字勋章。10月，他的部队因为损失过于严重而退出不列颠战役。在挪威执行了一段时间护卫德国商船队的工作后，ZG 76第二大队于1941年4月来到巴尔干支援德军的克里特战役。随着夜间防空的需求增大，ZG 76 第二大队在 1941 年 11 月 1 日被改编为 NJG 3 第三大队，雅布斯继续担任第 9 中队长，他在 1942 年 6 月 25 日至 26 日晚取得第一次夜间空战胜利。1942 年 11 月 1 日，他被任命为 NJG 1 第 11 中队长，之后他的夜间战果迅速提升。1943 年 8 月 1 日，雅布斯担任 NJG 1 第四大队长，1944 年 3 月 1 日成为 NJG 1 联队长，他在 1944 年 3 月 24 日以 43 次空战胜利获得橡叶骑士十字勋章。1944 年 11 月 1 日，雅布斯晋升中校，他在 1945 年 1 月 20 日至 21 日晚取得了最后一次空战胜利。雅布斯是仅有的几位驾驶 Bf 110 在昼间和夜间均取得成功的飞行员之一，他在 510 次作战任务中取得了 50 次空战胜利。

如果这位德国战地记者不是和像纳克上尉这样的王牌飞行员一起飞行的话，他的观点可能会有所不同。对于与编队分离的古什维斯基来说，事情看起来就不那么美好了。古什维斯基回忆道：

突然间，我感到脸上挨了一记重重的耳光。我的飞行护目镜的厚边被击中我左侧鬓角的弹片打碎了。血液顺着我的下巴流到了救生衣上。这轮射击击碎了座舱的有机玻璃罩，命中了左侧发动机，它开始冒出白色和黑色的烟雾。很快火焰出现了，它在机翼上蔓延开来。燃烧的发动机的螺旋桨停转了，雅各布调整好飞机，继续向南朝海峡飞去。“喷火”排成长队追着我们，逼近到只有 5 米才开火。我可以清楚地看清那些飞行员的面容，当他们按下射击按钮时，他们的八挺机枪的子弹像冰雹一样击中了我们的飞机。即使在这么多年后的今天，我还记得那可怕的声音。

很快我就用完了我的 10 个弹夹中的最后一个，剩下的就只有等待了。此时，我们的飞机被严重射伤，所有的油漆都消失了，金属机翼看起来像个筛子，但我们仍然在继续飞行！当我们到达索伦特海峡时，我开始期望我们能设法逃走。当“喷火”们改变战术时，我的乐观情绪被击碎了。现在它们开始迎面攻击我们。就在雅各布抛掉座舱盖，我们两个都解开安全带准备跳伞的时候，一轮新的火力射入机舱，击中了我们两人，结果是我昏了过去。

当时，伯恩多弗选择进行迫降。这使他失去了自己的生命，但是救了古什维斯基。最终，ZG 76 第 6 中队在战斗中取得了 6 次空战胜利：其中 5 次属于纳克和雅布斯。为此，中队损失了3架驱逐机。ZG 76第5中队的表现更好，它的飞行员们报告取得了7次空战胜利，自身损失一架飞机。第4中队击落两架敌机，也损失了一架Bf 110。另一方面，埃里希·格罗特(Erich Groth)上尉的ZG 76第二大队司令部小队几乎全灭：4架飞机中的一架被击落，另外两架在返回法国的途中坠毁，只有格罗特上尉本人逃过一劫。

中队的7架Ju 88。黑尔比希中尉曾在敦刻尔克上空的空战中看到过同样的场景，他密切注视着英国人的动态，并敦促他的飞行员们将队形收得更紧。这得到了回报——至少在一开始。第一轮战斗机的攻击被21挺德国机枪的联合射击所击退。

但英国人很快又发动了新一轮攻击，这次使用了另一种新战术。他们对准最靠后的

■ 汉斯·约阿希姆·雅布斯中尉在他的Bf 110前留影，雅布斯是德国空军优秀的Bf 110飞行员之一。

由于驱逐机飞行员们自身难保，他们没有机会给Ju 88提供有效保护。LG 1的容克斯轰炸机半数错误轰炸了安多佛6英里外的中沃勒普，其余的攻击了沃西当和奥迪厄姆。投弹的精度较低，损失很严重。第32、第43、第601和第609中队的“喷火”和“飓风”主要集中攻击位于德军编队尾部的LG 1第4

三机，从几个方向同时发起进攻。冒着容克斯飞机绝望的机枪火力，皇家空军的飞行员们进行了一次又一次的攻击，最终导致其中一架Ju 88的飞行员失去了理智。为了躲避其中一次攻击，他把飞机转向一边，德军的三机编队就这样解体了。“喷火”和“飓风”战斗机立马向散开的Ju 88机组发起攻击，他们惊

慌失措地逃向英吉利海峡。其中的大多数成为了轻松的猎物。第601中队的“飓风”飞行员在协同攻击方面特别成功，导致4架Ju 88被击落。

黑尔比希自己也被追杀，他的座机被数架“喷火”和“飓风”战斗机严重击伤。机翼上出现了一排又一排的弹孔。一些子弹撕裂了左侧的发动机金属板，导致Jumo发动机停转。在前方，黑尔比希看到了一个拥有一座高大教堂的城市。他认为那一定是温彻斯特，那里离海岸还有大约50公里，然而“飓风”已经在为下一轮攻击做准备了。

浑身被汗水浸湿的黑尔比希可以听见无线电员弗朗茨·施伦德(Franz Schlund)在无线电话里的声音，这位在上周六过完自己27岁生日的军士长坐在他的MG 81机枪后方，背靠着赫尔比希，聚精会神地计算着与敌人战斗机的距离。他用平静而单调的声音报着数，这让不安的黑尔比希十分恼火。“他又来了……400米……300米……250米……200米……150米……”施伦德克制地说道。黑尔比希本能地把头低下，以类似胎儿的姿势蹲在仪表盘前。顿时，机舱里充满了噪音，砰砰作响。有机玻璃、木材和金属的碎片向四面八方飞去。一股冷空气打在黑尔比希的脸上，力度之大，让他感觉像中了一拳。

在这一片混乱中，他听到了一阵欢呼声。“我干掉他了!”弗朗茨·施伦德发出胜利的呼喊，并兴奋地拍起手来。事实上正是如此。在他们身后追击的“飓风”战斗机拖着黑烟，消失在视线之外。施伦德用他最后的子弹打出了关键一击。

在弹痕累累的Ju 88中的4个德国人却没有太多的时间去庆祝这一胜利。他们的飞机现在残破不堪，观察员和机腹机枪手都被子弹和碎片击伤。当施伦德对他们进行急救时，黑尔比希不得不发挥他的全部本领，使这架被重创的飞机保持单引擎飞行，向南飞去。

危险远没有结束。新的英国战斗机随时可能出现，而在任何地方都看不到急需的梅塞施密特护航机。但在几分钟的平静后，这些德国人开始有些放松。在激烈的战斗之后，皇家空军似乎已经撤回了它的基地。小村庄、教堂和田野从下面飞过，黑尔比希的紧张感让位于兴奋的乐观情绪。令他无比欣慰的是，他终于飞到了英吉利海峡的水面上空。他几乎已经忘记了英国战斗机，开始想着渡海的漫长旅程。

然后，黑尔比希最不愿看到的事情发生了。在右边可以看到一架单飞的飞机的轮廓，当它靠近时，黑尔比希惊恐的发现那是一架“喷火”！英国飞行员在几英里远的地方发现了这块“肥肉”，并全速追上来。“喷火!”施伦德军士长大喊道。但这一次，他的声音听起来有些不甘心。和之前一样，他站在他的机枪后面，给他的飞行员传达指示。由于弹鼓已空，因此他不能再多做些什么了。

黑尔比希试图通过规避动作逃脱，但对于这样一架受损严重的轰炸机来说，这是注定失败的。那架灵活的“喷火”战斗机非常轻松地跟着慢速转弯。黑尔比希曾在华沙、比利时、加来、敦刻尔克、索姆河和英吉利海峡上空与天气、防空炮和战斗机进行了数十次战斗，多次陷入困境而从未失去理智，但这一次他真的感到了“该死的恐惧”。

黑尔比希和他的战友们怀着悸动的心情，等待着死亡的降临。但什么也没有发生。相反，“喷火”飞行员来到了德国飞机旁边，好奇地窥视着Ju 88满是弹孔的机舱。他放过了他们，并满足于从几米远的地方研究着这架德国最好的轰炸机。德国飞行员们几乎不敢相信这是真的！就这样，他们静静地飞过一里又一里，由一名敌军的战斗机飞行员护送，他可能更看重所谓的骑士精神，而不是简单的杀戮。当法国海岸出现在眼前时，那位皇家空军飞行员举起一只手敬了个礼，然后放心地返航了，黑尔比希永远不知道他是谁。

对于LG 1第二大队来说，8月15日是一场灾难。在起飞的15架Ju 88中，只有7架回到了基地。当黑尔比希的座机降落时，机身和机翼上有180多个弹孔，两名机组成员受伤。

约阿希姆·黑尔比希

1915年9月10日出生在萨克森州的达伦(Dahlen)，他于1935年4月1日参军，在一个炮兵团服役一年后转入德国空军，来到位于莱希费尔德(Lechfeld)的轰炸机飞行学校。1937年4月20日，他完成了作为观察员和空中机枪手的训练，被派往位于什未林的KG 152第三大队(后来的LG 1第二大队)担任轰炸机观察员。黑尔比希参加了在波兰、挪威和法国的战斗，法国战役中他成为LG 1第4中队长，并率领他的中队参加了不列颠空战，在完成75次作战后于1940年11月24日被授予骑士十字勋章。1941年1月中旬，他的大队飞往西西里岛，攻击马耳他岛上的目标以及地中海上的英国船只。在1月16日的作战中，他们击伤了正停靠在马耳他进行维修的“光辉”号(Illustrious)航空母舰，1941年4月初，LG 1第二大队被调往保加利亚，参与了随后对希腊和南斯拉夫的入侵行动。1941年11月5日，黑尔比希少校成为LG 1第一大队长，他的大队之后参加了支援非洲军团的战斗。1942年1月16日，他被授予橡叶骑士勋章(第64位)，1942年9月28日，以330次作战任务和击沉182000吨舰船的战功获得宝剑橡叶骑士勋章(第20位)。1943年1月，黑尔比希被调到轰炸机总监办公室，3月被任命为轰炸机部队总监。在与包括凯塞林在内的多位上级指挥官发生激烈冲突后，他于1943年8月14日重返一线，担任LG 1联队长，9月1日晋升中校。盟军于1944

年1月22日在意大利登陆后，LG 1被调去攻击盟军在安齐奥和内图诺(Nettuno)的滩头阵地，黑尔比希成为意大利境内所有轰炸机部队的指挥官。1944年6月，LG 1来到比利时抵挡在法国登陆的盟军部队，他在1944年9月10日组建了一支负责地面支援和侦察任务的战斗群。在福格尔桑(Vogelsang)机场视察部队时，他被盟军的战斗机打成重伤。战争的最后几周，黑尔比希在东线指挥了一支作战部队，他于1945年5月8日向美军投降。

跟在比洛维乌斯编队身后的是47架来自StG 1第一大队和StG 2第二大队的斯图卡，它们得到了60架JG 27和JG 53的Bf 109以及40架ZG 76第三大队和LG 1第五(驱逐机)大队的Bf 110的严密保护，全体直扑沃姆韦尔。布兰德出动位于埃克塞特的两个“飓风”中队(第87和第213中队)和圣埃瓦尔第234中队的14架“喷火”。“喷火”负责对付护航的Bf 109，“飓风”冲向驱逐机和斯图卡。但由于数量比处于1∶4的绝对劣势，第234中队很快战败，4架“喷火”被击落，一位飞行员阵亡，还有两人成为战俘。

文森特·帕克(Vincent Parker)少尉在追赶一架ZG 76第二大队受损的Bf 110时，似乎靠法国海岸太近了，结果被自己的猎物反咬一口。威利·莱纳(Willy Lehner)下士是齐格弗里德·哈恩(Siegfried Hahn)少尉的无线电员兼机枪手，他报告在瑟堡附近击落了一架“喷火”战斗机，随后哈恩将受损的战机迫降在瑟堡西部。帕克在瑟堡附近的海面上坠机，在那里他被一艘德国鱼雷艇救起。

■ 这架LG 1第4中队的Ju 88在1940年8月15日被皇家空军“飓风”战斗机击落，两名机组人员阵亡，另外两人受伤。

另一位被俘的飞行员是理查德·哈尔迪(Richard Hardy)

少尉，他的“喷火”显然是在瑟堡附近的战斗中受损了。哈尔迪试图返回中沃勒普，但是被同样在返航途中的 JG 53 第三大队挡住了去路，JG 53 第 8 中队长汉斯·冯·哈恩中尉回忆道：

有一天，克劳斯（格奥尔格·克劳斯中尉）将一架“喷火”带到了瑟堡。他在英吉利海峡中央抓住了它，汤米朝着南方逃去。克劳斯用曳光弹短点射逼迫他无法转向。就这样，它一直飞到了瑟堡机场。在那里，汤米降下了他的起落架，幸运的是，20 毫米高射炮没有击中他。然后他安全着陆并滑行进场。

在地面上，泰维尔（Théville）的德国飞行员们看到一架敌机突然出现在头顶上，不由得大吃一惊，其中一人回忆道：

有人喊道：“喷火！”我抬头看到一架“喷火”从机场上空飞过。高射炮开火了，那架“喷火”转弯后完成降落。从震惊中回过神来后，我们挤在那架“喷火”周围。飞行员钻了出来，向罗尔夫·平格尔（Rolf Pingel，JG 53 第 2 中队长）上尉投降了。

卡尔·莱昂哈德（Karl Leonhard）少尉是在飞机停稳后围绕在边上的德国飞行员之一：

英国飞行员向后推开驾驶舱盖，并立即举起他的双手——他显然以为会被立即射杀。当我要求他放下双手，爬出来到飞行员餐厅与 JG 53 第一大队的飞行员一起喝杯香槟时，他同样感到意外。

哈尔迪的背部被弹片击伤，他很快就得到了包扎并被德国飞行员款待，然后就去了俘虏营。他的被俘归功于格奥尔格·克劳斯（Georg Claus）中尉。

■ JG 53 地勤人员正在好奇地打量着哈尔迪少尉的“喷火”，据称座舱后部的弹孔是德国防空炮造成的。

■ 1940 年 8 月 15 日，哈尔迪少尉参加了第 234 中队在不列颠战役中的第一次行动，他的小队遭到 JG 53 第三大队重创，一名飞行员阵亡，两人被俘，还有一架重伤的“喷火”迫降在怀福德（Twyford）附近。

■ 哈尔迪的"喷火"被修复后涂上德国空军标志，送回德国雷希林测试中心进行了大量飞行测试。

此次作战中，ZG 76 第三大队损失了 4 架飞机，阵亡者中包括广受欢迎的大队长弗雷德里希·卡尔·迪克勒（Friedrich-Karl Dickoré）上尉，他的 Bf 110 与一架拦截战斗机相撞。LG 1 第五（驱逐机）大队运气稍好，仅有一架 Bf 110 受损。面对"飓风"顽强的拼死抵抗，斯图卡们被迫调头轰炸波特兰作为代替。

试图利用帕克的战斗机防线不稳的机会，第 2 航空队派出了又一支 Do 17 部队：KG 76 第一和第三大队，他们的主要目标是比金山分区基地。帕克在收到"四排共超过 70 架飞机"的报告后，命令 7 个中队的拦截机升空。由于英国战斗机的攻击缺乏协同性，它们在占据数量优势的 Bf 109 编队面前毫无作为。KG 76 得以顺利的进入英国腹地，没有任何损失。不过由于太阳下山后能见度降低，编队迷路了。道尼尔们击中了西莫灵而不是比金山，那是一个还未完全投入使用的新基地。

在 KG 76 的空袭行动的掩护下，鲁本斯多弗的 ErprGr 210 于 18 时 20 分左右再次出击，计划从北方攻击肯利分区基地，负责掩护这批战斗轰炸机的是 JG 52 第二大队的 Bf 109。在海峡上空，一架第 2 中队的 Bf 110 因为机械故障提前返航，将战斗轰炸机的数量减至 14 架 Bf 110 和 8 架 Bf 109。路上，JG 52 的护航机在没有任何解释的情况下与战斗轰炸机分离并先行返回法国，留下 ErprGr 210 独自继续向目标前进，JG 52 的飞行员后来对此给出的解释是燃料不足，但这显然不够有说服力。这个大队的飞行员士气极为低落，他们在短短两天的战斗中损失了五分之一的战友。三天后，JG 52 第二大队就被撤回到德意志湾重新履行守卫德国北部海岸的任务。

在接近目标的塞文奥克斯（Sevenoaks）上空，不知为何鲁本斯多弗命令大队向克罗伊登机场发起俯冲攻击，那里是第 111 中队的基地，战斗轰炸机们命中了航站楼、机库和军械库，杀死 6 名地勤人员。在机场外面，一些飞机发动机、无线电及零件制造厂和两台飞机检修设备也被摧毁，空袭造成 62 名平民死亡，187 人受伤。机场被彻底破坏，第 111 中队只得降落到霍金奇，48 小时内无法回来。

然而德机付出的代价是高昂的：第 111 中队在空袭到来前刚刚完成起飞，第 32 中队也从比金山出动。ErprGr 210 在轰炸克罗伊登的过程中已经看到英国战斗机正在爬升，第 3 中队按照惯例最后一个入场投弹，随后大队在意识到两个皇家空军中队正准备发起攻击的情况下进行组队，准备返回法国。皇家空军战斗机在战斗轰炸机组队的过程中发起攻击，虽然驱逐机组成了防御圆环阵，但当它们开始返航时损失出现了。鲁本斯多弗和他的整个司令部小队都被击落，鲁本斯多弗本人当场毙命，大队副官霍尔斯特·菲德

■ 空袭结束后的克罗伊登机场。

■ 8 月 15 日，ErprGr 210 在对克罗伊登的空袭中付出了惨重代价，这架被击落的 Bf 110 属于大队技术军官卡尔·海因茨·科赫少尉。

勒(Horst Fiedler)中尉重伤，三天后不治身亡，技术军官卡尔·海因茨·科赫(Karl-Heinz Koch)少尉成为战俘。还有另外3架Bf 110也被击落，唯一的Bf 109损失是霍尔斯特·马克思少尉，他无私地试图掩护大队长的Bf 110返回法国，结果遭到比金山训练分队的一架"飓风"袭击，马克思跳伞后成为战俘。ErprGr 210此战损失了差不多1/3的攻击兵力，两个皇家空军战斗机中队在战斗中没有损失。

除了这场惨败外，8月15日，第2和第3航空队在南方还是取得了较大成功，共出动1950架次(轰炸机、俯冲轰炸机、侦察机801架次，战斗机1149架次)，这是整个不列颠空战期间德国空军出动架次最多的一天。但代价依然是高昂的，除了7架战斗轰炸机外，两个航空队在英格兰南部上空还损失了12架驱逐机、11架轰炸机、7架斯图卡和4架Bf 109(出击兵力的10%)。再加上施通普夫的灾难性损失：124架次损失10架轰炸机(轰炸机数量的11%)和14架驱逐机(Bf 110D和Ju 88C)，当天对于道丁来说明显是取得了一场胜利。

在地面上，特别是那些遭到肆虐的皇家空军机场上，情况就没那么乐观了。第5航空队的三波攻击中有两股被守军战斗机挫败。在南方，另有四波空袭不是未能找到目标就是被拦截机驱赶。尽管如此，14个被定为目标的机场中有半数遭到了有效打击，其中3个被严重破坏的机场在接下来两天无法运作。实际上，即便在林姆尼得到修复后，道丁还是认定它"在1941年春季前仅适合作为应急机场使用"，停止战斗机在那里的活动。

德国空军战斗机飞行员声称击落70架皇家空军战斗机，包括46架"喷火"。战斗机司令部实际上在空战中损失7架"喷火"和11架"飓风"，10名飞行员落海失踪，一人阵亡，4人受伤，其中3人伤势严重。另有包括4架"飓风"在内的12架飞机在轰炸中被摧毁在地面上。

8月16日：继续扫荡沿海机场

德国空军在8月16日的作战延续了之前的样式。凯塞林在10时30分左右发动了三波小规模空袭来诱使威洛比·德·布鲁克男爵出动他的防御兵力，90分钟后跟进的更大规模攻击波意在捕捉截击机返回基地补充燃料和弹药的时机。威洛比·德·布鲁克男爵将第一批的3个德军编队判定为佯攻部队，他的指挥员们仅出动了几个三机小队接敌，且未能完成拦截。一批佯攻德机一路未受阻拦的来到了西莫灵，KG 2第三大队以80枚炸弹蹂躏了这座机场，杀死两人，破坏了着陆场，摧毁了一座机库和该设施的绝大部分木质结构。机场暂停使用两天。

11时45分，东南部的雷达站报告大约300架敌机从加来海峡袭来。位于前部的KG 2第二大队的24架Do 17Z穿越肯特郡，然后转向沿着泰晤士河口南岸向西前进，目标明显是霍恩彻奇分区基地，希望将帕克的战斗机吸引向北方，远离空袭主力。詹姆斯·利萨特（James Leathart）少校率领第54中队的9架"喷火"拦截该编队。他们坚决的攻击打破了入侵者的编队，不过没有道尼尔被击落，由于云层从北方飘来，散乱的小分队未能找到它们的目标。

此时，由来自KG 1第二大队、KG 2第一大队、KG 53第三大队和KG 76第三大队的约100架轰炸机组成的攻击主力在多佛附近越过海岸线，面对它们的是来自第32、第64、第65、第111和第266中队的51架拦截机。12时18分至12时22分，第111中队的"飓风"迎面攻击一个KG 2第一大队的道尼尔编队，击落3架敌机，损失两架飞机，其中一架与它的目标相撞，另一架被护航的Bf 109击落，飞行员严重烧伤。当另外4个中队试图进行拦截时，护航机们成功地设立了屏障。JG 26第二大队击落4架第266中队的"喷火"，但损失了拥有7个击坠记录的大队长卡尔·埃比希豪森（Karl Ebbighausen）上尉，这是这个大队在一个月内失去的第二位大队长。

然而，轰炸机们发现它们的目标（杜克斯福德、德布登、霍恩彻奇和北威尔德）都被云层遮蔽，于是分散轰炸其他备选目标。多个火车站、蒂尔伯里（Tilbury）港、格雷夫森德和哈韦尔（Harwell）机场，以及法恩伯勒遭到攻击。

沿用熟悉的二段击模式，施佩勒的空袭主力在12时30分至12时50分穿越海峡，4个编队的共计96架Ju 87以统一的航线向怀特岛飞去。在它们前方的是214架来自JG 2、JG 27和JG 53的Bf 109E，还有54架ZG 2和LG 1第五（驱逐机）大队的Bf 110在高空提供密接掩护。为了迎接这波大规模空袭，布兰德出动第152、第213、第234和第249中队，帕克也派出了第1、第43、第601和第602中队。在朴次茅斯以东，JG 2第一大队的王牌飞行员赫尔穆特·维克中尉攻击并击落了一架单飞的"飓风"战斗机，后者的飞行员是第1中队的约翰·埃尔金顿（John Elkington）少尉，他通过跳伞逃过一劫。巧合的是，此事发生在埃尔金顿父母位于海灵岛（Hayling Island）的房子上空，他的母亲恰好目睹了这一事件。第213中队的加拿大王牌飞行员约瑟夫·拉里切利耶尔（Joseph Laricheliere）中尉在与JG 27的战斗中丧生，他曾在8月13日和15日各击落了3架德机。

4个编队的入侵者集结在怀特岛上空，随即分散成4个不同方向的攻击群。46架StG 2的斯图卡直奔坦米尔实施俯冲轰炸，帕克的3个"飓风"中队在它们从垂直攻击中拉起时才赶到。根据基地的作战日志："下列建筑被毁，所有的机库、车间、库房、病房、无线电情报室和军官食堂。下列服务暂时瘫痪，广播系统、所有的照明、供电、供水和卫生设施。"

7架战斗机拦截单位的布伦海姆中有5架被摧毁，其余的以及一架刚来此处的英俊战士IF受损。在机库内维修的一架第602中队"喷火"和7架"飓风"被摧毁或最终因伤重而报废。14名地勤人员丧生，另有6名平民死亡，41人负伤。

■ 8 月 16 日遭到空袭后的坦米尔机场。

作战日志继续写道："该基地在空袭中和空袭后的秩序都出乎意料的良好。沮丧的处境以一种有序的方式被消解，可以认为各级人员都保持住了皇家空军的优良传统。"令人惊讶的是，虽然遭到了严重破坏，降落场上也满是弹坑，坦米尔在一个小时内就恢复了运作。这主要是机场的疏散区未遭到斯图卡破坏，且至关重要的作战室和电话通信系统没有被切断，跑道上的弹坑可以很快被填平。虽然斯图卡战机再次证明了它们可以对一个机场造成精确的破坏和摧毁（投下的大约 145 枚炸弹中没有一枚落在机场之外），但它也凸显了使用战术武器来实现战略目标的短板。以在法国为例，斯图卡实施攻击后，地面装

■ StG 2 在对坦米尔的空袭中损失的 9 架飞机之一，一架第 3 中队的 Ju 87B-2。

甲部队可以立即跟进，占领或彻底摧毁目标以防止它们被修复并重新投入使用。而在英国，一旦斯图卡离开后，防御者就可以进行修理和重组，空袭部队很少回来巩固他们的战果。

起飞后依然在低空爬升中的第 43 中队的“飓风”来到了一个攻击 Ju 87 的绝佳位置，它们在 13 时 05 分左右快速击落了 StG 2 第一和第三大队的 7 架飞机。还有两架斯图卡损失于基地防空炮和第 601 中队的“飓风”之手。

遇难的斯图卡机组人员中，最凄惨的应该是 StG 2 第 3 中队的飞行员保罗·林思(Paul Linse)下士和无线电员鲁道夫·梅塞施密特(Rudolf Messerschmidt)上等兵了。他们驾驶的 Ju 87B-1 被击落坠毁在帕格汉姆(Pagham)的荣耀农场。梅塞施密特的尸体落在飞机残骸之外，保罗·林斯被严重烧毁的遗骸则留在了斯图卡的机身内。一位新闻摄影师在坠机现场拍下了两具尸体的照片，这些照片后来被广泛发表和传播。可能是由于相邻的地方政府不愿意承担埋葬的责任，这两名德国飞行员的遗体被弃置在原地很多天。出于对死者的尊重，梅塞施密特的尸体显然被翻了过来，面部朝下，而林斯的尸体则被用飞机的部分残骸覆盖。不断有观光客聚集到荣誉农场，对着飞机残骸和两具德国人的尸体啧啧称赞。实际上，他们成了向大众开放的展览品。在这段时间里，飞机残骸和两名机组人员的尸体被参观者翻得乱七八糟以窃取纪念品。最终，不仅斯图卡的残骸被抢走了，死者的所有个人物品也被盗走。最后，当地方政府终于开始埋葬这两名飞行员的时候，已经没有任何东西可以证明他们的身份，因此不得不将他们作为“无名”的德国飞行员下葬。

1940 年 8 月 24 日出版的《博格诺里吉斯观察家报》对从坠毁的德国飞机上猎取纪念品的行为进行了批判性的报道，虽然没有提

■ 坠落在荣耀农场内的 StG 2 第 3 中队 Ju 87 残骸，机组人员保罗·林思和鲁道夫·梅塞施密特全部丧命。

供细节或地点，但这肯定指的是在荣誉农场发生的无耻偷窃行径。该报在其文章中评论道：“……我们被告知，一些收藏家甚至沦落到从死者的衣服上剪下纽扣的地步。”并公正的评价该行为“令人厌恶”。然而，虽然这两个人被埋葬在北蒙德汉姆(North Mundham)的圣斯蒂芬教堂墓地，但墓碑上没有显示死者的身份。他们的遗体在20世纪60年代被挖掘出来重新安葬在坎诺克(Cannock)的德国军事墓地。在发掘后，这两个人的身份得到了确认，并在坎诺克获得了刻有姓名的墓碑。

当坦米尔硝烟弥漫的时候，8架StG 1第三大队(第8中队)的斯图卡以22枚炸弹命中了文特诺雷达站，让它又瘫痪了七天时间。由于该站的损毁情况在可预见的时间内难以复原，文特诺的机动预备雷达被部署到靠近本布里奇(Bembridge)的一根32米高的天线塔上，但是那台雷达提供的错误信息给分析战况带来的是更多的困惑而不是帮助。

另外20架StG 1第三大队(第7、第9中队)的斯图卡攻击了索伦特海峡旁利村(Lee-on-Solent)皇家海军航空基地，摧毁3座机库和6架飞机，杀死14人并使5人受伤。该基地内聚集的多是非一线海军航空部队和飞机，因此对于斯图卡来说，这又是一个不值得德国空军重点关注的目标。虽然遭到了第213中队“飓风”的拦截，但是斯图卡部队没有损失飞机，护航的Bf 109还击落一架“飓风”，飞行员阵亡。

22架StG 3第一大队的Ju 87空袭了位于戈斯波特(Gosport)的一个海岸司令部基地，皇家空军的鱼雷研发单位就在那里。根据基地日志，空袭“给基地建筑和机库造成了严重破坏”并导致4人丧生，9架飞机被摧毁，另外10架被损坏。第234中队根据指引实施拦截，但是未能找到入侵者。第249中队试图攻击护航的驱逐机但是遭到Bf 109的袭击，后者击落了两架“飓风”，从其中一架飞机中跳伞的詹姆斯·尼科尔森(James Nicolson)上尉获得了战斗机司令部的唯一一枚维多利亚十字勋章，很难理解在如此多的候选人中为什么只有他能获得这枚最高荣誉奖章。

■ 维多利亚十字勋章获得者詹姆斯·尼科尔森上尉。

当天晚些时候，第2和第3航空队试图对伦敦附近的机场展开钳形攻势。前者出动KG 76第二大队在ZG 26的Bf 110开路掩护下穿越肯特郡，然后向西沿着泰晤士河口飞行，意图从北方攻击比金山。约17时15分，轰炸机们遭到第56、第501和第610中队的拦截，后者未能击落轰炸机，但是干掉了两架护航机。入侵者再次发现他们的目标被云层笼罩，在返航途中分散成小编队轰炸其他可选目标。与此同时，驱逐机们在哈里奇外遭到第19中队拦截，他们用装备了机炮的新型“喷火”IB击落了3架重型战斗机，自身没有损失。最后，在完成了泰晤士河口上空的扫荡任务后，8架JG 52第一大队的Bf 109朝南进发，然后向东对曼斯顿机场进行猛烈扫射，在返回基地的途中摧毁了3架第600中队的布伦海姆IF和一架“喷火”。

位于海边的曼斯顿机场是战斗机司令部领导坚持保持运作的前沿基地之一，它极易遭受突然袭击，从如此靠近海岸的机场起飞的英国飞行员经常发现他们在起飞爬升时会受到来自上方的攻击。战后，来自第54中队的艾伦·迪尔尖锐地批评了将部队留在沿海机场的决定，他在8月的大部分时间里从曼斯顿起飞：“继续使用这么靠前的机场看起来没有战术优点，尤其是当它对飞行员和地勤人员的士气产生了如此大的破坏作用，更别提在地面上损失的飞机了。当时，不幸在那里执行任务的飞行员普遍认为，这么做是因为撤出一个主要机场被认为会给敌人带来精神上的胜利。如果不是这样的话，就很难理解其背后的原因了。”

第3航空队的攻击主力为KG 27第一、第二大队和KG 55第二、第三大队的He 111，它们在JG 53和ZG 76第三大队的掩护下试图绕过布兰德的第10大队守军。17时刚过，德机在布莱顿附近越过海岸线，目标是轰炸位于大西区机场(今天的伦敦希思罗机场)的费尔雷航空公司工厂，皇家空军本森(Benson)基地(费尔雷“战斗”式换装单位驻地)和伦敦西部的一些小机场。德军的企图失败了，这个紧密的编队很快遭到第1、第32、第64、第601和第615中队的拦截。第234和第602中队在怀特岛上空与扫荡中的德国战斗机纠缠在一起，“喷火”们击落了JG 53第一和第二大队的3架Bf 109和ZG 76第三大队的两架Bf 110，第234中队损失两架飞机。

17时20分至17时40分，轰炸机与拦截机之间爆发了一场大规模较量，4架亨克尔被击落，还有一架受损严重无法修复。这是第一次出现一场大规模空袭在轰炸目标前即被瓦解的情况。一架第64中队的“喷火”被护航战斗机击落。

■ 也许是全英国最倒霉的一只兔子，1940年8月16日，KG 55的一架He 111被击落后砸死了它。

虽然绝大多数入侵德机撤退了，还是有一对KG 27第2中队的He 111继续前进，它们降至密布的云层下，寻找值得攻击的目标。来到布莱兹诺顿(Brize Norton)机场(它们误以为是皇家空军本森基地)跑道上空后，它们放下起落架，当地的防空炮手中了计。德机安全的逼近机场，突然收起机轮，全力加速并向基地的机库投下32枚炸弹。随后的爆炸和大火吞噬了11架正在维修的“飓风”和35

架“牛津”双发教练机。

到当天结束时，两个航空队出动了超过1715架次攻击英格兰南部的机场目标。12个被选中的目标机场中，天气因素阻挠了对靠近伦敦的5个基地的攻击，较远的坦米尔机场受到重创，但是依然可以运行，另有4个机场受损，其中一个受损严重。

约20架昼间战斗机和8架布伦海姆IF在地面上被摧毁，另有19架“飓风”和“喷火”损失于空战中，其中13架被Bf 109E击落。英国战斗机击落15架“埃米尔”，让当日的交换比基本对等。此外，还有11架轰炸机被道丁的拦截机击落。德国空军在8月16日的战果有限，代价却不小。最令人不安的是当天损失了9架斯图卡和8架驱逐机，阵亡者中包括ZG 2第二大队长哈里·卡尔（Harry Carl）少校，这是ZG 2在五天内损失的第二位大队长。

8月17日：间歇期

在两天的全力出击后，虽然天气很好，但是第2和第3航空队都停止了昼间作战，仅出动65架次昼间侦察和夜间轰炸，效果忽略不计，双方都没有作战损失。两个航空队的参谋部和它们的下属航空军指挥官们利用当天的时间对战役的第一阶段战果进行评估并为第二阶段作谋划。

按原先计划，鹰击作战的第一阶段是对伦敦南部半径100至150公里环范围内的机场目标实施为期五天的猛烈攻击。这些攻击在8月12日至16日执行。从空袭后的侦察照片上判断，总体战果看起来不错。在圆环外侧的沿海机场中，第2航空队使比克斯伯恩（虽然那里已经被废弃）和林姆尼彻底瘫痪，并令霍金奇和曼斯顿丧失了大部分作战能力。同样靠近海岸的坦米尔也被第3航空队重创。此外，中环范围内（50至100公里）的德特林、伊斯特彻奇和西莫灵也受到严重破坏。尝试对内环（50公里内）里的比金山和肯利发动规模有限的空袭，但最终改为攻击克罗伊登和西莫灵。

因此在8月17日，凯塞林的作战参谋和他的两个航空军的参谋员判断现在是时候开始将作战重心放在帕克的肯利（B）、比金山（C）、霍恩彻奇（D）和北威尔德（E）分区基地上了。第二天早上要攻击前两处目标，下午则轮到剩下的两个。马蒂尼的无线电监听部门认为这些皇家空军的主要战斗机基地守护着从东部至南部进入伦敦的航路，指引升空的战斗机拦截入侵轰炸机。更重要的是，比金山和肯利分区囊括了英格兰东南部从伊斯特本至福克斯通的德军入侵主要登陆点（登陆区B、C、D）。此计划的风险不小，此前第2航空队从未冒险在昼间派出大量轰炸机深入如此多的英格兰内陆目标。

在西边，第3航空队要同时发起另一场不同的战役，攻击海狮行动的备战目标和不同的机场。在后者中，施佩勒的参谋部认为A分区的坦米尔基地已经被摧毁了。那是一个非常重要的基地，因为它的指挥部要负责协调对朴次茅斯和波特兰港口以及附近与战斗机司令部无直接关联的辅助机场的防御。

在施佩勒的责任区内的其他分区基地中，中沃勒普已经遭到两次攻击，但是破坏不严重。仅有两个沿岸机场戈斯波特和索伦特海峡旁利村受到打击，对更深入内陆的安多佛、波斯坎比当、沃西当和奥迪厄姆的空袭都不顺利，主要是受天气影响。对中沃勒普靠近波特兰海军基地的沃姆韦尔机场的攻击由于遇到拦截机的顽强阻拦而中途放弃。

■ 一位在躺椅上小憩的 Bf 109E 飞行员。

即便是可以认为解决了坦米尔，第3航空队依然有工作要做。它要削弱道丁使用朴次茅斯附近数个沿海机场的能力，在海狮行动中最靠西的德军要在布莱顿附近(登陆区E)建立滩头阵地。所以，当凯塞林的参谋部计划大规模攻击帕克的4个主要分区基地时，施佩勒的司令部计划空袭朴次茅斯附近的3个机场和靠近波特兰海军基地的沃姆韦尔机场。

施密德也在当天提交了一份关于皇家空军战斗机司令部兵力的最新评估报告。报告声称，由于之前六周在英格兰南部和海峡上空的战斗损失，战斗机司令部现在只剩下430架“喷火”、“飓风”和“无畏”，其中仅有约300架可以投入战斗。这些剩余的战斗机有200架在布里斯托尔至瓦士湾一线以南，70架在英格兰中部地区，仅有30架在英格兰北部和苏格兰。而实际上在8月17日夜，战斗机司令部共有可用单发及双发战斗机918架，数量远多于施密德的预测，其具体分布如下表所示：

战斗机	第10大队（10个中队）	第11大队（23个中队）	第12大队（16个中队）	第13大队（14个中队）	共计
喷火	51架	81架	100架	44架	276架
飓风	69架	245架	85架	150架	549架
无畏	-	-	30架	-	30架
布伦海姆	9架	17架	21架	11架	58架
角斗士	5架	-	-		5架
共计	134架	343架	236架	205架	918架

施密德的报告让德国空军的参谋军官们更加确信自己的判断，即对手已经被削弱且动摇，现在不应继续犹豫，而是要向敌人的要害发起大胆的突击直至其抵抗到最终崩溃。

对近期前景的乐观情绪并不局限于德国空军的高层。即将到来的胜利所带来的令人振奋的喜悦也弥漫在法国、比利时和荷兰的前线机场上。30 岁的汉斯·奥托·莱辛(Hans-Otto Lessing)少尉当时正在位于加来附近维桑的 JG 51 第 5 中队服役，他在 8 月 17 日书写的一封家信中描述了自己的心情：

我亲爱的父母：

今天早上有雾，中午之前几乎没有什么活动。所以我终于有机会给你们写信了。我很抱歉让你们等了这么久，但是，你们肯定已经听说过，我们一直很忙。在过去的几天里，每天都有三四次大规模攻击，主要是针对伦敦地区的目标。

昨天，我取得了第五次空战胜利(包括两个阻拦气球，算作一次空战胜利)。考虑到我们所拥有的诸多机会，这是个相当少的数字，但是当你向它们开火时，它们并不总是会落下。此外，我的飞机也运气不好。有一次我处在一个漂亮的射击位置上，我的枪却哑火了，当天的剩余时间里我的心情十分糟糕。

昨天我把一架敌人的战斗机从一架 Ju 88 轰炸机的尾部打了下来，但我还是晚了一步，没能阻止它被击中。轰炸机的两名机组人员受伤，它迫降在里尔。那是我们大队的第 100 次空战胜利。而我的中队指挥官蒂岑中尉一人就取得了 19 次胜利！我目睹了他的大部分战果。他的射击技巧真是太棒了。他是老板，他带我们来到战位并选择猎物，而我们要做的只是掩护他。中队内有一种奇妙的团队合作意识。随着第 20 次空战胜利的取得，他将必然会获得骑士十字勋章。对我来说，随着我赢得第四次空战胜利，一级铁十字勋章的授予已经近在眼前。

我们自己的损失也不大。整个大队损失了 7 个人，其中 3 人肯定是活着成为战俘。我们在莫尔德斯少校的联队里，这是最优秀的联队。我们是最优秀的大队，我们第 5 中队以 37 次空战胜利成为最优秀的中队。

在过去的几天里，英军的战斗力越来越弱，虽然某些个人的战斗力仍然很强。“喷火”经常进行漂亮的特技飞行表演。最近，我不得不钦佩地看着其中一架与 30 架梅塞施密特飞机进行了一场比赛，而它自己却没有陷入险境；但这样的人很少。“飓风”是疲惫不堪的老式“蒸汽机车”。

这只是一封简短的信。我得写一本书才能对这些事件作一个简单的描述。我正在享受我的人生。我不会和哪怕一位国王交换位置。在这之后，和平时期将变得非常无聊！

你的汉斯·奥托

第二天，莱辛少尉将与他非常敬佩的中队指挥官霍尔斯特·蒂岑中尉一起命丧沙场。而这一天也被英国史学家公认为是整场不列颠空战中“最艰难的一天”。

8 月 18 日：最艰难的一天(上)

在一整天的规划、协调和通报后，第 2 和第 3 航空队以全新的活力重返战场。

为了攻击比金山和肯利，格劳尔特大将的第一航空军组织了两个轰炸机集群，分别来自 KG 1 和 KG 76，各包含三个编队。按计划，60 架 JG 3 第三大队和 JG 26 第三大队的 Bf 109E 在前方扫荡开路，12 架来自 KG 76 第二大队的 Ju 88A 将通过俯冲轰炸的形式攻击肯利分区基地的机库和建筑物。跟在它们身后的 27 架 KG 76 第一和第三大队的 Do 17Z 将在中空轰炸降落场和防御设施，9 架 KG 76 第 9 中队的道尼尔要在最后对前两波空袭中幸存的机库和建筑进行低空高精度轰炸。为了执行此次作战，第 9 中队的每架飞机都要携带 20 枚安装有新型引信的 50 公斤炸弹，该炸弹可以在 50 英尺的超低空高度投放。KG 76 第二大队长弗雷德里希・莫里克(Friedrich Möricke)少校率领的 Ju 88A 编队由 20 架 JG 51 第三大队的 Bf 109E 护航，KG 76 第一大队长西奥多・施魏策尔(Theodor Schweitzer)少校要带着 Do 17Z 编队跟在后面，由 40 架 JG 51 第一和第二大队的“埃米尔”以及 ZG 26 的 20 架驱逐机保护。这是一个大胆而富有想象力的计划，如果它成功了，肯利基地将被彻底摧毁掉。

在 KG 76 身后 5 分钟航程远处是第二波轰炸机：KG 1 联队长卡尔・安格尔施泰因(Karl Angerstein)上校的 60 架 He 111 组成三个大队规模的编队，由 40 架 JG 54 的 Bf 109E 担任护航职责，在中空飞向比金山。整个作战由 60 架 JG 52 的“埃米尔”和 40 架 ZG 26 的驱逐机负责掩护，主要是撤退时的支援。

KG 1 联队长卡尔・安格尔施泰因上校。

9 时不到，第一批德国轰炸机(KG 1 的 He 111)开始从它们位于亚眠附近的基地起飞。然而起飞后不久，指挥部就将这些飞机召回，机组们得知整个作战行动被推迟两个半小时，因为英格兰南部上空的天气不佳。受雾霾影响，4000 英尺以下的能见度糟糕，这肯定会影响到 KG 76 轰炸机的俯冲轰炸和低空攻击。然而，随着太阳的升高和地面的升温，靠近地面的能见度会逐渐得到改善。

在轰炸机机组们苦等行动开始的命令期间，德军不时派出侦察机飞往英格兰南部进行侦察。英国战斗机升空对它们进行拦截和驱赶，绝大多数侦察机能摆脱追击者。唯一的例外是 LG 2 第 7(侦察机)中队的一架Bf 110，它在埃塞克斯海岸附近被第 54 中队的 5 架“喷火”击落，两名机组乘员全部葬身大海。

11 时，英格兰南部上空的侦察机报告雾气开始变淡。空袭计划可以重新启动。和之前一样，第一个起飞的是 KG 1 的He 111，第二大队的一名机枪手威利・万德雷尔(Willi Wanderer)写道：“在我们的基地绕了一圈后，我们就向英国进发。在前往海岸的路上，其他中队也加入了进来。组成了一幅令人印象深刻的画面：整个联队有大约60架飞机，就像在进行一次飞行练习。”

KG 1较轻松的完成了组队并与它的护航机会合。KG 76则遇到了不小的麻烦，道尼尔和容克斯轰炸机应当在加来附近地区与它们的护航战斗机建立联系，然而那里有较厚的云层存在。39架位于中空的轰炸机爬升试图穿过裂开的云层，在此过程中这5个中队规模的编队出现了混乱。施魏策尔立刻选择原地盘旋以重组他的攻击部队，然后道尼尔们向西北飞去，试图赶上更快的Ju 88A。但实际上莫里克在重组他的两个Ju 88中队编队上耗费了更多的时间，结果反而落在了道尼尔们的身后。

与此同时，约阿希姆·罗特(Joachim Roth)上尉率领着第9中队的9架Do 17Z在大规模扫荡战斗机身后很远的地方进行着超低空无护航飞行，他们不知道自己正位于整个联队最突前的位置，中队组成宽广的V形编队越过寒冷的海面，雷达探测不到在如此低高度的飞机。就这样，KG 76的三波空袭德机以与计划正好相反的顺序平稳穿越海峡前进。

12时27分，斯维盖特雷达站首先探测到两波位于中空的轰炸机编队，其中较大的一波估计有“超过100架”飞机(KG 1及其护航机)，似乎是从加来向北进发。较小的一波“超过24架”飞机(KG 76)从布洛涅向差不多正西方飞去。威洛比·德·布鲁克男爵将后者视为佯攻，将他的防御兵力集中对付更大的机群。部署来自第54、第56、第65和第501中队的24架“飓风”和17架“喷火”在20000英尺高度巡逻坎特伯雷至马盖特一线。封锁住了前往泰晤士河口沿岸码头设施及其北部机场的线路。他又派出第32、第64、第610和第615中队的27架“飓风”和23架“喷火”在肯利和比金山分区基地上空巡逻并让6

■ 8月18日，KG 76第9中队的道尼尔轰炸机正在越过比奇角，准备前去攻击肯利基地，图中飞行高度最低(仅有50英尺)的飞机就是中队长约阿希姆·罗特上尉的座机。

个中队进入战备状态(可以在5分钟内出动)。

KG 1于12时49分在多佛和迪尔之间的南福兰(South Foreland)登陆，然后向正西方转弯，跟在大批扫荡的战斗机身后。一分钟后在遥远的西边，KG 76在比奇角登陆，转向北部的汤布里奇(Tonbridge)。那里的基地观察员向帕克的司令部发出警告并报告它们正沿着布莱顿至伦敦的铁路线前往肯利。两个德军编队正对着肯利和比金山这两个紧密相邻的分区基地发起一场经典的钳形攻击。

倒霉的是，当德国机群编队穿越海岸线时，战斗机司令部部署在坎特伯雷至马盖特的第一道巡逻部队中仅有第501中队正在登陆点附近。它将独自面对精锐的德国空军战斗机部队。由于当天加兰德和莫尔德斯正在卡琳宫面见戈林，他们在那里被授予钻石金质飞行员奖章以表彰他们的杰出成就。因此，率领JG 26第三大队进行自由猎杀扫荡的是第9中队长格尔哈德·舍普费尔中尉，当时他已是一位获得过8次空战胜利的王牌飞行员。

12时50分刚过不久，在越过海岸线后，舍普费尔发现在他下前方有12架“飓风”以教科书般的战斗机司令部编队队形在坎特伯雷上空盘旋并爬高，这就是第501中队的编队。舍普费尔率领部队利用太阳的掩护靠近敌机，耐心的等到“飓风”调头离开时，他带着自己的僚机俯冲来到最靠后的V字编队的视野盲区。舍普费尔通过几次精准的点射，快速击落了在编队上方游弋的两架“飓风”。然后他向编队本身发起突击，对编队尾部的“飓风”进行了一次短点射，它也着火坠落。“英国佬继续前进，什么也没有注意到。于是我拉到第四架飞机后面，把他也干掉了，但这次我靠得太近了。”舍普费尔回忆道。飓风的碎片冲入了梅塞施密特的螺旋桨，机油溅到了他的挡风玻璃上以及机舱的两侧，使他什么都看不见了，只得撤出战斗。但这一次攻击依然是非常精彩的，舍普费尔在短短两分钟内就击落了4架“飓风”，击伤3位英国飞行员，布兰德(J. W. Bland)少尉在这次战斗中丧生。舍普费尔脱离战斗后，JG 26第三大队的其他飞行员也扑了下来，第501中队的剩余队员们这才如梦初醒，经过一番混乱的格斗战后，双方都没有进一步的损失，但第501中队算是被彻底请出了战场。德国空军毫不费力地突破了英军第一道封锁线。

格尔哈德·舍普费尔

1912年12月19日出生在图林根州的埃尔福特(Erfurt)。他最初是一名警察，但在1936年转入德国空军。完成飞行训练后，舍普费尔被分配到JG 233第一大队，1939年9月23日担任JG 26第9中队长。1940年5月19日，他在法国战役中取得了第一次空战胜利。他在不列颠之战继续有成功的表现。1940年8月18日，他在英国坎特伯雷上空的一次作战中击落了4架“飓风”战斗机。1940年8月21日，加兰德被提升为JG 26联队长后，舍普费尔上尉成为JG 26第三大队长。1940年9月11日，他因取得了20次空战胜利而被授予骑士十字勋章。1941年12月1日，他晋升少校军衔，1941年12月6日，当加兰德成为战斗机总监后，他接任JG 26的联队长职位。1943年1月10日，舍普费尔离开JG 26，前往布列塔尼战斗机指挥部担任作战军官，5月1日成为挪威战斗机指挥部的指挥官。1944年5月1日，他重新回到了一线的JG 54第三大队，然后在6月15日被任命为JG 4联队长。1944年8月6日，他在柏林上空与美军“野马”战斗机的交战中负伤，伤愈后成为

匈牙利战斗机指挥部指挥官。1945年4月10日，他被任命为驻扎在捷克斯洛伐克北部的JG 6联队长。战争结束后，他成了俄国人的战俘，在苏联的监狱里待了四年半，最终于1949年12月回到德国。舍普费尔共执行过700次作战任务，取得了45次空战胜利。

与此同时，罗特的第9中队的9架道尼尔继续向西北方向前进，越过雷威斯(Lewes)小镇后在伯吉斯山(Burgess Hill)找到了布莱顿至伦敦的铁路线并将编队转向北方。德军指挥官的任务是在低空沿途阅读地图，这是一个高难度的任务：当地标在脚下飞驰时，他根本没有充足的时间去辨认，而且他的视野也不比在50英尺高的小山丘上更好。在这种情况下，一个小镇可能看起来非常像另一个小镇。他选择伯吉斯山作为转向点有两个原因：第一，它位于从雷威斯和布莱顿到伦敦的铁路交界处；第二，小镇的东边有一家砖瓦公司，它的窑炉顶部有3个高大的烟囱和4个小烟囱，可以作为一个准确无误的地标。几位德国机组人员还记得从小镇上空低空掠过时，街上的人们像被黏住了一样站在原地，仰望着飞机超低空飞过的罕见景象。“起初他们没有把我们当成敌人，没有想到德国飞机会飞得这么低。随后，我们机翼上的大十字让他们明白了事情的真相，下一瞬间，他们开始四处躲避。”京特·昂格尔写道。

当德国轰炸机在低空朝着肯利前进时，英国地面观察站持续向基地发送关于敌情的报告。肯利基地指挥官托马斯·普里克曼(Thomas Prickman)中校和B分区指挥官安东尼·诺曼(Anthony Norman)少校很清楚，德国人正试图对他们的机场或附近的某个机场展开协同攻击。然而，负责守备肯利基地的

两个巡逻中队(第64和第615中队)已经占据好迎击高空敌机的位置，无法被抽调出来应付来自低空的威胁。现在，该分区唯一未出动的中队就是位于克罗伊登的第111中队(拥有12架“飓风”)。普里克曼命令肯利基地内所有可飞的战斗机和第111中队紧急出动，基地内无法作战的飞机向西北方撤离。东北方5英里外的比金山作战室内，格里斯也同样命令他分区内剩余的所有战斗机马上升空。

在肯利的作战室里，诺曼注视着代表两支敌军入侵部队的标记正坚定不移地朝机场聚集。他已经尽其所能地进行了部署，现在他用扩音器向基地发出广播：“空袭迫在眉睫，所有不参与防御任务的人员都进入掩体。”肯利基地已经处于高度警戒状态，基地的防空炮都将它们的炮口指向南方。

13时21分，在距离目标仅剩一分钟的时候，第9中队的道尼尔们越过北唐斯丘陵，开始展开编队，每个机组都准备进入攻击状态。然而出乎他们意料的是，敌军基地没有任何已经遭到过攻击的迹象。罗特很清楚，精心安排的攻击计划不知何故流产了：他的中队成了第一个来到这里的德机编队。然而，没有时间考虑这个问题了，因为第111中队的一个“飓风”小队已经在道尼尔的身后转弯，德机的后射机枪手正在向它们开火。

13时22分，9架道尼尔在低空怒吼着来到肯利基地，得到充分预警的基地防空炮火力全开，突然间，机场上空布满了曳光弹的闪光，德国机枪手们用他们机上的武器进行回击。“轻型高射炮和机枪的弹雨将我们包围，曳光弹的红点飞来飞去，”昂格尔写道，“我把飞机推得更低，刚好越过左边的机库。”

第一批被击中的飞机之一是率领第111

■ 以极低高度飞临肯利基地上空的道尼尔轰炸机，从机上清晰可见地面上停放的一架第64中队“喷火”战斗机。

中队的斯坦利·康纳斯(Stanley Connors)上尉，不清楚他的“飓风”是被德国轰炸机的还击打中还是被肯利的炮手误击，或者两者都有。这架战斗机马上脱离战斗，转向北面的克罗伊登，但不久后坠落在地面上，康纳斯当场丧生。康纳斯小队的其余“飓风”战斗机见状猛地向上拉升，远离肯利上空的火海。他们安全脱身后绕到了机场的北侧，准备在袭击者现身时捉住它们。

在德军编队中，由约翰内斯·彼得森(Johannes Petersen)上士驾驶的左侧小队领机可能在“飓风”小队的攻击中被击中。据其他飞机上的人回忆，由于不明原因，这架飞机比其他飞机高得多地冲进了机场。遭到地面炮火的集中打击。这架道尼尔飞机燃起大火，但依然继续前进。

驾驶彼得森左侧飞机的昂格尔在对准好一个机库时，被刘易斯机枪火力击毁了右侧发动机。他努力让道尼尔飞机保持直行，让导航员可以投下20枚50公斤炸弹。

在编队右侧小队的舒马赫下士着迷地看着领飞轰炸机的炸弹落入机库。他后来回忆道：“其余的炸弹像橡皮球一样在跑道上弹跳着。地狱之门被打开了。随后炸弹开始了它们的破坏工作。3个机库像火柴盒一样倒塌了。爆炸声接踵而至，火焰窜入天空。”在轰炸过程中，他的左侧发动机似乎也被击中，冒出褐色的烟，转数开始下降。

率领右侧小队的赫尔曼·马金(Hermann Margin)中尉正在瞄准他的目标时突然被一发刘易斯机枪子弹命中胸膛。飞行员突然向前倾倒，若不是领航员威廉-弗雷德里希·伊尔格(Wilhelm-Friedrich Illg)军士长俯身在昏迷的飞行员身上紧握操纵杆，轰炸机就会直接撞上地面。

对于德国轰炸机来说，来自地面的威胁不仅是防空炮和防空机枪。威廉·拉布(Wilhelm Raab)上士试图用他的20毫米机炮干掉机场上的一辆加油车，但在关键时刻机炮卡住了。拉布刚飞越那辆车，可怕的场景就展现在他面前。“突然间，发出红光的火球从我前方的地面升起。每个后面都拖着一条约1米厚的烟雾，每条烟雾之间间隔10至15米。我经常经历机枪和高射炮的射击，但这是全新的东西。”

拉布面对的是英国的P. A. C防空火箭(降落伞与钢缆防空火箭)，他紧急做出规避

■ 英国的P. A. C防空火箭在8月18日取得了该武器在整场战争期间的唯一战果。

机动，非常惊险地避开了空中的拦截钢索。彼得森上士的道尼尔就没那么幸运了。它撞上了一条悬挂的钢缆，降落伞发挥了它的作用，这架不幸的飞机被从空中拉了下来。撞上毗邻机场的一间平房，机上 5 人全部丧生。

第 9 中队长罗特座机的飞行员是鲁道夫·兰贝蒂（Rudolf Lamberty）中尉，在飞越机库并投下炸弹后，他们也被眼前一排蜿蜒向上的火箭弹给吓坏了。兰贝蒂马上将他的飞机拉高以获得一点周旋空间，虽然他成功避开了烟雾，但是被一发博福斯炮弹命中左翼发动机附近，机翼油箱被撕裂，涌出的汽油燃起大火。兰贝蒂奋力的让道尼尔飞机保持在空中。

捅完马蜂窝的第 9 中队挣扎着想要逃离现场，但这时守候在机场北部的第 111 中队“飓风”再次冲向他们。在接连遭到两架“飓风”的攻击后，兰贝蒂的道尼尔再也无法继续坚持，最终他将飞机迫降在一片麦田上，和中队长罗特一起成为战俘。

有些德国轰炸机在逃命途中迸发出惊人的战斗力。拉布在避开降落伞和钢索后，选择将飞机紧贴地面越过房屋、树木和斜坡，以妨碍追击的“飓风”进行精准射击。他的后座机枪手拼死还击，击中一架追击的“飓风”并使其迫降。昂格尔的飞机也遭到一架“飓风”的追杀，在一轮对射后，英国战斗机座舱燃起大火，飞行员弃机跳伞。奥托·斯特凡尼（Otto Stephani）上士被 3 架“飓风”紧追不舍，机械师阵亡，无线电员也受了重伤，然而他依然在驾机继续前进。作为导航员的伊尔格军士长在飞行员被子弹击中后接过驾驶任务，将飞机转向南方，一路躲避防空炮火向家飞去。归途中，舒马赫和昂格尔驾驶的飞机都在海峡中迫降，除一人溺亡外，其余机组人员都被德国海军救回。最终，第 9 中

■ KG 76 第 9 中队在空袭肯利时损失的 4 架 Do 17 之一。

队在这次行动中损失了 4 架飞机，40 名机组人员中，有 16 人(包括所有的军官)阵亡、负伤或被俘。作战结束后，之前从未驾驶过 Do 17 的伊尔格军士长被授予骑士十字勋章，以嘉奖其在飞行员受致命伤后将轰炸机开回的英勇表现。

当惊心动魄的低空战斗在进行中时，高空的大戏也逐渐拉开帷幕。第 615 中队的 A 分队正在肯利上空 25000 英尺高度巡逻，等待敌人的到来。德国人确实来了，梅塞施密特战机突然从太阳中钻出，短短几分钟之内，包括 A 分队队长高斯上尉座机在内的 4 架“飓风”被击落，一名飞行员阵亡，3 人负伤。突袭的德国战斗机来自 JG 3，他们正在轰炸机编队前方进行扫荡。

虽然第 615 中队遭到了惨重的损失，但是通过吸引住德国高空护航机的注意力，其他英国战斗机可以不受干扰地接近轰炸机。在更低一些的 15000 英尺处，迈克・克罗斯利(Mike Crossley)少校正在率领第 32 中队的 12 架“飓风”在基地上空徘徊，他发现东南方向的地平线上出现了一群像蠓虫一样的黑点。那是正在前往肯利的高空攻击部队，包括 KG 76 第一和第三大队的 27 架 Do 17 以及 ZG 26 承担密接护航任务的约 20 架 Bf 110。克罗斯利向比金山的地面指挥员发出通知，随后率队向敌机扑去。

第 32 中队的 B 分队负责对付护航的驱逐机，克罗斯利亲率 A 分队向轰炸机编队发起无畏的迎面突击，KG 76 第 1 中队的一架轰炸机被当场击落，还有另外几架飞机受损。更重要的是，它迫使部分德国机组在轰炸航路的关键阶段偏离位置。这些机组人员发现他们无法在编队飞过肯利机场之前重新回到轰炸机场的线路上，于是他们的导航员不得不在地面上挑选替代目标。结果是，一些机组攻击了肯利，一些机组将他们的炸弹对准了机场北部和东部的铁路线，他们击中了一些建筑物并破坏了起落场。有一个三机小队继续前进，向西北 3 英里外的克罗伊登机场投下了 36 枚炸弹中的 19 枚，造成了轻微的破坏，第 111 中队一架停放在机库内的“飓风”被摧毁。而其他机组则没有投下他们的炸弹就转身回家了。

ZG 26 的驱逐机们试图阻止第 32 中队继续攻击轰炸机编队，它们挡在“飓风”和道尼尔之间，迫使英国战斗机与其交手。很快，第 64 中队的 8 架“喷火”也加入战斗。一架“飓风”被 Bf 110 后座机枪火力击落，第 64 中队也重创了 ZG 26 第一大队的一架 Bf 110，它在坚持飞行了一段时间后迫降在利德(Lydd)的一座农场。

12 架 KG 76 第二大队的 Ju 88A 姗姗来迟，它们本应是第一批来到这里的轰炸机。腾空的烟云和满目的废墟让莫里克的 Ju 88A 无法也没必要进行轰炸，于是它们选择前往备选目标西莫灵机场。驾驶着 Bf 109 战斗机的 JG 51 第三大队长汉斯・特劳夫特上尉发现护送轰炸机的工作令人很难受。“我的大队飞行在 Ju 88 上方 500 米高度。我总是要牢记我的命令：准备抵御敌军战斗机。有人报告有几架敌人的战斗机在我们上空，如果我们是在执行自由猎杀巡逻，那我们就可以去追赶它们。但今天我们必须服从命令，紧跟Ju 88，盯住英国战斗机。”他后来回忆道。当编队在飞往西莫灵的途中经过比金山时，防空炮弹突然开始在轰炸机周围爆炸。“一架Ju 88被击中，左侧发动机开始冒烟，并随着速度下降而开始掉队。这架飞机受到了我们的特别关注，以免它成为英国战斗机的牺牲品。”特劳夫特继续他的叙述。突然间，“喷火”和“飓风”战斗机向德机编队扑来。“他们从各个方向朝我们俯冲，试图攻击轰炸机。我们进场把他们赶走。当汤米看到我们过来后，他们就离开了。在我身下，我看到一架飞机燃烧着坠落，虽然我看不清它是敌是友。”

特劳夫特看到坠落的飞机是一架Ju 88，它遭到了第32中队多架“飓风”的围攻，坠落在比金山东南8英里外的树林中，机上无人生还。

汉斯·特劳夫特

1912年3月3日出生在图林根州魏玛附近的格罗索布林根（Groß-Obringen），1931年4月1日，他加入位于希莱斯海姆的德国商业航空飞行学校学习飞行。1932年，他在苏联利佩茨克（Lipetsk）的秘密训练基地待了4个月。回到德国后他在陆军服役，直到1934年以少尉军衔被调往希莱斯海姆的战斗机飞行员学校。特劳夫特是1936年8月7日来到西班牙参战的六名飞行员之一，并在那里取得了5次空战胜利。“二战”爆发时，他的职位是JG 77第2中队长，1939年9月19日，特劳夫特晋升上尉并担任JG 20第一大队长。法国战役中，他取得了两次空战胜利，他的大队则在1940年7月4日被改编为JG 51第三大队。1940年8月25日，特劳夫特担任JG 54联队长，不列颠战役期间，他将个人的总战绩提升至13次空战胜利。之后，他率领JG 54继续参加了巴尔干战役和巴巴罗萨行动，1941年7月27日，特劳夫特少校因取得20次空战胜利和出色的领导能力而被授予骑士十字勋章，在他的指挥下，JG 54“绿心”成为在东线战场上最令苏联飞行员胆寒的德国战斗机联队之一。1943年7月6日，他加入加兰德的战斗机总监办公室。特劳夫特在1945年参与了所谓的“战斗机飞行员叛变”，这导致他被免职，随后被派到位于斯特拉斯堡的第4航校师直至战争结束，他在560次作战任务中取得了58次空战胜利。

来到西莫灵上空后，Ju 88 们投下超过 13.2 吨炸弹并声称“对机库取得 8 次直接命中，燃烧并冒出浓烟。看见 4 架单引擎飞机起火”。实际上，有 3 架第 26 中队的莱桑德在空袭中被摧毁。根据皇家空军的记录，“由于此次空袭，机场上的维修工作被进一步推迟，直到 8 月 20 日前都无法使用”。

虽然在执行这场复杂空袭中犯了错误，德国空军的轰炸机还是摧毁了肯利基地。4 个机库中有 3 个损毁，其中一个连同着停放在内的基地全部汽车一起彻底报废。基地司令部也遭到破坏，电话系统被瘫痪。两个食堂、一个军营和病房受损。地面上有 4 架“飓风”（第 615 中队）和一架布伦海姆被摧毁，两架“飓风”和一架“喷火”受损。4 架非作战飞机被毁，另有一架受损。9 名士兵和飞行员在空袭中丧生，10 人负伤。24 枚定时炸弹散落在基地内，不过有半数得到了及时处理而未造成更大破坏。

高爆炸弹使地下电缆受损，切断了基地与第 11 大队司令部和其他所有外部机构的联络。皇家空军的记录显示：“对通信的影响如此巨大，以至于分区作战室不得不关闭并动用应急作战室。”花了足足 60 个小时才令 B 分区的作战恢复正常。受此影响，第 615 中队的残部被派遣到克罗伊登。

13 时 27 分，在 JG 54 约 40 架 Bf 109 的护航下，安格尔施泰因的三波 He 111 进入对比金山的轰炸航路，它们列队飞行在 12000 至 15000 英尺高度。KG 76 的攻击吸引走了该地区 5 个英国战斗机中队中的 4 个，仅剩的第 610 中队拥有 15 架“喷火”，它们与 JG 54的护航机展开了一场激烈的战斗，但发现很难突破封锁接近轰炸机编队。该地区唯一的重型防空炮部队，第 58 重型防空炮团一部正位于比金山的南部，装备有四门过时的 3 英寸炮。然而炮手们在之前被命令暂停射击，因为有英国战斗机正在上方活动。

就这样，KG 1 得以轻松的对比金山展开轰炸。“我们预计会有高射炮，但没有出现，我们继续向目标前进。‘投弹！’的命令下达，炸弹如雨点般落下。伴随嘶嘶的声音，我们的炸弹落了下来。现在，向左一转，可以看到目标了。一团巨大的黑烟宣告炸弹已经命中，”战地记者班克哈特在一架亨克尔飞机上记录道，“一个高炮阵地显露出来，但没有任何东西靠近我们。这就是英国佬能做到的极限吗？还是说英国空军已经接近完蛋了？”

尴尬的是，KG 1 投下 93.7 吨炸弹中的绝大多数落在了机场东部的树林中，还有少数落在降落场上。皇家空军记录指出“没有建筑被击中，起落场仅留下少量弹坑”。

对于德国空袭部队来说，撤退阶段是最为艰难的。各种型号的受损飞机落在编队后方，追击的“喷火”和“飓风”不会放过这样的好目标。护航机的燃料逐渐短缺，一边撤退一边尽可能的为轰炸机提供掩护。

率先追上德国人的是第 32 中队，通过 40 英里长的持续追杀，3 架“飓风”在赫尔敦（Harbledown）击落了一架 Bf 110。在阿什福德附近，第 32 中队长克罗斯利少校击落了 KG 1 第一大队的一架 He 111，这也是 KG 1 在本次作战中损失的唯一一架飞机。JG 3 第 2 中队长赫尔穆特·蒂德曼(Helmut Tiedmann)中尉的 Bf 109 在与英国战斗机的交手中被击中引擎散热器，迫使他降落在梅德斯通东部 4 英里处的利兹。

当德国入侵者们开始撤退时，一直盘踞在马盖特至坎特伯雷地区上空的英国战斗机中队(第 1、第 17、第 54、第 56、第 266 中队)也在焦急地搜寻着敌机的踪影。可惜由于浓雾弥漫，各个中队只能分开进行搜索工作，如果能见度更好的话，这 23 架“喷火”和 36 架“飓风”集合在一起将对德军编队造成巨大威胁。

首先发现德国人的是第 56 中队的“飓风”，他们看到的是 ZG 26 的 Bf 110 编队。经过一番混战，3 架 Bf 110 被从空中抹去。当德国飞机抵达多佛附近的海岸时，又有英国战斗机发现了它们。第 1 中队的一个“飓风”小队扑向 KG 76 第三大队一架掉队的 Do 17 并将其送入大海，随后小队飞行员乔治·古德曼(George Goodman)少尉又击落了一架在海面上低空飞行的 Bf 110。第 92 中队的王牌飞行员罗伯特·斯坦福德·塔克上尉独自来到战场，他声称在比奇角附近发现两架 Ju 88 并击落其中一架，由于德军方面没有 Ju 88 损失在比奇角的记录，塔克击落的更像是 ZG 26 的 Bf 110。第 266 中队的“喷火”可能是最后一批与德军交手的英国战斗机，它们试图攻击一群高速返航中的 Bf 109，但是德国飞行员们毫无战意，俯冲避开敌机继续向东南方飞去。

沃尔夫冈·埃瓦尔德(Wolfgang Ewald)中尉率领 JG 52 第一大队的 16 架 Bf 109E 穿越肯特郡掩护两个轰炸机联队的撤退。然而他们并没有与英国战斗机相遇，返回基地的途中，埃瓦尔德看见第 266 中队的 11 架“喷火”正在曼斯顿机场降落。这些英国战斗机排成整齐的一列进行加油，他留下 10 架第 3 中队的“埃米尔”负责高空掩护，率领另外 6 架第 2 中队的战机一起俯冲下去对它们展开扫射。乌尔里希·施泰因希普勒(Ulrich Steinhipler)少尉回忆道：

■ ZG 26 在 8 月 18 日损失了多达 15 架 Bf 110，这架飞机在被英国战斗机击伤后迫降在肯特郡纽彻奇附近。

一开始，我的心脏在疯狂的跳动，但是当我们将飞机机鼻朝下开始扫射时，我重新镇静下来。飞在我身后的战友告诉我，我射得相当漂亮。我朝着一辆正在给一架“喷火”加油的油罐车开火，然后是另一架“喷火”，接着依然是一架(“喷火”)。油罐车爆炸了，点燃了附近的所有东西。我扫射过的那两架“喷火”也着火了。只有在低空攻击中，人们才会意识到一位拥有四挺机枪的飞行员有多可怕。

在 JG 52 的攻击下。两架“喷火”当即着火，曼斯顿报告另有 6 架“严重受损”，这个中队暂时失去了战斗力。另一架第 17 中队降落于此加油的“飓风”也在攻击中被摧毁。

第 2 航空队在当天的第一次大规模作战中损失了 9 架轰炸机和 12 架护航机，另有 10 架轰炸机和 3 架护航机受损。战斗机司令部在空战中损失了 17 架战斗机，8 架战斗机受损，在地面上还损失了另外 8 架战斗机，10 架战机受损。

■ 德国空军的主要战术之一就是利用作战之间的空隙攻击在地面上加油的皇家空军战斗机。8 月 18 日，JG 52 第一大队就击毁了在曼斯顿的第 266 中队的两架“喷火”，并击伤另外 6 架。

8 月 18 日：最艰难的一天(下)

13 时 30 分，当第 2 航空队的炸弹落在肯利和比金山附近时，第 3 航空队也准备好开始当天的大规模作战，空袭的主力是里希特霍芬少将的第八航空军。共计 109 架 Ju 87 从它们在瑟堡周围的机场起飞，此次作战动用了 StG 77 的 3 个大队以及 StG 3 第一大队，每个斯图卡大队都被分配到了一个目标，StG 77 第一大队的 28 架斯图卡将要攻击索尼岛(Thorney Island)机场，第二大队的 28 架斯图卡负责轰炸福特(Ford)机场，第三大队的 31 架飞机则要消灭波林雷达站，StG 3 第一大队的 22 架飞机目标是戈斯波特机场。虽然德军情报部门认为 3 个目标机场都被英国战斗机司令部使用，但实际上一个都不是。戈斯波特驻扎着一支鱼雷研发单位，索尼岛是海岸司令部的基地，驻有第 59 和第 235 这两个布伦海姆中队。福特是皇家海军的航空基地，第 829 中队正在这里测试即将服役的费尔雷“大青花鱼”鱼雷攻击机，该机场还是海军航空兵观察员学校的基地。

13 时 45 分，4 个俯冲轰炸

机大队组成一个巨大的编队向目标进发，StG 77 第三大队长赫尔穆特・伯德少校负责在前方领飞，战前他曾是一名水上侦察机飞行员，拥有丰富的海上飞行经验。在伯德的大队左侧向后依次是阿尔方斯・奥瑟弗(Alfons Orthofer)上尉的第二大队、赫伯特・迈泽尔(Herbert Meisel)上尉的第一大队以及瓦尔特・西格尔(Walter Siegel)上尉的 StG 3 第一大队，每架斯图卡都携带了一枚 250 公斤炸弹和 4 枚 50 公斤炸弹。承担本次作战支援任务的是 157 架 Bf 109，其中 JG 27 的 70 架和 JG 53 的 32 架战斗机负责贴身保护，JG 2 的 55 架 Bf 109 在最前方进行自由猎杀扫荡。

■ 负责在 8 月 18 日为第 3 航空队的斯图卡机群领飞的 StG 77 第三大队长赫尔穆特・伯德少校。

由于文特诺的退场，波林成为了伯恩茅斯(Bournemouth)和伊斯特本之间唯一一个仍在工作的雷达站。基地的雷达在 13 时 59 分探测到庞大空袭机群的第一股回声，地点位于瑟堡北部约 20 英里，此时 4 个德国战斗机大队刚刚进入到它们的护航阵位，各负责一个斯图卡大队的保护工作。布兰德和帕克均出动了 3 个中队，共计 34 架“喷火”和 32 架“飓风”。第 601 中队的 11 架“飓风”在坦米尔上空巡逻，第 43 中队的 9 架“飓风”来到索尼岛机场上空，第 602 中队的 12 架“喷火”在它的韦斯特汉姆普内特基地上方盘旋，第 152 中队的 11 架“喷火”负责在朴次茅斯上空警戒，第 234 中队的 11 架“喷火”要到怀特岛南部迎击入侵者，第 213 中队的 12 架“飓风”则要从埃克塞特东行 80 英里守卫怀特岛南端的圣凯瑟琳角，第 609 中队的 12 架“喷火”留在中沃勒普作为预备队。海岸司令部也从索尼岛派出了第 235 中队的一个布伦海姆 IVF 双发战斗机分队。该地区的几乎所有英国战斗机均已升空，那些驻扎在伦敦附近基地内的战斗机中队大多投入对付第 2 航空队空袭的战斗，现在它们急需补充燃料和弹药，无力再伸出援手。

在 StG 77 第三大队长伯德少校的率领下，巨大的斯图卡编队于 14 时 20 分逼近休斯角，随即分散开来。StG 3 第一大队和 StG 77 第一大队向西边的戈斯波特和索尼岛进发，伯德则带着剩下的两个大队继续向东北方的福特皇家海军航空基地和波林雷达站飞去。

在 StG 77 第二大队的 28 架斯图卡攻击下，福特遭了殃。仅有的六挺刘易斯机枪无法对俯冲轰炸机造成太大威胁，它们以极高的精度完成投弹。机场燃料库被点燃，两个机库、汽车库、两个仓库和大量住宿楼被毁。12 架海军航空兵第 829 中队的双翼鱼雷机被摧毁，它们本打算被用来迎击海狮行动的入侵舰队，另有 26 架其他飞机受损。福特的人员伤亡是当天所有遭空袭目标中最严重的，共有 28 人丧生，75 人负伤。基地的受损太过严重，皇家海军被迫将那里的航空部队撤出，直到下个月这里被交给皇家空军作为一个夜间战斗机基地。

朝东飞得更远一点的伯德的 StG 77 第三大队来到了波林雷达站上空。绝大多数斯图卡部队采用将飞机排成纵列进行俯冲的战术，但在伯德的大队，飞机以 3 架为单位发起攻击以分散防空火力。31 架斯图卡向接收器周围投下了大约 90 枚炸弹，击伤了接收室和观察室。一枚炸弹将信号接收杆的顶部炸飞，天线倒在了地上。“安装了应急设备，但是它无法再提供详细可靠的关于敌军动向的信息”，并且根据战斗机司令部信号部门的记录，该站“在当月剩下的时间里都无法工作”。波林雷达站仅有两人在空袭中受了轻伤。

当这 59 架斯图卡试图撤退时，拦截机终于到了。12 架第 602 中队的“喷火”击落 4 架轰炸机(3 架来自 StG 77 第二大队)，还有两架在回到法国迫降后报废。护航的 JG 27 第三大队竭尽全力驱逐英国战斗机，很快就有 4 架“喷火”被击伤。

■ 遭到 StG 77 第二大队攻击的福特海军航空兵基地，现场一片狼藉。

赫尔穆特·伯德

1907 年 10 月 15 日出生在阿尔萨斯-洛林的梅兹(Metz)。他从学校毕业后加入了德国航空运输学校，在那里开始了他的飞行生涯。该学校是一个秘密的军事训练组织，伯德迅速成为德国航空运输学校的一名教官。伯德于 1936 年作为预备役军人加入德国空军，参与了“格拉夫·齐柏林”号航母的舰载机试飞工作。他表现出了极高的飞行天赋，并于 1938 年 6 月被提升为中尉，之后又在第 506 海岸飞行大队第 2 中队服役。1939 年 6 月，他来到基青根斯图卡学校学习，之后以上尉军衔担任 TrGr 186 第 1(斯图卡)中队长。他参与了对比利时和低地国家的攻击，经常一天执行六七次作战任务，轰炸要塞、通信线路、部队集结地和防御工事。1940 年 7 月 9 日，伯德成为 StG 77 第三大队长，他的大队在不列颠战役中遭受了较大损失。1941 年后，他又在巴尔干半岛和东线(塞瓦斯托波尔)执行了大量的作战飞行，于 1941 年 10 月 10 日荣获骑士十字勋章，1942 年 2 月 1 日晋升少校。1943 年起，伯德离开一线，先后负责试飞和训练工作。1944 年 8 月至 1945 年 1 月，他被任命为保加利亚军队的联络官。伯德最终被分配到 E 集团军群，直至成为盟军战俘。

与此同时在西边，西格尔上尉又带着他的 StG 3 第一大队的 22 架 Ju 87B 回到了两天前曾攻击过的戈斯波特，在 14 时 30 分俯冲轰炸摧毁了两个机库和 5 座建筑，另有包括基地司令部、作战室和鱼雷车间在内的 10 座建筑受损，包括两架鱼雷机在内的 5 架飞机被毁，另有两架重创。给西格尔护航的 JG 27 第一大队护航机遭到第 234 中队 11 架“喷火”的突然袭击，3 架 Bf 109E 被快速击落，但是所有的斯图卡都在未受干扰的情况下完成了对戈斯波特的轰炸。

迈泽尔上尉率领的 StG 77 第一大队就没那么走运了，这 28 架斯图卡在排成纵列准备开始向索尼岛机场俯冲时遭到第 43 和第 601 中队的 20 架“飓风”拦截。一架 Ju 87B 被当场击落，但是其余的飞机造成了巨大的破坏——两个机库和数座建筑化为废墟，3 架飞机被摧毁，5 位在营地内工作的平民受了轻伤。战斗机们在斯图卡从俯冲中改出时再次发起攻击。StG 77 第一大队的飞行员奥

托·施密特(Otto Schmidt)中尉参与了此次作战:

起飞大约是在午餐时间,但我们并没有因此而过度兴奋。自从战争开始以来,我已经飞行了65架次,包括针对敦刻尔克和英吉利海峡目标的作战,而且我在执行此类任务时总是能毫发无损地返回。我们有足够的经验并对我们的机器有信心,认为我们的攻击将是非常安全的。

在飞行中,我们保持着紧密的编队,由指挥官率领,他发出手势,我们的3个大队爬升到大约12000英尺的高度,速度大约为200英里/时。那是一个美丽的夏日,虽然我们的护航战斗机没有出现,但我们确信它们就在附近。这一切是如此平静和安宁。当海岸线在我们面前出现时,另外两个大队离开了。我们可以看到索尼岛,并打算一个接一个地向目标冲下去。当领头的飞机开始进入俯冲时,它们看起来就像一串珍珠。然后,我偶然地向外瞥了一眼,看到第一批英国战斗机向我们呼啸而来。最初的规避机动让我自己的飞机安然无恙,但英国战斗机的速度让我无语,我们编队中的最后一架飞机首当其冲受到了它们的攻击。

我记得有一架Ju 87像一把燃烧的火炬一样落入大海。在这段时间里,无线电中没有任何声音或话语。不管事实如何,我们都太专注了,根本没有注意无线电信号。没有时间去思考发生了什么。最重要的是要记住开始攻击的正确时机。现在轮到我了。首先,我摆动机翼(表示我正要俯冲),然后将机鼻对准目标下降。现在,我的眼睛只看向下方,但我不禁为我的无线电员和他的困境着想。他只能仰望天空,不知道炸弹何时离开飞机,也不知道他的飞行员是否能干,甚至都不知道他是否还活着!至于我自己,则是集中全部精力在目标上。

这时,我看到了索尼岛两边的两条航道,这让我确定了机场的位置,我可以看到机库紧挨在一起。当然,在我的下方,是我们在侦察照片上看到的24架多引擎飞机。机库群在我的视线中越来越大,无需任何修正,我越降越低。最终,只有一个机库在我的十字线(瞄准具)中央。我按下了我的投弹按钮,我的工作完成了。现在我要做的就是让飞机保持平稳,然后回家。我转了个大弯,去重新加入编队。通常情况下,我们会重新组成编队,不会遇到太大的麻烦,也不用考虑我们所有人都会在某个时候受到战斗机的攻击。

我注意到,在如镜面一般平静的海峡中,有一架飞机的散落残骸,然后,在我身后变得越来越大的,是一架试图进入射击位置的"喷火"。我必须快速行动以躲开他,而转弯是救不了我的。于是我选择侧滑,这对容克斯87来说是个高难度动作。他从侧滑中改出,战斗机的企图受挫。现在,我看了看我的无线电员,他正挂在他的索带上,机枪漫无目的地指向天空。我没有意识到,他和飞机都被击中了。与此同时,"喷火"再次转弯,正在进行下一轮攻击。很明显,他已经选中我作为他的目标。然而,利用短暂的喘息之机，我得以找回自己的感觉，当他再次袭来时，我知道该怎么做。他一定是看到了我那无助的机枪手，他向我的尾部逼近，但我又一次躲过了他，他尖啸着从一旁飞过。然后，另一件事发生了。

我的一位低空飞行的战友突然坠入海中消失了，同时又有一架 Ju 87 被击落。我记得他在水面上弹了一下，然后就不见了。局势变得十分凶险，另一架“喷火”也加入了对我的攻击，但当它跟随我侧滑时，它的翼尖碰到了水面，遭遇灭顶之灾。这时，我感觉我已经受够了。我就像一只正在奔跑的野兔，无能为力。然而，发动机不停地轰鸣着，毫发无损，飞机对(我的)控制有反应。然后，我感到飞机受到了打击。颤动感沿着机身传了下去，我失去了很多高度，以至于我的起落架碰到了大海。但我不知道是什么原因导致的。

我想，由于我不顾一切的规避机动，我逃过一劫，但这确实是一次可怕的经历。当我想到它时，我的脊柱就会打冷战，我还会做噩梦，梦见飞机落入水中，攻击战斗机的机枪在海里溅起水花。

这时，我的弹药已经用完了，我开始担心燃料以及飞机是否能把我送回家。我第一次注意到自己手臂上的血迹，意识到自己在无意识中被击中了。然后，我回到了卡昂上空，我如释重负地把我的 Ju 87 落在了地面上……这就是我的下一个惊喜！我的降落很野蛮，速度很快，直到这时我才意识到我的起落架被打掉了。

地勤人员把我的无线电员从驾驶舱里拉了出来，他在那里为我挡住了许多子弹，同时，他们在飞机上发现了 80 个洞眼。在我的中队里，只有一架飞机逃过一劫；一位没有经验的飞行员对所发生的事情感到极度不安，他被留在地上再也没有飞行过。我可怜的无线电员也在几周后死了。

在我们看来，这次攻击本来可以计划得更好；我们被毫无理由地牺牲掉了，我们应该有的护航战斗机也没有完成任务，而且数量不足。

最终这个大队出击的 28 架斯图卡中有 10 架被击落，一架重伤报废，4 架受到不同程度的损伤。参与攻击的 56 名机组人员中，包括大队长迈泽尔在内的 17 人丧生，5 人被俘，6 人负伤。正如里希特霍芬少将在他的日记中写下的那样：“一个斯图卡大队被拔光了羽毛。”担任护航工作的 JG 27 第二大队被英国战斗机纠缠住，无法抽身掩护遭到攻击的斯图卡。

最终，第 3 航空队派出的 109 架斯图卡中有 17 架被摧毁或报废，战损率高达 15%。德军战斗机部队已经尽了最大努力，但由于雾气弥漫，很难挡住敌人的所有攻击，尤其是在混乱的撤退阶段。8 架护航的 Bf 109 战斗机被击落。其中 3 名飞行员丧生，3 人被俘，其余两人被德国救援部门从海上救回。JG 27 第一大队长爱德华·纽曼（Eduard Neumann）上尉后来在评价当天的战斗时说道：“在如此宽广的战线上攻击 4 个目标，给

■ 不列颠战役中最著名的照片之一，一架 StG 77 第 3 中队的 Ju 87 正在进行死亡俯冲，它在逼近索尼岛机场时被击落，机上两人全部阵亡。

护航的战斗机飞行员提出了一个几乎不可能完成的任务。无论如何，斯图卡是很难护航的，因为它们飞得又低又慢——而这又是我们 Me 109 的作战航程极限。只是由于奇迹发生，以及我们战斗机飞行员的一些牺牲，那天斯图卡的损失才没有大幅增加。”战斗机司令部方面有 5 架飞机被击毁，7 架受损；两名飞行员阵亡，3 人受伤。

■ 坠毁斯图卡战机的残骸正在燃烧。

在两场大规模作战结束后，接下来几个小时的战局相对平静，战斗机司令部的第 10

■ JG 27 第一大队长爱德华·纽曼上尉从英国上空的一次作战中归来。

和第11大队以及德国空军的第2和第3航空队均是疲惫不堪。在英吉利海峡两岸，部队指挥官们正在疯狂地打电话，试图确定失踪的机组人员和飞机是否在其他地方安全降落。在下一场恶战开始前，需要先转移死者、照顾伤员、为飞机加油和补充弹药。

对于第2航空队在傍晚的作战，洛泽尔的第二航空军计划攻击另外两个位于英格兰东南部的重要分区基地：霍恩彻奇和北威尔德。分别指派58架KG 2的道尼尔和51架KG 53的亨克尔执行此次任务，由来自JG 3、26、51、54以及ZG 26的140架Bf 109和Bf 110负责掩护。这两个间隔15分钟的编队在加来海峡上空与它们的护航机会合后向北进发，越过多佛后转向内陆。它们的踪迹在17时被探测到，雷达站估测的敌机数量几乎完全正确：250架。威洛比·德·布鲁克男爵部署了来自第32、第54、第56和第501中队的33架“飓风”和11架“喷火”巡逻坎特伯雷至马盖特一线，帕克派出第46、第85、第151和第257中队的49架“飓风”在基地上空巡逻并让另外两个中队进入战备状态。最终英军共动用了143架拦截机（47架“喷火”和96架“飓风”）应对此次空袭，包括作为预备队的6个中队。

第一批与德机相遇的英国战斗机是第56中队的12架“飓风”，他们在埃塞克斯海岸附近发现了KG 53的He 111编队以及负责贴身护航的ZG 26驱逐机。曼顿少校将他的中队分散为4个小队，3个小队直扑轰炸机，曼顿带着红色小队负责牵制住德国护航机。一场激烈的格斗战开始了，蓝色小队多次试图接近轰炸机的尝试都被Bf 110阻挠，但这给另外两个小队创造了攻击机会。黄色小队靠近并击伤了编队后部左侧的一架He 111，它的发动机受损，逐渐脱离大部队。

当第56中队与轰炸机和护航机战作一团时，第54中队加入了战斗，利萨特少校率领他的11架“喷火”向梅塞施密特战机直扑过去。一番激战后，一架Bf 110被击落，之前因伤掉队的He 111也被第54中队的一位飞行员击落。

与此同时在更南边的地方，KG 2的58架道尼尔越过海姆湾（Heme Bay）向霍恩彻奇飞去。第32和第501中队的15架“飓风”试图攻击轰炸机，但是它们的努力全部被护航的Bf 109挫败。JG 51第4中队长约瑟夫·福佐中尉击落了第501中队的一架“飓风”，他后来写道：“一位非常勇敢的人，他是这片广阔区域内的唯一一架英国战斗机。俯冲下来开火的过程相当轻松，他像一块石头一样落下……”第501中队并不是只有挨打的份，它的反击同样凶狠，队内的两位波兰飞行员各将一架Bf 109送入泰晤士河口。两位德国飞行员全部丧命，他们分别是JG 51第5中队长霍尔斯特·蒂岑中尉以及同属第5中队的汉斯·奥托·莱辛少尉。帕维尔·泽克（Pawel Zenker）少尉解释了他是如何击落蒂岑的：“我和绿色1号一起径直冲向战斗机，和其中一架交火。他转向法国方向，我追赶他并在他爬升时从300（英尺）和更近的距离开火，在海面上大约10英里处，我看到机身冒出烟雾和火焰，他迅速失去高度。Me 109没有采取规避动作，而是笔直向前飞行，直到它在北古德温(North Goodwin)灯塔船附近的某个地方坠入水中。”蒂岑中尉在阵亡时是德国空军战绩排名第四的王牌飞行员，已取得27次空战胜利(其中7次在西班牙内战中取得)，两天后他被追晋上尉并追授骑士十字勋章。

■ 1940年8月16日，JG 51第5中队长霍尔斯特·蒂岑中尉在他的Bf 109E方向舵旁。

■ 霍尔斯特·蒂岑中尉的墓碑，他的遗体在战斗结束数天后在加来附近的海滩上被发现。

第32中队的“飓风”也与JG 26第三大队的梅塞施密特战机纠缠在一起，一番苦战后，两架Bf 109和3架“飓风”从天空坠落。两名德国飞行员一死一伤，3名英国飞行员都跳伞生还。

在不受干扰的情况下，道尼尔编队继续向西飞过惠特斯特布尔(Whitstable)，并来到谢佩岛(Isle of Sheppey)上空。当轰炸机靠近希尔内斯时，它们进入了保卫查塔姆(Chatham)海军船坞的高炮群的射程内。沿着泰晤士河口的南部，在锡廷伯恩(Sittingbourne)和格林海斯(Greenhithe)之间有15个火炮阵地，总共有60门4.5英寸或3.7英寸重炮。这些火炮现在开始向轰炸机开火，在炮弹的爆裂声中，道尼尔编队稍稍疏散开来，继续顽强地前进。

直至17时40分，两个德国编队在与英军防线的交锋中只损失了一架轰炸机。然而现在，英国夏季恶劣的天气要插手保护轰炸机的目标了，这比任何人造的防御系统都更有效。整个白天，低云一直在英格兰中部向东南方漂移，并伴有一些细雨。17时30分，北威尔德几乎已经被云层完全覆盖，云底低至只有3500英尺。在霍恩彻奇，情况也是如此。对于德国编队的指挥官来说，出乎意料的云层干扰带来的影响是非常明显的：在12000英尺以上飞行的轰炸机无法把炸弹投向他们看不到的目标。而在战争的这个阶段，希特勒严格禁止进行无差别的轰炸。因此两个编队只得调转方向，向自己的基地飞回。

当亨克尔的编队开始转向时，4个英国

战斗机中队发现了它们。第85、第151中队以及第46中队红色小队的28架“飓风”准备发起一次迎面攻击，第257中队的12架“飓风”也从后方向轰炸机编队逼近。第151中队的理查德·米尔纳(Richard Milne)中尉是第一批进行攻击飞行员之一：“轰炸机们现在飞得非常快，马力全开。我遇到了来自后部机枪手的射击，但并不准确，因为我让敌机的方向舵保持在我们之间。”他后来写道：“我开火了，4秒钟后，两台发动机开始冒烟。我继续射击，被敌机的油烟笼罩着。烟雾越来越浓，当我的弹药耗尽时，我能看到的只剩下翼尖。”然后米尔纳不得不离开，因为德国护航机的曳光弹从他的“飓风”边上飞过。“我使劲翻滚，躲过了他之后的攻击。当我瞥见后面的时候，我看到亨克尔飞机爆炸了，巨大的碎片飞了出去。”

被米尔纳击毁的飞机正是KG 53第二大队长莱茵霍尔德·塔姆(Reinhold Tamm)少校的座机，轰炸机坠入靠近岸边的海中，机上6名乘员全部丧生。梅塞施密特护航机发起反击，击落第151中队两架战机，一名飞行员阵亡，另一人身负重伤。

下一个上阵的是第257中队的12架“飓风”，它们大多与德国护航机纠缠在一起，仅有红色分队得以穿过封锁线向轰炸机发起一轮攻击后就又被护航机驱逐出去。第46中队的红色小队是第12大队参加此次战斗的唯一部队，它们也与护航机展开了激战。很快第85中队的13架“飓风”也加入战斗，但挡在它们面前的依然是ZG 26的Bf 110和JG 51的Bf 109。

当交战进行得如火如荼时，德军编队正朝着东南方向的海岸移动。战斗进行到了罗奇福德上空，当它们在舒伯里内斯(Shoeburyness)越过海岸线时，几架亨克尔轰炸机将它们的炸弹投向了该镇的陆军军营和火车站。

在轰炸机周围，小规模的冲突接连不断。其他英国战斗机中队也相继穿过云层加入战场，但是它们大多与护航机缠斗在一起。随着空袭编队离海岸越来越远，英国战斗机逐渐耗尽弹药或燃料，不得不离开。最终在撤退途中，KG 53第三大队又有两架He 111被英国战斗机击落。

与北边的空袭部队相比，南面的德机没有再受到英国战斗机的骚扰。KG 2的道尼尔轰炸机及时转向，避免了与在伦敦东郊上空等待它们的中队发生接触，它们毫无损失地通过了查塔姆防空守备区。当轰炸机经过迪尔的海岸时，其中3架轰炸机脱离了编队，将炸弹对准了那里的皇家海军陆战队营房。

在当天的最后一次大规模战斗中，德国空军损失了4架轰炸机和10架护航机，另有两架轰炸机和至少一架护航机受损。战斗机司令部损失了9架飞机，另有5架受损，飞行员死伤各3人。

当天晚上，德国空军出动92架来自KG 1、2、3、27、53的轰炸机前去攻击位于谢菲尔德、利兹(Leeds)、赫尔(Hull)、科尔切斯特、坎维岛(Canvey Island)、曼宁特里(Manningtree)和西兰的目标，没有造成严重破坏。德国方面唯一的损失是 KG 27 第二大队的一架 He 111 在攻击温德拉什(Windrush)航校时与一架英国教练机发生空中撞击，两架飞机上的 5 名乘员全部丧生。

8 月 18 日，德国空军共出动飞机约 970 架次，其中轰炸机约 495 架次(约 300 架次为昼间轰炸)，战斗机 460 架次，侦察机 15 架次。在英国上空的战斗中，有 69 架德国战机被摧毁或重伤报废，绝大多数归因于英国战斗机的拦截，另有 27 架飞机受到可以修复的损伤。共有 94 名德国机组人员阵亡，40 人被俘，25 人负伤。

由于德国空军对战斗机司令部的实力存在误判，皇家空军的回应力度远超德军预料。在这 24 小时内，战斗机司令部共出动飞机 927 架次，仅略低于德国空军的出击架次。其中 886 架次为昼间拦截作战，第 11 大队最为忙碌，共出动约 600 架次飞机，它的每架“飓风”和“喷火”平均出动 1.7 架次。战斗机司令部应对德国空军三场大规模空袭的 403 架次作战中，有 320 架次与敌机接触。31 架英国战斗机(5 架“喷火”和 26 架“飓风”)被摧毁或重伤报废，其中有 25 架可以确认是被德国护航机击落(德国空军战斗机和驱逐机飞行员宣称击落 68 架“喷火”和 56 架“飓风”)。11 位英国战斗机飞行员阵亡，19 人负伤。

在肯利、克罗伊登和曼斯顿，战斗机司令部还在地面上损失了 2 架“喷火”和 6 架“飓风”，28 架其他各型飞机也在地面上被摧毁。因此，加上损失于空战中的 31 架战斗机以及发生夜间撞击的一架教练机，英国方面在 8 月 18 日彻底损失 68 架飞机，几乎与德军的损失相同，但这里面有 17 架是教练机或非作战飞机。

8 月 18 日对于交战双方来说确实称得上是“最艰难的一天”，两军都付出了在整场战役期间最大的单日损失。德国方面有 100 架飞机退出战斗，其中 69 架是永久性损失。战斗机司令部有 73 架战斗机退出战斗，其中 39 架为永久性损失。另有 62 架各型英国飞机在德军对机场的空袭中被摧毁或受创，其中 29 架报废。

此时，不仅在英国，而且在全世界，人们以惊讶和钦佩的眼光关注着英国空军与德国空军的顽强斗争。在波兰、挪威和法国之后，人们已经把希特勒的纳粹德国视为不可战胜的。但在这个小岛上，在决不投降的首相领导下，人民继续进行着英勇抵抗。这给美国留下了特别深刻的印象。温斯顿·丘吉尔 8 月 20 日在英国议会的演讲中充满了对皇家空军飞行员的钦佩之情，他说的一些话已成为传世经典：“在我们的岛国，在我们的帝国，甚至在全世界，除了有罪之人的居所，每一个家庭都对英国飞行员表示感谢，他们不惧艰险，在不断挑战和致命的危险中不屈不挠，以他们的能力和奉献精神扭转了世界大战的局势。在人类战争史上，从来没有这么少的人为这么多的人作出过这么大的贡献。所有人都向战斗机飞行员致敬，我们日复一日地亲眼看到他们的辉煌行动。”

两个海峡航空队打算在接下来两天继续它们的攻势，凯塞林的参谋部计划重新尝试攻击霍恩彻奇和北威尔德(之前的空袭因天气原因而放弃)，施佩勒的司令部则认为现在是时候消灭 Y 分区的沿海机场沃姆韦尔了。但这时戈林叫了暂停，有感于他的空军在鹰击行动初期出现的惨重损失，戈林在卡琳宫又召开了一次会议。8 月 19 日，凯塞林、施佩勒和他们的航空军指挥官踏上前往柏林开会的旅程，德国空军当天的作战规模大幅缩减。

8 月 19 日：卡琳宫会议

为了准备戈林在卡琳宫的又一次司令官级别会议，施密德使用来自第 2 和第 3 航空队情报部门的每日战局报告来评估德国空军在鹰击行动第一阶段的成果。由于作战的主要目标是通过反复轰炸来在地面上消灭皇家空军，他忠实的汇报“(已经有)8 个大型航空基地被摧毁”。

在之前一周(8 月 12 至 18 日)的战斗中，戈林的两个航空队对约 50 个皇家空军和海军航空兵机场发起了轰炸行动，其中 11 次因天气原因而放弃，另有 4 次(本森、希斯罗、迪什福斯和乌斯河畔林顿)被及时的战斗机拦截所破坏。

尽管如此，德国空军的攻击还是导致福特和林姆尼受重创并被放弃作为作战基地，霍金奇、曼斯顿和西莫灵也受损严重，持续作战的能力被极大削弱。帕克的两个分区基地——肯利和坦米尔——可以被看作陷入瘫痪状态。此外，第 11 大队责任区内还有 4 个机场(克罗伊登、德特林、伊斯特彻奇和马特尔舍姆希思)因为损毁严重而在修缮中。另有 10 个机场在空袭中受到较大破坏但并不影响使用，10 个机场仅遭到骚扰性袭击。

德国空军的摄像侦察似乎证明了鹰击行动目前已经成功地令道丁将防线撤退到伦敦外围 50 公里范围内，迫使战斗机们从除曼斯顿外的沿海前线机场上撤出，以及放弃福特基地，并让驻扎在朴次茅斯和南安普顿周围机场上的皇家空军及海军航空兵飞机数量小幅降低。施密德以此为证，指出“战斗机司令部的主力已经撤入首都(伦敦)防御圈”。

马蒂尼的无线电监听部门定位了 6 个地点(全部在距伦敦 50 公里范围的机场上)，皇家空军的战斗机中队从那里被引导拦截来袭的轰炸机。考虑到难以将沿海地区的雷达塔全部放倒，他推荐攻击这些目标为代替。此外，瓦尔道建议更频繁的出动大批战斗机在海峡上空进行防御性巡逻以及深入内陆进行扫荡，遮挡住本土预警雷达的信号，让入侵的轰炸机编队在飞往它们的目标途中避免被过早发现。

从德国空军的战局报告中，施密德统计了战斗机和驱逐机飞行员声称摧毁的皇家空军战斗机数量，并对该阶段战斗机司令部的实力进行了评估。在连续七天的战斗中，两个航空队声称击落“喷火”和“飓风”424 架，并在地面上摧毁另外 24 架(总共声称摧毁各型飞机 101 架)。使用该数据和之前的统计数字，施密德估计皇家空军自 7 月 1 日起已经损失了 561 架战斗机(包括 12 架“无畏”)。此外，他还大胆的猜测至少还有 196 架飞机损

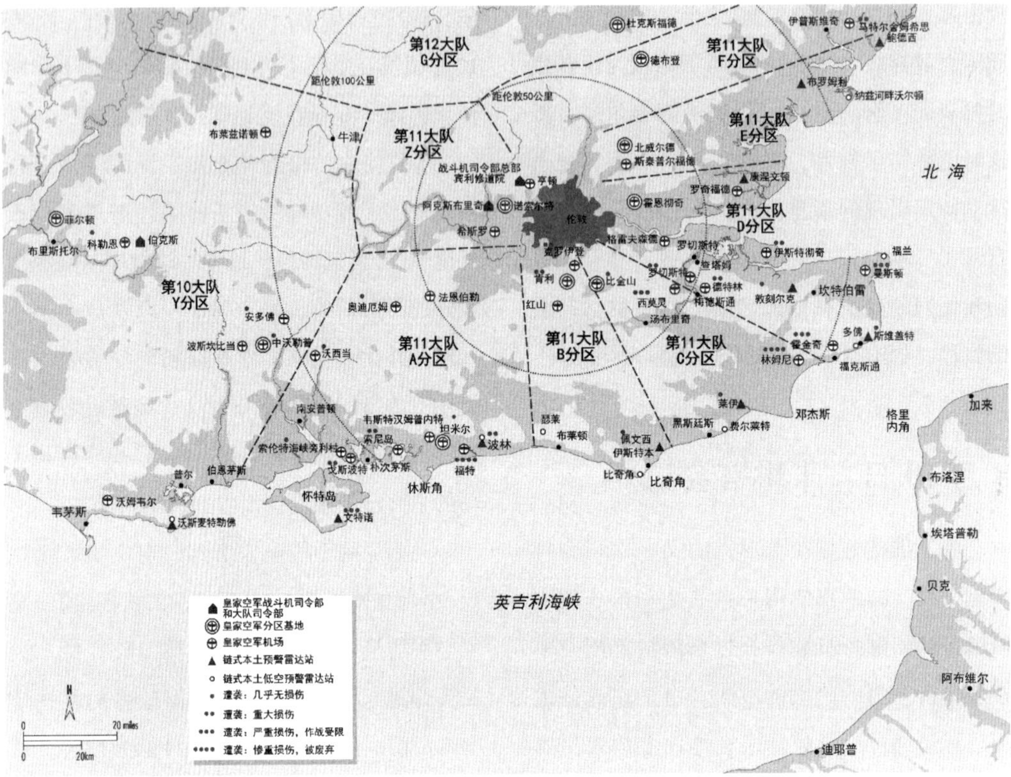

■ 鹰击作战第一阶段战果(1940 年 8 月 12 日至 18 日遭袭的机场)。

失于其他各种原因。

通过减去这一高估的损失数字并加上他估算的 270 至 300 架生产交付的替换飞机，施密德乐观的预计道丁仅剩下 430 架昼间战斗机，其中大约 330 架部署在英格兰南部。同期损失了约 127 架 Bf 109E，交换比为 4.5∶1，这一结论鼓励德国空军通过进行更多战斗机对决的方式来取得胜利。

为取得这些成果所付出的代价是高昂且令人不安的。在接近一周的进攻作战中，德国空军损失了 297 架飞机，这一数字与之前 6 周作战总共损失 204 架飞机(7 月 2 日至 8 月 11 日，平均每周损失 34 架)相比急剧增长。德国空军是戈林在第三帝国领导层中获取威望和地位的主要资本，无论是胜或败，戈林都无法接受它在完成任务的过程中被严重削弱。所以会议的主题是尽可能多地降低这难以接受的高战损率。

约 127 架水平轰炸机(占 8 月 13 日可用数量的 12.7%)和 52 架斯图卡(占总数的 16.7%)损失于拦截机或防空火力。虽然一直有新飞机运来填补轰炸机的损失，持续的作战还是令它们的可用率降至 70%。更严峻的是机组的损失，包括 172 名军官，其中有两位轰炸机联队长、两位航空军参谋长和 7 位大队长。如果德国空军想要取得胜利，这些人员的大量流失必须被遏止。

同样，斯图卡部队必须被保留下来以完成它们的主要工作——为国防军横跨海峡的登陆作战提供密接空中支援。无论如何，斯图卡的有限航程以及对作战环境的严苛要求令它不适合执行任何深入敌军战斗机空域的作战。为了将它们保存下来用于海狮行动，戈林在8月19日的司令官会议中下达指示："在敌军战斗机部队被击败前，仅允许在环境特别理想的条件下动用斯图卡单位。"为了更好的贯彻这一决定，德国空军最高司令部在8月29日将里希特霍芬的第8航空军转移至第2航空队。

斯图卡撤出留下的空缺在一定程度上由LG 2第二(对地攻击)大队在月底(官方日期9月4日，虽然早在8月31日就已经执行作战任务)的加入所填补。它刚完成为期4周的将Hs 123双翼对地攻击机替换成Bf 109E-7战斗轰炸机的换装工作。这支部队的到来令凯塞林麾下的战斗轰炸机兵力翻倍。

最后要提到的是Bf 110驱逐机的尴尬处境。惊人的53架或20.15%的战损证明了它明显不适合执行分配给它的任务。尽管如此，戈林仍然下令："双发战斗机要应用在单发战斗机航程不足，或是可以协助单发编队脱离战斗的场合中。"

对于德国空军来说值得欣慰的是战斗机部队依然是健康的，在第一阶段一周的作战中损失65架(7%)"埃米尔"，击落114架皇家空军拦截机。战损比1.75：1，损失得到快速弥补，前线部队的可用率达到85%。

但是，在面对轰炸机和驱逐机高战损率这个问题时，戈林将责任全部推到了战斗机部队的身上，而完全无视了Ju 87和Bf 110自身的脆弱和技术缺陷。因此，他认为有必要对战斗机部队进行组织和人事上的大调整。

■ 1940年8月在法国的StG 1第2中队，由于在英国上空频繁遭遇严重损失，斯图卡部队在8月18日后暂时退出不列颠空战。

这时很多空军联队和大队指挥官甚至是参加过第一次世界大战的老兵，戈林认为这些人年纪太大并缺乏进取精神。有一些战斗机指挥官是名副其实的地面指挥官，更多是在地面上而不是在空中指挥自己的部队。即便是在空中，他们也经常会避免直接卷入战斗。以 JG 26 联队长戈特哈德·韩德里克少校为例，虽然他的联队司令部与第一大队共享欧当贝尔(Audembert)基地，韩德里克却不与第一大队一同作战。他认为一位联队长应该将他的所有部队都放在视线范围内，以便更好地指挥他们，做到这一点的唯一方法是跟随而不是领导他们。在他担任联队长的两个月里，JG 26 联队司令部颗粒无收，联队技术军官瓦尔特·霍尔滕(Walter Horten)中尉抱怨自己在空中甚至根本看不到英国战斗机的身影。

作为对比，年仅 27 岁的莫尔德斯少校在担任 JG 51 联队长期间的表现非常出色，自从他接手后，JG 51 已经发展成为第 2 战斗机指挥部旗下最优秀的 Bf 109 部队。现在戈林想要更进一步，在其他 Bf 109 部队身上做同样的事情。于是，他将一些在之前作战中表现出色的年轻飞行员提拔为大队长和联队长，其中包括阿道夫·加兰德、汉斯·特劳夫特、京特·吕措(Günther Lützow)和沃尔夫冈·舍尔曼(Wolfgang Schellmann)。通过这轮人事大调整，战斗机部队成了德国空军中第一个实现指挥官年轻化的兵种，这之后一般来说联队长、大队长和中队长的位置均由队中最有经验、击落敌机最多的人担任。客观的说戈林调换战斗机部队指挥官的做法是正确的，此举使得战斗机部队在之后的战斗中更有活力、表现更出色，加兰德公正的评价道：

> 这些(战前的)指挥官们在和平时期是优秀的军官，但在战斗中他们根本不是最好的领导者。更换指挥官是必要的第一步。从那时起，联队级别的每一次行动和作战都由我亲自领导。我很清楚在大型空战中什么可以做，什么不可以做。下一步，我设计、编写并执行了一个为轰炸机编队提供战斗机护航的联队系统，该系统广为人知，并被认为是最好的一个。

在 8 月升职的 4 位联队长(即 JG 3 的京特·吕措、JG 26 的阿道夫·加兰德、JG 52 的汉斯·特吕本巴赫和 JG 54 的汉斯·特劳夫特)中吕措和加兰德最终战绩破百，特劳夫特以“绿心之父”的称号闻名全军，特吕本巴赫则成了战斗机学校的校长。新上任的大队长中也不乏高手，威廉·巴尔塔萨(Wilhelm Balthasar，JG 3 第三大队长)、赫尔曼·弗雷德里希·约皮恩(Hermann-Friedrich Joppien，JG 51 第一大队长)、瓦尔特·奥绍(JG 51 第三大队长)、迪特里希·赫拉巴克(Dietrich Hrabak，JG 54 第二大队长)、赫尔穆特·维克(JG 2 第一大队长)和沃尔夫·迪特里希·维尔克(Wolf-Dietrich Wilcke，JG 53 第三大队长)等人都是德国空军战斗机部队的知名王牌飞行员。

不幸的是，德国空军此时依然没有标准的战斗程序和统一的作战计划，护航任务都是交给各联队长按照自己所认为的最佳方式执行。这就使得各战斗机部队之间的表现差异十分大，有些联队(特别是JG 26和JG 54)能以极高的效率完成自己的任务，而另一些联队的护航质量则很难让人满意。标准的战术样式直到战役后期才得到普及。

德国空军的战斗机护航战术

在不列颠空战的最初阶段，德国空军的战术准则是仅为轰炸机提供最低限度的护航，大部分的战斗机被投入追歼英国战斗机部队这一任务。然而轰炸机部队损失惨重的事实使德国空军开始将更多的战斗机投入护航这一任务。

到1940年9月，德国空军已经发展出了两种护航方式。第一种为直接护航，将战斗机布置在轰炸机编队的上方、下方和两侧。负责直接护航的战斗机与轰炸机的数量至少是相等的，也经常会出现由一整个战斗机联队护航一个轰炸机大队的情况。战斗机编队通常分散成数个双机战术单位，由于航速远高于轰炸机，他们需要在轰炸机周围来回穿梭以避免与之分开。直接护航是最让战斗机飞行员厌恶的护航方式。

第二种护航方式为间接护航，担任这一任务的战斗机与主编队相隔一定距离，但是仍处在目视范围。他们的任务是在敌人进攻发起前进行先期的干扰破坏。如果敌机从右边飞来，那么右翼的战斗机就转向迎战。同时位于编队上方的战斗机下来占据右侧的位置，位于编队左侧的战斗机则去占据上方的位置。在对付来自后方的攻击时，处于末尾的护航机将进行180度转向迎战，同时外侧的两队战斗机将移动到尾部填补空缺。面对来自上方的敌机时，两翼的战斗机将进行爬升并在攻击者掠过编队后转向进行尾随攻击。

在较短的一段时间里，德国空军战斗机的自由猎杀战术结合上述两种护航战术被证明十分有效。但是皇家空军战斗机司令部很快研究出了对策，他们将灵活机动的“喷火”用来对抗护航战斗机，“飓风”则负责进攻轰炸机。这样德国轰炸机部队的损失又开始增长到令人头疼的地步，轰炸机飞行员和战斗机飞行员关于护航战术之间的矛盾与分歧也越来越大。

德国空军战斗机部队在1940年7月至12月指挥官变动一览表：

所属于部队		前任指挥官	继任指挥官	接任日期
第2航空队	JG 3 联队长	卡尔·菲克中校	京特·吕措少校	1940.08.22
	JG 3 第一大队长	京特·吕措上尉	汉斯·冯·哈恩上尉	1940.08.22
	JG 3 第二大队长	埃里希·冯·泽尔上尉	埃里希·冯·泽尔上尉	未变动
	JG 3 第三大队长	瓦尔特·基尼茨上尉	威廉·巴尔塔萨上尉	1940.08.31
	JG 26 联队长	戈特哈德·韩德里克少校	阿道夫·加兰德少校	1940.08.22
	JG 26 第一大队长	库尔特·费舍尔上尉	罗尔夫·平格尔上尉	1940.08.22
	JG 26 第二大队长	卡尔·埃比希豪森上尉	埃里希·伯德上尉	1940.08.16
	JG 26 第三大队长	阿道夫·加兰德少校	格尔哈德·舍普费尔少校	1940.08.22
	JG 51 联队长	特奥·奥斯特坎普上校	维尔纳·莫尔德斯中校	1940.07.27
	JG 51 第一大队长	汉斯·海因里希·布鲁斯特林上尉	赫尔曼·弗雷德里希·约皮恩上尉	1940.10.01
	JG 51 第二大队长	京特·马特斯上尉	京特·马特斯上尉	未变动
	JG 51 第三大队长	汉斯·特劳夫特上尉	瓦尔特·奥绍上尉	1940.08.25
	JG 52 联队长	默哈特·冯·贝尔内格少校	汉斯·特吕本巴赫少校	1940.08.19
	JG 52 第一大队长	西格弗里德·冯·埃施韦格上尉	沃尔夫冈·埃瓦尔德上尉	1940.08.27
	JG 52 第二大队长	汉斯·京特·冯·科纳茨基上尉	威廉·恩斯伦上尉	1940.08.27
	JG 52 第三大队长	亚历山大·冯·温特费尔德少校	8月25日由于损失严重而返回德国	未变动
	JG 54 联队长	马丁·梅蒂希少校	汉斯·特劳夫特少校	1940.08.25
	JG 54 第一大队长	胡贝图斯·冯·博宁上尉	胡贝图斯·冯·博宁上尉	未变动
	JG 54 第二大队长	奥托·汉斯·温特尔上尉	迪特里希·赫拉巴克上尉	1940.08.26

续表

所属于部队		前任指挥官	继任指挥官	接任日期
第2航空队	JG 54 第三大队长	弗里茨·乌尔奇上尉	京特·舒尔茨中尉	1940. 09. 05
	JG 77 第一大队长	约翰内斯·扬克上尉	8月25日被改编为JG 51的第4个大队	未变动
	LG 2 第一大队长	赫伯特·伊尔菲尔德中尉	赫伯特·伊尔菲尔德中尉	未变动
第3航空队	JG 2 联队长	哈里·冯·比洛·博特坎普上校	沃尔夫冈·舍尔曼少校(10月20日由赫尔穆特·维克接任)	1940. 09. 03
	JG 2 第一大队长	亨尼希·施特林佩尔少校	赫尔穆特·维克上尉	1940. 09. 10
	JG 2 第二大队长	沃尔夫冈·舍尔曼少校	卡尔·海因茨·格赖泽特上尉	1940. 09. 03
	JG 2 第三大队长	埃里希·米克斯少校	奥托·贝特拉姆中尉(10月1日由汉斯·哈恩接任)	1940. 09. 15
	JG 27 联队长	马克思·伊贝尔中校	伯恩哈德·沃尔登加少校	1940. 10. 15
	JG 27 第一大队长	爱德华·纽曼上尉	爱德华·纽曼上尉	未变动
	JG 27 第二大队长	瓦尔特·安德烈斯上尉	沃尔夫冈·利珀特上尉	1940. 10. 01
	JG 27 第三大队长	约阿希姆·施利希廷上尉	马克思·多比斯拉夫上尉	1940. 09. 18
	JG 53 联队长	汉斯·尤尔根·冯·克拉蒙·陶巴德尔中校	京特·冯·马尔灿少校	1940. 10. 10
	JG 53 第一大队长	阿尔伯特·布鲁门萨特少校	汉斯·卡尔·迈尔上尉	1940. 09. 01
	JG 53 第二大队长	京特·冯·马尔灿上尉	海因茨·布雷特纽茨上尉	1940. 10. 10
	JG 53 第三大队长	哈斯·约阿希姆·哈尔德上尉	沃尔夫·迪特里希·维尔克上尉	1940. 08. 13
第5航空队	JG 77 联队长	埃特尔·勒迪格·冯·曼陀菲尔中校	伯恩哈德·沃尔登加少校	1940. 11. 03
	JG 77 第二大队长	卡尔·亨切尔上尉	卡尔·亨切尔上尉	未变动

■ JG 2联队长哈里·冯·比洛·博特坎普上校向第三大队的下属们告别，像他这样的老一辈战斗机部队指挥官在不列颠战役期间被大量撤换。

戈林在与施佩勒和凯塞林以及他们的航空军指挥官们的战略分析中集中讨论了两大议题：第一，如何最终摧毁或击败道丁的战斗机司令部；第二，如何在轰炸机不受高昂损失的情况下做到第一点。以第二点为重，指挥官们一致认为超过大队规模的轰炸机编队无法得到充分保护。于是，第一阶段中包含两三个大队的轰炸机联队规模空袭行动应被包含两三个中队的大队规模作战所取代。戈林表示同意，并强调："轰炸机出动的数量仅应当足以诱使英国战斗机升空。"

会议定下的作战方针强调轰炸战斗机司令部的主要基地，它们大多位于东南部，在计划登陆海滩的后方。轰炸将摧毁这些基地上停放在地面的战斗机，同时对主要基地(分区基地)的攻击也会迫使帕克防卫它们，这样他的"飓风"和"喷火"就将陷入一场消耗战，交换比占优的德国空军战斗机部队似乎肯定会取得胜利。戈林下达指令，昼间作战要以英国战斗机基地为目标，"通过派遣轰炸机攻击在我们的战斗机航程内的(那些)目标来迫使它们参战"。

即便是轰炸机编队的规模缩减了，担任密接护航的还是应当有3个战斗机大队。与很多资料所陈述的相反，虽然轰炸机联队长们强烈要求战斗机提供更紧密的保护，但是戈林在此时还未下令将大部分战斗机用于执行贴身护航任务。如果战斗机被限制在轰炸机周围活动将使其失去攻击性，只能处于被动防御的状态，这样消灭英国空军战斗机部队的任务就不可能完成。所以戈林命令各战斗机部队指挥官在行动中应尽可能地进行自由猎杀战斗，戈林在下发的命令中这样说道："只应派出部分战斗机给我们的轰炸机进行直接护航。真实目的一定要是出动尽可能强大的战斗机兵力执行自由猎杀作战，在这个过程中它们可以间接地保护轰炸机，同时也在与敌机的战斗中处于优势地位。"

因此相比第一阶段，现在需要两倍数量的战斗机来护航轰炸机并实施扫荡。将战斗机作战规模翻倍的唯一途径是将所有可用Bf 109E单位集中在两个航空队中的一支，由这个司令部承担与敌军的作战。由于需要越过更宽的海峡，第3航空队的Bf 109部队从瑟堡地区起飞后刚到达英国的沿海城市就要立刻返航。缺乏油料的情况对于它的战斗机飞行员们来说越来越常见，他们常常由于稍微恋战了一会儿就没有足够的燃料返回法国了。因此，会议决定将施佩勒麾下的全部单发战斗机转移到凯塞林的司令部。这样据信帕克部署在英格兰东南部的330架“飓风”和“喷火”(8月18日结束时的实际数字为357架)将面对占据压倒性优势的849架“埃米尔”。

德国陆军的军官们根据历史经验一直相信进攻方为了确保在战场上取得胜利需要拥有至少3∶1的数量优势。作为一名在30年代中期被调到空军的原陆军军官，凯塞林为他的战斗机部队现在近乎拥有确保胜利的兵力优势而感到高兴。

■ 不列颠战役中的第2航空队司令凯塞林元帅(左二)，他左侧是德军空军参谋长耶顺内克航空兵上将，右侧是第2航空队参谋长斯派达尔中将，最右边是第二航空军军长洛泽尔航空兵上将。

因此在会议结束后，耶顺内克马上命令参谋部规划将第3航空队的全部“埃米尔”转移到第2航空队，首先是在8月23日至24日调动JG 53司令部和第三大队。除了从施佩勒那里接收了JG 2、JG 27和JG 53外，第2战斗机指挥部还得到了来自挪威的(第5航空队)JG 77第一大队40架“埃米尔”的增援。

随着德国空军将所有的战斗机单位集中在加来海峡地区，“埃米尔”的短航程让昼间作战仅限于攻击帕克的第11大队，战线的宽度从之前与第10和第11大队交战时的450公里宽缩短至265公里。这是可以接受的，因为帕克的防区覆盖住了所有的预期登陆海滩，所以需要集中攻击来摧毁它，或迫使道丁将它撤至伦敦和泰晤士河后方。

这一决定也意味着施佩勒的司令部将只能使用不适合的Bf 110作为护航战斗机，因此无法继续执行昼间轰炸，第3航空队转换角色到夜间作战中。为此，专职无线电引导轰炸的KGr 100在8月17日被转交给施佩勒，月底他还得到了第一航空军的加入。在8月26日对朴次茅斯的一次失败的昼间攻击后，第3航空队开始专注于对轰炸机司令部基地、大型港口、工业区和其他战略目标实施夜间轰炸作战。

此次会议的决定令不列颠空战的模式发生了重大转变，与第一阶段中对在一个宽广正面上的英军防御基地和基础设施实施打击不同，鹰击行动的第二阶段将集中对付帕克的第11大队，确保登陆作战至少在海峡和滩头地区上空取得制空权。

第八章　鹰击作战阶段二:8月24日至9月6日

8 月 24 日：鹰击重启

9 个战斗机大队的转移需要数天的计划和准备时间。凯塞林的后勤和通信参谋们需要在加来东部(两个)、格里内角南部(4 个)和圭内斯附近(两个)设立数个新机场，搭建兵营和维护设施，储存燃料和弹药，并与库尔特·贝特拉姆·冯·德林(Kurt Bertram von Döring)少将在维桑的第 2 战斗机指挥部建立作战通信联络。此外，还在维桑临时设立了第 1 战斗机指挥部，由原 JG 51 联队长奥斯特坎普少将接管，负责对新来战斗机单位的行政管理，他的小参谋部人员绝大部分来自瑟堡的维尔纳·容克(Werner Junck)上校的第 3 战斗机指挥部。

所有这些准备工作，再加上连续四天的坏天气，将重启作战推迟到了 8 月 24 日。凯塞林打算以上次被中止的作战计划来作为重启鹰击行动的开头：轰炸霍恩彻奇和北威尔德。在西侧，施佩勒继续进行着他自己的战役，再次攻击朴次茅斯并试图将皇家海军从它位于海峡中部的主要基地内驱离。

在空中作战较少的这几天内，除波林站外的所有雷达均已修复并重新上线，不过文特诺的机动预备雷达不太靠谱。林姆尼依然只能被当作一处紧急降落场，虽然霍金奇已经恢复使用，但是基地的效能受到较大削弱。

与此同时，道丁也调整了他的战斗机部队，8 月 19 日用齐装满员的第 616 中队替换掉在肯利消耗过大的第 64 中队。两天后，道丁还将第 266 中队撤至第 12 大队。这个中队受到了可怕的损失，包括指挥官在内有 6 名飞行员阵亡，11 架“喷火”被摧毁，还有 6 架在曼斯顿修理。

当即可用的唯一替换单位是第 12 大队驻扎在林赛的柯顿(Kirton-on-Lindsey)的第 264 中队，道丁后来承认，他非常后悔将该中队的“无畏”派遣到霍恩彻奇。与第 141 中队那帮未经战火考验过的新兵不同，第 264 中队作战经验丰富，而且在敦刻尔克上空取得的光辉战绩(主要归功于旋转炮塔机枪手上报的夸大战果)足以掩盖其高昂损失。

战术层面上，帕克在 8 月 19 日发布《第

11大队给指挥官们的第4号指示》，承认："德国空军开启了空中攻势的新阶段，从海峡船运和港口转移到内陆目标……集中攻击机场，特别是位于海峡和内陆的战斗机机场。"由于担忧飞行员的严重损失，以及缺乏有效的海空救援组织，他的第一个指示是将前沿防御后退到"可以滑翔到海岸边的距离。在接下来两三周内，我们无法再承受飞行员迫降到海面上这样的损失；避免派出战斗机到海面上空追逐侦察机或小编队的敌军战斗机"。

帕克相信取得胜利的关键是将战斗机对决的损失降至最低以及尽可能多的消耗德国空军轰炸机，他下令："对付来到内陆的大规模攻击时，出动最少数量的中队应对敌军战斗机。我们的主要目标是迎击敌军轰炸机……如果大规模攻击已经越过了海岸线并向机场前去，在各个分区机场上空派出一个中队在云层下方巡逻。"

8月24日，第2航空队以约150架次轰炸机和700架次战斗机宣告了自己的归来。后者中有许多是大编队的Bf 109E和驱逐机沿着英国海岸线(距海岸约30公里)飞行或进入内陆佯攻，试图勾引帕克的战斗机中队来到海峡上空作战，同时遮蔽沿海地区雷达站发出的电波，掩护轰炸机在加来海峡上空组队。

在这些遮蔽和佯攻作战以及早上的两波自由猎杀扫荡的掩护下，三批大队规模的轰炸机向帕克的机场袭来，它们都深入D分区，间隔大约一个小时。10时35分，大约30架Ju 88A向已被废弃的比克斯伯恩机场投下36.8吨炸弹，接下来的11时35分，20架He 111向拉姆斯盖特机场倾泻了13吨炸弹，210枚炸弹中有四分之一落在了镇里的小型民用机场上，其余的绝大多数对该镇造成了巨大破坏。

拦截第一波空袭的是第501中队，皇家空军报告："德国战斗机有效的阻挡住了它们的冲击。中队刚要开始攻击编队最后方的轰炸机时自身就从两侧遭到攻击。"

第二个编队的两侧都有Bf 109E伴飞，分别与第151和第610中队交战。这三个拦截中队各损失了一架飞机(两架"飓风"和一架"喷火")，有一名飞行员阵亡，另外两人负伤。两架JG 51第二大队的"埃米尔"被击落，还有第三架受损严重报废，一名飞行员被营救，另一人被俘。

第三波轰炸机是来自KG 76第二大队的20架Ju 88A，在JG 3第三大队和JG 26第三

■ JG 51第6中队的Bf 109E-4，8月24日被击落迫降在东兰顿(East Langton)附近。

大队的66架Bf 109E的严密保护下飞向曼斯顿。第501中队在返回基地的路上，但是距离太远，无法在轰炸进行前实施拦截。在早晨的两波空袭后被命令从霍恩彻奇前出的12架“无畏”刚来到这里，其中9架降落补充燃料，剩下一个小队在基地上空巡逻。弗雷德里希·莫里克少校的容克斯们在12时40分至12时45分俯冲轰炸了这个无助的机场，以极高的精准度投下13.25吨炸弹。

威廉·弗雷泽(William Fraser)中尉报告：“这是目前为止最糟糕的一次空袭，有7人丧生，起落场上遍布着弹坑。未引爆的炸弹到处都是，建筑和飞机在剧烈燃烧着。通信被切断，基地彻底陷入孤立。”机库和西北角的建筑遭到重击，生活区被彻底摧毁，一座弹药库被击中，引发了大规模的二次爆炸。

但是接下来发生的事情让德国飞行员不敢相信自己的眼睛：第264中队的“无畏”们在炸弹爆炸的间隙驶上跑道，虽然浓烟和大火吞噬了整个机场，这些单发战斗机却英勇地冲进烟云和尘土中，并奇迹般地从另一头钻出，毫发无损！Ju 88A从俯冲中拉起并加速在海面上空撤退，第264中队的“无畏”完成起飞，开始展开追击。它们逼近了逃窜中的容克斯并击落了包括大队长莫里克座机在内的4架敌机，直到JG 3第三大队的“埃米尔”赶来阻挠才罢手。此战，中队有4架飞机被轰炸机自卫火力和Bf 109E击落，包括中队长菲利普·亨特(Philip A. Hunter)少校的座机(飞行员失踪)，还有一架严重受损，残余的“无畏”返回了霍恩彻奇。

由于观察到第264中队的“无畏”为了拦截KG 76的俯冲轰炸而离开基地，ErprGr 210得令出动12架战斗轰炸机前去实施一次低空

■ “无畏”的悲剧在8月24日重演，虽然第264中队表现的已足够出色，但它仍在当天被击落4架飞机。

突袭，它们在15时39分抵达并再次肆虐了曼斯顿机场，这成了压倒骆驼的最后一根稻草。此事之后，道丁命令第600中队撤到霍恩彻奇，这座海滨机场撤出了除地面防御和飞机维护技师外的所有人员，他将该机场指定为又一处“应急降落场”。

凯塞林在下午的第二轮攻击波由埃里希·施塔尔(Erich Stahl)上校的KG 53第二及第三大队的46架轰炸机担任主攻，它们分成两批在13000至15000英尺高度越过泰晤士河口前去攻击霍恩彻奇和北威尔德。霍恩彻奇基地引导第54、第111、第151和第615中队前去拦截，帕克还向第12大队的利·马洛里求援保护这两个基地。后者的部队未能抵达，让基地处于不设防的状态。

第一支攻击群，埃德勒·冯·布劳恩(Edler von Braun)少校的第三大队在JG 52的Bf 109E掩护下从舒伯里内斯附近飞越泰晤士河口，在约15时30分抵达霍恩彻奇上空，那里的猛烈防空炮火扰乱了它的轰炸航路。仅有6枚炸弹落入机场范围内，只在停机滑行道上留下了弹坑。第264中队再次起飞，它残余的6架“无畏”中有两架在起飞时发生碰撞受损。来自第151、第610和第615中队的战斗机在入侵者撤退途中拦住了它们，击落5架亨克尔(四架属于第9中队)，一架第610中队的“喷火”被护航机击落。

布劳恩对霍恩彻奇的空袭意在牵扯住帕克的拦截机，20分钟后跟来的就是埃里希·考夫曼(Erich Kaufmann)中校的KG 53第二大队，它以一条大致平行的航线奔向北威尔德。基地报告第二大队在15000英尺高的一片云盖上方以“三机小队为单位排成紧密纵列编队。Me 110(来自ZG 26)在轰炸机上方排成梯形队，还有其他Me 110在与轰炸机相同的高度环绕着它们，航速约200英里时”。

第54、第615和第151中队都看到了这批轰炸机和它们的护航机，但是第54中队正在与JG 52交战，它们都无力进行拦截。第111中队上前迎敌，“由于敌军战斗机的干扰无法实施攻击”。在高空的格斗中有一架ZG 26第8中队的驱逐机受损，一名机组人员

■ 这架JG 52第1中队的Bf 109E在8月24日下午的空战中被击落。

负伤。

考夫曼的亨克尔们就这样未受干扰的向北威尔德投下 24.3 吨炸弹和 32 枚燃烧弹，彻底摧毁了基地的供电室、重创已婚军官和飞行员的营房，并损坏了消防供水和煤气总管。“投下了大量定时炸弹，一些在第二天爆炸。9 名军人丧生，10 人负伤，死者和大部分伤员来自一个被炸弹直接命中的掩体内。”

施塔尔的攻击战术天衣无缝，KG 53 第二大队没有损失一架亨克尔。护航机选用 Bf 110的原因是北威尔德位于 Bf 109E 的作战半径外，因此驱逐机也没有损失这件事值得一提。通算下来，第 2 航空队损失了 5 架 KG 53的 He 111H 和 5 架 KG 76 的 Ju 88A，还有 15 架 Bf 109E。第 11 大队损失 8 架“飓风”，5 架“喷火”和 4 架“无畏”。

在西线，施佩勒唯一的作战再次对准朴次茅斯，目标是皇家造船厂和港口码头。比洛维乌斯的 LG 1 出动 46 架 Ju 88A，各携带 4 枚 SC250 炸弹从奥尔良-布雷西和沙托丹出发，飞越瑟堡途中与 JG 2、JG 53 的 Bf 109E 和 ZG 2 的驱逐机会师。

由于难以对新的接收机进行校准，文特诺的机动预备雷达在判断准确距离信息上依然存在严重问题。当攻击者在 16 时 15 分来到怀特岛东南约 30 公里处时，雷达的主回声波分解成了七股小回音。这时布兰德和帕克已经派出了第 17、第 43、第 234 和第 609 中队，并命令第 234 和第 609 中队在朴次茅斯和怀特岛巡逻。

当入侵者在 16000 英尺高度越过怀特岛时，他们的海拔比下方第 609 中队的“喷火”高了 6000 英尺，这样轰炸机就在完全未受阻拦的情况下来到目标上空。从 16 时 25 分开始，184 枚炸弹在短短 4 分钟内如暴雨般落在朴次茅斯，大约 35 枚落在造船厂上，严重破坏了皇家海军的设施，造成超过 50 人死伤并点燃了战舰的储油库，大火足足燃烧了一天半之久。其他炸弹落在了城市的南部和北部，杀死 104 名平民并击伤 237 人。

比洛维乌斯的轰炸机没有任何损失，但是第 234 中队在后来的拦截中击落两架护航机，分别来自 JG 2 第 6 中队和 ZG 2 第 5 中队。这次失败的防御战让第 234 中队也损失了一架“喷火”。

8 月 25 日：沃姆韦尔空袭

施佩勒终于可以重启被推迟的对沃姆韦尔的攻击了。

早在 8 月 20 日凌晨，军情八处就将一条由 ULTRA 破译的绝密情报传达给空军部，报告：“从可靠来源得到消息，今天早晨即将有一次对沃姆韦尔的攻击。飞机准备要在 7 时出动。”

由于戈林在 19 日会议上做出的决定，这次空袭被推迟了，因此在 22 日凌晨的通信中再次被提及，并在第二天早晨又一次被推迟。最终，军情八处声明：“可以确信在 1940 年 8 月 25 日当天会有对沃姆韦尔、小里辛顿(Little Rissington)和阿宾登(Abingdon)机场的空袭。”虽然空军部收到了这个通知，但是没有任何书面证据显示此消息传达给了战斗机司令部。

8月25日，第2和第3航空队出动战斗机480架次以配合250架次轰炸机作战。根据德国空军最高司令部的每日战局报告，“一定规模的轰炸机编队在单发及双发战斗机的严密保护下攻击了沃姆韦尔机场……此次空袭和对伦敦东部地区的另一次攻击的结果是，引发了相当大规模的空战，这些战斗证明我们的编队取得了成功”。

执行沃姆韦尔空袭的是KG 51第二大队和KG 54第二大队，它们在大约15时30分从巴黎—奥利(Paris-Orly)和圣安德烈—德勒尔起飞。两个机群各包含约30架Ju 88A，相距5分钟航程。经过瑟堡时，ZG 2第一、第二大队，ZG 76第三大队和LG 1第五(驱逐机)大队的共计103架Bf 110加入了它们并一起向着西北方穿越海峡。JG 53第一和第二大队负责提供高空掩护，JG 2第三大队负责掩护轰炸机的归途。

空袭部队在离开圣马洛(St Malo)时就被沃斯麦特勒佛雷达站探测到了。16时40分，布兰德的首席战斗机指挥官——中沃勒普的大卫·罗伯茨中校在他的Y分区基地(第234和第609中队)和沃姆韦尔机场(第213中队)上空部署战斗巡逻，将沃姆韦尔的第152中队派往波特兰上空，并指挥第87和第602中队前去拦截。

在17时22分至17时24分经过波特兰时，第一批机群的护航驱逐机(位于15000至20000英尺的ZG 2第一大队)与第213中队发生交火，第87中队很快也加入战斗。根据后一个中队的报告：“‘B’小队杀向Ju 88，Me 110则冲向‘B’小队。‘A’小队接着攻击Me 110。我们的飞行员注意到一些Me 110释放出红色焰火，想必是为了呼唤在高空护航的Me 109。后者确实下来加入战斗，轰炸机此时继续向内陆的目的地进发，那正是在沃姆韦尔的战斗机基地。”

指挥反击的是拥有14个击坠战果的JG 53第1中队长汉斯·卡尔·迈尔上尉，他的作战报告写道：“中队与一个试图攻击Ju 88的‘飓风’中队交战。我来到一架在远距离射击Ju 88的‘飓风’身后。它随即撤出攻击并朝西北方的海边俯冲下去。我跟着它俯冲并在相隔50米的距离射击，使这架飞机燃烧着坠落。在仅10米外的又一轮机枪射击后，飞行员跳出飞机。飞机和飞行员落入距离海岸

■ JG 53第1中队长汉斯·卡尔·迈尔上尉与他的Bf 109E-4机尾合影，可以看见机身上有一个大洞，是在8月12日与英国战斗机交战时留下的，当天迈尔声称击落两架“飓风”。

线500米外的水中。”即便是在离岸边如此近的地方跳伞，这位比利时志愿飞行员菲利帕特（JAL Philippart）少尉还是溺水身亡了。JG 53在这场混乱的战斗机格斗中损失了4架Bf 109E。

当弗雷德里希·温克勒（Friedrich Winkler）少校的KG 51第二大队抵达目标上空时，防御者击落了两架容克斯和4架驱逐机。紧跟其后，第609中队对从东边逼近的鲁道夫·克斯特（Rudolf Köster）中校的KG 54第二大队展开拦截，但是所有的战斗都是和Bf 110对决，又有3架驱逐机被击落，还有两架返回法国后伤重报销。

两个轰炸机编队在17时25分至17时30分投下37吨高爆炸弹。大约30枚炸弹落在机场上，摧毁了病房并击伤两个机库，切断了电话和电传打印线路，还在起落场上留下不少弹坑。有9枚定时炸弹分别在不同的时间引爆，最后一枚在27日6时40分爆炸。虽然没有人员伤亡，但是“通信在26日午前陷入混乱”。在这次失败的防御战中，有3架“飓风”和4架“喷火”被击落，5名飞行员丧生。

当轰炸机撤退时，从坦米尔飞来的第17中队向混乱的Bf 110和Bf 109机群发动攻击，又损失了两架“飓风”和中队长塞德里克·威廉姆斯（Cedric W. Williams）少校。赶来掩护返航的JG 2第三大队损失了两架Bf 109E，两位飞行员都被一架He 59海上救援机救回。

总之，沃姆韦尔空袭让交战双方都损失惨重：10架英国战斗机和16架德国战斗机（包括9架Bf 110）。但德国人还是相当高兴。总的来说，梅塞施密特们成功地保护了轰炸机部队，后者的损失仅为两架飞机。德军战斗机飞行员夸张的宣称取得了40次空战胜利。其中JG 2“里希特霍芬”联队取得了第250次空战胜利。为此，联队指挥官博特坎普中校被授予骑士十字勋章。

关于ULTRA在不列颠之战中扮演的角色，罗伯茨中校对“预期空袭”做出的回应可以被视为战斗机司令部的典型案例，可以看出他们没有得到任何超前的预测情报。升空的6个中队中仅有半数是用于对付入侵者。空袭没有受到干扰。沃姆韦尔在接下来18小时内无法工作，仅有两架轰炸机被击落。如果战斗机司令部提前得到通知沃姆韦尔是当天的主要目标，那么道丁和他的下属指挥官们不会做出这样的战术安排。不管是在空军部办公室还是它与第10大队司令部的交流上出了什么问题，总之ULTRA的

■ He 59水上飞机在不列颠战役中救回了大量落水的德国飞行员。

情报没有传到布兰德的司令部。这可以证明ULTRA并没有像许多历史学家认为的那样在不列颠空战中扮演了重要角色。

伦敦东部的空战发生在19时至19时30分，均在8月19日的卡琳宫会议后不久被提拔为联队长的加兰德和特劳夫特分别率领JG 26和JG 54保护一个Do 17Z诱饵编队，那个轰炸机编队明显是天气原因放弃了对目标的攻击，但引诱皇家空军战斗机的目的达到了。在多佛附近，JG 26向第32中队发起攻击并击落了它的两架“飓风”。此后不久，第54、第610和第616中队的“喷火”飞行员也看到了这个庞大的Bf 109机群。指挥JG 54的特劳夫特少校说道：“我挑选了一架与其他编队分离的‘喷火’为目标，从下方实施攻击。我在80米的距离上开火，击中了机身。下一轮齐射击中了一个机翼。那架飞机燃烧着向英吉利海峡旋转坠落。我没有看到撞击的情况。”

被特劳夫特击落的“喷火”飞行员是第54中队的米克·尚德(Mick Shand)少尉，这位新西兰人在几个小时前刚刚执行了他的首次作战任务，但他还是设法在马盖特附近完成了迫降。最终，德国空军以一架“埃米尔”的损失(来自JG 54)换来了两架第32中队的“飓风”及3架第610和第616中队的“喷火”被击落，3名皇家空军飞行员丧生。

8月26日：德布登空袭

施佩勒发动了第3航空队在战役期间的最后一次大规模昼间攻击，试图重演两天前在朴次茅斯港取得的成功。由于之前已经造成了较大的破坏，这将是集中精力实施夜间轰炸作战开始前消灭皇家海军反击海狮能力的最终尝试。此次空袭由第五航空军汉斯·科尔特(Hans Korte)中校的KG 55从德勒(第一大队)和沙特尔(第二大队)出动约48架He 111H/P，携带67吨高爆炸弹投向两个大型军舰港池(供巡洋舰和驱逐舰使用的2号港池和供战列舰使用的3号港池)和皇家造船厂的5个干船坞。港内没有大型战舰，但有几艘在敦刻尔克及海峡作战中受损的驱逐舰在接受维修。攻击一艘系泊在码头或干船坞上的驱逐舰的难度要远低于它在海面上高速机动时。

当科尔特的两个大编队经过瑟堡时，4个大队的共计107架护航机加入了它们，一个大队的驱逐机在西侧以平行的航线执行自由猎杀扫荡，保护轰炸机的西翼免受沃姆韦尔的第152中队拦截。16时，文特诺雷达站的表现得到明显改善，在朴次茅斯南部95公里处探测到德军机群。轰炸机在两个Bf 109E编队(JG 53第一和第二大队)的陪伴下指向休斯角，驱逐机大队在西边进行自由猎杀。JG 53第一大队在怀特岛上空与第245中队的“飓风”陷入缠斗，第二大队在斯沃尼奇(Swanage)上空遭到第234和第609中队的“喷火”攻击。JG 53的飞行员们再次迎来坏运气，仅击伤两架“喷火”，却损失了3架Bf 109E，一名飞行员阵亡，两人被救回。

格里姆的参谋们在做计划时没有想到过

■ 1940 年 8 月底，JG 53 第 5 中队的飞机准备起飞执行一次作战任务。

会遇到来自东方的强烈反击。他们认为凯塞林在 15 时至 15 时 30 分对德布登(位于战场东边的第 11 大队 F 分区基地)的大规模空袭将把帕克的所有战斗机吸引到那个方向，因此没有在主攻部队的右翼部署护航战斗机。结果来自帕克的 A 分区(第 43 和 602 中队)和 B 分区(第 615 中队)的战斗机成功拦截了这两个编队。

约翰·巴格(John Badger)少校的第 43 中队迎面发起攻击，两分钟后约翰斯通(AVR Johnstone)少校的第 602 中队从轰炸机上方 2000 英尺高俯冲下来。在第一轮攻击中，轰炸机指挥官们释放出红色焰火(轰炸机和战斗机之间依然没有建立无线电联络)来提示位于 20000 英尺高度的护航机前来救援。一些亨克尔在海灵岛(Hayling Island)上空就丢下了

■ 这架 KG 55 第 4 中队的 He 111P 在 8 月 26 日的空袭中被第 602 中队的“喷火”击落，仅飞行员生还。

炸弹。当JG 2第一大队的“埃米尔”朝着拦截机冲下来时，科尔特的轰炸机们逼近了朴次茅斯，这时第615中队的“飓风”又对它们发动攻击。这一及时的拦截扰乱了KG 55的投弹作业，绝大多数炸弹落在了坎伯兰堡(Fort Cumberland)和兰斯顿(Langston)港，没有造成什么破坏。

施佩勒支援海狮行动的最后一次昼间攻击失败了。预定目标没有遭到轰炸，损失了4架He 111P和7架Bf 109E。4架“飓风”和一架“喷火”被击落，4名飞行员受伤，还有一人严重烧伤。

与此同时，凯塞林继续试图削弱帕克的分区基地。在8月24日KG 53第三大队He 111H对霍恩彻奇的高空低精度失败空袭后，凯塞林的新任参谋长保罗·戴希曼上校下令再度进行尝试，并将此任务交给了他的老单位——洛泽尔的第二航空军，后者命令芬克的KG 2执行低空攻击机场的作战。

在这之前，KG 3第一大队要在11时30分至12时30分在福克斯通附近发起一次小规模佯攻作战，目的是为KG 3第三大队对西莫灵的攻击开路。11时35分，莱伊雷达站在格里内角附近侦测到“超过30架”正在进行自由猎杀扫荡的JG 3战斗机，4分钟后发现一群“超过9架”轰炸机(KG 3第一大队)和它们的“超过20架”护航战斗机(JG 51第二大队)。鲁道夫·加贝尔曼(Rudolf Gabelmann)中校的12架道尼尔从东边飞过多佛，在迪尔南部转向内陆。

为了对付它们，帕克在11时39分至11时45分出动了5个中队，比金山分区基地指挥马库斯·罗宾逊少校(Marcus Robinson)的第616中队前去拦截，但是入侵者调头朝南向着海岸边加速离去。靠近海岸线时，Do 17Z向桑盖特(Sandgate)的小型辅助机场投下12.67吨炸弹。这次轰炸未能击中任何有军事价值的目标，加贝尔曼的道尼尔们全速穿越海峡向法国返航。

第616中队的12架“喷火”未能追上撤退中的轰炸机，于是调头向北返回，结果碰上了在高空中的大约50架Bf 109，那是京特·吕措上尉的JG 3。罗宾逊试图爬升来到“埃米尔”的上方，但是吕措看到了他们并派出瓦尔特·基尼茨(Walter Kienitz)上尉的第三大队下去攻击敌机。不久JG 51第二大队的Bf 109也加入战斗，寡不敌众的第616中队很快损失了7架“喷火”，两名飞行员阵亡，另外4人负伤。

此次作战的第二波轰炸机——12架KG 3第三大队的Do 17Z正飞行在13000英尺高度，它们在迪尔北部转向内陆并朝西北方的赫恩湾(Herne Bay)进发。德斯蒙德·加尔文(Desmond Garvin)少校的第264中队从霍恩彻奇出发前去巡逻多佛，“无畏”飞行员看到了埃里希·拉特曼(Erich Rathmann)上尉的道尼尔们。这7架缓慢的重型战斗机花了整整10分钟才接近这批轰炸机，但是在12时10分得以实施它们致命的攻击，在吕措的JG 3第一、第二大队介入前宣称击落6架轰炸机。3架“无畏”被击落，已有15个战果在身的吕措声称击落两架。

京特·吕措

1912年9月4日出生在基尔的一个德国海军家庭，他是一个古老的普鲁士同名家族的后代。1931年，他在希莱斯海姆的德国商业航空学校学习飞行，后来到位于苏联利佩茨克的德国秘密基地接受了战斗机飞行员训练。1934年，他以少尉军衔在一个步兵团服役，随后加入新成立的德国空军。他的作战生涯始于西班牙内战，在秃鹰军团担任J/88第2中队长。1937年7月至9月，他赢得了5次空战胜利，包括取得了Bf 109战斗机的首次空战胜利。1938年11月起，吕措在位于韦尔诺伊兴(Werneuchen)的第一战斗机飞行员学校担任教官，然后于1939年11月3日被任命为JG 3第一大队长。1940年5月14日，他取得了二战中的首次空战胜利，8月22日升任JG 3联队长，9月18日以20次空战胜利的成绩被授予骑士十字勋章。巴巴罗萨行动期间，他继续率领JG 3作战，并于1941年7月20日获得橡叶骑士勋章(第二十七位)。10月11日，在取得个人第92次空战胜利后，他被授予宝剑橡叶骑士勋章(第四位)。1941年10月24日，吕措成为继莫尔德斯之后第二位取得100次空战胜利的飞行员，随后他也被禁飞。1942年8月11日，他出任加兰德手下的东线昼间战斗机部队总监，1943年7月被任命为意大利战区战斗机指挥部长官，同年9月15日接管负责德国西北部防空的第1战斗机师。吕措是发生在1945年初的所谓“战斗机飞行员叛变”事件的主要策划者，其目的是挽回阿道夫·加兰德，他因为直言不讳地指责德国空军高层而被解除了战斗机总监的职务。吕措的行为被戈林视为“叛变”，他被马上解职并流放到意大利担任所谓的上意大利地区战斗机指挥官。后来他获准加入加兰德的JV44，驾驶Me 262喷气式战斗机取得了两次空战胜利后于1945年4月24日在多瑙沃特(Donauworth)附近拦截美军B-26轰炸机编队的战斗中失踪。他的飞机和遗体从未被找到，吕措在超过300次作战任务中取得了110次空战胜利。

拉特曼的西莫灵空袭被“无畏”的及时拦截所破坏。道尼尔们向东返回并试图将炸弹投到曼斯顿。12时30分，它们实际上向布罗德斯泰斯(Broadstairs)投下36枚SC50，绝大多数落在滩头上，其他落在拉姆斯盖特附近的一个小村子里。这次失败的空袭损失了3架Do 17Z，一架迫降在古德温暗沙(Goodwin Sands)，另一架落入福里斯外的海中，最后一架迫降在海峡中。

赶来掩护轰炸机撤退的JG 52第一大队与刚到来的第610中队发生交战，以损失一架Bf 109E的代价击落3架“喷火”。第56中队追逐着撤退中的JG 3第二大队，以两架“飓风”的损失再击落3架“埃米尔”。

洛泽尔的第二批打击力量由KG 2第一和第三大队组成，它们于14时从埃皮诺依和康布雷出发，在加来海峡上空与它们的护航机会合。阿道夫·富克斯(Adolf Fuchs)少校的第三大队在ZG 26第一和第二大队的护航下领飞，马丁·古茨曼少校的第一大队跟在后面，保护它们的是特劳夫特的JG 54第一和第二大队。这个大型编队(斯维盖特雷达站报告数量超过60架)在14时50分离开加来，在主力编队的两翼还有两股较小的回声(“超过20架”JG 52第一大队的Bf 109E和“超过12架”ZG 26第三大队的Bf 110)。

威洛比·德·布鲁克男爵命令第65和第615中队前去拦截，并部署第1(加拿大皇家空军)、第85和第501中队在北威尔德、霍金奇和梅德斯通上空巡逻以保护西莫灵。15时至15时02分，帕克命令第56和第111中队起飞并请求利·马洛里帮忙保护德布登和北威尔德。第12大队出动来自杜克斯福德的第19和第310(捷克)中队，第一架飞机在15时10分起飞。

第12大队指挥官特拉福德·利·马洛里少将。

与此同时，在从东边飞过多佛后富克斯转向西北，让他的大编队在坎特伯雷和马盖特之间穿过肯特郡东北角。在惠特斯特布尔上空第615中队的9架“飓风”对JG 52第一大队发起突袭，以3架飞机的损失击落4架Bf 109E，并将它们剥离主编队的西翼。JG 52第一大队的飞行员乌尔里希·斯坦因希佩尔(Ulrich Steinhilper)在他的回忆录中写道：“在极短的时间内，3架Bf 109就拖着烟雾俯冲下去。我清楚地看到了这一切，当敌人俯冲过来的时候，我设法把其中一架赶到一边，让它远离队长的机尾。”

JG 52第一大队就这样在一天之内损失了5架飞机。然而，战斗机飞行员们太过年轻，对战斗充满渴望，即使是如此严重的损失也不会感到沮丧，他们显然更关心自己的成功。斯坦因希佩尔写道：“我的双机队友干掉了它，使用机炮射击。屈尔解决了来到他机炮前的另一架。然后我们击败了它，对于又取得了两次胜利感到满意”。

当轰炸机们开始穿越泰晤士河口时，古

茨曼率领他的那部分编队向左转，顺着泰晤士河向霍恩彻奇飞去，而富克斯则带着他的大队斜着穿过河流前往福尔内斯岛(Foulness Island)。

霍恩彻奇基地引导着在梅德斯通上空巡逻的彼得·汤森(Peter Townsend)少校和他的第85中队前去拦截古茨曼的15架道尼尔。一位第一大队的飞行员回忆道："我看见一个大型英国战斗机编队从右边飞过我们。'他们没看到我们吗?'我这样想着。但此时他们转弯从正面向我们发起对角攻击并从我们的编队中穿过，疯狂的射击。一切都在几秒钟内结束，但是两架来自领飞小队的Do 17引擎燃烧着坠落。突然间我们自己的飞机被击中了。我感到左腿有烧灼般的疼痛感。不久传来了一声闷响，随后我们就没有氧气了。氧气罐爆裂了。幸好战斗机们已经停止了它们的攻击，所以我们可以降低到不需要氧气面罩的高度。"

汤森的9架"飓风"撕裂了古茨曼的编队，他的司令部小队调头离开。其他轰炸机继续前进并在靠近霍恩彻奇时遭到第65中队9架"喷火"的攻击。此时特劳夫特的"埃米尔"们已经被迫返航，它们的燃料报警红灯正在闪烁着。轰炸机机组们失去了勇气，一些提前投下了他们的炸弹，击中了霍恩彻奇村庄并切断了通往埃尔姆河岸的铁路线。其他的则调头离开，降低高度以获得最大速度，向其他备选目标(德特林、伊斯特彻奇和西莫灵)上或周围丢下了它们的负载，但是未能造成伤害。这次攻击以两架轰炸机的损失被击退，其中一架迫降在罗奇福德，机组人员被俘。古茨曼的轰炸机迫降在伊斯特彻奇南部，一名机组丧生，古茨曼和另外两名机组人员成为战俘。

■ 在对霍恩彻奇机场的攻击中被击伤后，这架KG 2第2中队的Do 17Z迫降在伊斯特彻奇西南两英里处，机上搭载着第一大队长马丁·古茨曼少校。他曾在1940年5月10日的作战中负伤，此时刚返回前线不久。

当富克斯的21架道尼尔继续向西北方经过切尔姆斯福德(Chelmsford)和科尔切斯特(Colchester)之间时，德布登指挥基地试图引导3个中队前去拦截。虽然第56和第111中队都看到了轰炸机，但是无法进行拦截。15时10分从距德布登仅15公里的杜克斯福德出击的第19中队也未能与道尼尔交战。这批"喷火"爬升到了云层之上，而从东南方逼近目标的富克斯率领着他的轰炸机们飞在它们下面。当道尼尔们从云层下方钻出时，当地的地面观察站发现了它们，但是报告轰炸机们在向东飞去。让第19中队和其他部队的拦截努力全部白费。

现在帕克的F分区基地就清晰的展现在富克斯眼前，他率队实施了一次教科书式的机场攻击。15时19分，这21架轰炸机开始向德布登倾泻它们携带的超过13吨高爆炸弹和600枚燃烧弹。大约100枚炸弹在机场上爆炸，命中了4座建筑、停车场和飞机装备部，损坏了电路和供水总管，摧毁了一架第257中队的“飓风”并杀死了5名工作人员。虽然受到了一定破坏，但是该基地并没有停止工作，第111中队就在22分钟后降落在这里。

更多的中队被派出试图切断入侵者的退路，包括第1(加拿大皇家空军)、第85和第310(捷克)中队。引导到北威尔德上空巡逻的乔治·布莱克伍德(George Blackwood)少校和他的捷克第310中队第一个发现了入侵者。这些捷克飞行员刚完成基础训练，飞机装备的TR9D HF无线电仅能在小队内部进行沟通。虽然布莱克伍德的飞机拥有能与F分区基地联络的TR1133 VHF无线电装置，但是他无法向其他捷克飞行员下达任何命令。在看到了打头的驱逐机后，好战的捷克飞行员们立马爬升对它们发起攻击，没有发现从下方飞过的轰炸机们。在接下来的高空格斗中，双方各有一架飞机被击落。

■ 一架KG 2第7中队的Do 17Z，在8月26日对德布登基地的空袭中被击落。

布莱克伍德看到了德国轰炸机，却无法招呼其他飞行员和他同去，结果在攻击道尼尔时被轰炸机背部的防御火力击落。另外两个中队各损失了一架“飓风”，富克斯的3架Do 17Z和3架驱逐机被击落。

这是到目前为止最为深入第11大队防区的攻击，德布登空袭可以被认为取得了成功。虽然遭到了严重破坏，但是这个分区基地依然可以继续承担其在第11大队的防空职责。

8月27日：再次休战，再次复盘

在三天适中强度的作战后，第2航空队在8月27日再次休战开会，更新情报估测并对作战进行复盘。最重要的是戈林在维桑司令部主持召开的一场会议。参加会议的有凯塞林，他的参谋长戴希曼，以及洛泽尔，会议表面上是为了欢迎第2战斗机指挥部新来的3位联队长——哈里·冯·比洛·博特坎普中校(JG 2)、马克思·伊贝尔(Max Ibel)上校(JG 27)和汉斯·尤尔根·冯·克拉蒙·陶巴德尔(Hans-Jürgen von Cramon-Taubadel)中校(JG 53)，并讨论将他们的联队整合入第2航空队的作战中。

然而戴希曼作为一位热忱的轰炸机主义者，抓住这次会议的机会阐述了轰炸机部队对战斗机保护力度不足的怨言。面对皇家空军坚持不懈的拦截作战，尤其是诸如采用迎面攻击法这样的战术革新，洛泽尔的轰炸机机组们逐渐失去了勇气。他的轰炸机联队长们现在代表他们的下属强烈要求护航战斗机飞行在轰炸机的视线范围内，以增强轰炸机机组的安全感。戴希曼希望在重启代价高昂的机场攻击作战前作出改变。

凯塞林和洛泽尔站在轰炸机部队这边，向战斗机联队长们指责他们的飞行员太过于在意积攒空战胜利和奖章，结果就是让轰炸机们暴露在敌军拦截机面前。刚被提拔为JG 3联队长的吕措大声提出抗议，辩称他的战斗机需要速度与空间来迎击高速且更灵活的“喷火”。这次讨论以双方达成妥协告终，更多的战斗机要以和轰炸机一样的速度近距离伴飞，其余的飞行在轰炸机主力部队的前方，比编队高1000至2000米，扫清轰炸机前进方向上的敌军战斗机。

道丁利用这天的空歇继续调整他的战斗机部署。自鹰日起，第32中队已经损失了14架“飓风”，它只剩下8位能参加作战的飞行员，第65中队也降至9架“喷火”和12名飞行员。

因此道丁将第32中队的余部调到北方的阿克灵顿(第13大队)重建，它的中队长约翰·沃罗尔(John Worrall)少校留下来接任C分区战斗机指挥官。第二天，第79中队从阿克灵顿飞来接替第32中队在比金山的位置。第65中队被转移到丘奇芬顿(也在第13大队)重建，特恩豪斯的第603中队(第13大队的另一个中队)来到霍恩彻奇填补前者离去留下的空缺。

战术层面上，帕克又在26日和27日各发布了一条《给指挥官们的指示》。第一条指出："编队指挥官们要在看到敌机时马上报告敌军轰炸机和战斗机的大致数量，它们的高度、航线以及大致的位置……这些报告应该能让我们在更对等的条件下与敌人交战。"第二天，他的指示又添加了细节，并对利·马洛里的第12大队在增援中队的使用问题上提出抱怨，声称："它们(增援中队)的职责明显是巡逻机场和其他内陆目标，以迎击那些突破了我们通常在分区机场遥远的前方布下的战斗机巡逻线的敌军编队。"

由于这些增援中队的无线电没有调整为和第11大队各分区一致的频率，这些分区就无法引导它们拦截来袭的敌军，它们只会在预先定下的巡逻位置徘徊，等待敌人的到来。利·马洛里的增援中队中最受欢迎的第242中队指挥官道格拉斯·巴德(Douglas Bader)少校就不会固守着分配给他的巡逻点位，而是在没有任何位置、高度和飞行方向等信息的情况下主动前去寻找逼近的德机编队。

8月28日：战斗重启

8月28日早晨，凯塞林对战斗机的护航和扫荡任务做出了新的安排，当天的两次空袭目标是第11大队防区中环内的"辅助战斗机机场"伊斯特彻奇和罗奇福德。这两次作战在前一天就开始计划，由夏米尔·格利钦斯基上校的KG 3负责执行，出动轰炸机50架次，当日出动的轰炸机和侦察机总共也就60架次，其余的都是气象和摄像侦察作战。

当天出动的576架次战斗机中有一半是为了保护这两次轰炸作战。在戴希曼的坚持下，其余的被用作在下午实施持续长达三个半小时的大规模"自由猎杀"扫荡。

早晨对伊斯特彻奇的攻击由加贝尔曼的KG 3第一大队执行，23架Do 17Z携带了19.35吨炸弹。伊斯特彻奇作为一个海岸司令部基地，现在暂时驻扎着轰炸机司令部的

■ 1940年8月，JG 51第一大队的Bf 109E在皮昂机场上准备起飞。

第12中队进行反登陆警戒。帕克出动了5个中队。4个实施了拦截，但是编队得到了加兰德的JG 26和莫尔德斯的JG 51的良好保护。

8时50分，轰炸机们在16000英尺高度对伊斯特彻奇进行猛烈打击。德国空军最高司令部战局报告指出“看见在生活区取得大量命中”，但是未能造成人员伤亡。两架费尔雷“战斗”被完全摧毁，另有3架受损。起落场上布满了弹坑，还留下了数枚定时炸弹。该机场只能在昼间进行有限的起降作业。

午时，负责第二波空袭的奥托·皮尔格(Otto Pilger)上尉的KG 3第二大队在加来海峡上空收聚起它的护航机，然后向北越过海峡东口，于12时35分径直穿过北福尔兰并沿着泰晤士河口南岸向上游飞去。在谢佩岛，皮尔格将他的27架Do 17Z转向北方，在绍森德越过河口并轰炸罗奇福德机场。

12时50分，入侵者在18000英尺高度投下23.4吨炸弹。约60枚落在了机场范围内，半数在起落场上留下弹坑，其余的切断了供电、电话联络和供水主管。剩下的炸弹点燃了一些建筑并造成了铁路线堵塞。

15时30分至19时，第2战斗机指挥部出动大量战斗机扫荡肯特郡，共派出5个驱逐机大队(60架Bf 110)和8个战斗机大队(240架Bf 109E)，其中许多部队是刚从第3航空队来到这里进行地形熟悉飞行。在这三个小时过程中，帕克出动了7个中队作为回应，在18000至25000英尺高空发生了数次战斗。

当天结束时，德林报告他的飞行员们击落了16架“飓风”、14架“喷火”和4架“无畏”，损失12架“埃米尔”——交换比2.8∶1对德军非常有利。实际上战斗中损失了6架“飓风”、5架“喷火”和3架“无畏”，其中两架被Do 17Z的尾部机枪手击落。德国战斗机部队的实际损失为15架“埃米尔”——这样交换比就变成了0.8∶1对德军不利，德国飞行员的宣称战果太过夸大。在两次对机场的攻击中还损失了3架Do 17Z。

帕克的损失中有3架是糟糕透顶的“无畏”，第264中队不幸的遇上了德国空军此时堪称最优秀战斗机联队的JG 26，结果不出意外的遭到暴揍，中队长加尔文(G. D. Garvin)少校的飞机也被加兰德本人击落。第264中队在五天的时间里损失了10架飞机，还有10名机组人员丧生。道丁终于明智的将这个中队永久地撤出昼间作战，当晚把该中队余部派到北方第12大队的林赛的柯顿(Kirton-in-Lindsey)基地重建并训练专门作为夜间战斗机部队。第二天，来自同一基地的第222中队飞到霍恩彻奇取代第264中队在那里的位置。

8月29日：战斗机大扫荡

手握德国空军全部可用战斗机部队的凯塞林想要展现一下自己拥有的绝对数量优势，8月29日，他满怀期待地构思了一场全体自由猎杀作战，“出动大约700架单发和双发战斗机以及20架轰炸机”。这些轰炸机仅是诱饵，没有进行昼间轰炸的意图。德国空军最高司令部战局报告指出这些战斗机“主要被用于在英格兰上空进行自由猎杀作战，其间敌人的战斗机防御表现出非常避战的态度”。

从前一天三个半小时的战斗机扫荡中吸取教训的帕克命令各中队在判定目标编队为轰炸机之前不要升空。这让凯塞林倍感失望。在自传中他表达了这样的观点：“在代价高昂的初战后，英国战斗机给占据(数量)优势的德军让开了道路。通过部署少量轰炸机部队作为诱饵，我们试图让英国战斗机再次升空，直到连这样的战斗机会都变得稀少，它们得到明确的命令避免发生任何交战。我们的困难不是让敌军战斗机落下去……而是让敌人出来战斗。”

由于第11大队的指挥官们明确的坚持避免战斗机之间的对决，当天的战斗机扫荡结果非常令人失望。仅宣称以7架Bf 109E的损失击落16架“喷火”和3架“飓风”。实际的损失为4架“喷火”和6架“飓风”对8架“埃米尔”，通过这种方式无法赢得制空权。

一些Bf 109部队的战绩令人不齿。例如，自8月8日大规模空战开始以来，JG 3只取得了33场空战胜利，却在战斗中损失了31架Bf 109。8月29日德军损失的8架“埃米尔”中有6架来自JG 3。很明显，一支部队的成功在很大程度上取决于该部队领导人的素质。表现最差的是JG 3第二和第三大队，他们的战绩非常糟糕，分别只取得了7次和8次空战胜利，却损失了14架和11架飞机。JG 3第一大队则与其他大队不同，该大队由京特·吕措少校领导，他是JG 3最好的飞行员之一，也是德国战斗机部队最好的领导之一。吕措在8月22日升任JG 3联队长，他还需要一段时间来提升第二和第三大队的表现。改进工作从更换指挥官开始，几天后，JG 3第三大队长瓦尔特·基尼茨上尉被解除了指挥权，并“因健康原因”被送回德国。接替他职位的是威廉·巴尔塔萨(Wilhelm Balthasar)上尉，他是继莫尔德斯之后第二位被授予骑士十字勋章的德国战斗机飞行员。

此前，戈林已经被迫让JG 52第二和第三大队退出战斗。现在，JG 51第二大队也已经非常疲惫了，这支战斗机大队在英吉利海峡上空作战的时间比大多数装备Bf 109的部队要长，从8周前发动海峡之战到现在，它的兵力只剩下15名适合作战的飞行员和13架飞机，与7月中旬相比减少了一半。

■ JG 53第三大队长沃尔夫·迪特里希·维尔克上尉正驾驶着自己的战机准备出击。

随着全体自由猎杀计谋的失败，以及在英格兰东南部上空取得制空权的需求日益紧迫，戴希曼别无他法，只能重新开启攻击性的轰炸战役。随着在28日对罗奇福德的成功攻击，帕克的全部“中环”机场都已遭到打击，达成了鹰击行动第二阶段的目标。

现在是时候转移到第三阶段，摧毁伦敦周边50公里范围内的第11大队机场，它们是四个主要分区基地肯利（B分区）、比金山（C分区）、霍恩彻奇（D分区）和北威尔德（E分区），再加上比金山的格雷夫森德机场。随着希特勒决定发动或推迟海狮行动的日期逐渐缩短，最直接的问题就是第二航空军应该集中攻击哪里。

自从在1934年加入帝国航空部，戴希曼一直专注于研究轰炸机作战。但是在1916年至1928年，他曾是一名普鲁士步兵军官，所以在看待问题时使用的是陆军的思维。对他来说，这就是一个简单的地图作业。三个主要登陆区中的两个（登陆区B、C）组成了在邓杰斯两侧从黑斯廷斯附近延伸到福克斯通附近的一条宽56公里的战线，而该区域就位于比金山分区管辖的范围内。

由于施密德对战斗机司令部防空系统给出的评价是“该组织内的高层指挥是死板的……各编队严格的依附于它们的大本营（分区基地）”，据德方推测，如果比金山被摧毁，那么（英军）将在横跨邓杰斯的两个滩头以及由东向北通往伦敦的道路上空失去对战斗机的控制。如果附近（西边）的肯利防区实际上与比金山有部分重叠并能够在C分区空域行使一定的管控，那么它自然也应当被消灭。事实上，从伊斯特本至贝克斯希尔的登陆区C也位于肯利的防区内，这就使它成了仅次于比金山的第二目标。

凯塞林相信：“为了发动一场入侵，通过重击打倒岛屿的守军是必须的。”为了实施这样的重击，戴希曼计划以1345架次的规模和新战术重新发动攻击。与以往派出两三个大队规模的轰炸机编队不同，第2航空队将要在三四小时的时间里发动持续的小规模空袭，间隔二三十分钟。此举的目的是通过长时间的超负荷施压让第11大队的指挥能力崩溃，而不是试图一次性的压倒它。

此外，戴希曼认为目前没有必要再攻击沿海地区的雷达站。他将其保留到登陆日前一天的下午，计划在陆军穿越海峡的前一刻消灭它们。他指出：“由于鹰击行动的目标是摧毁战斗机司令部，英国佬最好能够得到一场空袭逼近的警报，这样他们的战斗机将会升空并投入在空中被摧毁的战斗。”

8月30日：比金山之战开始

第2航空队在当天对比金山发起了两次攻击。

8时和9时15分，先后有两个大队和3个大队的战斗机穿越多佛海峡实施佯攻，然后返回到加来海峡外进行巡逻。当天的两波主力攻击部队在10时30分被探测到，较大的一波“超过50架”飞机在布洛涅东南的特拉默库尔（Tramecourt）上空集结，还有3支各

“超过20架”的小机群位于格里内角和加来之间。

第一波敌机包括海因茨·菲舍尔(Heinz Fischer)上尉的KG 1第二大队的27架He 111H以及相似数量的ZG 76第二大队的Bf 110。菲舍尔率领他的编队直接穿越海峡，于11时03分在邓杰斯越过海岸线并转向汤布里奇。第二批12至18架Do 17Z轰炸机的所属单位不明确，两翼分别是JG 54第二大队和LG 1第五(驱逐机)大队，它们以与第一批飞机相平行的航线在12分钟后于福克斯通附近登陆，直指红山(Redhill)。

菲舍尔的目标是伦敦西部的法恩伯勒，但是他起初将他的编队带向肯利，戴希曼希望他能够吸引到帕克的拦截机并将它们引诱到西边，这样跟在后面的道尼尔们就能够不受干扰地轰炸比金山。这个计划进行的非常顺利，实际上对于菲舍尔的倒霉编队来说太过顺利了。

帕克给出的回应是出动第1、第56、第79、第85、第151、第253、第501、第603和第610中队并请求第12大队掩护比金山，利·马洛里从杜克斯福德派出了第19中队。威洛比·德·布鲁克男爵命令他的两个中队巡逻多佛，另外两个中队部署到坎特伯雷和梅德斯通上空，并派出其余的中队在肯利、比金山和霍金奇上空巡逻。在C分区新任指挥官约翰·沃罗尔少校的引导下，彼得·汤森少校的第85中队看到了位于阿什福德西部16000英尺高度的亨克尔们。

汤森率领着他的11架“飓风”飞向可以对轰炸机发起迎面攻击的位置，期间像帕克要求的那样持续汇报敌机大致的兵力、高度、航线以及位置。由于肯特郡上空有云层遮挡住地面观察员的视线，他们上报的这些信息就变得十分关键，威洛比·德·布鲁克男爵

■ 地勤人员正在利用作战间隙给第19中队的一架“喷火”加油。

很快辨认出危险正在逼近他的两个南部分区基地。他从梅德斯通上空召回第253中队前去肯利巡逻。接收到他们后，B分区指挥官安东尼·诺曼引导着哈罗德·斯塔尔(Harold Starr)少校的这个中队前去拦截敌机。第253中队自法国战役后三个月来第一次重返战场，他们在不到一周的时间内就损失了包括中队长和两位分队长在内的半数飞行员。然而，回到主场的首次作战依然没能转运，他们在红山上空遭到埃里希·格罗特上尉的ZG 76第二大队攻击，后者在11时15分至11时20分击落4架"飓风"(声称击落18架)，自身没有损失，两名英国飞行员丧生，一人负伤。

驱逐机的这一优异表现并不足以保护KG 1第二大队。当入侵者们在汤布里奇上空向西转弯时，正在比金山巡逻的第79中队发现了它们并向轰炸机们飞去。赫维·海沃斯(J. Hervey Heyworth)少校发动了一场凶猛的迎面攻击。11时12分，一架"飓风"与KG 1第5中队长鲁道夫·巴斯(Rudolf Bäss)上尉的亨克尔在赖盖特(Reigate)上空相撞。很快，第85、第501和第610中队也赶来加入战斗，由于护航机不在身边，菲舍尔的亨克尔们陷入了绝境。

在3个"飓风"中队和一个"喷火"中队共计45架战斗机的攻击下，轰炸机编队被彻底打散，绝大多数轰炸机转向南方并向莱瑟黑德(Leatherhead)和多津(Dorking)之间的"一处工业设施和一个铁路交叉点"丢下7吨炸弹。剩余的继续向西前进并报告向奥尔德肖特(Aldershot)兵营投下2.5吨炸弹。5架亨克尔被击落，其中4架来自第5中队。

这次代价高昂的作战虽然以失败告终，但是为随后对比金山的攻击部队铺平了道路，可是位于6000至8000英尺低空的云层险些令亨克尔们的牺牲白费了。道尼尔们两侧的护航机牵制住了第151和第603中队，但是绝大多数入侵者飞过了它们的目标。11时30分至11时42分，其中一些轰炸机向布罗姆利火车站和伦敦南部的市区投下了炸弹(5.8吨)。

德国编队指挥官显然还是意识到他的导航出现了错误，他修改了航线。中午，数架道尼尔从比金山上空15000英尺高度投下10吨炸弹，根据基地的报告"对机场表面造成损坏并在比金山村和凯斯顿(Keston)造成物质损失。机场表面的损坏并不影响飞行，飞机依然可以继续作战"。入侵者们向法国返航，第616中队试图追赶它们但是未能追上。

14时56分，地面观察站报告有两批执行自由猎杀作战的德机进入内陆，飞到红山后经由比奇角撤退。4分钟后，9架战斗轰炸机[可能是ErprGr 210的一架Bf 110D带着新来的LG 2第二(对地攻击)大队的8架Bf 109E-7进行实战演练]向林姆尼投下9枚SC250炸弹，破坏了那里仅剩的一座机库，根据机场的报告，有6名躲藏在掩体内的平民被炸弹命中丧生。

凯塞林当日的主攻在40分钟后到来。这是到目前为止最为深入英国境内的一次昼间攻击，地面观察员报告3个敌机编队在多佛附近越过肯特郡海岸线向西北偏北飞去。率领突击部队的是埃里希·考夫曼中校，包括来自 KG 53 全部 3 个大队的 25 至 30 架 He 111 轰炸机在 ZG 2 第二大队、ZG 26 第二大队和 ZG 76 第二大队的保护下，试图轰炸沃克斯豪尔汽车厂（德国人认为这个汽车厂正在生产航空发动机）、卢顿（Luton）机场以及位于拉德利特（Radlett）的汉德利佩奇飞机厂，它们都在伦敦西北部。断续续的报告，这令在阿克斯布里奇进行的空袭绘图工作陷入混乱，威洛比·德·布鲁克男爵只能草草地部署防御。当收到考夫曼的编队从伊斯特彻奇飞越泰晤士河口前往滨海绍森德的报告时，在英国人看来帕克的北部分区基地受到了威胁，于是又有 3 个中队和第 12 大队的两个中队一起起飞前去拦截。

■ KG 53 第 6 中队的机组们正在基地休息，这架 He 111“A1+JP”在 8 月 30 日攻击拉德利特受重创，于 16 时 35 分坠落在曼斯顿。两名机组人员阵亡，另外 3 人被俘。

当收到入侵者越过海岸线的第一份报告时，空中仅剩下第 222 中队的新兵们。15 时 50 分，帕克派出第 151、第 501、第 603 和第 616 中队，这时考夫曼的亨克尔们和护航驱逐机正在继续向北穿越肯特郡。16 时刚过，约翰·希尔（John Hill）少校和他的第 222 中队在坎特伯雷上空迎击了这个混合编队。中队在 ZG 2 第二大队的阻截下损失了两架“喷火”，未能接近轰炸机。

空中的云层使得地面观察员只能发出断

在河口上空，护航机们挫败了第 151 中队的拦截（损失一架“飓风”），考夫曼的轰炸机编队继续不受干扰的一路飞到了北威尔德，那里的地面人员惊恐的看着轰炸机们飞过基地上空，却没有投下一枚炸弹！

入侵者们以完美的编队继续飞行了 40 公里，深入贝德福德郡（Bedfordshire），于 16 时 45 分向沃克斯豪尔汽车厂、卢顿民用机场以及市区投下 194 枚（23.5 吨）炸弹。沃克斯豪尔的实验大楼受到严重破坏，39 名员工丧生，市内还有20位平民身亡，141人负伤。

考夫曼的He 111H和少量留在他们身边的ZG 76第二大队的驱逐机现在调头返航，6个皇家空军战斗机中队拦住了他们的退路，德机拼死杀出一条血路。根据KG 53第1中队长座机上的观察员阿尔弗雷德·施蒂希特（Alfred Sticht）军士长回忆："一些He 111带着严重的损伤跌跌撞撞的从泰晤士河口上空撤离，尽管归途漫长并遭到了英国战斗机的反复攻击，卢顿作战中损失的飞机数量有限……在圣奥梅尔，'鲨鱼驱逐机'（ZG 76第二大队）摆动它们的机翼向我们告别。我们通过无线电向它们的出色护航表示感谢。没有它们的话，我们的情况可就真的糟糕了。"

此次作战损失了6架He 111H和3架Bf 110，阵亡者中包括ZG 2第5中队长阿道夫·舒尔特（Adolf Schuldt）上尉和ZG 76第4中队长海因茨·瓦格纳（Heinz Wagner）上尉。驱逐机王牌飞行员，ZG 76第6中队长海因茨·纳克（Heinz Nacke）上尉此战中取得了他在不列颠战役中最后的空战胜利，但他的飞机严重受损，迫降在圣英格尔弗特（St Ingelvert）后完全报废。纳克在降落过程中受伤，这位已取得14次空战胜利的优秀驱逐机飞行员就这样退出了不列颠战役。

海因茨·纳克

1909年12月22日出生在萨克森州迈森地区的乌伦道夫（Ullendorf），他作为秃鹰军团的一位侦察机飞行员参加了西班牙内战，由于突出的表现被授予西班牙金质奖章。1939年7月1日，纳克中尉从侦察机部队被调任为ZG 76第6中队长，驾驶Bf 110驱逐机。他在法国战役中执行任务，并于1940年5月12日取得了第一次空战胜利。法国战役中，他共取得了8次空战胜利。纳克参加了不列颠战役，并在驱逐机飞行员中表现出色。1940年8月15日，他击落了两架英国皇家空军的"飓风"战斗机，取得第10和第11次空战胜利。8月30日，他又声称击落3架"飓风"战斗机（第12至第14次空战胜利）。1940年11月2日，纳克上尉被授予骑士十字勋章。1941年4月12日，纳克担任由ErprGr 210改编而来的SKG 210第一大队长。1941年8月14日，他被任命为ZG 76第二大队长，该部后来成为NJG 3第三大队，他领导该大队直至1943年4月21日。1943年4月22日，已经晋升少校军衔的纳克被任命为第25试验飞行队的指挥官，测试用于对抗美军四发轰炸机的重型武器和其他特殊武器。1943年5月26日，他又回归驱逐机部队，担任ZG 1第二大队长。1943年8月2日，纳克在驾驶一架Bf 110进行转运飞行途中坠落，受了重伤，此后他再也没有参加过作战飞行。1944年1月15日，他被任命为ZG 101联队长，一直在该岗位上工作到战争结束。纳克共有14次空战胜利纪录，全部在1940年的战斗中取得。

当亨克尔们在返航途中奋战时，凯塞林的下一波攻势又来了。20架Do 17Z飞行在18000英尺高空，“身后在同一高度伴随相似数量的护航机，还有更多的战斗机部队位于上方约2000英尺高”。道尼尔们首先在邓杰斯以东15公里被发现朝北方飞行。它们在福克斯通(Folkstone)越过海岸线并径直穿越肯特郡前往查塔姆，护航机挡住了第43中队和第222中队的一个小队。其他10个对付卢顿空袭的中队此时已经用尽了它们的燃料，正在降落补充燃料和武器，攻击者对时机的把握恰到好处。

在17时30分抵达查塔姆后，轰炸机转向西南，10分钟后向德特林投下8.8吨炸弹，40至50枚落在了机场上。轰炸机没有受到任何阻拦。起落场变得坑坑洼洼，供电电缆被切断，一个储油罐被点燃。一人当场死亡，另一人受到致命伤，还有一架布伦海姆受损。基地瘫痪至第二天9时，入侵者们毫发无损地返回了基地。

当这批飞机向法国返航时，下一批攻击者已经入境，它们于17时45分在多佛附近登陆并沿着与上一批德机同样的路线飞越肯特郡。这些飞机来自骁勇善战的ErprGr 210，现在由汉斯·冯·博尔滕斯特恩(Hans von Boltenstern)上尉指挥，10架Bf 110D带领着6架LG 2第二(对地攻击)大队的Bf 109E-7战斗轰炸机执行它们第一次真正的作战任务。特劳夫特的JG 54全队在上方负责为这些高速的战斗轰炸机保驾护航。

威洛比·德·布鲁克男爵命令第501中队和第616中队分别在霍金奇和肯利上空巡逻，同时沃罗尔引导着第222中队前去拦截并派出第79中队在比金山上空巡逻。第222中队组成纵列编队进行爬升，这一切被JG 54的护航机们看在眼里，JG 54第7中队长京特·舒尔茨(Günther Scholz)中尉没有立即发动攻击，而是叫他的部下跟着他，带领中队绕了一个大弯，背对太阳发起攻击。第222中队在这些经验丰富的德国老兵面前毫无机会，很快就有3架“喷火”燃烧着坠落，其余的英机也都被驱散。不久后，这个中队又有一架飞机被前来扫荡的 JG 26 击落。这样，第 222 中队在自己第一天的战斗中就损失了 8 架飞机。

与此同时，冯·博尔滕斯特恩的战斗轰炸机在谢佩岛上空转向西边，箭头直指比金山。18 时，它们在低空高速发起攻击，向机库、建筑和其他结构投下 16 枚 SC250 和 SC500 炸弹。一座机库连同着内部一架第 32 中队的"飓风"被摧毁，其他遭到破坏的还有基地车间、军械库、仓库、士官餐厅、空军妇女辅助队宿舍、海陆空三军合作社和厨房。电话/电报线和供电、供气及供水主管被切断，39 人在空袭中丧生，还有 26 人负伤。沃罗尔的 C 分区基地与外界失去联系，但是诺曼(肯利的 B 分区基地)接管了该区的指挥直到供电和通信得以恢复。入侵者再次毫发无损地离开了现场。

除了早晨对法恩伯勒的失败攻击外，当天的成果对于德国空军来说相当鼓舞人心。除了上文提到的护航行动外，第 2 战斗机指挥部还发动了大量的自由猎杀扫荡和佯攻作战，共记录出动战斗机 1265 架次，在肯特郡上空筑起了铜墙铁壁。当天被击落的 12 架"飓风"和 9 架"喷火"(7 名飞行员阵亡，4 人负伤)几乎全部是它们的战果。德国空军损失了 12 架"埃米尔"和 6 架驱逐机。

与此同时，第 2 航空队出动的 80 架次轰炸机损失了 11 架(战损率 13.75%)，它们损失于超过战斗机航程范围的远距离作战。戴希曼的作战计划将空袭行动安排得十分紧密，使帕克没有时间为下一波空袭组织有效防御，但是此战取得成功很大程度上归因于云层使得地面观察员难以进行有效的跟踪定位工作。

8 月 31 日：比金山之战继续

在早上已成为惯例的战斗机扫荡过后(帕克的指挥官们基本无视其存在)，敦刻尔克(坎特伯雷)和康涅文顿(Canewdon)雷达站在 8 时探测到约 200 架轰炸机和战斗机经过泰晤士河口逼近。帕克出动了 13 个中队前去拦截这两个大队规模的轰炸机编队，它们均得到了 Bf 110 的严密保护。

保罗·魏特库斯(Paul Weitkus)中校率领着 KG 2 第二大队的 19 架 Do 17Z，在 ZG 76 第二大队的护航下穿越埃塞克斯，携带 19.3 吨高爆炸弹和 15 枚燃烧弹试图轰炸杜克斯福德机场。虽然编队直到在 8 时 35 分来到目标附近时都没有遇到拦截，但它们未能找到这个机场，在晃悠了 15 分钟后，轰炸机将炸弹丢在了剑桥南部的田野上，没有造成破坏。

在它们身后，富克斯率领着 14 架 KG 2 第三大队的道尼尔在 ZG 26 第三大队的保护下攻击德布登。8 时 38 分，轰炸机们投下 13.9 吨炸弹和 12 枚 RSK 36 燃烧弹，大约 100 枚炸弹和燃烧弹落在了机场范围内，击中了一座机库、兵营、车库、士官餐厅、病房和海陆空三军合作社。两人丧生，12 人负伤。基地的记录指出："基地始终保有作战的能力，作战室没有出现照明和通信故障。"

虽然在撤退途中遭到战斗机的猛烈攻击，

KG 2第二大队仅损失了一架Do 17Z，KG 2第三大队有两架飞机受损，富克斯本人在空袭中受伤。

10时01分，6架KG 76第2中队的诱饵轰炸机在JG 54全队的保护下扑向伊斯特彻奇机场。德军在多佛遭到了防空火力的攻击，在伊斯特彻奇附近，第151中队的8架“飓风”对轰炸机发起了致命的攻击。它们成功击落了一架道尼尔，但损失了一架拦截机。几十架梅塞施密特战机与这一小群“飓风”混战在一起，德国飞行员以为他们击落了4架敌机。最终，那几架诱饵轰炸机“对机场表面上仅剩的能够供飞机使用的地方造成了一些破坏，就在营地外面的铁轨被直接命中两次，一位空军士兵受轻伤”。

12时38分，12架KG 76第二大队的Ju 88A在福克斯通附近越过海岸线飞向克罗伊登。加兰德的JG 26第三大队在它们前方4分钟航程处进行自由猎杀扫荡，联队的另外两个大队为轰炸机提供贴身保护。12时55分，轰炸机从15000英尺高俯冲下来，投下14吨SC50、SC250和SC500炸弹，对机场的多处设施仅造成轻微损伤，不过附近的罗拉森(Rollason)飞机厂受到了严重破坏。

延续戴希曼的滚动空袭策略，下一波轮到KG 3第二大队，它们在多佛穿越海岸线并在谢佩岛转向泰晤士河口。逼近霍恩彻奇时遭到了第151、第501、第310和第601中队的拦截，其中3个中队在Bf 109E因燃料不足调头返航时对它们发起了进攻。

■ 8月31日，15架KG 3第二大队的Do 17Z给霍恩彻奇基地造成一定破坏，但是它也付出了代价，图中这架第4中队的飞机就在返航途中被战斗机击落。

拦截机们与撤退中的德国战斗机缠斗在一起，而轰炸机们虽然受到了第310(捷克)中队的阻挠，还是投下了9吨的SC50炸弹，其中大约100枚命中了机场。霍恩彻奇基地报告："唯一的重要破坏是切断了供电线缆。在修理好之前启用了应急发电设备。有3人丧生和11人负伤。第54中队('喷火')试图在空袭期间起飞，它们在炸弹中穿行。3架飞机被摧毁，一架被从起落场中央掀到了跑道外，但是3位飞行员都奇迹般的仅受了轻伤。"空袭中损失了3架Do 17Z。

■ 走进战俘营的德国空军机组人员，就来自上图被击落的那架Do 17。

下午晚些时候，霍恩彻奇和比金山遭到了攻击。18时刚过不久，KG 76第一和第三大队的18架Do 17Z向霍恩彻奇投下了16.5吨炸弹和20枚RSK 36燃烧弹。此战中，仅有KG 76第2中队约瑟夫·克莱普迈尔(Josef Kleppmeier)少尉驾驶的Do 17被击落，他的无线电员阿尔伯特·布洛斯(Albert Bloss)下士提供了以下回忆内容：

在波兰，我飞了18次作战。从1940年5月10日起，我们在法国飞行了38次作战。1940年8月31日，在对英国的第10次作战中，我被击落了。

在霍恩彻奇上空，我们的Do 17被高射炮击中右侧发动机，引擎停转了，所以我们被迫脱离轰炸机编队。朗(Lang)军士长的左腿受了重伤，后来在医院截肢了。后来，我们遭到了5架"喷火"战斗机的攻击。其中一架从后方我的机枪的所谓"死角"逼近我们的飞机。片刻后，我的头顶部受了重伤，这使我的大脑受损，除左臂外完全瘫痪。飞行员和观察员没有受伤。

迫降后，我们被英国士兵抓获，并被带到当地的一家医院。到达那里后，我昏迷了一个礼拜之久。

据德国空军最高司令部战局报告声称KG 76投下的炸弹中"大约80%落在了滑跑区"。这一点得到了基地报告的证实："成排的炸弹向机场的边缘落下。停放在靠近边缘的两架'喷火'报废，一位空军士兵丧生……除了对疏散掩体、环形跑道和机场表面的损害外，机场依然可以运作。"

攻击比金山的应该是KG 1的He 111，它们在高空分别轰炸了基地的北部和南部，然后安然无恙的返回基地。KG 1第三大队的一位飞行员回忆道：

昨天(8月30日)晚上，大队听取了再次对比金山实施昼间空袭的简报。今天17时36

分，我们起飞并在加来上空列队。我们以紧密的编队越过英吉利海峡，直接向着目标区域前进。我们的护航战斗机做得非常好。它们让英国战斗机无法靠近我们，使我们能够在机场上空进行地毯式轰炸。尽管有密集的防空炮火，我的导航员海因里希·祖·塞恩·维特根施泰因亲王（Heinrich Prinze zu Sayn-Wittgenstein，日后成长为著名夜间战斗机王牌飞行员）中尉还是拍到了几张我们的炸弹“横行”通过目标的照片。20时10分，我们在罗西耶斯（Rosieeres）着陆。我们没有遭受任何伤亡，只有一些轻微的高射炮损伤。

KG 1投下的27吨炸弹中有大约100枚落在了机场上。基地报告记录它们“对南部营区内的建筑和机库造成了严重破坏……在北部营区，（巨大的）三隔间机库受损，作战大楼被一发直接命中并烧毁，已婚军官的宿舍全部被冲击波严重破坏。前一天晚上空袭后临时拉起的应急电话线和供电电缆被完全摧毁”。

与阿克斯布里奇的联络又被切断了，这迫使肯利基地再次接管了C分区。由于建筑被摧毁，分区作战室被转移到机场南部半英里外潘迪莱斯村（Pantiles）里一个空置的商店内。邮政总局的技师们干了一整夜，试图连

■ 比金山遭到了重点攻击，在8天内被轰炸了11次，直到没有什么值得轰炸的目标留下。在图片的左边可见，机场上布满了炸弹的弹坑。

■ 埃里希·鲁道弗上士从英国上空的一次作战中归来。

上附近的电话及电报主线缆，搭建一部交换机并在非常有限的空间内重建了分区作战室。虽然在三个小时内就与阿克斯布里奇建立联系，但在第二天早上之前他们都没有任何指挥战斗机作战的能力。

帕克向战斗机司令部报告："仅有一个中队可以从那里出战，余下的两个中队在一周内只能交给相邻的分区指挥。"空袭中损失了一架"喷火"的第72中队在第二天转移到B分区的克罗伊登，它直到9月13日才得以返回比金山。驻扎在格雷夫森德的第501中队被转交给D分区，直到9月10日转移到肯利。仅剩5架可用"飓风"的第79中队现在成了一支"基地驻防小队"。

当高空的轰炸机在攻击霍恩彻奇和比金山时，Bf 109在伦敦外围进行自由猎杀飞行。当时隶属于JG 2第2中队的埃里希·鲁道弗(Erich Rudorffer)上士在这一天遇到了一件有趣的事情，他在战后回忆道："当我准备越过海峡返回基地时看到了一架从加来方向飞来的'飓风'战斗机，它的机身上拖着一股浓烟，很明显是在战斗中受伤了。我决定护送这架飞机回家，在将它送到英格兰后我们挥手告别。几星期后我(在座机受伤后)也受到了英国飞行员同样的礼遇。这种事情绝对不会发生在俄国战场上，绝对不会!"埃里希·鲁道弗此后将在东西两线共击落敌机224架，成为德国空军的第七位王牌飞行员。

埃里希·鲁道弗

1917年11月1日出生在萨克森州莱比锡附近的茨沃豪(Zwochau)。1939年11月1日，鲁道弗上士加入JG 2第2中队，他在1940年5月14日取得了个人第一次空战胜利。法国战役中，他共击落9架敌机。不列颠战役中，他继续积累战果，于1941年5月1日以19次空战胜利被授予骑士十字勋章。1941年6月，鲁道弗中尉成为JG 2第6中队长，1943年4月6日升任JG 2第二大队长，期间他的空战胜利总数已经升至72次。1943年6月，鲁道弗被赋予了在柯尼斯堡附近组建JG 54第四大队的任务。然而，在1943年8月1日，他又被派往东线出任JG 54

第二大队长。鲁道弗在新的战场延续着上佳表现，1943年10月11日，他在7分钟内取得了7次空战胜利，包括他的第100次空战胜利。但他最辉煌的成就发生在11月6日，在17分钟内，有13架苏联飞机在他的枪口下坠落。1944年4月11日，鲁道弗少校因134次空战胜利被授予橡叶骑士勋章(第447位)。1945年1月14日，他被任命为装备Me 262喷气战斗机的JG 7第一大队长，1月26日以212次空战胜利获得宝剑橡叶骑士勋章

(第126位)。他成为世界上第一批喷气式战斗机王牌飞行员之一，在Me 262上取得了12次空战胜利。鲁道弗总共取得了224次空战胜利，在空战史上排名第七，为此他执行了超过1000次作战任务，16次被击落，9次跳伞。

第2航空队当天的1450架次作战中仅150架次为轰炸机，它们得到了1300架次的战斗机保护。这使皇家空军仅能击落8架轰炸机，却有25架“飓风”和8架“喷火”被击落。在六天内失去了11架飞机后，第56中队现在只剩下7架“飓风”。第151中队也只有10架飞机和12名飞行员。第二天，这两个中队都被撤出了一线。德国方面有19架Bf 109和6架驱逐机被击落。新来的JG 77第一大队受到的损失尤其巨大，由于前线严重缺乏战斗机，这个大队最近刚刚从北边的弗里斯兰群岛来到第2航空队，接替一天前返回德国北部城市耶弗尔(Jever)进行休整的JG 51第二大队。JG 77第一大队在8月31日的战斗中损失了7架飞机和6名飞行员，在成为英军俘虏的5人中就包括第1中队长汉斯·尤尔根·埃里希(Hans-Jürgen Ehrig)中尉和第2中队长艾克哈德·普里贝(Ekkehard

■ 战斗机司令部在8月31日遭受了最大的单日损失——39架飞机，10位飞行员阵亡，21人负伤。

Priebe)中尉，不列颠空战对新手们的残酷性可见一斑。

除了空中的损失外，当天共有7个战斗机司令部基地遭到轰炸，其中4个是分区指挥基地，有一个遭到两次轰炸，在地面上有6架“喷火”被摧毁。8月31日成为战斗机司令部在整场战役期间损失飞机最多的一天。

看起来德国空军终于找到了一条正确的道路。

9月1日至9月6日：最后的机场战役

9月1日对于皇家空军来说又是一个黑暗的日子。早晨，数百架Bf 109和Bf 110飞临肯特郡上空，保护数个小规模的德国轰炸机编队。帕克派出了14个中队迎敌，其中第54中队成功地逼近了KG 1的He 111，一架德国轰炸机被重创，掉头返航后坠落在法国，不过机组人员安然无恙。随后，护航的Bf 110战机扑到了第54中队的头上，英国飞行员们果断选择终止这场不平衡的战斗。

KG 1的轰炸机们继续前行，下一批遭遇的是从西面赶来的第1中队的“飓风”和第72中队的“喷火”，德国战斗机护卫队立即赶来拦住他们。JG 52第一大队在其他德国飞机前方进行自由猎杀。现在他们的Bf 109聚集到一起，在沃尔夫冈·埃瓦尔德上尉的带领下发起攻击。第1中队的编队很快就被打散，一架“飓风”被击落(飞行员阵亡)。接下来，德国飞行员们继续攻击另一个英国中队。卡尔-海因茨·李斯曼(Karl-Heinz Leesmann)中尉和赫尔穆特·贝内曼(Helmut Bennemann)中尉各击落一架“喷火”，还有另外两架“喷火”在被JG 52第一大队的飞行员重创后坠毁。以一架飞机的代价击落5架敌机，JG 52第一大队取得了一场难得的大胜。

与此同时，KG 1的He 111已经到达了它们的目标——伦敦东部的蒂尔伯里码头，并以完美的编队投下了炸弹。火车站被击中，两个方向的线路都被封锁了。煤气和供水管道被切断。哈兰德与沃尔夫造船厂(Harland & Wolff)受到严重破坏，数个干船坞被炸弹击中。一份德国报告指出：“在9月1日对蒂尔伯里码头的空袭之后，一个巨大的黑色烟柱升至4000米高度，烟雾一路飘散到北海上空。这是我们在之后几天前往英国执行任务时所看到的景象。”

其他德国编队攻击了位于肯利、格雷夫森德、北威尔德、霍恩彻奇和比金山的机场。在这些战斗中，德国轰炸机部队的损失不超过一架飞机。当KG 1的飞行员们成功完成任务返回后，他们在报告中指出：“孱弱的战斗机防御，被我们的护航战斗机有效地解决了。”

同样的情景在几个小时后再次出现，15架KG 76的Do 17Z在数波同时进行的自由猎杀扫荡掩护下，于13时40分在邓杰斯飞越海岸线，比金山和肯利再次成为轰炸机的目标。寡不敌众的英国战斗机飞行员试图越过掩护轰炸机的梅塞施密特护航机，这让他们付出了沉重的代价。在王牌飞行员汉斯·约阿希姆·雅布斯的带领下，ZG 76 第 6 中队的飞行员们再次完成了一次出色的自由猎杀扫荡。雅布斯中尉再次脱颖而出，声称击落 3 架敌机。ZG 76 第 6 中队共取得了 8 次空战胜利，自身没有损失。其中有 7 次空战胜利可以在英方的报告中找到佐证：第 85 中队的 4 架“飓风”，第 253 中队的一架“飓风”和第 1（加拿大皇家空军）中队的两架“飓风”被这些驱逐机飞行员击落。

ZG 76 第 6 中队击落的第八架飞机可能是一架 Bf 109 战斗机，来自 JG 26 第 7 中队的约瑟夫·勃斯根斯（Josef Bürschgens）少尉刚击落了一架“喷火”（这是他的第 10 次空战胜利），这时他碰巧来到了一架 Bf 110 和一架“喷火”之间的位置，那架驱逐机正准备向“喷火”射击。由于他的 Bf 109 被驱逐机的炮弹打成了碎片，勃斯根斯别无选择，只能紧急迫降。从他被俘后立即拍摄的一张照片来看，勃斯根斯似乎并没有感到多么沮丧，他非常相信德军很快就会击败英国。

护航机的出色工作使轰炸机们可以不受干扰的打击它们的目标。一个三机小队在 15000 英尺高轰炸比金山，编队的其他轰炸机试图攻击肯利，但是绝大多数炸弹落在了附近卡特勒姆（Caterham）的警卫队仓库。

即便空袭规模很小，精准投向比金山的仅 3 吨炸弹还是对基地完成了几乎彻底的摧毁。基地报告指出：“炸弹落在了营地建筑之间，没有造成更多的破坏，却使建筑物摇晃变成了危房……所有的主要后勤服务和通信

■ 1940 年夏，KG 76 第 2 中队的 Do 17Z 机群在云层上空向英格兰南部飞去。

联络都被摧毁。”起落场无法继续使用，仅剩一座机库矗立在地面上，所有的建筑物都无法继续住人，基地内外的全部通信被再次切断，迫使基地的许多分支机构转移到附近的凯斯顿村。

作为“基地驻防小队”的3架第79中队“飓风”战机在第一枚炸弹落下时勉强来得及起飞离开机场。在与护航梅塞施密特战机的交战中，两架飞机被击落，两位飞行员都被烧伤，剩下一架飞机在降落时坠毁。

三天后，当跑道得到修复，比金山分区基地可以重新接纳人员进驻时，基地指挥官理查德·格里斯上校担心幸存的机库可能引诱德国空军再次攻击比金山。他搭乘一架迈尔斯“教师”式飞机打算从空中看看它是什么样子，很快就认出了这座耸立在碎石之间的巨大机库。落地后，他当即下令拆除这个机库，以保护基地免受更多的德军空袭。18时，埋设好的炸药终于抹平了这座建筑。为此格里斯被送上了军事法庭，但他被宣告无罪。

尽管如此，凯塞林的轰炸机还是在9月6日10时回到了这里并投下22.8吨炸弹。这次空袭是为了第二天对伦敦的大规模空袭铺平道路，在令比金山失去大部分战斗力后，戴希曼希望再次攻击它并让之前五天的维修工作化为乌有。基地报告记载道：“对一些(战斗机)掩蔽点和机场表面造成破坏，但是绝大多数炸弹错失了机场并落在韦斯特勒姆(Westerham)路，再次摧毁了电话线。”屡受重创的基地依然只能同时指挥一个中队。

德国空军在9月1日的110架次轰炸机和530架次战斗机作战取得了相当出色的战果。

德军的战斗损失总共不超过5架Bf 109，两架轰炸机和一架Bf 110，而战斗机司令部则损失了14架飞机。第二天，第85中队被调离一线，13天前抵达克罗伊登的18名中队飞行员中，有14人被击落过，其中一些人被击落了两次，3名飞行员阵亡，5人受伤。

在英吉利海峡的另一边，ZG 76的情绪高涨。随着“鲨鱼嘴大队”(ZG 76第二大队的昵称)在9月1日的优异表现，瓦尔特·格拉布曼少校的联队已经累计击落483架敌机，它是德国空军此时最成功的战斗机部队。该联队的每一个人现在都满怀期待地等待着第二天的到来，他们希望能创造500次空战胜利的纪录。

9月2日，德国空军继续努力给战斗机司令部放血。比金山、德特林和伊斯特彻奇的机场，罗切斯特的肖特兄弟飞机厂和布鲁克兰茨(Brooklands)的维克斯工厂遭到轰炸，英国夏末的天空到处都是成群的梅塞施密特Bf 109和Bf 110战机。虽然德国空军的一些联队(如KG 2和JG 26)获准休息一天，但其他部队总共出动了872架次战斗机和88架次轰炸机。

在9时前，来自KG 3的两个小型Do 17编队，在ZG 26的50架Bf 110驱逐机的近距离护航下，越过了多佛和林姆尼之间的海岸，JG 51的Bf 109负责掩护编队的上方。轰炸机的目标是位于伊斯特彻奇、北威尔德和比金

■ ZG 76 的 Bf 110 编队正在飞向英国，ZG 76 堪称最优秀驱逐机联队，表现不逊色于顶尖战斗机联队，但是像它这样的驱逐机部队太少了。

山的机场，但主要目的是将皇家空军引入空战。战斗机司令部出动了 11 个中队，但似乎并不是所有人都意识到局势有多严重。在北威尔德，地勤人员惊讶地看着第 249 中队过度自信的飞行员们的表现，他们在接到命令后不慌不忙地走到飞机旁，似乎没有意识到提高警惕的重要性。第 249 中队不久前从第 10 大队来到这里，取代筋疲力尽的第 56 和第 151 中队，它到目前为止取得了相当不俗的战绩，平均每损失一架飞机就能击落 4 架敌机。但那是在第 10 大队，在那里，德国飞机从基地出发后的飞行距离使得英国战斗机部队能够及时起飞。这个中队的飞行员很快就会知道，在第 11 大队情况是不同的。这些"飓风"飞行员起飞后看到了 KG 3 第三大队的 Do 17，他们对领头的轰炸机发起一次侧向攻击，随后就遭到了 ZG 26 第二大队的阻截，3 架飞机被驱逐机飞行员们击落。

Bf 109 部队的表现就没有那么好了。第 501 中队的"飓风"与 JG 53 第一大队发生了冲突，后者损失了 4 架飞机，还有另一架Bf 109 不得不迫降在布洛涅附近的法国海岸上。第 501 中队只有一架"飓风"受损后以机腹着陆。与此同时，JG 51 遭到两个"喷火"中队重创。首先，它在与第 54 中队的战斗中损失了两架 Bf 109，自己却没有取得空战胜利。然后它被第 603 中队一路跨过多佛海峡追杀到法国，又损失了两架飞机，同样没有给英国人造成任何损失。被第 603 中队击落到英吉利海峡中的飞行员之一是未来的 220 次空战胜利王牌飞行员海因茨·巴尔(Heinz Bär)，当时他还是一名上士，德军的海上救援队救起了巴尔。

中午，KG 53 的两个 He 111 大队被派去对伊斯特彻奇的机场实施另一次突袭。近距离伴随它们的是ZG 2的Bf 110，JG 2、JG 3和JG 54的Bf 109战斗机负责高空掩护。不久后，在JG 52第一大队的护送下，ErprGr 210被派往西南方向20公里外的德特林机场。

战斗机司令部再次与德军针锋相对。第72中队的“喷火”首先进行了拦截。它们朝着亨克尔和它们的密接护航机俯冲过去。一架Bf 110燃烧着被击落，但在随后的战斗中，驱逐机击落了两架“喷火”，并击伤了第三架。安东尼·柯林斯(Anthony Collins)少校的膝盖和手受了重伤，他再也没有回到中队。

第111中队也加入了与Bf 110的战斗，但是它的两架“飓风”被击落。当ZG 2在事后返回基地时，发现有3架飞机失踪，但该联队也取得了自己的第257次空战胜利。为此付出的代价是从战争爆发以来作战损失38架飞机，其中有20架是在不列颠之战中失去的。

就在驱逐机成功的使轰炸机免于遭受任何损失的同时，负责高空掩护的Bf 109向着皇家空军的战斗机急速袭来，但后者很快得到更多增援。然而，双方都没有取得很大的成果。第603中队几乎是独自与来自JG 3、JG 52和JG 54的70多架Bf 109战斗机作战，但成功地击落了两架Bf 109，而德军除了迫使一架“喷火”机腹迫降外，未能对英军造成更多伤害。JG 54在作战结束返回时少了4架Bf 109，其中两架在英国上空相撞后坠毁。与此同时，第43中队被JG 2的一大群Bf 109围攻，损失了3架“飓风”，但成功击落了同样多的Bf 109。

9月2日的空战尚未分出胜负，凯塞林在下午晚些时候派出ZG 76和一个轰炸机大队前往伦敦。ZG 76联队长瓦尔特·格拉布曼少校在起飞前给他的飞行员们打气：“这次必须达成第500次胜利的纪录!”

帕克派出了多达85架“喷火”和“飓风”试图抵挡德机。“战斗机在前方!”当第一架

■ JG 2的Bf 109E在博蒙勒罗热(Beaumont-le-Roger)基地上，前景中那架机尾上拥有大量击坠记录的飞机属于JG 2第一大队长赫尔穆特·维克。

英国战斗机从泰晤士河口上空的阴霾中显现时，驱逐机飞行员们在无线电中发出了激动的呼喊。接下来的情况，从 ZG 76 的角度进行了记述：

格拉布曼少校率领 ZG 76 的第一个大队径直俯冲到英国战斗机之间实施攻击，我们所有的飞机都用机头的枪炮射击。英军编队当即被打散，个别飞机俯冲以躲避我们的攻击，没有试图攻击我们的轰炸机。

但"喷火"飞行员们不会放弃。尽管他们现在是独自飞行，但他们又爬升回来，试图再次组队。驱逐机飞行员立即攻击他们。格拉布曼本人则从正面攻击领头的英国战斗机。两位飞行员同时开火。下一秒，"喷火"燃起火焰，呈螺旋状坠落。不久之后，另一架飞机也在格拉布曼更高超的技术和更优越的武器下成为牺牲品。这架"喷火"变成了一个火球，垂直坠落。第三架飞机试图攻击副官，但没有成功，反而自己被击落了。

很明显，我们的驱逐机占了上风，但我们的英国对手也相当强悍。他们一次又一次地挑战我们的攻击圆环阵——但每一次的结果都是一样的。一架驱逐机从圆环中离开，一个短点射，又一架"喷火"受到致命伤后坠落。战斗不间断地进行了将近 30 分钟。每当汤米们试图进攻——单独或成对地进攻——几架 Me 110 就会在它们的尾部俯冲下来。在敌人能够开火之前，他们就被我们的火炮撕成了碎片。到现在，这已经让他们损失了 7 架"喷火"，最终剩余的敌人的勇气开始动摇了。他们一个接一个地离开了现场，很快空中就只能看到德国飞机了。

与此同时，由我们驱逐机联队的另外两个大队掩护的轰炸机部队已经到达它的目标：伦敦附近的一个空军基地。就在轰炸机启动它们的轰炸航路的时候，一个"飓风"中队从上方的云层中钻出，发起俯冲攻击。显然，它们的目的是要驱散轰炸机编队。但我们的驱逐机在他们下降的过程中拦住了他们，轰炸机得以在不被敌人的战斗机干扰的情况下进行攻击。

当轰炸机从目标地区离开时，英国人集结起来准备再次发动攻击。他们试图避开我们的驱逐机，但是徒劳无功。一名"飓风"飞行员有点太大胆了。几架"鲨鱼"(ZG 76 第二大队的飞机)立即在他身后就位，几秒钟后，"飓风"被火焰笼罩着坠落。英国人跟着我们到了海岸边——但没有做出任何新的攻击尝试——之后才最终离开。

当 ZG 76 的飞行员们回到基地时，情绪高涨。格拉布曼少校击落的两架"喷火"使他的个人战绩增加到 13 次空战胜利，但他最关心的是他的联队的总战绩。格拉布曼急忙赶到指挥所。在那里，第二大队的指挥官埃里希·格罗特上尉已经在电话里等着了：他的报告意味着联队的空战胜利总数达到 496 次。几分钟后，第三大队长罗尔夫·卡尔德拉克(Rolf Kaldrack)上尉打电话来提交他的报告。当卡尔德拉克宣布他的大队的战绩时，格拉布曼指挥所里的每个人都竖起了耳朵，然后指挥所爆发出一阵疯狂的欢呼声：由于第三大队取得了4次胜利，ZG 76空战胜利总数达到了500次，是战争中第一个达到500次空战胜利的联队。直到半个月后，JG 51才能代表单发战斗机部队达成此成就。

9月2日，ZG 76为这一成绩付出的唯一代价是由第二大队技术军官驾驶的Bf 110：这架飞机在比勒里基(Billericay)附近坠毁，两名机组成员全部丧生。

当格拉布曼少校打电话给第2战斗机指挥部的冯·德林少将报告当天的战果时，他忍不住补充道："很快，英吉利海峡的另一边就什么都没有了!"12天后，晋升为中校的格拉布曼被授予骑士十字勋章。

■ ZG 76联队长瓦尔特·格拉布曼中校。

总的来说，9月2日皇家空军的"喷火"和"飓风"与德国空军的梅塞施密特进行了激烈的空战。在德国方面，9月2日是Bf 109部队最糟糕的日子之一：当天的作战导致了至少21架Bf 109的损失，还有4架返回基地的飞机在战斗中严重受损。驱逐机部队的情况要好得多，ZG 76以一架飞机为代价取得17次空战胜利，成为当天表现最好的德国战斗机部队，ZG 2和ZG 26则各损失3架飞机。

同时，9月2日有24架英国战斗机被击落，但是其中10架可以修复。然而，皇家空军当天仅能击落两架德国轰炸机，这对于轰炸7个机场和飞机厂来说是非常低的代价。在其中的两个机场上，有9架战斗机被炸毁，在伊斯特彻奇，炸弹库的爆炸导致2.5平方公里的机场被摧毁，而在布鲁克兰茨，维克斯工厂受到了巨大的破坏，惠灵顿轰炸机就是在那里生产的。

9月3日的战斗依然围绕着机场展开，德国空军试图以不停的攻击驱逐那些驻扎在沿海城市机场的英国战斗机，其中以北威尔德受到的破坏程度为最高。早上，KG 2第二大队的大约30架Do 17和ZG 2及ZG 26的80架Bf 110咆哮着飞越泰晤士河口。帕克猜到它们正朝着伦敦西北部的北威尔德空军基地飞去，命令所有可用的战斗机拦截这支部队，并要求第12大队提供增援，但全部拦截机中只有第17中队在道尼尔到达目标之前及时进行了干预。这些"飓风"的出现打了德国人一个措手不及。在驱逐机飞行员来得及反应之前，第17中队绿色小队的3名飞行员就已经让一架道尼尔燃烧起来。它垂直落入海中。只有一人通过跳伞幸存下来。

ZG 26第三大队的Bf 110进行反击。两架英国战斗机被索菲斯·巴戈(Sophus Baagoe)中尉击落，成就了这位王牌飞行员的第11和第12次空战胜利，大队的另一位飞行员击落了第3架英国飞机。在这场战斗中，有一位英国飞行员身亡，另一人身负重伤。

在没有遭受更多损失的情况下，道尼尔们以完美的编队飞临北威尔德上空，从4500米高度向机场投下了超过200枚炸弹。所有的机库都被击中，其他遭殃的还有食堂、行政楼和作战室。

当轰炸机和驱逐机从燃烧着的空军基地转身离开时，遭到了被派来追击他们的至少122架“喷火”和“飓风”中的大部的攻击。这一次的情况与以往大多数时候不同，是英国人以数量优势进行攻击，而德国人则巧妙地化解了敌人的攻势。交战最激烈的是负责高空掩护的ZG 26第三大队，它相比被束缚在轰炸机身边的ZG 2有更多的机会进行机动。ZG 26第三大队给进攻的“飓风”战斗机造成了巨大的损失。两天前刚刚从第12大队的一个安静的角落转移到第11大队的第46中队在几分钟内就损失了3架“飓风”，第257中队也在Bf 110面前损失了3架“飓风”。率领第19中队8架飞机的菲利普·平卡姆(Philip Pinkham)少校倍感沮丧，因为装备机炮的“喷火”再次证明了它们的不可靠性。在每门炮仅发射了10发炮弹后，他遇到了卡弹，被迫中断了战斗。在这之后，该中队决定重新装备仅携带机枪的“喷火”。

至少21架英国战斗机在此次战斗中被击落，也就是参加战斗的皇家空军飞机的六分之一。其中，12架被销毁，另外9架最终被修复。这一次，德国人声称的空战胜利与英国人的实际损失是一致的。德军上报击落19架敌机，其中ZG 26第三大队就击落了12架。同时，德军的损失也比前一天轻得多。不过ZG 2第一大队遭受了严重的损失，他们的3架Bf 110被击落，另外两架飞机在激烈的空战机动中相撞。ZG 76第二大队损失了它最好的飞行员之一：击落13架敌机的沃尔特·曼哈特(Walter Manhart)少尉。他在英国人的战俘营中度过了余下的战争。

德国空军的单发战斗机部队在9月3日的损失很轻微，仅被击落击伤各一架Bf 109，但因飞行事故造成的损失比战斗损失要大。两架分别来自JG 27第4和第5中队的飞机在降落时相撞，结果这两架Bf 109都因损坏太严重而被放弃，LG 2在这一天也有一架飞机在降落时失事受损。飞行员的总损失为一死两伤。频发的非战斗损失可不是好兆头，这表明德国飞行员在连日的密集战斗后已经渐现疲态，缺乏轮休的制度更使他们的压力越来越大。

德国空军在9月4日挑选了一些飞机工厂作为攻击的目标。“有幸”被选中的包括位于罗切斯特的肖特兄弟飞机制造厂和坐落在韦布里奇(Weybridge)附近的霍克飞机制造厂，英国空军的半数“飓风”战斗机都出产自后者。

KG 1的攻击目标是肖特兄弟飞机制造厂。关于此战的一份资料将这次空袭描述为“得到严密护航的德国轰炸机在凶猛的战斗机阻截面前奋勇前进”。但是，该联队的一名机组人员在下面的个人叙述中，给我们呈现了一幅相当不同的画面：

9月4日，大队对罗切斯特的飞机制造厂进行了一次昼间突袭。虽然只持续了150分钟(从12时40分至15时10分)，但这是一次艰难的任务，因为目标位于我们的

Me 109有效护航范围的极限。

“喷火”首先从太阳中钻出发起进攻，每架飞机都选择了一个目标，然后俯冲离开。随后一些飞机又爬升起来，从下方发起第二轮攻击。我们非常依赖于集体防御火力。那几架仍在我们身边的 Me 109 几乎无能为力。如果它们被卷入一场格斗战，要么会被击落，要么耗尽仅剩的燃料，无法穿越海峡返回。

对我们来说，不得不看着英国佬的圆盘(皇家空军的同心圆标志)在我们面前近距离来回转悠是最令人不快的。但我们很幸运。仅仅是我们为数不多的护航战斗机的存在(哪怕它们的举动是消极的)都似乎有一种威慑作用，使敌人无法发起协同攻击——大概他们没有意识到 Me 109 的问题。我们再一次全部安全返回基地，仅有防空火力造成一些损伤。但其他部队就没有这么幸运了。

“没有这么幸运”的部队指的是空袭霍克飞机制造厂的德国空军编队，这个重要的目标被交给了 ErprGr 210。正午时分该大队在博尔滕斯特恩上尉的带领下从位于加来的前沿机场起飞，担任护航任务的是清一色的驱逐机部队：LG 1 第五(驱逐机)大队、ZG 76 第三大队和 ZG 2 一部，ZG 76 第二大队负责掩护空袭部队的返程。还没越过英吉利海峡博尔滕斯特恩的飞机就在躲避英国战斗机的攻击中坠入大海，尽管如此剩下的德机还是到达了目的地。但是他们在空中将另一边的超级航海工厂误认作霍克工厂，结果超级航海成了替死鬼。此次轰炸造成该厂 88 人死亡、500 人受伤的重大人员损失，生产不得不中止了四天之久。

然而，这一天对于驱逐机部队来说是黑暗的。皇家空军战斗机向它们发起凶猛攻击，LG 1 第 14(驱逐机)中队损失 3 架飞机(包括中队长的座机)，第 15 中队损失一架飞机，另有一架受损。ZG 76 第三大队最惨，共有 6 架驱逐机被击落。ZG 76 第二大队也有 3 架 Bf 110 被击落(包括大队副官的座机)，另有一架重伤迫降在布洛涅。ZG 2 第一大队仅损失一架 Bf 110，联队长弗雷德里希·福尔布雷希特(Friedrich Vollbracht)中校当天让联队副官威廉·舍费尔(Wilhelm Schaefer)中尉代替自己驾驶联队长专用机参加此次作战，舍费尔刚一升空就发现飞机的发动机功率低于正常值，这架堪称活靶子的 Bf 110 引起了皇家空军战斗机的注意，毫无意外地被击落了。最终，驱逐机部队在与英国战斗机的战斗中损失了 15 架飞机，再加上两架非作战原因损失的 Bf 110，当天的驱逐机总损失数为 17 架，难以承受的灾难性损失。

9 月 5 日德机卷土重来，由于前一天的灾难性损失，凯塞林让驱逐机部队休息几天，所以当天所有的护航任务都由 Bf 109 部队承担。两次大规模攻击分别发生在早晨和下午，目标依然是英国空军战斗机部队的机场。这两次行动都遭到了大量英国战斗机的顽强阻挠，英国南部上空进行了一整天空战。

JG 3 第一大队的作战日志中写道：“10 时 15 分，我们大队的 17 架飞机起飞为一支轰炸机部队(22 架 Do 17)护航。我们的任务是‘用我们的双机掩护住整个轰炸机编队’。在伦敦南郊投弹后，我们遇到了大约15至20架‘喷火’，它们各自向着护航战斗机或轰炸机俯冲下来。他们从后方实施攻击，然后俯冲离开。雷姆施塞尔中尉击落了两架‘喷火’；冯·哈恩上尉、埃勒斯上士和沃尔默上士各击落一架‘喷火’，博克少尉击落一架‘喷火’。当一支外来的109部队从我们和轰炸机之间经过时，布什少尉失去了他的双机队友拉姆斯中尉的踪迹，他从此失踪。施纳贝尔少尉在这次作战中也没有归来。第3中队的格拉博下士在他的飞机被英军击中后非常沮丧，他在无线电中大喊大叫，几乎听不清说了些什么。他也没能从这次作战中回来。”

在JG 3第一大队遇到的“喷火”中有11架来自第19中队，它们于9时47分从福尔梅尔出动，在15000英尺高度巡逻霍恩彻奇。飞机上原先不可靠的机炮被换成了机枪，它这次的表现要好得多，至少击落了两架Bf 109，但也付出了惨痛的代价——中队长平卡姆少校被击落身亡。

德国人近期向英格兰南部上空不断派遣飞机的战术显然让战斗机司令部疲于奔命，第11大队的分区指挥官和空中管制员现在也已经相当疲惫，而且经常士气低落。引导不力的部队经常在错误的高度和错误的地点出现，很容易成为成群结队的梅塞施密特战机的猎物。15时，第41中队的12架“喷火”从霍恩彻奇起飞，前往梅德斯通上空4500米处进行巡逻。据报告，有大量的轰炸机和战斗机正从海岸上空飞来，但第41中队在高度上处于劣势。突然，这个中队遭到成群Bf 109战斗机的压倒性攻击。4架“喷火”在这次交战中未能返回，包括中队长在内的两名飞行员阵亡，还有一名飞行员受伤。取得这场空战胜利的是JG 2第一大队，它没有任何损失，赫尔穆特·维克中尉取得了自己的第23次空战胜利。

激烈的战斗让德国空军在5日损失了16架Bf 109战斗机，被击落的德国飞行员中就包括JG 3第二大队副官弗朗茨·冯·维拉（Franz von Werra）中尉。这位老兄颇有点传奇色彩，处于英军的严密看管下的他居然借助一次被押往加拿大的机会逃到了当时尚处于中立状态的美国。在最终返回柏林后维拉受到了希特勒的接见并获得骑士十字勋章，这次成功的越狱行动也使他在盟军口中获得了“逃跑者维拉”的称号。JG 54也在这天失去了第三大队长弗里茨·乌尔奇（Fritz Ultsch）上尉，他的“埃米尔”被第17中队的一架“飓风”击落。皇家空军方面，共有15架战斗机在与德国空军的空战中被击落。

9月6日德军的攻击分三个阶段进行，前两次行动的目标都是伦敦附近五区的皇家空军机场。结果在大量英国战斗机的拦截下德机毫无作为，第三次对泰晤士河口储油厂的攻击则较为成功，投下的炸弹造成了严重的火灾。

这一天的战斗对交战双方来说都是极为艰难的，德国战斗机部队被击落的飞机多达13架，还有5架飞机受伤。5名飞行员阵亡，

3人负伤，成为英军战俘的8人中包括又一位大队长：JG 27第三大队长约阿希姆·施利希廷上尉，他在12月被授予骑士十字勋章，以表彰他“在守护自己的轰炸机编队时的优异表现，从不在乎他个人的战果”，施利希廷仅拥有3次空战胜利。

斗机部队开始感到巨大的压力，有些飞行员一天要连续出动五次之多，如此高强度的作战也使飞机机体和发动机受到了严重的损耗。JG 26第三大队长格尔哈德·舍普费尔少校说道：

■ 这架JG 53第7中队的Bf 109E-4在9月6日的作战中被击落迫降在曼斯顿附近，数周后，它被拖到伦敦市中心进行展示。

现在施密德上校的情报已经不再有人相信了，英国战斗机似乎永远也无法被消灭。从8月开始，德国空军的飞行员开始在无线电中开起颇具讽刺意味的玩笑：“他们又来了，皇家空军的最后50架战斗机！”但这种笑话随着Bf 109和飞行员的损失数量不断增加而变得毫无幽默感。9月7日，奥斯特坎普抱怨道：“我们不断地把它们打下来，但它们的数量从来也没有减少过。”德国空军战

在英吉利海峡上空战斗了几个星期后，一种新的现象变得为人所知。我们称为“海峡病”。它有各种症状——要么是不同形式的身心紊乱，要么是过度烦躁。在某些情况下，当在英吉利海峡上空执行新的战斗任务时，这种病症表现为飞机上的“技术故障”。飞行员报告飞机有技术故障并取消作战。回到基地后，技术人员却无法找到飞机的任何问题，飞机似乎在此期间已经自我修复了。

轰炸机部队受到的打击最严重，在他们眼中英军的攻击近乎疯狂，一位德国轰炸机机组成员就亲眼见到自己编队的一架飞机遭到另一架英国战斗机的直接冲撞。（在之后的帝国防空战中，美军的轰炸机机组成员将给那些勇敢拦截他们的德国战斗机同样的评价）

9月6日，戈林与他最优秀的两位王牌飞行员加兰德和莫尔德斯进行了一场著名的会谈，在超过40分钟的对话过程中，戈林为轰炸机部队的高昂损失向这两位指挥官提出批评。当他问道自己可以做些什么来提升战斗机部队的表现时，莫尔德斯表示他想要让他的JG 51装备拥有更强劲DB 601N引擎的Bf 109，戈林对此表示同意，然后他转向加兰德，被无理责难激怒的加兰德直言他想要让自己的联队装备“喷火”。恼羞成怒的戈林说他已经给德国空军装备了全世界最优秀的战斗机，不应该来指责他。加兰德话中的意思当然不是真的要换装“喷火”，而是想要提醒戈林“喷火”由于较低的翼载而更加灵活。Bf 109E的优势是垂直机动：航速、俯冲和爬升，被限制在轰炸机周围活动将迫使德国飞行员进行他们并不擅长的水平机动。

■ 1940年9月6日，戈林与加兰德和莫尔德斯进行了一场会谈，谈话的结果显然难以让这位帝国元帅满意。

在海峡的另一边，英国战斗机司令部的情况实际上更糟。9月6日被击落的皇家空军战斗机数量为17架，比德国空军还要多。在这段时间里，英格兰东南部的战斗机司令部基地承受了持续的压力和伤害。肯利的破坏程度非常严重，B分区的作战室不得不转移到卡特勒姆的一个空置的肉铺内，在那里它连上了附近邮政总局的电话线。

对机场的打击如果持续下去势必会彻底摧毁战斗机司令部抵抗的能力。战斗机的损失速度现在已经超过了生产速度，下属的飞机数量则降到了约700架。自德军将目标改为攻击敌军机场开始，英国战斗机部队的损失就开始逐渐上升，仅在8月24日至9月6日英军就损失了295架战斗机。相对来说飞行员的伤亡更让人揪心，共有103名飞行员阵亡，另有128名飞行员由于负伤退出了战斗，这意味着皇家空军在14天内就损失了四分之一的战斗机飞行员！由于皇家空军每周最多只能输出65名新飞行员，这不可避免地导致了战斗机司令部可用飞行员数量的急剧降低：从7月底的1430人减少到8月底的1020人，9月第一周过后仅剩840人。

很多经验丰富的中队指挥官的损失进一步降低了皇家空军的战斗力，补充来的新飞行员由于缺乏经验甚至不能活过他们的第一次战斗，轮换过来的新中队出于同样的原因常在战斗仅数周后就因严重的损失而被替换下去。此时皇家空军已经没有中队可以用来轮换一线的作战部队了，平均每周损失的飞机数量足够装备 6 个中队，道丁手下的飞行员们急需休息。

中队。”爱德华·唐纳森(Edward Donaldson)少校所在的第 151 中队于 9 月 1 日从前线撤出，他回忆道：“我当时确信我们被击败了，我们输掉了这场战斗。我感到非常疲惫，而且极度消沉。”德布登分区指挥官劳伦斯·富勒-古德(Laurence Fuller-Good)报告说，在他的

■ 第 610 中队的飞行员们，在 1940 年 8 月初，这个中队拥有 18 位飞行员。一个月后，有 11 人阵亡，7 人负伤，中队也被撤出战斗。

历史学家托尼·霍姆斯(Tony Holmes)描述了第 601 中队当时的情况：“此时，留在中队的少数几位经验丰富的飞行员正遭受着慢性疲劳的折磨，加上第 601 中队的其他人员都是菜鸟，这支队伍几乎不适合留在前线。由于德国空军似乎在战斗中占了上风，所有可用的中队都必须投入战斗，这也包括第 601

下属单位第 257 中队，情况特别糟糕。被派去领导第 257 中队的罗伯特·斯坦福德·塔克说：“他们根本对自己失去了信心，这对于一位战斗机飞行员来说是最糟糕的事情。”

尽管花费了远长于预期的时间，胜利的天平已经开始偏向德国空军这边。

随着破坏和损失的积累，帕克开始担心

他的大队将难以继续组织起有效的防御。他写道："8月28日至9月5日是一个关键的阶段，对分区基地和我们的地面组织机构的破坏正对战斗机中队的作战效率产生严重影响。"

此时道丁得出结论，如果打击持续下去，他"除了将第11大队从英格兰东南部整体撤离外别无他选"。

如果这么做了，他或许会将胜利拱手让给戈林。

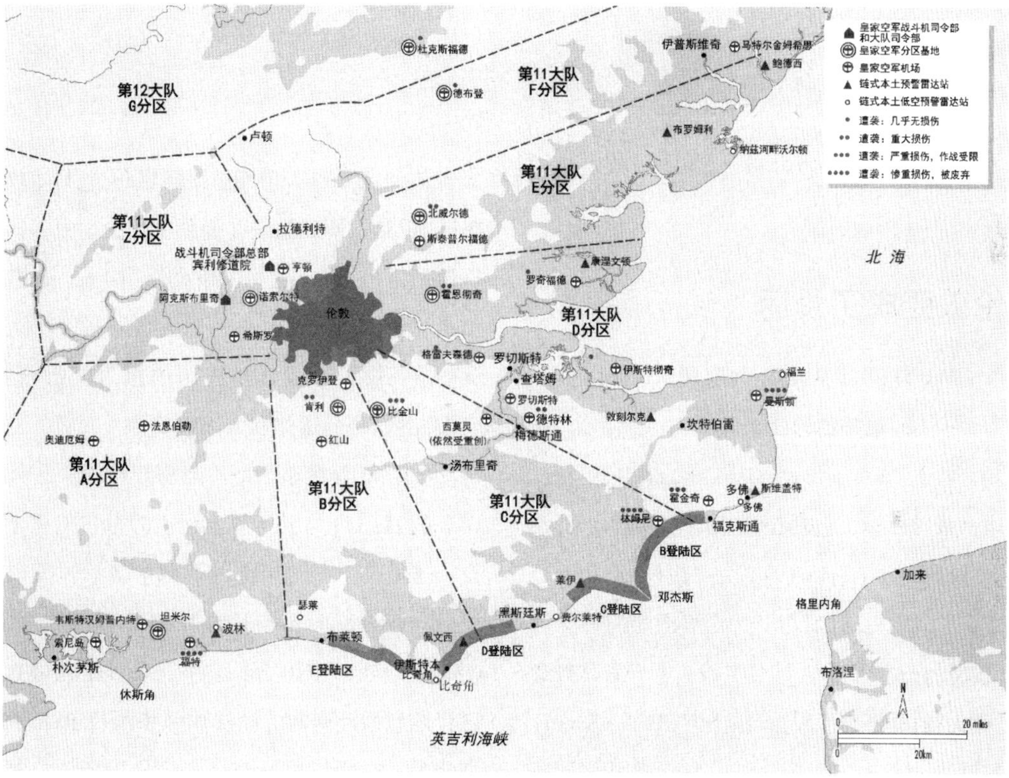

■ 鹰击作战第二阶段战果(1940年8月18日至9月6日遭袭的机场)。

第九章　鹰击作战阶段三：9月7日至9月15日

伦敦变成了目标

从8月24至9月25日夜开始，德国空军加大了夜间轰炸的力度。

是夜，KG 1出动15架He 111H前去轰炸一系列目标，包括位于泰晤士河畔金斯敦(Kingston-on-Thames)的霍克飞机厂(正在生产“飓风”战斗机)，罗切斯特机场上的配普乔伊(Pobjoy)航空发动机与航空设备厂(负责制造“喷火”的机身)，以及泰晤士港(Thameshaven)的储油设施。在比奇角和邓杰斯之间越过海岸线后，轰炸机编队被高空中异常强烈的东风吹散偏离了航线。德国空军最高司令部战局报告指出规模最大的一支分队“在第一架飞机透过(下方)云层的间隙辨认出目标后对它发起了攻击”。“向旷野地带(位于金斯敦西南部的萨里郡)”投下了8.65吨高爆炸弹和5枚RSK 36燃烧弹，“没有造成任何破坏”。

3架目标为罗切斯特的亨克尔携带了2.3吨高爆炸弹和5枚燃烧弹。两个轰炸机机组报告他们在23时40分“发现目标并发动攻击”，但是很明显这些炸弹落在了遥远西部的芬斯伯里(Finsbury)和伊斯灵顿(Islington)自治市，在靠近伦敦中央的地区引发了一场大火。这与第三个轰炸机机组的报告相吻合：“观测到剧烈的爆炸和大火灾。”

0时30分在邓杰斯飞越海岸线后，一架单飞的He 111来到泰晤士河边的蒂尔伯里上空，这里位于泰晤士港的西部。随后这架飞机转向西方，向着与目标相反的方向飞去。0时50分至1时10分，它一路飞到了伦敦东区，随意抛撒两吨的高爆炸弹和两枚RSK 36燃烧弹，在斯特普尼(Stepney)、贝斯诺格林(Bethnal Green)、东汉姆(East Ham)和莱顿(Leyton)区引发了大火。这一系列空袭中有9名平民丧生。

德国空军轰炸机部队一直受到严格的限制，无论在任何情况下，都不应该将炸弹扔在伦敦！清晨，所有参与空袭的德国空军部队都收到了来自空军最高司令部的一份措辞严厉的说明。轰炸伦敦禁区的机组人员应立即报告，德国空军总司令将亲自惩罚有关的指挥官，并将他们送去当步兵。

然而，丘吉尔毫不迟疑地立刻授权轰炸机司令部发起报复性打击。8月25日晚，第49、第50、第99和第149中队的81架双发中型轰炸机被派去轰炸柏林的滕珀尔霍夫(Tempelhof)机场和巨大的西门子工厂联合体。但是高空中的持续强风同样干扰了对德国首都的首次空袭。仅10架轰炸机抵达了柏林市郊，它们朝着罗森塔尔(Rosenthal)区的市有农场投下了携带的炸弹。空袭中损失了6架汉普敦轰炸机，其中3架是在高空与大风搏斗而提前耗尽燃料落入了北海。

之后皇家空军又在8月28至9月29日夜和8月29至9月30日夜发动了两次更成功的小规模空袭。

在柏林受到第三次空袭后，希特勒授权戈林"以强大兵力对伦敦发动报复性攻击"，前提是它们不会针对居民区进行恐怖袭击。德国空军最高司令部马上将此消息和戈林要求9月3日在海牙召开一次会议讨论空袭计划的指令传达给航空队各位指挥官。伦敦这一新目标的代号为"洛基"，戈林认为这是获得胜利的机会，在逼迫英国投降的同时还可以继续推进在英格兰东南部上空取得制空权的作战目标。

随着海狮行动的开始日期逐渐临近，戈林每晚都在阅读第2航空队的战局报告，试图搞清楚争夺制空权的战斗进展如何。对于戈林来说报告的内容看起来相当令人满意。但是他对于军用航空和制空权的理解除了杜黑的恐怖轰炸理论外，全部出自他在"一战"中作为一名战斗机飞行员进行前线防御性战斗的经历，他对如何发起一场进攻性作战或空中战役一无所知。有限的战争经验让他相信判断是否取得成功的唯一标准就是看他的战斗机和驱逐机飞行员们的击坠数字。于是他很高兴的看到从8月24日至9月2日，第2战斗机指挥部报告各战斗机和驱逐机联队共击落了340架"喷火"、193架"飓风"、8架"无畏"和31架不明型号的飞机，损失仅为107架Bf 109E和30架Bf 110。

此外，德国空军在对第11大队机场的轰炸中声称摧毁了44架皇家空军战机，其中23架战果在霍恩彻奇、克罗伊登和伊斯特彻奇取得，相信应该是战斗机。轰炸机的宣称战绩似乎得到了德国空军最高司令部和德国空军的摄像侦察证实。晨间的侦察照片显示皇家空军基地的起落场上布满了弹坑，但是很少看见飞机机身燃烧后留下的焦痕。既然空战中摧毁的敌机数量是在地面上摧毁数量的13倍之多，那为什么还要继续轰炸机场呢?

在外行人看来，空战取得的成果似乎远高于轰炸机场。

同期德国空军还在机场攻击、夜间轰炸和侦察作战中损失了54架轰炸机，大多数是在昼间轰炸行动中损失于皇家空军战斗机手中。进一步降低轰炸机的损失已经是不现实的了，既然要承担这样的损失，何不将其投入攻击像伦敦这样更具有战略价值的目标上。

现在希特勒已经授予戈林这么做的权限。

戈林一直想要轰炸伦敦，现在机会来了。在获得希特勒许可的当天，戈林就下定决心并命令在9月3日召开作战会议。

实际上，为了让凯塞林手头的作战力量最大化，他命令施通普夫将第5航空队的轰炸机单位转移到第2航空队，交由格劳尔特大将的第一航空军管辖。它的主要任务是在施佩勒的指挥下执行夜间轰炸作战。9月1日，韦希马尔中校带着KG 26的57架He 111抵达荷兰希尔泽-里根(Gilze-Rijen)。第二天，赫伯特·赖克霍夫(Herbert Reickhoff)中校也将KG 30的41架Ju 88A带到了艾恩德霍芬(Eindhoven)。此外，约翰·赖特尔(Johann Raithel)中校的KG 77有两个大队刚完成换装Ju 88的训练，在一周后转移到拉昂-阿蒂(Laon-Athies)，第三个大队也在9月16日加入，这个新联队又为格劳尔特的司令部增加了99架Ju 88A。

■ 第一航空军军长乌尔里希·格劳尔特大将。

现在，经常抗议轰炸机太少的凯塞林再也没法抱怨飞机数量不足了。

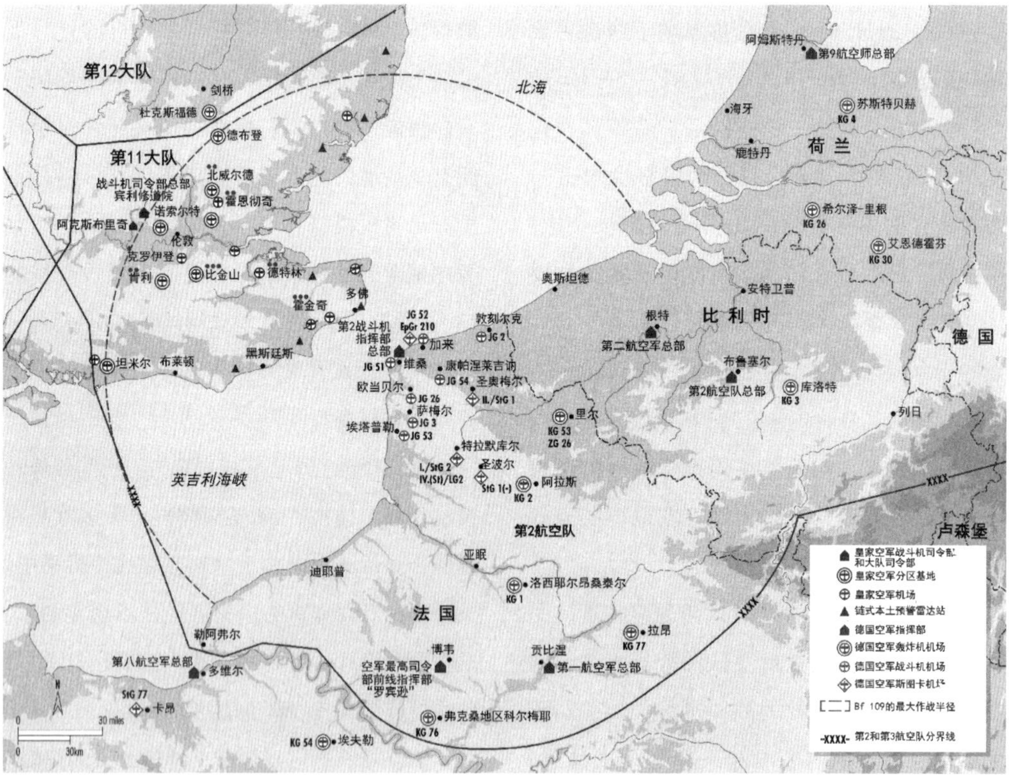

■ 德国空军为鹰击作战第三阶段进行的部署调整。

当大量轰炸机涌入凯塞林位于荷兰、比利时和法国东北部地区的机场上时，施密德在接下来三天里准备好了又一份关于皇家空军的阶段性评估报告。8月底时，施密德曾根据德国空军战局报告乐观的估计道：“在争夺制空权的战斗中皇家空军自8月8日起已经损失了1115架战斗机……（还有）11个机场（已经）被摧毁以及另外26个受损。为战斗机修理提供设备的地面机构中有百分之十已经被摧毁……（但是）被我们宣告击落的英国飞机中，有许多可以被快速修复。”

看起来“任务完成了”。

然而，考虑到战斗机司令部令人意外的持续积极抵抗，施密德随后被迫对他估测的皇家空军实力进行修正。在之前的评估中他曾猜测战斗机司令部只剩下100架“喷火”和“飓风”。然而，8月18日至9月24日这接近一周的作战停滞让他想到，英国可以利用这段喘息时间生产飞机以弥补战斗机司令部的损失。在他的第二份报告中，施密德估测战斗机司令部在9月1日的兵力为“600架战斗机，其中420架驻扎在英格兰东南部，还有100架预备在工厂里等待交付”。

戈林在会议开始时宣告了元首对轰炸伦敦的许可并表达了他自己的意图。唯一的问题是能否在不过度消耗轰炸机的情况下发动这样的攻击。凯塞林相信这可以做到。

施佩勒表示反对。他认为应当继续进行当前的进攻战役，因为很明显皇家空军的地面组织止遭受到巨大的破坏。

作为一名经验丰富的航空兵将领，施佩勒在“一战”期间曾历任陆军侦察机飞行员、指挥官及参谋军官职务，他是新生德国空军的第一个航空师的首任指挥官，秃鹰军团的第一位作战指挥官，在法国又成长为一名更老练的航空专家。他严重怀疑战斗机部队宣称战果的真实性，并对施密德的评估报告嗤之以鼻。他猜测皇家空军有1000架可用战斗机。

无论如何，为了海狮行动取得成功，现在的当务之急是将皇家空军战斗机赶出它们位于英格兰南部的基地。

凯塞林作为一名原陆军行政军官，不同意施佩勒的观点。他声称：“是可以放弃它们（战斗机基地）的，如果受到了太过严重的破坏，战斗机中队们（可以）撤退到伦敦后方的其他基地，而它们超出了（我们的）战斗机航程，将不再受（我们的）轰炸机威胁。”实际上，据说他“对于英国不早点进行转移以避免如此可怕的损失而感到惊讶”。他提出此事没有发生的原因是战斗机司令部需要被看到“守在防线上（并）为人民树立榜样”。

现在，他推断如果轰炸继续持续下去，那些前沿作战单位很有可能被撤走，直到海狮行动开始时再回来。

不清楚施佩勒对此做出了怎样的回应，但是作为一名经验丰富的空战专家，他明白即便敌人撤走了飞机，继续轰炸这些分区基地也会让战斗机中队无法返回，这样就能削弱道丁覆盖登陆滩头的能力。无法使用伦敦南部的第11大队机场，帕克的战斗机们就要飞更远的距离才能赶到作战区域。这就像是把敦刻尔克的情形重演一遍，当时第 11 大队的战斗机往返要花费 30 分钟，在滩头上战斗只有 20 分钟。

此外，虽然德国空军最高司令部在 9 月 1 日分配给他 30 个航空工业目标作为进攻战役的一部分，施佩勒依然明白他的 3 个航空军的夜间轰炸机可以轻松抵达伦敦北部的 5 个分区基地（霍恩彻奇、诺索尔特、北威尔德、德布登和杜克斯福德）实施不受干扰的夜间轰炸，因为战斗机司令部的夜间作战能力十分有限。“所以让他们撤到泰晤士河北边去吧，我们将在那里轰炸他们。”

在听取了双方的意见后戈林最终决定采用凯塞林的意见，尽管在 1946 年的纽伦堡法庭上他宣称自己当时是相信施佩勒的计划将取得更大的成功。如果德国空军继续迫使皇家空军为保卫机场而战的话，飞行员的大量损失确实有可能让战斗机司令部崩溃。但是在希特勒作出了攻击伦敦的命令后，戈林除了服从以外已经没有别的选择了。根据他在纽伦堡法庭的证词，戈林曾经试图劝说希特勒改变这一决定，但是元首坚称出于政治方面的考虑对伦敦的攻击必须执行。这最终成为了德国空军输掉整场不列颠战役的关键因素，轰炸机部队转向伦敦将使皇家空军获得它所急需的休息。正如丘吉尔所说：“如果敌人继续通过猛烈的攻击破坏战斗机司令部的指挥中心和通信设施，整个战斗机司令部将很有可能完全崩溃。这样的话不仅伦敦将处于绝望的境地，英国也将失去决定性战区上空的制空权。”

凯塞林的参谋长戴希曼早在 7 月拟定第二航空军作战构想时就打算这么做了，当时他设想通过对伦敦的港口设施发动战略性打击来掩饰加大战斗机司令部损耗的真实意图。

讽刺的是，对伦敦实施首次正式打击的就是施佩勒。9 月 6 日至 9 月 7 日夜，他出动 25 架轰炸机向伦敦东区码头投下 26.9 吨高爆炸弹和 50 枚 RSK 36 燃烧弹。国防军出版社在关于对伦敦首次空袭的报道中提到了他的名字：“虽然天气条件非常差，但施佩勒元帅的麾下（部队）当天成功攻击了伦敦市内和周围的重要目标。”

9 月 7 日：对伦敦的第一次昼间轰炸

戈林大张旗鼓地抵达白鼻岬角，观看“他的空军”从头顶飞向伦敦，他通过纳粹宣传部电台的记者向德国人民宣布，他已“亲自接管空军的对英作战”。他夸夸其谈的言论表明，至少对他来说，对英国首都的第一次大规模

9 月 7 日，戈林（左二）来到凯塞林（左一）位于白鼻岬角的前线司令部，目睹他所吹嘘的将是道丁的战斗机司令部的“末日的开始”。这里，戈林正在与第二航空军军长布鲁诺·洛泽尔交谈。

攻击更多体现出的是宣传价值，而不是战术层面上的重要性。

共计320架轰炸机在642架战斗机的伴随下，浩浩荡荡的前去攻击伦敦东区码头内和附近的目标。戴希曼为这场当时规模最大的单次空袭行动制订的计划是：首先派出一个联队规模的大编队，40分钟后，再出动两个庞大编队间隔5分钟轰炸同一片地区。第二航空军给打头阵的KG 3下达的作战命令指出它要“逼迫英国战斗机升空，这样在发起主攻时它们将会达到（它们的）续航能力的极限”。主攻将包括洛泽尔的KG 53（He 111H）和KG 2（Do 17Z）从泰晤士河口发起的协同轰炸，随后是格劳尔特的第一航空军从东南方发起的攻击。

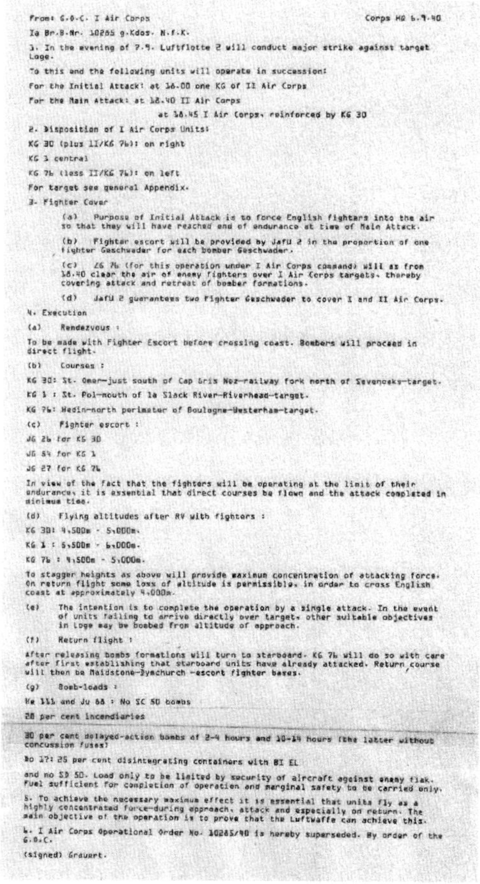
From: G.O.C. I Air Corps Corps HQ 6.9.40

Ia Br.B.Nr. 10285 g.Kdos. N.f.K.

1. In the evening of 7.9. Luftflotte 2 will conduct major strike against target Loge.

To this end the following units will operate in succession:

For the Initial Attack: at 18.00 one KG of II Air Corps

For the Main Attack: at 18.40 II Air Corps

at 18.45 I Air Corps, reinforced by KG 30

2. Disposition of I Air Corps Units:

KG 30 (plus II/KG 76): on right

KG 1 central

KG 76 (less II/KG 76): on left

For target see general Appendix.

3. Fighter Cover

(a) Purpose of Initial Attack is to force English fighters into the air so that they will have reached end of endurance at time of Main Attack.

(b) Fighter escort will be provided by JafU 2 in the proportion of one fighter Geschwader for each bomber Geschwader.

(c) ZG 76 (for this operation under I Air Corps command) will as from 18.40 clear the air of enemy fighters over I Air Corps targets, thereby covering attack and retreat of bomber formations.

(d) JafU 2 guarantees two Fighter Geschwader to cover I and II Air Corps.

4. Execution

(a) Rendezvous :

To be made with Fighter Escort before crossing coast. Bombers will proceed in direct flight.

(b) Courses :

KG 30: St. Omer—just south of Cap Gris Nez—railway fork north of Sevenoaks—target.

KG 1 : St. Pol—mouth of la Slack River—Riverhead—target.

KG 76: Hedin—north perimeter of Boulogne—Westerham—target.

(c) Fighter escort :

JG 26 for KG 30

JG 54 for KG 1

JG 27 for KG 76

In view of the fact that the fighters will be operating at the limit of their endurance, it is essential that direct courses be flown and the attack completed in minimum time.

(d) Flying altitudes after RV with fighters :

KG 30: 4,500m - 5,000m.

KG 1 : 5,500m - 6,000m.

KG 76 : 4,500m - 5,000m.

To stagger heights as above will provide maximum concentration of attacking force. On return flight some loss of altitude is permissible, in order to cross English coast at approximately 4,000m.

(e) The intention is to complete the operation by a single attack. In the event of units failing to arrive directly over target, other suitable objectives in Loge may be bombed from altitude of approach.

(f) Return flight :

After releasing bombs formations will turn to starboard. KG 76 will do so with care after first establishing that starboard units have already attacked. Return course will then be Maidstone—Dymchurch —escort fighter bases.

(g) Bomb-loads :

He 111 and Ju 88 : No SC 50 bombs

20 per cent incendiaries

30 per cent delayed-action bombs of 2-4 hours and 10-14 hours (the latter without concussion fuses)

Do 17: 25 per cent disintegrating containers with BI EL

and no SD 50. Load only to be limited by security of aircraft against enemy flak. Fuel sufficient for completion of operation and marginal safety to be carried only.

5. To achieve the necessary maximum effect it is essential that units fly as a highly concentrated force—during approach, attack and especially on return. The main objective of the operation is to prove that the Luftwaffe can achieve this.

6. I Air Corps Operational Order No. 10285/40 is hereby superseded. By order of the G.O.C.

(signed) Grauert.

■ 第一航空军关于9月7日第一次攻击伦敦的作战命令传真件。Loge是德国空军给伦敦的暗号。

为了执行首攻和第一波主攻，洛泽尔的第二航空军将动用手中的全部142架可用Do 17Z和33架He 111H，JG 2、3、51、52将在轰炸机前方进行自由猎杀开路并提供密接护航，ZG 2在北方扫荡以掩护编队侧翼。第二波主攻包括第一航空军的3个轰炸机联队，KG 1（He 111H）、KG 30（Ju 88A）和KG 76（Do 17Z）将出动全部137架可用轰炸机，还得到了KG 26的8架He 111H加强。ZG 76的驱逐机在轰炸机前方自由猎杀扫荡，JG 26、27、54负责保护轰炸机。

德国空军此前从未出动过如此大规模的轰炸机编队。在鹰击作战的第一阶段中，空袭的规模是联队级的，3个大队会排成一列纵队或组成V型编队。当空袭规模在作战的第二阶段缩小到大队级时，两个大队会经常结伴攻击两个位置接近的目标，例如肯利-比金山或霍恩彻奇-北威尔德。在上述战例中，两个大队会排成纵队逼近目标然后分开，或平行伴飞以达到同时抵达目标上空的目的。

但是为了对付伦敦这样一个巨大的重要目标，需要动用航空军级别的编队，德国空军称其为“瓦尔哈拉”，这对于策划参谋和空战指挥官来说也是全新的概念。计划的拟定工作在戈林作战会议结束后的第二天开始，9月5日上午各轰炸机联队长和大队长就接到了通知，但是不理想的天气条件妨碍了大规模空袭的执行。于是，德国空军在9月5日攻击德特林，9月6日攻击比金山、肯利和罗切斯特作为替代。而施佩勒对伦敦、锡尔弗敦（Silvertown）和罗瑟希德（Rotherhithe）码头的夜间轰炸是按计划进行的。

15时55分至16时15分，斯维盖特和莱伊雷达站探测到3个机群，各包含“超过15架”飞机。一个位于格里内角后面，一个在敦刻尔克西部15公里处，它们朝着泰晤士河口飞来。第三个机群在布洛涅东边并向西进发。这些是执行自由猎杀扫荡的德国战斗机，试图将帕克的战斗机引诱到比奇角和福克斯通之间的南部海岸。

这个特殊的下午，帕克本人不在位于阿克斯布里奇的司令部，他正在宾利修道院（Bentley Priory）与道丁、道格拉斯·埃维尔（Douglas Evill，道丁的高级空军参谋官，等同于皇家空军参谋长）少将和肖尔托·道格拉斯（Sholto Douglas，代理空军参谋长）少将开会。威洛比·德·布鲁克男爵接过了指挥重任。他在16时15分派出5个中队，指引它们前往梅德斯通（第249中队）、坎特伯雷（第504中队）和泰晤士港（第253中队）巡逻，并将诺索尔特联队的第1和第303（波兰）中队留在伦敦附近20000英尺高空作为预备队。

16时20分，斯维盖特雷达站报告有一批“超过20架”敌机飞离敦刻尔克，“它径直穿越法国（东）北部进入到多佛海峡”。本土预警雷达站还陆续探测到另外三股回声波，“超过6架”敌机在比奇角以东15英里，“更少数量敌军位于多佛正南方”，“超过20架”敌机位于邓杰斯东南10英里，它们都朝着内陆飞来。

16时37分，德国空军先头扫荡战斗机开始飞越南部海岸。

海岸观察站报告“超过20架”飞机在福克斯通越过海岸线，“超过50架”飞机在海斯（Hythe）附近登陆，还有一批“规模不明”的敌机“沿着西北航向在新罗姆尼（New Romney）穿越海岸”。威洛比·德·布鲁克男爵又派出4个中队作为回应，一个到比奇角巡逻（第43中队），一个去增援在梅德斯通的第249中队（第111中队），两个分别在比金山（第79中队）和格雷夫森德（第501中队）基地上空巡逻，它们全部在16时40分之前升空。与此同时，夏米尔·格利钦斯基上校的KG 3在莫尔德斯的JG 51的护航下，在多佛和迪尔之间穿越海岸线，朝西北偏西方向飞去。ZG 2的驱逐机们陪伴着攻击编队，在北方以平行的航线扫过，抵御任何来自那个方向的拦截机。

确认轰炸机入境后，威洛比·德·布鲁克男爵命令第66和第603中队升空巡逻肯利和霍恩彻奇，并通过战斗机司令部向第12大队请求“帮助保护泰晤士河北部的机场”。利·马洛里派出由第19、第242和第310（捷克）中队组成的杜克斯福德联队，起初给它们的命令是在北威尔德上空巡逻。全部5个中队在16时50分之前升空。10分钟后，第72中队出动一个小队巡逻泰晤士河口，第1（加

■ 1940年9月7日，两架KG 3的Do 17正在攻击伍尔维奇兵工厂的途中。

拿大皇家空军)中队前去巡逻克罗伊登，第46中队来到北威尔德上空，迎击入侵者的防御部署已经完成。

17时整，格利钦斯基的72架Do 17Z飞过法弗舍姆向罗切斯特前进，那里的观察站报告"80架轰炸机在战斗机的掩护下组成三个同样大小的编队"，继续"沿着泰晤士河向西的航线"。威洛比·德·布鲁克男爵出动来自德布登的第73中队前去拦截，霍恩彻奇分区基地指挥官也对第249、第501中队和诺索尔特联队下达了同样的命令。

约翰·格兰迪少校(John Grandy)的第249中队运气不佳，它先是遭到了在梅德斯通扫荡的JG 51第三大队突袭，很快损失了两架"飓风"(飞行员一死一伤)，还有一架飞机受损。与之交战的JG 51第9中队损失一架"埃米尔"(飞行员被俘)，还有一架返回基地途中在海面上迫降(飞行员被救回)。向北方杀出一条血路后，格兰迪的中队在法弗舍姆附近对轰炸机(误认其为He 111H)实施拦截，结果在道尼尔的自卫火力下又损失一架“飓风”，另有一架飞机被地面防空火力击落。

与此同时，第 72 中队的吉米·埃尔斯顿(Jimmy Elsdon)中尉看见“一个敌军轰炸机编队在 Me 109 的护航下……朝着伦敦前进”。他回忆道：“我看不到附近有其他战斗机中队，于是我决定率领中队(实际上仅为一个分队共七架‘喷火’)冲向正排成梯形纵队的轰炸机群的前部，试图破坏该编队。”德国护航机上前阻挠，埃尔斯顿在击落一架 Bf 109 后被击伤了膝盖和肩膀，被迫撤出战斗，将受伤的战机迫降在比金山。

大约在同一时间，莫尔(More)指挥的第 73 中队在河口上空与担当侧卫的 ZG 2 相遇，在与驱逐机的缠斗中被击落一架“飓风”，飞行员阵亡，另有一架飞机受损，道尼尔们继续向目标飞去。

根据作战记录，另外三个中队开始拦截的时间大概是德国轰炸机在伍尔维奇兵工厂上空的投弹时间，17 时 15 分。兵工厂、哈兰德与沃尔夫钢铁厂(生产玛蒂尔达坦克和大炮零部件)和西门子的大型工厂(生产电缆和零部件)都被严重破坏。一架 KG 3 司令部中队的 Do 17Z 在目标上空被防空炮火击落，机组人员全部丧生。

完成轰炸后，夏米尔·格利钦斯基带着他的庞大编队向右转弯开始撤退，诺索尔特联队报告拦截“40 架向北飞去的 Do 217(原文如此)”，第 1 中队负责对付护航机，波兰人则向轰炸机杀去。当道尼尔们转向东边时，从霍恩彻奇赶来的第 603 中队在轰炸机后方列队俯冲下来。虽然英国战斗机上报了惊人的战果，KG 3 却没有再损失一架飞机，只有 3 架道尼尔带着战伤返回位于比利时的基地，5 名机组人员负伤。

杜克斯福德联队的各个中队独立向南前进，率领第 242 中队的巴德少校于 17 时 25 分在北威尔德以东看见“20000 英尺高度有 70 至 90 架飞机”，并发现它们“组成紧密的盒子编队，周围环绕着 Me 110，上方 5000 英尺还有 Me 109……因此，大部分战斗是与护航战斗机进行的”。第 19 和第 310 中队与驱逐机交战，巴德的中队则击落了一架 JG 27 第 1 中队的 Bf 109E，但是损失了一架“飓风”(飞行员失踪)，并有包括巴德座机在内的 3 架飞机受损。

■ 第 242 中队长道格拉斯·巴德少校。

彼时在皇家空军战斗机飞行员眼中，Bf 110就是砧板上的肉。所以 ZG 2 吸引了第 1、第 73、第 242、第 249 和第 504 中队的注意，它们合力在 17 时 10 分至 17 时 30 分击落 5 架Bf 110，还有两架在返回基地途中坠毁或迫降。值得一提的是，这7架Bf 110的飞行员中有6人是军官，包括一位大队副官和一位大队技术军官。在之前数周的战斗中，ZG 2反复遭受严重的损失，它已经彻底失去了凝聚力和战斗力。由于皇家空军的夜间轰炸威胁逐渐加大，且Bf 110相比Bf 109是更好的夜间战斗机，ZG 2在9月11日完成最后一次作战并再次损失一架飞机后，彻底退出不列颠战役，并于9月27日注销番号，大部分的飞机和机组人员加入夜间战斗机部队，成为新成立的NJG 2第二大队和NJG 3第二大队的核心。

在道尼尔们之后的归途中，第73、第253和第504中队加入追逐战并报告与编队发生交火，但是没有取得成功。与洛泽尔的首攻部队的战斗让12个守军中队损失7架“飓

■ 不列颠战役中最著名的照片之一，一架KG 1的He 111在9月7日飞临伦敦东部的泰晤士河弯上空。

风”，4名飞行员丧生，另外3人负伤。

当KG 3的炸弹落下时，莱伊雷达站探测到3个“超过20架飞机”的机群正在飞越多佛海峡。17时18分，当先头扫荡部队在海斯和多佛之间越过海岸时，一股“超过50架飞机”的部队出现在格里内角后方，很明显是要跟在3个“自由猎杀”编队后面朝福克斯通方向越过海峡。

作为第一航空军“瓦尔哈拉”的领头机群的是安格尔施泰因上校的KG 1（59架He 111H），它们从圣波尔（Saint-Pol）上空19685英尺高度飞到布洛涅和格里内角之间的一个海滨小镇昂布勒特斯（Ambleteuse），赖克霍夫的KG 30（26架Ju 88A加上KG 76第二大队的21架Ju 88A）加入KG 1机群的右侧，斯特凡·弗罗利希（Stefan Frölich）的KG 76（39架Do 17Z）则占据左侧的位置。这是一个绵长而紧密的编队，轰炸机群之间的距离约为3英里。马克思·伊贝尔上校的JG 27守卫编队左翼的道尼尔，加兰德的JG 26则负责掩护右翼的Ju 88A，特劳夫特的JG 54要保护亨克尔并提供高空掩护，ZG 76的驱逐机在前方扫荡，“清除第一航空军目标上空的敌军战斗机，从而掩护轰炸机编队的攻击和撤退”。

当这个编队被侦测到时，KG 3已经完成攻击并转向，“拖着”12个拦截中队向东朝着河口退去。但是有7个中队升空应对这一巨大的新威胁——A分区的第43和第602中队巡逻比奇角至福克斯通的海岸，第111、第257、第609中队分别来到梅德斯通、切尔姆斯福德和布鲁克兰茨的大工业中心上空，还有4个中队在克罗伊登、肯利、比金山和北威尔德巡逻［分别是第1（加拿大皇家空军）、第46、第66和第79中队］。

17时30分，约翰斯通少校看到弗罗利希

■ 1940年9月初的吉讷机场，JG 27第2中队的飞机停放在掩体内。

的道尼尔们正向着西北方飞去，他率领第602中队在比金山上空攻击“敌军编队的尾部，但是在我们的中队撤出前就遭到了德国战斗机的攻击”。约翰斯通击落了一架JG 77第1中队的“埃米尔”，其飞行员被俘，另有一架飞机在返航途中迫降在海峡里（被救回）。但是第602中队损失了两架“喷火”及其飞行员。

恺撒·巴兰德·赫尔（Caesar Barrand Hull）少校率领第43中队从福克斯通上空向“瓦尔哈拉”的右翼发起勇敢的突袭。他派出一组战机阻挡住护航的梅塞施密特，自己则带着另外6架“飓风”冲向“20架Do 215”（实际是21架KG 76第二大队的Ju 88A）。加兰德的JG 26以压倒性的数量优势取得胜利，3架“飓风”被击落，赫尔是两名阵亡的飞行员之一。

在格劳尔特的“瓦尔哈拉”前方，ZG 76深入肯特郡，来到伦敦的南郊后在克罗伊登上空组成了一个巨大的防御圆环阵，有效地将第1（加拿大皇家空军）中队钉死在它的基地内。

从海岸边直到目标区上空，格劳尔特的“瓦尔哈拉”一路穿过C分区的空域，却没有遭到其他从伦敦东南部升空的中队拦截。皇家空军将其归咎为地面观察团的表现糟糕：“尽管天气晴朗，但对敌军的追踪工作仍有许多不足之处。在整个作战过程中，敌人的踪迹不断消失，并以令人不安的频率再次出现，这让当时指挥防御的人感到非常受挫。”

另外一个可能导致作战失利的因素是C分区的紧急作战室（建立在潘迪莱斯村内一个空置的店铺内）无力对空中的全部战斗机建立有效的指挥控制。没有记录显示B分区和C分区下达了任何引导指示，这意味着所有升空的中队都只是在原地进行静态防御，等待轰炸机出现在视野中，就像第43和第602中队在海边做的那样。

与此同时，第二个“瓦尔哈拉”（洛泽尔的第二航空军的103架轰炸机组成的编队，由埃里希·施塔尔上校的KG 53领头，芬克的KG 2跟在后面）很明显没有被侦测到，没有雷达探测记录可以与编队从白鼻岬角飞到迪尔（17时25分左右）的航路对应上。

这33架亨克尔和70架道尼尔及其护航机们在迪尔附近登陆，地面观察员报告它们“沿着河口前进”。第257中队看到了它们，

■ Bf 110在英国上空组成防御圆环所留下的尾迹。

报告“在18000至20000英尺高度有40至50架轰炸机……Me 109在它们周围盘旋”。希尔·哈克尼斯(Hill Harkness)少校率领他的“飓风”们向南越过河流，于17时30分左右在谢佩岛和罗切斯特之间展开拦截。一组战机得以对亨克尔的左翼中队发起一轮迎面攻击，“但是效果甚微，实际上绝大多数战斗是和冲向第257中队的德国战斗机[JG 52第一大队和LG 2第一(战斗机)大队]进行的”。德国空军损失了一架KG 53第9中队的轰炸机和一架“埃米尔”，但是有两架“飓风”在拦截战中被击落。

10分钟后，施塔尔的编队遭到第46中队“A分队”的攻击，这个分队当时正在泰晤士港上空追逐格利钦斯基的道尼尔。驾驶着一架装备着机炮的试验型“飓风”的里巴格里亚蒂(A. C. Ribagliati)上尉看见了来袭的第二航空军编队，于是转向南方进行拦截。17时40分，里巴格里亚蒂率领他的分队从右侧对KG 53第二大队展开攻击，后者的目标是泰晤士港的储油设施。

“里巴格里亚蒂上尉(四机炮‘飓风’)瞄准第二个轰炸机V型编队的领头机。他在300码距离开火，靠近到100码时机炮熄火(卡壳了)。没有遇到来自轰炸机的还击火力。共发射130发弹药。”3架亨克尔轰炸机带着战伤和3名伤员向北里尔(Lille-Nord)返航。

最终到17时50分，第609中队在布鲁克兰茨上空10000英尺“看到一个大型编队在伦敦上空被防空炮火包围”。中队冲向东北方，在敌机顺着泰晤士河口返航时发起攻击。一架KG 2第4中队的Do 17Z在伦敦上空的轰炸航路上被战斗机击落。

很明显，威洛比·德·布鲁克男爵应对主攻的防御部署失败了，主要原因是早期预警雷达和观察团的表现糟糕。多达12个中队一路追逐向东返航的KG 3，然后再匆忙返回基地补充燃料和弹药，只剩下5个中队对两股更大规模的敌机进行收效甚微的拦截，轰炸机们基本未受干扰的抵达它们的目标上空。戴希曼的攻击计划实施的如预想中一样顺利。

从17时45分至18时10分，雨点般的炸弹落在了锡尔弗敦和米尔沃尔(Millwall)码头，珀弗利特(Purfleet)、格雷斯(Grays)、瑟罗克(Thurrock)和泰晤士港的储油罐，以及巴金(Barking)、罗瑟希德、莱姆豪斯(Limehouse)和其他区的仓库、粮仓和居民区。位于贝克顿(Beckton)的大型煤气厂着火爆炸，西汉姆(West Ham)发电厂化为废墟。当天落在伦敦的炸弹总量超过350吨，包括超过100枚新型1800公斤SC1800“撒旦”炸弹以及366枚燃烧弹。

撤退中的轰炸机和战斗机(后者的燃料非常紧张)遭到了“飓风”和“喷火”的反复攻击，4个较晚起飞的中队加入战斗。掩护德机撤退的JG 51第一大队在17时45分赶来，但是无法抵挡住蜂拥而来的追击者，被击落3架Bf 109E，两名飞行员被俘，另一人失踪。拦截机们还击落了另外6架“埃米尔”，JG 2、3、26各损失了两架。此外，两架KG 1的亨克尔严重受损，刚返回到法国就坠机。根据

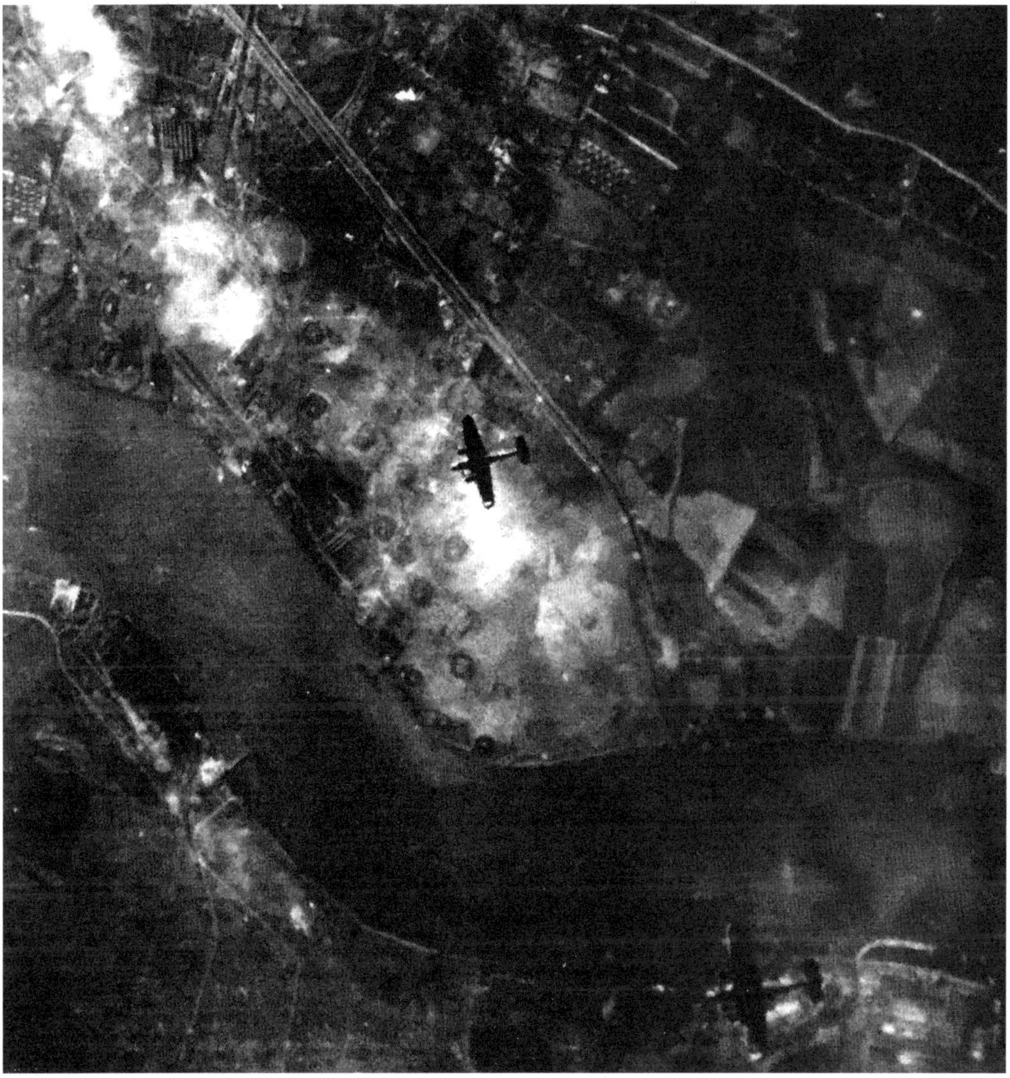

■ 来自 KG 2 的一个 Do 17Z 小队正在空袭贝克顿煤气厂。

德国空军的记录，KG 53 第一大队的一架 He 111H和 KG 76 司令部的一架 Do 17Z 在埃塞克斯和肯特郡上空进行气象和战后侦察作战中被击落，但是前者的飞行员马丁·温特尔（Martin Winter）军士长对自己最后一次飞行的回忆显示，他似乎是在对伦敦的轰炸作战中被击落的：

15 时 40 分起飞，目标是泰晤士河上的乔治五世国王码头。进场高度 3000 米。高射炮火猛烈。抵达目标前不久，我发现大约 15 架"喷火"向我们爬升。

我们刚投下炸弹，我就听到有东西击中了飞机的左侧。来自下方的一股机枪火力撕碎了左翼的前缘。闪亮的金属条像栅栏杆一样竖立在洞口处。片刻之间，冷却剂的温度表上升到 140 度。一根冷却管被击中了。我把发动机调到怠速状态，不得不从编队中降下。

我左边的僚机一直留在我身边，直到快要到多佛时。在前往杜埃(Douai)的途中，我从低空穿越英吉利海峡，以避免被英国雷达发现。很快，法国海岸出现在眼前。但无线电操作员突然喊道："两架'喷火'在我们后面!"话音刚落，飞机又在敌人的火力冲击下颤抖起来。战斗机对准了我们的右侧发动机。一切都发生得太快了。在不到 50 米的高度上，我们没有太多选择。

右侧发动机现在也已经完全报废了。巨大的波浪在涌动着。我把着陆襟翼降到最大限度，并决定以适当的角度迫降在海浪上，以防止飞机被淹没。我让第一股浪头从我下面滑过，下降到波谷，给发动机加足油门——我一直把它们放在怠速状态——爬上迎面而来的波浪的顶端，然后把飞机摔在浪尖上。一阵巨大的颠簸后，我们安全落下了。

航空机械师立即放出了橡皮艇，但它只是无力地漂浮在水面上。于是，脱下飞行靴，跳入水中——感谢上帝，它并不冷。我在橡皮艇上没看到有弹孔，但随后我惊恐地发现，压缩空气瓶并没有连接在橡皮艇上。其中一名机枪手在最后的战斗机攻击中丧生，现在其他 3 名机组人员已经弃机，5 分钟后飞机就沉没了。

我拼命地用嘴给小艇充气，花费了很多精力，至少它开始有形状了。但后来我再也做不动了。我已经完全喘不上气来，而且吞下了太多的海水。我帮助航空机械师登上充了一半气的小艇。由于不必再要游泳，他得以慢慢地把它吹得更大。

与此同时，无线电操作员消失了。他坚持要游到我们弃机前不久飞过的灯标船上，根本拦不住他。我们再也没有见到他。我后来得知，他的尸体在许多个月后被冲上了法国海岸。

所以现在我们是 3 个人。橡皮艇能够承载我们。我们都爬上了它，等待事情的进展。突然，一架漆成白色的红十字飞机——双引擎的福克-沃尔夫 Fw 58"鹞"——出现在上方，开始绕着我们转。但一架疑似是"喷火"的飞机很快又把它赶走了。当我们在地平线上发现一架 He 59 水上飞机时，已经是黄昏时分。我发射了一颗红色信号弹，它转向我们的方向。当它从我们头顶上 10 米处飞过时，我们疯狂地挥手。然后它试图在附近的水面上降落，但由于大浪的阻挠，它没有这样做。

它最后一次飞过我们上空，然后转身离开，向法国海岸飞去。现在已经是漆黑的夜晚。但让我们感到安慰的是，我们至少被发现了。然后，在接下来的 36 小时里，我们没有看到一个活人。直到 9 月 9 日星期一的 6 时 30 分，几艘鱼雷艇才向我们飞速驶来。我们怀着复杂的心情，认出了桅杆上生硬地飘扬着的英国国旗，因为这意味着我们眼前的命运已经确定被俘。

总的来说，德国空军当天取得了一场意外轻松，却并非决定性的胜利。虽然看起来破坏效果惊人，并具有极大的心理冲击力，但是对伦敦港口的破坏并没有战略价值。空袭伦敦的320架轰炸机仅损失了7架，大量的战斗机对决令德国空军损失了15架Bf 109E和7架Bf 110，击落16架“飓风”和6架“喷火”，双方的交换比基本一致。

英国战斗机飞行员们在对德军密集编队的攻击中发现德国空军已经发展出了新式的护航战术，伴随德国战斗机分成两批分别进行直接护航和间接护航。在新的攻击战法发展出来前，德国的护航十分有效地阻止英国战斗机的拦截。

但是这种护航方式也不能令德军完全满意，尤其是那些战斗机飞行员们。时任JG 26第2中队长的弗里茨·洛西盖特(Fritz Losigkeit)上尉回忆道：“当我们第一次参与对伦敦的攻击行动时天空布满了英国的‘喷火’和‘飓风’战斗机。由于那些轰炸机飞的太慢了，我们不得不经常飞过来飞过去以保持与轰炸机部队的接触。如果它们进行了一个大的转向动作我们就必须立刻急转弯跟上轰炸机，否则英国战斗机就会乘这一间隙发起进攻。”

戈林对于战斗机部队上报击落93架拦截机的战果相当满意，这是英国实际损失数字的4.2倍。但是看起来这位空军总司令对伦敦城遭到的破坏更感兴趣，空袭导致448名平民丧生，1337人受伤。他在当天晚上的广播中欣喜的报告道：

我现在想借这个机会告诉你们，这是一个历史性的时刻。由于英国人最近几晚对柏林的挑衅性攻击，元首决定下令对大英帝国的首都进行强有力的打击以示报复。我本人负责领导这次攻击，今天我第一次听到上方(的轰炸机)，正在无数个战斗机中队的陪同下，在灿烂的阳光下向敌人的心脏开进。敌人的防御如我们所料被打垮了，目标也达到了，我确信我们的胜利就像我们攻击计划的大胆和我们机组人员的战斗精神所应得的那样巨大。无论如何，这是一个历史性的时刻，德国空军第一次向敌人的心脏捅了一刀。

规模空前的昼间攻击后，第3航空队的170架夜间轰炸机再接再厉，在第2航空队77架轰炸机的协助下，于20时10分至第二天4时30分又向伦敦投下369吨高爆炸弹和440枚燃烧弹。

根据德国空军最高司令部的每日报告：

从很远的地方(200公里)就能看到火光，这有助于接近目标。第2航空队的分队攻击和白天相同的重点目标(锡尔弗敦码头)，而第3航空队的部队则集中在沃克斯豪尔桥和普特尼桥之间的泰晤士河两岸目标上。在这两个目标地区，现有的火势都被扩大了，并造成了进一步的大规模火灾。此外，还在伦敦市中心地区看到6处重大火灾和大量类似的火情。由于各部门的力量薄弱和缺乏合作，夜间防御实际上是无效的——就像白天的情况一样。

接下来三天，大火一直在伦敦城的东郊地区肆虐。

■ 伦敦东区的码头地带，在德国空军9月7日的大规模空袭后正在燃烧。

9月8日至9月14日：间歇期

无愧于作为一名政治流氓的本性，希特勒在确定给英国造成沉重打击后，马上再次提出通过谈判结束战争。9月7日晚，他派出他的特使路德维希·维瑟尔（Dr Ludwig Weißauer）博士联系一位瑞典中间人——斯韦亚上诉法院院长比尔格·埃克伯格（Birger Ekeberg）教授，安排与英国大使维克多·马莱特（Victor Mallet）会晤。

维瑟尔传递的信息是希特勒暗中发出的和谈邀请。内容是希特勒对国家命运和欧洲权力关系的构想，其中包括他的信念，“对于白人来说，必须有两个伟大的经济集团——德国，即大陆集团，以及大英帝国和美国”。马莱特没有回应，而是把信息转给了外交部和丘吉尔的内阁。

此时，国防军和海军已经完成了海狮行动的准备工作，就等着下达开始布雷行动和装载大型运输船的命令。为了要在9月21日在英格兰南部海岸登陆，做出开展行动的决定不能晚于11日，现在只剩下4天时间了。

当希特勒等待着丘吉尔政府的回应时，接下来三天的坏天气严重干扰了德国空军的攻击行动。9月8日，密布的云层让德国空军将原定于上午实施的对伦敦的空袭推迟到中午，5个轰炸机大队中的3个因为天气原因放弃了它们的作战，仅有KG 2第二和第三大队的36架Do 17Z前去攻击伦敦的一个发电站和一个大型水泵站。数支战斗机部队为此次作战保驾护航，其中之一是JG 54，联队长特劳夫特在日记中写道："起飞命令直到接近中午才下达。我们联队的任务是为KG 3执行'外围战斗机护航'。我们在12时45分起飞。会合地点定在格里内角上空5000米高度。但我们等了半天也没看到KG 3。为了不浪费更多的燃料，我们加入了另一支轰炸机联队。"

KG 2第二大队的波尔纳军士长说道："我们的部队由三个完整的战斗机联队护送。这是一支令人惊叹的部队，让我们感到相当安全。从各方面来看，敌人的防御也有所减弱。"

帕克派出了4个中队，但这些中队面对铺天盖地的Bf 109没有任何机会。延续第11大队典型的作战风格，英国中队一个接一个地投入攻击。在多佛上空，第41中队首先与敌机接触，然后遭到整个JG 2第二大队的重击。不久后，第46、第222和第605中队也出现了，结果只能是遭到JG 3和JG 51的攻击。很明显，德国护航战斗机的实力完全足够挡住第11大队，以至于特劳夫特的JG 54很快就被召回基地。6架英国战斗机被击落，德国护航机仅损失一架。JG 2第6中队长赫尔穆特·维克中尉宣称击落3架"飓风"，取得第28次空战胜利。

毫不奇怪，德国轰炸机机组人员几乎没有看到任何英国战斗机。波尔纳说道："在伦敦上空，一架孤独的英国战斗机突然出现在我们身后，但保持着安全距离。"虽然英国战斗机毫无威胁，但KG 2第二大队在此战中遭遇了一起离奇的损失。当他们接近伦敦时，第5中队马丁·齐姆斯(Martin Ziems)中尉驾驶的飞机被一枚高射炮弹直接命中炸弹仓并引发大爆炸，爆炸的冲击波还摧毁了齐姆斯小队中另外两架由奥托·兰登伯格(Otto Landenberger)少尉和约阿希姆·施耐德(Joachim Schneider)中尉驾驶的飞机。这3架飞机都落在了梅德斯通附近，齐姆斯的全部机组和兰登伯格机组的3人丧生，令人惊讶的是，施耐德的机组全部生还。该中队还有一架Do 17也在爆炸中受损。

9月9日，汉斯·特劳夫特少校在他的日记中写道："今天上午的云层很低，中午之

■ 1940年秋的圣莱热(Saint-Léger)，地勤人员正在整备一架Do 17Z的发动机，该机来自KG 2第二大队。

■ 1940年秋，一架JG 53第2中队的Bf 109E-4停放在勒图凯机场上的伪装网掩体内。

前的任何作战看起来都是不可能的。”直到下午晚些时候，天空才放晴，德国空军可以开始对伦敦实施下一轮大规模攻击。KG 1、KG 2、KG 30和KG 53在几乎全部德国护航机(包括Bf 109和Bf 110)的保卫下起飞了。但是：“天气状况不佳，特别是对于护航机来说。德军编队在伦敦南部遇到了较强的战斗机防御(‘喷火’)。在其他的作战地区仅观察到轻微的战斗机防御，但是——和在伦敦一样——是富有侵略性和老练的。”第一波轰炸机在17时15分向坎特伯雷(备选目标)投下50枚炸弹，第二波在17时38分轰炸了西汉姆，作为主攻的第三波轰炸机在17时45分至18时向伦敦南郊的8个自治市和中央的4个自治市撒下炸弹，轰炸效果不佳。

威洛比·德·布鲁克男爵有效的部署了第11大队的防御。21个升空中队的11个在坎特伯雷、梅菲尔德(Mayfield)和伦敦西南地区拦截到轰炸机编队。来自第12大队的杜克斯福德联队试图组成大编队以对KG 30的Ju 88编队实施攻击，后者沿着泰晤士河口的航线从东面进攻。杜克斯福德联队组成的编队太过紧密，两架“飓风”在攻击中相撞，其中一架直接撞上了一架Ju 88，这3架飞机都坠毁了。在与护航的ZG 76第三大队和LG 1第五(驱逐机)大队的Bf 110交手之前，杜克斯福德联队又击落了3架Ju 88，其中包括KG 30第三大队长齐格弗里德·哈克巴特(Siegfried Hackbarth)少校的座机。

再往南，就在位于比奇角的英国海岸上方。第1(加拿大皇家空军)中队和第303(波兰)中队的“飓风”攻击了由Bf 109护航的He 111编队(KG 1)。在这里，皇家空军的飞行员们也与德国护航战斗机展开了激烈的战斗，并成功击落了一架He 111。

第605中队报告在对KG 53的He 111的攻击中，阿奇·麦凯拉(Archie McKellar)上尉击落了3架He 111和一架护航的Bf 109。然而，这显然是夸大其词。德军编队中损失的唯一一架 He 111 是库尔特·迈内克(Kurt Meineckes)中尉的飞机，它在被乔治·马特温·福雷斯特(George Mathwin Forrester)少尉的"飓风"撞击后坠毁。这是福雷斯特的第一次空战，他未能从坠机中生还。

英国人报告他们的战斗机攻击给德军编队造成了巨大的混乱，以至于轰炸未能造成特别严重的破坏。但德国方面声称，在最初的惊讶之后，他们挡住了英国战斗机的大部分攻击，反而是厚重的云层拯救了英国首都。事实上，大部分的空战再次发生在双方的战斗机之间，战斗机司令部损失了17架飞机，

■ KG 30 第三大队长齐格弗里德·哈克巴特少校(他是凯塞林老师的女婿)的 Ju 88，于9月9日被击落迫降在帕格汉(Pagham)港外水域。

■ 从尾部看这架被击落的轰炸机。

还有6架迫降，同时有12架 Bf 109 和4架 Bf 110被击落。这意味着皇家空军战斗机司令部"还未被击败"。

面对这一令人失望的结果，以及要留给英国响应和谈的时间，希特勒将海狮行动推迟到9月14日。

第二天的恶劣天气使凯塞林完全无法施展拳脚，仅有5架轰炸机对伦敦东区的码头、克罗伊登郊区和伦敦东南的储油设施进行间断的骚扰性轰炸。拦截机数量较少，仅有一架 KG 76 第三大队的 Do 17Z 在武装侦察作战中被第72中队的"喷火"击落，飞行员瓦尔特·多梅尼格(Walter Domenig)中尉丢下炸弹并迫降在西霍斯利(West Hoathly)。在对残骸进行检查时，调查人员找到了超过1000个弹孔，其中许多是在以前的战斗中打过补丁的。

随着天气的改善，大规模作战在11日重启。马蒂尼的无线电监听部门为了格劳尔特的第一航空军的攻击而对4个预警雷达站实施电子干扰。噪声干扰通常是干扰器的功率与雷达回波的强度之间的较量。当3个编队于15时至15时20分在加来上空会合时，虽然可以被探测到但信号较模糊，只有当距离接近到一定范围后才会变得清晰。

不过这一距离足以让威洛比·德·布鲁克男爵部署他的防御。他首先出动第41、第92、第253、第501和第603中队前去巡逻梅德斯通，那里正处于从格里内角到伦敦东区码头这条直线上的中间位置。

位于德国空军编队前方扫荡的是加兰德少校的 JG 26，在他上方高空飞行的是 JG 2

第二大队。在他们身后，格劳尔特的轰炸机们组成两个平行的编队朝伦敦袭来。靠北的编队包括来自 KG 1 第一和第二大队的约 48 架 He 111H，跟在后面的是由 ZG 26 和 JG 54 组成的“超过 100 架”护航战斗机，它们于 15 时 35 分在南福兰附近穿越海岸线。由 KG 26 第一和第二大队的亨克尔组成的同等规模的南侧编队于 10 分钟后在福克斯通和多佛之间入境，负责保护它们的是莫尔德斯少校的 JG 51和 LG 2 第一(战斗机)大队。最后一个起飞的攻击编队是 ErprGr 210 的 13 架战斗轰炸机(9 架 Bf 110 和 4 架 Bf 109)，它们的攻击目标是位于南安普顿伍尔斯顿(Woolston)的超级航海工厂，那里是“喷火”战斗机的生产基地。原第 1 中队长马丁·卢茨上尉现在成为了 ErprGr 210 的第三任大队长。当满载炸弹的梅塞施密特战机向北飞行时，它们的护卫队也加入了进来：来自 JG 2、JG 27 第一、第二大队和 JG 53 第三大队的 26 架 Bf 109，以及来自 ZG 2、ZG 76 第二、第三大队和LG 1第五(驱逐机)大队的 16 架 Bf 110。

双方的前锋部队拉开了空战的序幕。第 46 中队不幸地碰上了当时德国空军最优秀战斗机大队之一的 JG 2 第二大队，结果它的编队毫无悬念地被占据高度优势的后者击溃。四散逃窜的英机吸引了更多德国战斗机的追杀，加兰德率领他的联队司令部中队轻松的击落了一架单飞的“飓风”。随着更多皇家空军战斗机部队的到来，战斗在各处蔓延，不过更多的德国战斗机也同样从海岸上空飞来。在这些战斗中，来自 JG 2 第 6 中队的库尔特·布利根(Kurt Bühlingen)下士射击并击落了另一架“飓风”，这是布利根的第二次空战胜利，在战争结束前，这个数字将上升到 112

■ ErprGr 210 的 Bf 110 们，编号 S9+DH 的那架属于大队长马丁·卢茨上尉。

次，他本人则会成为 JG 2 的最后一任联队长。

随着 ErprGr 210 的逼近，西部战场也变得热闹起来。皇家空军第 10 大队的 3 个中队试图拦截它们，但未能阻止后者的闪电式突袭。ErprGr 210 进行了一次彻底的拆除工作，但受害者是坎利夫-欧文(Cunliffe-Owen)工厂，而不是超级航海工厂。完成投弹后，ErprGr 210 的队员们得以在没有任何损失的情况下撤退。这要归功于在怀特岛附近的海面上与英国战斗机交战的护航驱逐机。

来自第 602 中队的“喷火”飞行员，本应该掩护“飓风”战斗机，但他们的表现并不好，有 3 架飞机被驱逐机击落，其中两架后来得以修复。第 213 中队有两架“飓风”被击毁，一位波兰飞行员坠海身亡。德军的损失仅有一架飞机，来自 ZG 2 第一大队。

在东北方向更远的地方，第 11 大队的飞机与第 2 航空队的梅塞施密特之间的战斗继续激烈进行着。第 41 中队的飞行员们不顾一切地攻击德国轰炸机，除了击伤其中一架之外，并没有做到更多，而 Bf 110 则击落了 3 架“喷火”，其中两架被销毁。

第 229 和第 303 中队的情况也好不到哪里去。一群梅塞施密特战斗机从高空俯冲而下，“飓风”们朝各个方向做出疯狂的规避动作，5 架满是弹孔的“飓风”坠落在地面上。在高空中，一架 Bf 109 爬回到攻击高度。莫尔德斯少校取得了他的第 36 次空战胜利，JG 51第 1 中队长赫尔曼·弗雷德里希·约皮恩(Hermann Friedrich Joppien)中尉声称击落了两架英国战斗机，取得了他的第 19 次空战胜利。LG 2 第一(战斗机)大队的指挥官赫伯特·伊勒菲尔德(Herbert Ihlefeld)中尉凭借击落两架敌机的战果，将个人战绩提升至 21 次空战胜利，两天后加入了骑士十字勋章获得者的行列。

作为交换，拥有 13 次空战胜利的 JG 51 第 2 中队长恩斯特·维格斯(Ernst Wiggers)上尉阵亡。此外，来自 LG 2 第一(战斗机)大队的一名年轻的候补军官在他的飞机被一架“飓风”重创后，将其带回了海峡。他的名字叫汉斯·约阿希姆·马尔塞尤(Hans-Joachim Marseille)，在接下来的两年里，他将成为德国空军中技术最高超的战斗机飞行员并被冠以“非洲之星”的名号，最终取得 158 次空战胜利。

这个星期三下午的空战呈现混乱和无序的特点。一些英国空中管制员犯了将他们的战斗机置于太低高度的错误。正因如此，当战斗开始时，Bf 109 在面对数个皇家空军中队时占据绝对的高度优势，这让许多英国飞行员付出了沉重的代价。

在第 11 大队指挥部的总体局势图上，情况看起来很糟糕。更多的德国编队正在袭来。从各个方向都传来了与敌军优势战斗机部队激烈战斗的报告。战斗机司令部已经损失了十几架战斗机，但没有成功接近德国的主攻部队。尽管几乎整个第 11 大队，加上利·马洛里的杜克斯福德联队都在作战，但他们似乎无法给轰炸机施以沉重的打击。只有少数几架轰炸机被击落，帕克非常不满意。

但突然间，整个局势发生了变化！战斗机之间的格斗开始中断，英国飞行员和地面观察团开始报告：“那些 Bf 109 们正在离开！”德国人正朝着海岸方向撤退！越来越多的德国战斗机部队离开战场，飞回基地。发生了什么事？燃料不足！以全速进行的激烈搏斗，让 Bf 109 战斗机比德国人预期更快地耗尽了有限的燃料。或者说，德国人没有想到还会面对如此激烈和持久的抵抗。现在，几十位德国战斗机飞行员带着仪表盘上闪烁的红色警告灯匆忙返航。戈林的计划失败了，没有新的战斗机部队来填补他们留下的空白，此时唯一能保护轰炸机的就只有少数驱逐机部队了。帕克是第一个做出反应的人：“不要管那些战斗机。让他们逃走吧。集中精力对付泰晤士河口上空的轰炸机！”

安格尔施泰因的 KG 1 编队在 16 时 10 分至 16 时 30 分将其携带的 92.3 吨炸弹和 70 枚燃烧弹中的半数投在东区的码头，以及码头南部的铁路设施、伍尔维奇兵工厂、巴金发电站、贝克顿煤气厂以及维多利亚港燃料库。16 时 20 分至 16 时 30 分，韦希马尔的 KG 26 将剩余的炸弹和燃烧弹撒向帕丁顿（Paddington）车站及其周边，范围横跨了东南部的五个区。

现在轰炸机们要撤退了，但皇家空军战斗机不会放过它们。失去了 Bf 109 的保护，安格尔施泰因损失了 3 架亨克尔（杜克斯福德联队声称击落 19 架敌机），还有两架受到重创，在返回法国后不得不被销毁。ZG 26 也

■ 这架 KG 26 第一大队的 He 111H-3 在 9 月 11 日空袭伦敦码头后被防空炮和战斗机击落，机组在被俘前将飞机烧毁。

遭受了严重的伤亡，当联队的最后一架飞机降落时，约阿希姆·胡特中校发现有6架Bf 110未能返航，这样的损失显然冲淡了胡特在当日获得骑士十字勋章的喜悦感。5个未被安排拦截KG 1的中队中，仅有两个[诺索尔特联队的第229和第303(波兰)中队]被引导去拦截KG 26的编队。它们和第1(加拿大皇家空军)中队及第238中队一起在轰炸机撤退途中展开拦截，合力击落7架亨克尔，其他13架KG 26的He 111在回到基地时，机身上都有不同程度的损伤。

■“对于你来说，战争结束了!”一位KG 26第一大队的机组人员被英国士兵包围着，他的He 111在9月11日的作战中被击落。

当天的攻击让道丁和帕克意识到德国人现在不仅是在攻击码头，还要破坏伦敦的铁路交通。凯塞林的参谋部已经发现虽然英国的铁路网络以伦敦为中心，但没有贯穿整个城市的直通线路，在首都的东边，也没有环绕城市的铁路。应对海狮登陆行动的英国陆军部队将不得不乘火车前往伦敦北部的火车站，然后穿过城市前往伦敦南部的火车站，最后登上向南和东南方向驶往受威胁登陆区的运兵列车。这些对铁路设施的攻击是为了支持预期的入侵行动而进行的交通阻断作战。

然而，10架轰炸机(超过出击数的10%)、7架驱逐机和5架“埃米尔”的损失显然证明了战斗机司令部依然是一个强大的对手。而Bf 109航程不足的缺点在攻击伦敦这样一个距离遥远的目标时显得更为致命。虽然在战斗的前半程德国轰炸机得到了良好的保护，但是随着Bf 109的离去，局势瞬间发生逆转。当天第2战斗机指挥部声称摧毁34架“喷火”和22架“飓风”，皇家空军虽然付出了多达25架战斗机的代价，但道丁的防线依然坚不可摧。

更让希特勒失望的是，维瑟尔当晚从马莱特那里收到了英国人的正式回应：“国王陛下的政府参加这场战争不是为了一己私利，而是为了唤醒欧洲许多国家自由和独立意识的这一崇高而普世的目的……纳粹德国统治者对其边界上小国犯下的诸多可怕罪行，以及对与军事目标没有丝毫关系的伦敦进行的狂轰滥炸，都加强了大英帝国所有人民继续进行这场战争的信念。”

不管希特勒想或不想，为了解决“英国问题”他现在必须要入侵大英帝国。仿佛是为了加深英国人对德军无差别轰炸的认识，当晚施佩勒和凯塞林出动180架轰炸机向伦敦投下239吨炸弹和148枚燃烧弹。“现有的火势(被)扩大并蔓延，特别是在城市的南部和北部地区。”

此外，戴希曼的参谋们继续设计着下一场对英国首都的航空军级别空袭。对伦敦东区码头的大规模攻击计划在12日完成，时间定在第二天18时。

当第2航空队和第一及第二航空军的参谋们在完善又一次两阶段空袭的细节时，断续的降雨和低压的云层覆盖住了英格兰东南部和法国东北部，这使得常规的作战无法执行。不仅是糟糕的能见度使飞行行动变得困难或不可行，而且德国人在加来海峡地区的田野上建造的许多临时机场也因为持续的雨水而变成了沼泽地。这种情况在为8月下旬从第3航空队赶来的战斗机部队匆忙建造的草地机场上尤为明显。例如，由于在费恩斯(Fiennes)的机场跑道被雨水浸透，JG 27第二大队在数日内都没有一架飞机升空。恶劣的天气一直持续到9月13日，戴希曼的新“瓦尔哈拉”攻击被推迟到14日。当天，希特勒作出决定，将登陆的时间推迟到9月17日。

虽然常规作战无法开展，但德国空军在9月12日还是进行了零星的单机武装侦察作战，其中仅有4架报告空袭了伦敦，3架向圣凯瑟琳(St Catherine)码头、西汉姆和南伦敦投下2.4吨炸弹和8枚燃烧弹，第四架飞机(很可能是一架Ju 88A)攻击了位于哈罗盖特(Harrogate)的空军部总部，以浅俯冲轰炸的方式在650英尺高度投下3枚SC500炸弹，看见取得一发命中。

当晚，76架出击的轰炸机中只有43架报告抵达目标，其中30架由于云层遮挡只能通过航位推算的方式完成投弹。约60吨炸弹和61枚燃烧弹投向了伦敦上空的云层中。

第二天，依然在苦等着天气好转的第2航空队继续派出单机进行攻击，在8时25分至16时共出动53架轰炸机，向伦敦投下55吨炸弹和116枚燃烧弹。效果最好的是来自LG 1的13架Ju 88A，它们以浅俯冲轰炸的方式实施攻击。报告在查令十字街、圣潘克拉斯和马里波恩车站、伊利斯(Erith)附近的一个火车站、富勒姆(Fulham)和滑铁卢的煤气站、白金汉宫附近的一个燃料库、西印度码头和东边的大型仓库及楼区、与英国海军部和战争办公室相连的建筑上取得命中。

在其他地方，霍恩彻奇遭到了一架He 111轰炸，其他5个机场也遇到了单机袭击。帕克没有将这些骚扰性的攻击放在眼里，仅派出几架拦截机。到现在，德国的高层领导开始变得不耐烦了。自从对伦敦的大规模攻击开始以来，德国空军在七天的作战中有五天完全或部分地受挫于天气。晚上的情况也没有好到哪里去，在12日至13日夜及13日至14日夜对伦敦的轰炸行动中，被炸死的总人数不超过71人。

9月14日，天气比前两天好了一些，但是在5000至10000英尺高度有大量云层。由于“瓦尔哈拉”之前定在了14日，轰炸机们已经按照作战命令完成了炸弹装载。鉴于天气条件不适合出动大规模轰炸机，凯塞林命令奥托·魏斯(Otto Weiss)少校的LG 2第二(对地攻击)大队在15时30分和19时派出两波共计49架次的Bf 109E-7战斗轰炸机。它们在16400英尺高度飞抵伦敦，投下13.25吨炸弹。“由于云层无法看到炸弹爆炸。”

■ LG 2 第二（对地攻击）大队长奥托·魏斯少校，他的大队在不列颠战役期间对伦敦发起了多次攻击。

在第一波空袭中，战斗轰炸机部队仅是6个“埃米尔”编队中的一个，总共有来自JG 26、27、51、54的150架Bf 109E在16时至16时05分来到伦敦上空。它们投下的炸弹落在了巴特西（Battersea），命中了发电站和煤气厂，克拉珀姆枢纽站附近的一条铁路线，以及坎伯韦尔和切尔西。帕克出动了20个中队作为回应，由于没有轰炸机出现，因此仅有4个中队与进行扫荡的战斗机交手。

第二波空袭的战斗轰炸机也得到了另外4个“埃米尔”编队的陪伴，同样没有被拦截。帕克这次派出了8个中队，但是战斗机之间的对决比第一次还要多。第2战斗机指挥部报告损失4架Bf 109E，击落15架“喷火”和10架“飓风”，实际上分别只损失了6架和4架，3名飞行员阵亡，5人负伤。

在对伦敦的两次大规模昼间空袭之间的这一周内，皇家空军拦截机和防空炮火共击落28架轰炸机，61架“喷火”与“飓风”损失于Bf 109和驱逐机手中，后者分别损失了22架和11架。修改后的作战战略起了作用，但是效果有限。德国空军战斗机部队的实际交换比大约为1.8∶1，不过和其他消耗战略一样，这需要时间积累才会显现出效果，但是对于希特勒、戈林和他的德国空军来说时间就快要用完了。

14日下午，希特勒在柏林的帝国总理府主持了一次会议，讨论战争的未来方向。三个军种的高级指挥官都参加了会议，米尔希元帅代表帝国元帅戈林出席此次会议，后者正在视察位于法国的作战部队。在回顾了整体军事态势之后，元首将讨论转移到了入侵英国海狮行动上。他表示此前对英国的空袭非常有效，如果不是天气原因造成的阻碍，空袭会造成更大的破坏。毫无疑问，皇家空军遭受了严重的损失，但如果要发动入侵，德国空军仍然没有掌握必要的制空权。海军总司令雷德尔表示同意，并继续重申他的观点，即入侵应该只作为最后的手段来进行。

希特勒继续指出，就目前而言，重要的是保持入侵的威胁，并将其与对英国首都的进一步强力空袭相结合。德国空军参谋长耶顺内克指出，对首都军事目标的攻击不太可能导致平民士气的大规模崩溃，因为大多数军事目标和码头与主要居民区分开。随后他们讨论了将攻击的重心转移到人口密集区的可能性，但希特勒反对这样做。这是他希望暂时作为保留手段的“杀手锏”。

在元首的会议结束后，位于布鲁塞尔的第2航空队司令部的参谋们敲定了第二天对伦敦的攻击计划。对于正在通过现有的情报来寻找战斗机司令部即将崩溃的证据的德国空军军官来说，德军最近对伦敦的昼间攻击成为重要的参考依据。在这几次战斗中，轰炸机编队都没有像9月的许多行动那样遭到英国战斗机凶猛而高效的阻击。看起来似乎战斗机司令部可能确实处于崩溃的边缘，需要再来几次大规模的行动以摧毁其战斗力。

尽管自一个多月前不列颠战役开始以来，德国空军遭受了严重的飞机损失，但其中大部分已经通过后方的生产和补给得到了弥补。与8月17日的2226架可用飞机相比，9月7日参与伦敦空袭的三支航空队拥有1895架可用飞机，数量减少了大约15%。根据9月7日编制的德国空军完整作战序列，三个航空队拥有如下数量的可用飞机：

单位：架

	第2航空队	第3航空队	第5航空队	合计
Bf 109	533	90	35	658
Bf 110	107	22	0	129
Ju 87	120	34	0	154
Do 17/He 111/Ju 88	484	310	0	794
Fw 200	0	4	0	4
侦察机	51	58	14	123
水上飞机	16	0	17	33
合计	1311	518	66	1895

在此前以伦敦为目标的昼间攻击中，由于这样或那样的原因，英国战斗机指挥人员始终未能将其大部分兵力投入战斗。在最初的空袭中，轰炸目标转移到首都让英国人颇感意外，拦截战斗机本准备好要阻止对机场的又一次攻击。接下来的几次空袭中，妨碍到精确轰炸的云层也给地面观察员对德国编队的追踪带来麻烦，导致指挥官难以正确引导战斗机中队接近空袭者。这一系列毫无关联的失败导致德国空军的情报官员对战斗机司令部继续作战的能力作出完全错误的评估。实际上，在6个星期的激烈战斗中，皇家空军战斗机司令部保持了它的战斗力，其实力远远超过了德国空军情报人员的想象。9月14日晚，4个战斗机大队拥有以下数量的“喷火”和“飓风”：

单位：架

	第10大队	第11大队	第12大队	第13大队	合计
喷火	48	92	85	44	269
飓风	78	218	109	128	533
合计	126	310	194	172	802

与8月17日的兵力相比，“喷火”和“飓风”少了22架，飞机数量上的问题并不严重。但在迄今为止的战斗中，战斗机司令部遭受了严重的飞行员损失。在9月中旬，司令部有1492名作战飞行员，而满编应为1662人，缺编率10%，可以随时出战的飞行员数量更少。许多替补飞行员是直接从航校过来的，除非由有经验的人带领他们行动，否则是不具备战斗力的。此前，道丁的政策是，当东南地区的中队疲惫不堪时，从较平静的地区调入新的中队来替换，而后者则向北转移以进行休息和重组。但是到了9月初，伤亡率已经达到了非常严重的程度，轮换中队的政策面临严重危机。投入战斗的新中队在重组的部队准备好接替前就已经耗尽了。危急的时刻需要更激进的解决方案，9月8日，道丁不情愿地决定将他的中队分成三类。

A类单位：第11大队，以及紧邻两翼的中沃勒普和杜克斯福德分区的中队，这些中队将承受最残酷的战斗。这些部队的飞机和飞行员都要保持满编状态。只有遭受到特别严重的损失时，这些部队才会被调离战区。

B类单位：一些外围中队，最初有5个，其中大部分是第10大队的中队，他们要保持作战实力，准备在绝对必要时作为救援单位使用。

C类单位：司令部剩余的昼间战斗机中队，为了A类单位的作战，这些中队将被抽调作战飞行员，降至最少只剩五六位飞行员。这些单位将主要精力投入新飞行员的训练。尽管这些中队不适合与敌人的战斗机交战，但他们有能力保卫较平静的区域，抵御无护航轰炸机的攻击。

如果飞行员严重损失的情况持续得再长一些，新的政策就会对道丁司令部的战斗力产生严重的影响，C类中队的战斗力会逐渐下降。但到9月14日晚，该系统的运行时间还不足以导致后者的严重劣化。C类中队如果被投入主要战场上，仍然有能力给出好的表现。

9月15日：戈林在伦敦上空的失败(上)

9月15日破晓，英国、法国和比利时天朗气清，能见度很好。德国空军的机组们在等待着气象侦察中队的报告和指挥官下达空袭伦敦的命令。德国空军派出的侦察机大多顺利完成任务返航，仅有第51气象侦察中队的一架He 111被第87中队的两架“飓风”击落。

戴希曼当日的作战计划遵循了以往的空袭模式：由得到严密护航的小股轰炸机部队发起首攻，这一次将由第一航空军的KG 76第三大队发起大队级别的空袭，接下来是由第二航空军的KG 2、3、53(得到KG 26的加强)对主要目标发起主攻。首攻的意图是扰乱帕克的防线并消耗他的战斗机中队，这样能够让主攻部队面对更少的抵抗。目标是穿过克拉珀姆枢纽站东北部巴特西区的铁道，铁道的破坏将阻碍从维多利亚和滑铁卢车站向南行驶的军列，这又是一个为了海狮行动而选定的交通封锁目标。

10时10分，38岁的骑士十字勋章获得者阿洛伊斯·林德迈尔(Alois Lindmayr)少校率领KG 76第三大队的19架Do 17Z从巴黎西北部的弗克桑地区科尔梅耶(Cormeilles-en-Vexin)机场起飞，他在领飞的道尼尔轰炸机上负责导航工作，大队向北飞行到亚眠附近，8架来自博韦(Beauvais)的KG 76第一大队的道尼尔加入了它们。通常一个德国空军轰炸机大队应能出动27架飞机，但在英国上空持续6周的艰苦战斗后，KG 76严重缺乏飞机和机组人员，现在两个大队加在一起才能达到一个满编大队的兵力。对英国的攻击招致了拦截战斗机的强力回击，德国轰炸机部队被迫探索各种可能的途径来保护自己。作为一项实验，罗尔夫·海奇(Rolf Heitsch)上士的道尼尔飞机在机身上安装了一个指向后方的步兵喷火器。今天，这个“秘密武器”将首次在作战中得到检验。即使喷出的火焰未能点燃敌人的战斗机，也可阻止它们发起近距离攻击。如果被证明是有效的，该武器将被安装在其他轰炸机上。

■ KG 76第2中队驻扎在博韦期间使用了这个令人印象深刻的队徽，图中可以看到中队长鲁道夫·哈伦斯勒本(Rudolf Hallensleben)中尉站在发动机下面，与一位地勤人员交谈。

在爬升到预定攻击高度的过程中，林德迈尔的编队遇到了比预想中更厚的云层，道尼尔飞行员们分散开来以避免发生空中碰撞。一架轰炸机的导航员西奥多·雷姆(Theordor Rehm)上士描述了当时的情形：

在云层中，能见度非常低，只能看到几米外领队的飞机。在我们的轰炸机上，四双眼睛紧张地盯着那架飞机，因为它如幽灵般在黑暗和光明的交替中忽影忽现。一会儿，它清晰可见，近在咫尺；一会儿，它又突然从视野中消失，在同一个地方，但被笼罩在汹涌的水汽中。与此同时，我们也在观察周围的天空，寻找其他的飞机，如果有碰撞的危险，就准备大声警告。在焦急的几分钟后，我们在大约3500米高度从云层中钻出。在我们周围是熟悉的道尼尔飞机以单机、双机或三机散布在一片很大的区域。我们的攻击队形已经被打乱了。

林德迈尔绕了一个大圈以重组他的编队，这导致攻击时间被拖延了10分钟，有两架轰炸机因未能找到大部队而返回基地。完成重组后，大队继续向与战斗机的会合点格里内角前进，比预定计划晚了10分钟。来到会合点后，林德迈尔的机组们欣喜的发现大约90架来自JG 3和JG 53的Bf 109已经在等着它们，另外60架JG 27和JG 52的飞机早已在前方扫荡从格里内角通往伦敦的航线。轰炸机的迟到对于德国战斗机飞行员们来说可是不小的麻烦，这里距离伦敦有80英里远，接近单发战斗机的极限，尤其是当它们不得不以“之”字形机动来保持在轰炸机身边的时候，而且它们需要带着足够的燃料到达那里与敌人的战斗机作战。梅塞施密特战斗机在法国海岸盘旋的每一分钟，都会使它们在英国上空伴随轰炸机的时间减少一分钟。

海峡的另一边，坐镇第11大队司令部的帕克收到一条令人激动的消息，首相丘吉尔要在上午来到司令部进行一次简短的访问。在参谋人员的陪同下，帕克在司令部地堡的入口处等待接待重要访客。当丘吉尔和他的夫人到达后，他们被护送着沿长长的混凝土楼梯来到地下一百英尺的作战室。帕克后来回忆道，他不知道当天是否会有任何敌军活动，当时一切都很平静。

11时04分，莱伊雷达站报告探测到第一股敌机回波。帕克马上出动两个来自比金山的“喷火”中队（第72和第92中队）在25000英尺高度巡逻坎特伯雷，10分钟后，他又命令另外9个中队升空（11时15分至11时20分起飞），并向侧翼的两个大队请求支援。

10天前，考虑到单个中队的突击通常会被占据数量优势的护航机击垮，很难击落轰炸机，帕克在他的《给指挥官们的第10号指示》中下令：“必须在海岸和我们的分区机场之间以最强大的兵力迎接敌人的主攻。只要时间允许，中队就要成对的投入战斗。一些‘喷火’中队将被安排在20000英尺或更高的地方与敌军战斗机交战。由于‘飓风’的性能较差，通常情况下应该用来对付敌人的轰炸机，它们在白天很少超过16000英尺。”

帕克在9月7日尝试了修改后的战术，但收效甚微，主要原因是两个中队没有时间组成一个单独的战斗编队。因此，各中队继续独立实施拦截，并遭受较大的损失，几乎没有让入侵的轰炸机编队受到干扰。

战术层面上，帕克的新指令克服了无线电技术所施加的限制：在任何时候最多只能控制4个单位。通过将两个中队（后来是3个）组成一个联队，由领头中队的指挥官指挥两个中队，每个分区指挥官可以控制的中队数量增加了一倍，从而终结了数量劣势的时代。

9月15日，威洛比·德·布鲁克男爵“不仅有足够的时间将10个中队组成（5个）联队，他还能够在第一批德军越过海岸前从相邻的大队带来增援”。他命令第253和第501中队组成的肯利联队巡逻梅德斯通，第229和第303（波兰）中队组成的诺索尔特联队巡逻比金山，第257和第504中队也分别从马特尔舍姆和亨顿出发，被派去增援在梅德斯通上空的肯利联队。为了保卫泰晤士河北岸的分区基地，他把德布登联队的第17和第73中队部署到切尔姆斯福德上空15000英尺。最后，他派出第603中队的12架“喷火”增援坎特伯雷上空比金山联队的20架“喷火”。皇家空军第一次可以在作战中检验集群战斗机攻击德军编队的效果。

帕克计划将战斗分三个阶段进行。第一阶段，在德国编队越过海岸后不久开始，前沿巡逻线上的“喷火”中队将展开行动。如果可能的话，这些战斗机将与轰炸机交战并打散它们的编队。但如果护航的梅塞施密特战斗机阻止了它们，并形成了战斗机格斗的局面，那也能达到帕克的目的。这可能把一些护航机从轰炸机身边引开，使后者更容易遭到英军中队后续的攻击伤害。这也将迫使德国战斗机全速飞行，消耗燃料的速度是巡航时的 4 倍。

第二阶段，在接下来的 10 至 15 分钟，当空袭部队继续向英国首都进发时，四五对“飓风”中队将从不同的方向加入作战，试图接近轰炸机。同样，如果这些中队与护航机纠缠在一起，后者将被迫消耗更多的燃料。

在交战的第三阶段，也是最后阶段，剩余的战斗机中队将被投入伦敦前方的战场上。帕克希望到那时，Bf 109 会和 9 月 11 日一样遭遇燃料和弹药短缺的问题。

11 时 20 分，第 10 大队指挥官布兰德出动中沃勒普的第 609 中队前去守卫温莎(Windsor)和布鲁克兰茨的工厂。利・马洛里派来的第 12 大队援军包括杜克斯福德联队的第 19、第 242、第 310(捷克)中队，还有来自莱肯菲尔德和迪格比的第 302(波兰)和第 611 中队，他将自己的编队称为第 12 大队联队，共计 20 架“喷火”和 35 架“飓风”，出击时间为 11 时 25 分，领衔指挥的巴德少校根据指示在霍恩彻奇上空 25000 英尺高度巡逻。

11 时 38 分至 11 时 42 分，帕克又出动 6 个中队，并让他剩余的 4 个中队作为预备队待命。第 46 和第 249 中队组成的北威尔德联队奉命向伦敦南部进发，第 1(加拿大皇家空军)中队(诺索尔特)和第 605 中队(克罗伊登)则被指引到肯利上空进行巡逻。第 41 中队从霍恩彻奇出击，抵达格雷夫森德上空后，第 66 中队起飞与之会合。这两个中队被引导向西南方迎敌，但是由于飞行高度和距离相差甚远，它们并未能完成碰面。随着最后一架飞机离开地面，战斗机司令部已经出动了 23 个中队的战机，共计 254 架“喷火”和“飓风”。双方都不知道，此时防御方的战斗机在数量上已经压倒了护航的 Bf 109 战斗机。

由于重组他的轰炸机大队浪费了一些时间，当林德迈尔的编队在 11 时 37 分越过福克斯通附近的海岸时，他们比执行自由猎杀作战的扫荡部队晚了 6 分钟。

11 时 36 分，又一支德国空袭部队正在加来-马尔克机场起飞。LG 2 第二(对地攻击)大队的 21 架 Bf 109 战斗轰炸机在机腹下携带炸弹，以松散的队形向西北方向爬升。伴随战斗轰炸机的是同样数量的不带炸弹的 Bf 109护航机。这些战斗轰炸机将在空袭部队主力到达目标前几分钟对伦敦进行骚扰性空袭。即使携带着炸弹，Bf 109 的巡航时速也比道尼尔轰炸机快 90 英里，因此 Bf 109 可以在途中轻松地超过后者。

被指派攻击伦敦的全部德军部队现在都已升空并向目标推进：25 架双发轰炸机、21

架战斗轰炸机和一支由大约150架Bf 109组成的护航部队。这是一支强大的空中力量，需要进行强力的阻击。然而这一次，防守方得到了一个无形盟友的支持。

正如上文提到的，甚至在轰炸机离开法国之前，它们的编队就已经被出乎意料的厚云层所扰乱。现在，英国变幻莫测的天气即将对德军的计划实施第二次打击。当道尼尔轰炸机在肯特郡前进时，导航员们通过投弹瞄准器观察地标的相对运动来测量他们的速度。测量的结果令人不安：编队的前进速度比计划的要慢得多，仅为约90英里/时，而不是预期的180英里/时。在这样的高度上，这种强度的风并不罕见，但德国气象学家在那天早上的简报中没有提及这点。因此，从格里内角到伦敦的飞行时间不是预计的半小时，而是要花大约两倍的时间。加上在法国上空重组编队所导致的延误，道尼尔轰炸机在到达目的地时将迟到40分钟左右。

C分区指挥官命令约翰·维拉(John W. Villa)上尉率领坎特伯雷上空的比金山联队前去拦截入侵者，要求“喷火”飞行员为“飓风”中队攻击德国轰炸机开路。11时45分，维拉看见了位于阿什福德上空16000英尺高度的轰炸机编队，高空护航机在22000英尺高度。他命令中队排成一列向德军护航机发起俯冲攻击。第92中队紧随其后，几分钟后第603中队也加入进来。德国战斗机飞行员们油门全开，放弃了漫无目的的“之”字形巡航，转而迎接他们的挑战者，但不是所有的护航战斗机都被攻击吸引开来。

5分钟后，肯利联队的23架“飓风”在梅

■ 德国空军的Do 17轰炸机战斗编队。

德斯通上空对林德迈尔的轰炸机编队发起迎面攻击。轰炸机飞行员威廉·拉布回忆道："它们高速逼近，变得越来越大。像往常一样，当受到战斗机的攻击时，我们靠近组成紧密的队形以集中我们的防御火力。4架'飓风'疾速穿入我们的编队。几秒钟内它们就穿过去了。然后更多的黑点从前方的云层中出现，迅速变大并飞速通过我们的编队。它们试图将我们分割开来，但两次攻击都没有成功。我们的队形仍然保持完整。"

肯利联队试图对轰炸机实施第二轮攻击，但它们迅速与来自JG 3的贴身护航机展开激战。一架第501中队的"飓风"被击落，比利时飞行员身亡。哈里·霍根(Harry Hogan)少校也遭到了Bf 109的攻击，在发动机被击毁后进行迫降。

于此同时，又有24架"飓风"战斗机(第229和第303中队)加入了围绕在德国轰炸机周围的激战。在肯特郡上空，双方的战斗机在空中编织起疯狂的图案。作战演变成了一连串的格斗战，双方都未能取得优势。

来自JG 52第一大队的汉斯·贝特尔(Hans Bertel)少尉是参加此次战斗的德国飞行员之一：

有四五架"飓风"在与大约相同数量的Bf 109进行格斗。我的枪口对准了其中一架"飓风"，正准备扣动扳机。然后突然传来一阵猛烈的撞击声，我的梅塞施密特旋转着落下。另一架飞机与我的机尾相撞了。我试图从旋转中拉出来，但我无法控制我的方向舵和升降舵。发动机很好，机翼也很好，但机尾没用了！

我一拉控制杆，座舱盖马上就被抛掉了。我一定是在以飞快的速度下落，因为经过驾驶舱的气流像飓风一样咆哮。我解开座椅安全带并轻松地离开了飞机。我的第一个想法是"先不要打开降落伞，否则伞盖会被撕裂的"！

过了一会儿，我拉动开伞索，伞盖在我上方展开。我挂在索具上向下看，试图找到我的梅塞施密特。但是它失去了踪影，我注意到一架"飓风"旋转着消失在云层中。一定是那架与我相撞的飞机。

这是个星期天，我可以看到下方有许多路人和正在踢足球的孩子们。接下来他们中间有人开始注意到正在滑翔中的我——看到他们在朝我的方向看时脸色大变相当有趣。

随着战斗的进行，一些英国战斗机耗尽了弹药，开始撤出战斗。几分钟后，战斗强度有所放缓，3架"飓风"和至少两架"埃米尔"被击毁。没有一架轰炸机受到严重损伤，它们的编队仍然保持完整。一些比较乐观的德国人在想，他们是否已经突破了英国人的防线？

现在，道尼尔轰炸机来到了西莫灵机场上空，该机场由几门老式的3英寸高射炮防守。炮手们向敌军发射了大约30发炮弹，但没有任何效果。也是在这个时候，飞行在23000英尺高空的Bf 109战斗轰炸机掠过了道尼尔编队。以270英里的时速在90英里时速的逆风中巡航，Bf 109相对地面的速度是180英里/时——双发轰炸机速度的两倍。

12时03分，空战再次在塞文奥克斯北部爆发，4个全新的“飓风”中队（第1加拿大中队，第46、第249和第605中队）向下方的两支德军部队靠拢。

加拿大人试图强行突破到道尼尔面前，但是由汉斯·卡尔·迈尔上尉率领的JG 53第一大队护航机采取行动，将他们击退。迪恩·奈斯比特（Deane Nesbitt）中尉击落了JG 53第3中队长尤利乌斯·哈泽（Julius Haase）中尉的Bf 109（后者在此战中阵亡），但是很快他自己也被另一架“埃米尔”击落，攻击他的德军飞行员威廉·格斯拉（Wilhelm Ghesla）下士后来写道：“在到达伦敦前不久，我们与试图攻击轰炸机的12架‘喷火’发生了战斗。我看到其中一架‘喷火’在追赶一架梅塞施密特109。在敌人未发现的情况下，我来到‘喷火’身后的位置，接近到大约80米处并开火。这架飞机冒出了浓烟，随后它的飞行员就跳伞了。”奈斯比特安全跳伞着陆，受了点轻伤。

当德国护航机忙得焦头烂额之时，阿奇·麦凯勒（Archie McKellar）上尉率领第605中队的12架“飓风”对道尼尔发起突然袭击。他的一些飞行员声称取得了命中，但轰炸机仍然保持着队形，坚定地继续向伦敦飞去。

伦敦东南部，12时05分。由于守军集中精力对付轰炸机编队和它们的护航机，LG 2的战斗轰炸机未受任何阻击就到达伦敦。这些高空中的飞机看起来像是一支德军自由狩猎部队，而皇家空军的飞行员们已经深刻地认识到，不要去管这些东西。只有一名第46中队的飞行员报告说看到了这支突击队。战斗轰炸机飞行员接到的命令是，只有在他们受到直接威胁的情况下才会与敌人的战斗机交战。在这种情况下，双方都倾向于避开对方。

当战斗轰炸机来到城市上空后，大队长奥托·魏斯上尉选中了下面的一个火车站。然后，他的梅塞施密特进入45度角俯冲，两名僚机在他两侧组成紧密编队。在下降到大约3000英尺后，他投下了炸弹，他的僚机也照做了，3架战斗轰炸机从它们的俯冲中拉起。其他梅塞施密特战机也以类似的方式进行攻击。任务完成后，这些战斗轰炸机转身返航。没有一架飞机与英国战斗机交战。鉴于投弹瞄准的方法很简陋，梅塞施密特的攻击不可能是精准的。炸弹散落在一片广大区域，只有4枚炸弹落在军事目标附近。空袭造成了一些民用设施的损毁和人员伤亡。

刘易舍姆（Lewisham），12时07分，尽管德国轰炸机遭到了一些猛烈的攻击，但后者在抵达伦敦郊区时没有损失。它们的编队完好无损，只有罗伯特·策布（Robert Zehbe）中尉的Do 17因发动机故障而落在其他飞机身后半英里处。德国护航机出色地完成了它们的工作，阻止了大部分“喷火”和“飓风”逼近轰炸机的企图。

然而，轰炸机40分钟的时间延误开始显现后果。Bf 109护航机在它们被告知的时间准时起飞，并按照一个紧凑的时间表行动，几乎没有任何变更计划的余裕。此外，帕克的战斗机们迫使德国护航机长时间全速飞行并消耗了大量燃料储备。因此，当它们到达伦敦东郊时，许多 Bf 109 的燃料只够返航使用。护航机开始三三两两的退出战斗，将它们的机鼻指向东南方。

现在作战即将进入第三阶段，帕克的指挥官们已经将 6 个中队(第 17、第 41、第 66、第 73、第 257 和第 504 中队)集中在首都上空。另外，从北方和西方前往那里的还有来自邻近大队的另外 6 个中队(第 10 大队的 609 中队，第 12 大队的 19、242、302、310 和 611 中队)。总共 127 架“喷火”和“飓风”即将与大约五分之一数量的德国轰炸机和迅速减少的护航机相遇。

12 时 08 分，随着轰炸机编队的到来，数个防空炮台向空袭者们开火。然后，随着更多的英国战斗机进入该地区，这些炮台被命令停止射击。威廉 · 拉布让他的道尼尔保持水平直行准备投弹，他注意到从前方的一片云后面冒出了一群看起来像苍蝇的东西。“当然，它们不是苍蝇。那是更多的英国战斗机，在远处，但正在迅速接近。我数到 10 架直到不得不放弃并集中精力保持队形。”

约翰 · 桑普(John Sample)少校带领第 504 和第 257 中队的 20 架“飓风”发动攻击。在拉布和许多德国飞行员看来，他们的敌人似乎在聪明地等待着，直到护航机掉头后才发动主攻。实际上，桑普和其他英国中队长们只是在执行地面指挥人员的命令，他们对德国轰炸机面临的困境一无所知。轰炸机周围没有护航机的事实对英国人来说是意外之喜。

“飓风”们在完成第一轮射击后，分散开来绕到轰炸机后方准备实施进一步攻击。在道尼尔编队的尾部，罗尔夫 · 海奇上士和他的机组人员在等待一个机会来使用他们的“秘密武器”——安装在机身后部的火焰喷射器。无线电员报告一架英国战斗机正从后面逼近，德国机组人员在敌机距离自己不到 400 码处打开火焰喷射器，结果该武器被证明完全无法达到预期的效果。油料在低空测试时燃烧性能良好，但在 16000 英尺高空的稀薄空气中，喷射器仅发射出一股不到 100 码长的火焰。大部分油料没有被点燃，一些油料喷到了那架追击的“飓风”身上，把飞行员吓了一跳。

当战斗结束时，海奇的道尼尔遇到了严重的问题，轰炸机的右侧发动机被击毁。德国飞行员努力让飞机继续保持直线航行。英国战斗机从各个方向朝编队发起突击。此时，落在编队后面的那架 Do 17 也遭到了数架战斗机的围攻。机组人员不得不弃机跳伞逃生，跳伞前飞行员将飞机切换到自动驾驶模式，结果这架无人驾驶的飞机一路向西北方飞去，引来多架英国战斗机的追击，直至与一架“飓风”发生撞击后双双坠落。

KG 76 陷入巨大的危机，然而情况还在往更糟的方面发展，因为第 12 大队联队赶来了。“这个联队的指挥官(巴德)不得不将他的攻击推迟到第 11 大队的战斗机退场后。然后按照计划的那样，他率领他的 3 个‘飓风’

■ 1940年9月15日，一架KG 76第1中队的Do 17在伦敦上空与“飓风”撞击后解体坠落。

中队攻击轰炸机，他的两个‘喷火’中队则冲向敌军战斗机。”

在这最后的攻击期间，林德迈尔的25架道尼尔来到了它们的目标附近。12时10分，透过云层的裂缝看见目标后，林德迈尔盯着瞄准器下令投弹。他的编队丢下了425枚SC50炸弹，摧毁了一片500码长25码宽的区域。拉布观察到：“随着英国战斗机呼啸着穿过我们的编队，领头的飞机开始投下它们的炸弹。我的导航员喊道：‘目标!’然后投下了我们的炸弹。”

轰炸机以惊人的精度切断了克拉珀姆枢纽站东北部的数条铁轨。普巴斯高架桥也坍塌在铁道上，巴特西发电站受损，4枚未爆炸的炸弹躺在碎石中，拖延了维修工作。约24名平民丧生，30人受伤。战术目的达成了，接下来两天该地区的铁路交通陷入瘫痪。

完成投弹后，轻了一吨重量的Do 17们开始向左急转。编队绕一个半圆大约需要一分钟的时间，但对西奥多·雷姆来说，这个转弯似乎异常漫长。他所在的道尼尔三机小队位于弯道的外侧靠近编队的尾部，逐渐落在其他轰炸机的后面。

巴德盯上了这个脱节的轰炸机小队，带领他的战斗机们向敌机扑去。雷姆回忆道：“我们可以听到子弹打在我们机翼和机身上的啪啪声，但不知为何，发动机依然在运转着。我们的飞行员汉克(Hanke)下士先是把轰炸机拉到左边，然后再拉到右边，使敌人的战斗机难以击中我们。突然一声巨响，子弹打穿了无线电员的窗户，毁坏了他的机枪支架。无线电员的下巴被碎片击伤，我感到背部受到了重击，但我们的伤势只是轻微的。”雷姆是幸运的，他的轰炸机最终还是撑回到法国，虽然他的机身上有多达47个弹孔。

尽管有一台发动机被打坏且逐渐脱离编队，海奇仍然认为他有很大的机会回到法国。他正高速向一片云层降下，一旦到了那里，他就可以安全地躲开敌人的战斗机。但是，在这架残破的轰炸机抵达云层前，它就遭到了几架“飓风”的攻击。每当有战斗机接近时，无线电员就会触发喷火器，喷出燃烧的油。但该武器的效果与预期完全相反。非但没有威慑住攻击的飞行员，反而给人一种道尼尔飞机即将着火的印象。让他们感觉有机会轻松击落这个目标，战斗机就像飞蛾扑火一样被吸引向这架俯冲中的轰炸机。其中一架战斗机的一轮精确射击重创了 Do 17 的无线电员，终结了“秘密武器”的使用。海奇感到他的飞机受到了更多的打击。数架“飓风”战斗机咆哮着从他的机舱顶上飞过，随后他剩下的那台发动机开始失去动力。海奇不得不抛弃一切幻想，将飞机迫降在塞文奥克斯北边的一个农场。

下一个坠落的是拉布的道尼尔，他的飞机也在转弯的过程中被击中，左侧发动机报废。逐渐掉队的拉布同样试图躲入下方的云层中，但英国战斗机像狼群一样追着他。惊险的躲入云层中后，拉布发现他面临的局势是绝望的，仅剩的一台发动机已无法提供足够的推力，飞机的飞行高度在逐渐降低。最终，他的飞机从云层中降下，再次遭到战斗机的攻击。无奈之下，拉布不得不放弃失去控制的飞机，与幸存的两名机组人员一起弃机跳伞。

在梅德斯通附近，被派去掩护道尼尔撤退的 Bf 109 战斗机与空袭编队相会，并护送幸存者回家。第 12 大队联队的突击被证明是致命的，一个小时前越过英国海岸的 25 架轰炸机中，只有 15 架仍在编队中，其中大多数受损

■ 海奇的 Do 17Z 于 12 时 10 分在伦敦上空被英国战斗机击落，包括海奇在内的 3 位机组人员被俘，另一人受到致命伤。

■ 一架 KG 76 第一大队的 Do 17Z 挣扎着返回法国迫降在普瓦(Poix)附近，飞机上留下了超过 200 个弹孔。

了。6 架轰炸机被击落，另有 4 架 Do 17 在挣扎着独自返航。通过明智地利用云层，以及一定程度的运气，这几架飞机都能回到法国。

KG 76 的损失是可怕的。但是考虑到缺乏护航机，以及在伦敦上空遭到占据压倒性优势拦截机的攻击，这么低的战损率堪称奇迹。四分之三的德国轰炸机幸存下来，这证明了林德迈尔少校的领导能力，以及他机组的纪律和飞行技巧。尽管皇家空军的战斗机发动了密集的围攻，但大多数轰炸机机组人员坚守自己在编队中的位置。当负责掩护撤退的 Bf 109 与他们建立联系时，编队仍然保持完整。无论用什么标准来衡量，林德迈尔都进行了一场非常成功的撤退战。

阿洛伊斯·林德迈尔

1901 年 9 月 19 日生于今天斯洛文尼亚的卢布尔雅那(Ljubljana)，1925 年加入奥地利军队，1930 年晋升少尉，第二年在格拉茨(Gratz)航校接受飞行训练，1934 年 9 月 1 日以中尉军衔加入维也纳的第 1 航空团任侦察机中队长。1938 年 3 月，希特勒吞并奥地利，林德迈尔转入德国空军，他在 6 月 1 日晋升上尉，11 月 1 日担任 KG 158 第 7 中队长(日后的 KG 76 第 7 中队)。“二战”爆发后，他带领他的中队参加了波兰和法国战役，并在对两个机场的低空攻击中分别摧毁28架和20架飞机，他还曾击中了雷恩车站上运载弹药的列车，造成了巨大的破坏。1940年7月21日，他被授予骑士十字勋章。8月5日，林德迈尔少校成为KG 76第三大队长。他最出彩的一次战斗就是在9月15日的空袭中率领KG 76第三大队，在强大的对手面前保持了编队的完整性。1941年4月至1942年底，他担任轰炸机总监下属的L特种集群指挥官。1943年至1944年2月在乌克兰境内的第25空军野战区司令部工作，包括负责指导匈牙利空军第102航空旅的训练。1944年2月至10月，林德迈尔担任格拉茨的第123飞行员学校校长，1944年11月被任命为考夫贝伦(Kaufbeuren)的第23飞行员学校校长。1944年12月1日，林德迈尔晋升上校，在最后一个岗位上，他组织了考夫贝伦向美军的投降。

12时45分，最后一架入侵敌机已经离开英国，伦敦的防空袭警戒解除。在这次作战中，皇家空军的战斗机指挥人员表现得非常出色：23个“喷火”和“飓风”中队被派上战场，除了一个中队以外都与敌人进行交战。第11大队的中队们共宣称击落7架轰炸机，第12大队联队宣称摧毁19架轰炸机和7架战斗机。取得这一战果的代价是11架“飓风”和2架“喷火”，实际上德国战斗机部队损失了9架“埃米尔”，其中一架在返航途中因不明原因坠海。战斗结束后，满面春风的丘吉尔来到作战室的楼层向在场的工作人员表示祝贺，他环顾作战室，用他那低沉的声音说道：“干得好!”

9月15日：戈林在伦敦上空的失败(下)

与第2航空队的指挥官们预想的一样，中午的空袭引诱第11大队倾巢而出，帕克派出了他的全部中队。戴希曼希望这能让帕克应对接下来主攻的拦截机数量变少。第二航空军的作战目标是伦敦东区的三个大型商业码头：泰晤士河南部的萨里商业码头、河北岸的皇家维多利亚码头和西印度码头。按照计划，在“瓦尔哈拉”编队中打头阵的是施塔尔的KG 53(24架He 111H)，芬克的KG 2第二和第三大队(43架Do 17)组成编队的左翼，位居右侧的是韦希马尔的KG 26(28架

He 111H）和皮尔格上尉的 KG 3 第二大队（19 架 Do 17Z）。

德军轰炸机的机组成员们以复杂的心情看待即将进行的攻击。KG 3 编队中的霍尔斯特·舒尔茨（Horst Schulz）上士正在执行他的第一次战斗任务，心中满怀着期待。KG 26 的罗德里希·塞斯科蒂（Roderich Cescotti）少尉则不那么乐观，这是他的第 16 次战斗任务，在之前对英国的攻击中他已经失去了几个好朋友。

戴希曼计划出动 400 架护航机，但是一些部队参加了首轮攻击，返航补充燃料和弹药花费了比预期更长的时间。这导致攻击时间推迟了一个小时，伴随轰炸机的“埃米尔”也只有所需数量的一半。当“瓦尔哈拉”在加来海峡上空集结时，JG 54 第三大队来到左翼提供密接护航，20 架 ZG 26 第一大队的驱逐机占据编队右侧的位置。LG 2 第一（战斗机）大队、JG 26 第一大队、JG 3 第一大队、JG 53 第三大队和 JG 77 第一大队这五个战斗机大队则爬升到轰炸机编队上方实施高空掩护。

来自 JG 54 第一大队的汉斯·施莫勒-哈尔迪（Hans Schmoller-Haldy）中尉是护航机群中的一员，他十分憎恨贴身护航任务。他的命令是紧跟轰炸机，直到因燃料短缺而被迫离开。如果他以任何其他理由离开轰炸机，当他回来时会受到责难。“我们的任务是提供密接护航，我很讨厌这样做。它让轰炸机机组们觉得他们受到了保护，并且这会阻挠一些敌军飞行员。但对于我们战斗机飞行员来说，这非常糟糕。我们需要取得高度和速度的优势，这样我们才能在有利的条件下与敌人作战。事实是，英国战斗机掌握了何时和如何攻击的主动权。”梅塞施密特战斗机以 230 英里的时速飞行，从一侧转向另一侧，以保持待在 180 英里时速巡航的轰炸机身边。“我们需要保持速度，否则如果我们被‘喷火’战斗机攻击，Bf 109 将需要太长时间来加速到战斗速度。”施莫勒·哈尔迪解释道。

莱伊雷达站在 13 时 45 分接收到三股回波，猜测最少有 114 架中型和轻型轰炸机，以及 200 架战斗机。跟踪它们的过程中，雷达观测员还发现了五个小回波，估计超过 90 架敌机。它们是支援作战的自由猎杀部队，由加兰德的 JG 26 加上特劳夫特的 JG 54 组成的 5 个战斗机大队（约 150 架 Bf 109E）。与以往的先头扫荡不同，这次战斗机们是在轰炸机飞过头顶后才起飞，当突击部队从格里内角向邓杰斯飞去的过程中一路爬升。这么做的目的是让速度较快的战斗机和施塔尔的编队同时越过海岸线，不至于跑到离轰炸机太过遥远的前方。

起初，3 个轰炸机编队以正确的梯形编队向西进发，芬克的道尼尔在最左侧领头，跟在后面在靠右侧的是施塔尔的亨克尔，在最右边殿后的是 KG 3 和 KG 26 的混合编队。3 个编队在邓杰斯同时向右转 50 度，指向格雷夫森德和蒂尔伯里港，组成一个 10 公里宽的方阵于 14 时 10 分越过海岸线。3 支轰炸机编队现在已经按照计划调整好它们的攻击队形：左侧是 KG 2 的道尼尔，中间是 KG 53 的亨克尔，右边是 KG 3 的道尼尔以及跟在它后面的KG 26的亨克尔。KG 3的海因茨·基尔施(Heinz Kirsch)上士描述了他在越过海岸时的心情:“在我们的飞机上寂静无声。无线电保持沉默。保险栓被关上,我们戴上了钢盔,每个人都在搜索自己的区域。看不到敌人的身影。在最近的作战中,我们没有与英国战斗机有过多少接触。在Bf 109的保护下,我们感到很安全。”

此时帕克已经出动了15个中队和一个分队,本土作战的“喷火”和“飓风”显然能够比对手更快返回基地,为下一场战斗做好准备。威洛比·德·布鲁克男爵将第501和第605中队部署到肯利上空,第66和第72中队来到比金山上空,第41和第92中队的“喷火”以及第249和第504中队的“飓风”两两组对集结在霍恩彻奇,霍恩彻奇联队负责掩护希尔内斯(虽然第222和第603中队未能加入联队编队),德布登联队的第17和第257中队飞抵切尔姆斯福德,留下诺索尔特联队的第1(加拿大皇家空军)中队和第229中队留守它们的基地上空作为预备队。来自斯泰普尔福德托尼(Stapleford Tawney)的第46中队奉命巡逻伦敦东区的码头,第73中队的B分队(6架战斗机)被派去梅德斯通上空巡逻,入侵者飞往伦敦可以说肯定要经过那里。5分钟后,第253中队从肯利出动并在基地上空巡逻,包含第213和第607中队的坦米尔联队则起飞巡逻肯利至比金山一线。

帕克派出了183架“喷火”和“飓风”,并向第10和第12大队请求增援。14时15分,布兰德命令第238中队的12架“飓风”到布鲁克兰茨巡逻。利·马洛里则出动他的第12大队联队(47架战斗机),在巴德的指挥下前往霍恩彻奇上空巡逻。

身处作战室内的丘吉尔后来写道:

我开始意识到指挥官的焦虑,他现在静静地站在他下属的椅子后面。到目前为止,我一直在默默地看着。我现在问道:“我们还有什么预备队吗?”“没有了。”帕克少将说道。在他事后写的一份报告中,他说我在这一点上“显得很严肃”。我确实如此。如果我们正在补充燃料的飞机在地面上被“40多架”或“50多架”飞机在后续空袭中逮个正着,我们会遭受怎样的损失!这是绝佳的机会,我们的余地很小,赌注是无限大。

关于预备队的情况确实很严重。在帕克的要求下,第10和第12大队已将紧邻第11大队防区的所有“喷火”和“飓风”中队派往首都。如果德国人现在要发动后续攻击,只剩3个中队可以应对,而且没有一个中队有能力在肯特或首都上空作战。第12大队在科提肖有一个“喷火”中队处于待命状态,第10大队在沃姆韦尔有一个“喷火”中队,在波斯坎比当有一个“飓风”中队。然而,这3个机场离伦敦都有100多英里远,战斗机在接到起飞命令后至少需要半个小时才能到达。所有其他昼间战斗机中队的基地都离首都太远,无法在那里的战斗中发挥任何作用。

C分区指挥部将第41、第92和第222中队的“喷火”组合成一个包含27架战斗机的联队，并指引它们于 14 时 15 分在罗姆尼湿地(Romney Marsh)上空拦截高空护航机。JG 26 第 2 中队长弗里茨·洛西盖特上尉记录道："在我们越过海岸后，英国战斗机从高空以极快的速度袭来。在它们的俯冲过程中一些'喷火'与其他飞机分散开来。油门全开后，我的中队得以赶上它们，我来到了一个攻击位置。我打了一个长点射，看见碎片从那架'喷火'的机翼和机身上剥落。那位飞行员(第 92 中队的鲍勃·霍兰德少尉)滑开座舱盖并从座舱内跳出。快速超过去后，我拉到那架'喷火'的左边，看见他的降落伞打开了。"

■ JG 26 第 2 中队长弗里茨·洛西盖特上尉。

当第 41 中队长唐纳德·芬利(Donald O. Finlay)少校下令攻击护航机时，C 分区指挥部开始引导两对"飓风"中队(第 213 和第 607 以及第 501 和第 605 中队，共计 37 架战斗机)对轰炸机展开拦截，攻击于 14 时 20 分在腾特登(Tenterden)上空开始。无视护航机的存在，詹姆斯·维克(James Vick)少校率领第 607 中队向 KG 3 的道尼尔编队发起大胆的迎面攻击，一架"飓风"与 KG 3 第 5 中队的一架轰炸机迎面相撞，"飓风"飞行员跳伞逃生，德机机组则全部丧命。4 分钟后，第二对"飓风"中队(第 501 和第 605 中队)向皮尔格编队靠右后侧的位置发动攻击，一位第 605 中队的飞行员在座机受损后失去控制，与另一架第 5 中队的 Do 17Z 相撞，两架飞机全部坠毁。还有一架"飓风"被担任侧卫的 ZG 26 第一大队驱逐机击落。

当施塔尔的编队在格雷夫森德附近逼近泰晤士河时，下方的云层明显变厚。通过云朵之间的缝隙观察河流的 3 位编队指挥官将部队转向左侧沿着泰晤士河飞行，但是前方的云层变得更加厚重，这使导航变得更加困难。更糟糕的是，随着他们飞行到查塔姆附近，28 门部署在那里的防空炮展开了猛烈的炮击。KG 3 和 KG 53 各有一架轰炸机被炮火击伤，脱离编队躲入云层中寻求掩护。

德国轰炸机真正的麻烦在前方。与中午一样，帕克现在将他的主力部队集中在伦敦前方。不少于 19 个中队正在赶往主战场(第 1 加拿大、第 17、第 19、第 46、第 66、第 72、第 73、第 229、第 238、第 242、第 249、第 253、第 257、第 302、第 303、第 310、第 504、第 603 和第 611 中队)，总计 185 架"喷火"和"飓风"。

在 C 分区指挥部的引导下，霍恩彻奇上空的第 249 和第 504 中队在皮尔格的编队分别转向皇家维多利亚码头(KG 3 第二大队)和西印度码头(KG 26)时发起攻击。很快，德布登联队、第 46 和第 603 中队的 50 架"飓风"和 13 架"喷火"加入了它们。率领 KG 3 编队的第 5 中队长恩斯特·皮特曼(Ernst Puettmann)上尉的 Do 17Z 被击落，他的两架僚机也因重伤而放弃作战，俯冲躲进下方的云层逃离。自卫火力和护航机击落了两架"飓风"和两架"喷火"，一名飞行员阵亡。

施莫勒·哈尔迪驾驶着 Bf 109 紧紧跟在 KG 26 的亨克尔身边，看着前方的道尼尔被击落却爱莫能助："到处都是降落伞。数架英国战斗机在道尼尔周围嗡嗡作响。我心想'哦，那些可怜的家伙……'但我们无能为力，我们只能待在我们的亨克尔身旁。"几分钟后，施莫勒·哈尔迪和他的战友就开始忙碌起来，因为斯坦福德·塔克少校率领着第 257 中队的 9 架"飓风"向 KG 26 的亨克尔袭来。

由于天气原因无法找到目标，皮尔格的大队选择跟在施塔尔的亨克尔身后，韦希马尔的 KG 26 则朝着正确的方向，经过被乌云遮盖的西印度码头上空，向西汉姆投下 33 吨炸弹(包括 5 枚 SC1000)和约 36 枚燃烧弹。造成布罗姆利煤气厂爆炸起火，破坏了阿普顿公园车站附近的铁路线，摧毁了一个发电站和变电所，还严重损坏了附近的居民区。17 名平民丧生，92 人重伤。

施塔尔率领他的 KG 53 向皇家维多利亚码头前进。从达特福德飞往伦敦的途中，它们遭到了 20 架"喷火"(第 66 和第 72 中队)和 21 架"飓风"(诺索尔特联队)的持续攻击。一架 KG 53 司令部的 He 111H 被击落，坠落在伍尔维奇兵工厂附近，还有两架轰炸机因为战伤放弃作战。剩下的 20 架飞机发现目标被云层遮蔽，大约半数在泰晤士河北岸的市区随意的丢下了约 16.5 吨炸弹。

芬克的左翼编队(42 架 Do 17Z)面对的是来自第 73、第 253 和第 303(波兰)中队的 23 架"飓风"，但是 JG 53 第三大队成功地让它们无法集中攻击轰炸机。其中一名 Bf 109 飞行员科本施拉格(Koppenschlaeger)下士与他的战友们走散了，于是他爬到道尼尔上方的 26000 英尺高度："突然，我看到在我下方，一架'喷火'进入攻击一架 Do 17 的位置，我俯冲进入攻击位置，在短暂的点射后，碎片从那架'喷火'的机翼上剥离。'喷火'燃起了火焰，并且燃烧着垂直俯冲到云层中。"虽然证据并不确凿，但看起来那架"喷火"实际上是第 303 中队此时被击落的一架"飓风"。波兰飞行员安全跳伞。在这一阶段的作战中，波兰中队在梅塞施密特护航机面前受到重挫，还有另一架"飓风"被击毁，以及 5 架飞机受损。

与此同时，第 73 中队成功地对道尼尔编

■ 第 303(波兰)中队的飞行员们。

队实施了迎面攻击。一架轰炸机冒出了一股白烟，并从编队中脱离。维尔纳·基特曼(Werner Kittmann)中尉是那架 Do 17 的导航员。“关于英国战斗机，我所知道的第一件事是看到其中两架向我直冲过来时。我一直在通过我的投弹瞄准器观察，没有时间去拿起我的机枪向它们开火。这次攻击损坏了我们的左侧发动机，它失去了燃油，开始运转不畅。我们脱离编队，转向回家。”

来到萨里商业码头上空后，KG 2 发现云层同样挡住了他们的目标，于是编队向左转弯，没有投弹。对于与这批轰炸机交战的 3 个“飓风”中队来说，这一转向是意外之喜。有一些飞行员在事后的作战报告中声称他们的出现吓坏了德国机组人员，使他们转而离开了首都。事实上，KG 2 的编队几乎完好无损地到达了目标上空，途中只损失了一架飞机。在伦敦的东南郊区几乎没有什么有价值的目标，返航途中，道尼尔们将 30.4 吨炸弹和 20 枚燃烧弹散落在几个地区。唯一具有军事意义的破坏发生在彭格(Penge)东站，炸弹击中了火车站的两个站台，并封锁了通往伦敦市中心的隧道口。

大多数德国轰炸机在轰炸航路上遭到了伦敦防空炮台的猛烈炮击，尽管炮火声此起彼伏，一些英国战斗机依然围绕在轰炸机身边。在德国机组人员看来，这是敌人不惜一切代价保卫首都的又一个证据。德国空军关于这一阶段战斗的官方报告后来评论道：“(敌人的)战斗机无视高射炮火，单独或成对地发起攻击……”英国方面的说辞则相当不同。按照规定的程序，当战斗机飞行员冲入发起攻击时，他们希望炮手能立即停止射击。但这并没有发生，事后飞行员们对此怨声载道。例如，第 603 中队的麦克纳马拉(B. MacNamara)中尉在他的官方报告中陈述：“在整个攻击过程中，我被猛烈的防空火力所困扰，尽管我已经开始攻击敌人，但炮击并没有停止，炮弹不断地在我的飞机附近爆炸。”后来，违规的防空炮台受到了严厉的训斥。

当轰炸机开始投弹时，巴德的第 12 大队联队从北方赶来。由于利·马洛里的起飞命令下得太晚，这 27 架“飓风”和 20 架“喷火”还在向南爬升中，现在飞行员们将为这一错误付出代价。5 个英国战斗机中队在刚来到伦敦上空后就马上遭到来自上方 Bf 109 的攻击。后者隶属于加兰德的 JG 26，47 架蜂拥而来的皇家空军战机不可能被看漏，约 30 架 JG 26 联队司令部和第二大队的“埃米尔”战机调头应战。

巴德立刻下令 3 个“飓风”中队散开迎击敌军战斗机，“喷火”则反常规的试图靠近轰炸机。加兰德报告他先是“与大约 8 架‘飓风’展开了一场 10 分钟的无果战斗，其间损失了很多高度”。这时他看见下方的第 310 (捷克)中队正以紧密的编队飞行着。

> 我带着司令部小队从它们上方约 800 米处俯冲下去，以高速接近并向尾部小队的最左侧飞机开火，持续射击直到靠近距离。最终，大块的金属碎片从“飓风”身上脱落。当

我越过这架飞机，我发现自己来到了组成梯形编队的敌军中队中央。我马上攻击领飞三机小队的右侧飞机。全属板再次破裂，那架飞机机鼻朝下，燃烧着向东俯冲下去。其余的英国飞行员都吓坏了，没有人试图来到我的身后，整个编队四散而逃。

加兰德击落了约瑟夫·胡巴切克(Josef Hubacek)中士，他的僚机瓦尔特·霍尔滕中尉击落了亚历山大·海斯(Alexander Hess)少校。两位飞行员都跳伞逃生。与此同时，JG 26第二大队与第19中队交战并击落两架"喷火"，两架飞机完成迫降，其中一架报废。JG 26没有损失。第12大队联队未能如预想中那样对轰炸机编队实施集中攻击。但是，由于它的存在，联队吸引了德国空军几支自由猎杀巡逻队的注意力，使得其他英国中队更容易接近轰炸机。

当空袭部队转向离开伦敦的同时，那些脱离编队的轰炸机在肯特郡上空的云层中与防御者玩起了致命的捉迷藏游戏。维尔纳·基特曼在他那架只剩一台发动机的道尼尔上向东飞去，试图避开所有人的视线。"在云层中，我们可以安全地躲开战斗机。我们以为可以偷偷地回家。但当我们继续向东南方向前进时，来到了一片晴朗的天空。我们位于大约2000米高度。然后高射炮火开始在我们身后引爆，而且爆炸声越来越近。"

这架飞机来到了查塔姆防空区高射炮的射程内，道尼尔的驾驶舱里乱作一团。"突然，飞行员喊道'我坚持不下去了!'"基特曼回忆道，飞机的升降舵失效了。4名德国机组人员全部跳伞逃生，基特曼落在了某人的后花园里。坐在地上解开伞具时，他抬头看到一个平民拿着猎枪站在他身边。"他是个老人，非常紧张。他用枪指着我，我以为他要对我开枪。他问我是不是德国人。我不懂英语，但我能理解他的意思，于是回答说

■ 驾驶一架受损的飞机越过冰冷的英吉利海峡是一种可怕的折磨，许多德国空军的机组人员经历了不止一次。图中这架Ju 88在降落时右侧的发动机是停转的。

‘是’。然后，感谢上帝，三四名士兵跑过来，把我俘虏了。”

一旦脱离了云层的保护，单飞的轰炸机在拦截机面前几乎没有生还的可能。空袭途中在查塔姆防空区被击伤脱离编队的另外两架轰炸机(KG 3 和 KG 53 各一架)最终也未能幸免于难，它们都在被英国战斗机发现后不久即遭击落。除此以外，撤退途中还有另外两架 Do 17 和 5 架 He 111 因为战伤离开编队的保护，继而被追击的战斗机击落。所有的轰炸机编队中仅有 KG 26 的损失最轻微，在护航机的尽职保护下，绝大多数英国战斗机未能接近这个编队，只有一架掉队的飞机被击落。

除了轰炸机以外，还有几架德国战斗机也在艰难的返航中。来自 LG 2 第一(战斗机)大队的赫尔曼·施特赖宾(Hermann Streibing)下士在伦敦附近与英国战斗机发生交战，他的 Bf 109 机翼受损。施特赖宾退出战斗向东飞去，但是不久之后，他又遭到了两架英国战斗机的攻击，飞机再次被击中。施特赖宾潜入云层，甩掉了他的追兵，但在接近地面时，他发现飞机的散热器被击中，正在泄漏乙二醇。发动机过热了，随时都有可能发生故障。施特赖宾决定跳伞，他重重地落在了一座房子的屋顶上，降落伞卡在一个烟囱上，被撞成脑震荡的德国飞行员一直吊在一面墙上直到被英军俘获。

在肯特郡中部地区，由莫尔德斯率领的约 50 架负责掩护撤退行动的 Bf 109 终于赶来接应疲惫不堪的空袭部队，它们都拥有充足的燃料和弹药储备。在这个阶段，最后 3 支英国战斗机中队投入行动：第 238、第 602 和第 609 中队，共计 37 架“喷火”和“飓风”战斗机。第 238 中队的“飓风”首先迎敌，向 KG 53的亨克尔以及它们的护航机发起攻击。然后，两个“喷火”中队攻击了 KG 2 的道尼尔并在轰炸机离开海岸时击落了两架飞机。德国护航机的反击成功击落了一架“飓风”，飞行员跳伞逃生。

一旦轰炸机越过海岸线，战斗很快就平息下来。皇家空军飞行员接到的命令是不要在远离英国海岸的地方追击敌机，因为对于任何被迫坠落在英吉利海峡中的人来说，获救的机会都很渺茫。然而，第 19 中队的一架“喷火”似乎无视这一禁令。它一直飞到了法国海岸上空并被 Bf 109 击落，飞行员被德国救援部门救起并关押。

尽管有大面积的云层遮挡，而且第 12 大队联队的出击也被延误。但总的来说，英国战斗机指挥官们出色的完成了他们的任务。在中午的作战中，23 个出击的战斗机中队中仅有一个未与敌机接触。在下午的作战中，有 28 个“喷火”和“飓风”中队被派上战场，所有战斗机都投入作战。

入侵者在伦敦东部和东南部多处投下超过 110 吨炸弹和 108 枚燃烧弹。对民用设施和住宅区的破坏十分严重，但是没有任何战略或军事价值。德国空军为此付出的代价是 21 架轰炸机和至少 12 架战斗机。皇家空军损失了 15 架战斗机，另有 21 架受损，虽然损失不小，但是可以接受。

很明显战斗机司令部远未被击败。

下午，在远离主战场的地方，双方还进行了一些无关大局的小规模战斗。14 时 23 分，就在帕克已经派出他的最后一架战斗机迎击逼近伦敦的空袭部队时，27 架 KG 55 的 He 111 开始从位于巴黎附近的基地起飞。完成空中组队后，除一架轰炸机因机械故障返航外，其余飞机全部朝西北方向稳步爬升。这批轰炸机的任务是在没有战斗机护航的情况下，攻击位于波特兰的皇家海军基地。它们的踪影于 15 时 05 分出现在英国雷达站的屏幕上。但雷达操作员低估了敌机的数量，认为仅有“6 架以上”飞机。第 10 大队的战斗机指挥官因此没有认真对待这个新的威胁。故而这批轰炸机能够在 15 时 30 分到达波特兰，并在没有被拦截的情况下实施轰炸。考虑到海军基地的防空力量只有一门陈旧的 3 英寸高射炮，而目标上空又是晴空万里，这次空袭取得的成果非常少。海军基地内的建筑物仅受到轻微破坏，两人死亡，14 人受伤。

直到亨克尔们快要实施轰炸的时候，第 152 中队的 6 架“喷火”才奉命拦截这批敌机。在战斗机追上它们之前，德国飞机已经完成了攻击并转向国内。“喷火”们分成两个三机小队，奥布莱恩(O’Brien)少尉带领他的小队对付落在编队后面的一架 He 111。战斗机们对轰炸机进行了五轮扫射，造成严重的破坏，并使它的一台发动机燃烧起来。轰炸机头朝下坠入海中。只有一名机组人员获救。

埃里克·马尔斯(Eric Marrs)少尉带领他的小队首先攻击编队左后方的亨克尔，然后攻击了右后方的轰炸机。海因里希·斯内德尔(Heinrich Snedel)下士是后一架轰炸机的无线电员和中央上层机枪手。“3 架战斗机挑中我们实施攻击。两架从上方飞来，航空机械师和我用我们的机枪与他们交战。他们逼近到大约 100 米处，然后脱离；他们的射击相对来说是无效的。第三架战斗机从下面攻击我们，那是我们防御最薄弱的地方。他接近到近距离并开火，造成大量命中。”从下方发动攻击的正是马尔斯，他的子弹打死了一名德国机枪手，并伤了另一名，还损坏了亨克尔的一台发动机。

当马尔斯完成他的攻击时，轰炸机已经在远离海岸线的海面上空了。马尔斯没有选择继续追击，而是命令“喷火”战斗机中断行动，返回基地。斯内德尔的飞行员用仅剩的一台发动机越过了英吉利海峡，并在瑟堡附近的一条跑道上完成了降落。

17 时 25 分，新的威胁向英国逼近。雷达站估计敌机数量在“35 架以上”。事实上，这支部队只有 13 架飞机，由 10 架 Bf 110 和 3 架 Bf 109 组成，全部来自 ErprGr 210。这些飞机都携带了炸弹，它们的目标是位于南安普顿的超级航海工厂。

第 10 大队司令部的战斗机指挥官召集了 3 个战斗机中队来应对这一威胁，第 11 大队的指挥官又派出了另外 4 个战斗机中队。但战斗轰炸机的高速逼近让防御者措手不及，它们再次在不被拦截的情况下来到目标上空。随后，战斗轰炸机以 45 度角的浅俯冲依次投下炸弹。尽管它们的攻击方式相当娴熟，但德国飞行员未能在建筑群中找到他们的目标，超级航海工厂躲过一劫。炸弹主要落在工厂以东几百码外的居民区，拆毁了几座房屋，造成9人死亡，10人重伤，23人轻伤。其他炸弹落在桑尼克罗夫特船厂和伍尔斯顿的铁轨及车站附近。

当战斗轰炸机离开目标时，第607中队的“飓风”拦截了它们，并声称击落了两架“Do 17”。把Bf 110误认成Do 17是可以理解的，但从德军的记录上可以看出，ErprGr 210当天没有损失任何飞机。

第25中队在18时20分损失了一架英俊战士，机组人员全部丧生，但是坠机原因不明。当天JG 53第三大队的赫尔曼·诺伊霍夫(Hermann Neuhoff)上士声称击落一架“布伦海姆”。皇家空军并没有布伦海姆的损失，但德国飞行员很可能是将那架英俊战士误认成布伦海姆。

当晚的日落时间是19时12分。黄昏时分，皇家空军的昼间战斗机最后一次出动，肯·吉利斯(Ken Gillies)上尉率领第66中队的3架“喷火”拦截一架前来骚扰的He 111轰炸机。根据德方的记录，这架隶属于KG 1的亨克尔损毁严重，迫降在索姆河畔圣瓦莱里(St Valery-sur-Somme)附近后因无法修复而报废，3名机组人员受伤。

9月15日的昼间战斗全部结束了，虽然德国空军轰炸机在当晚照常出动轰炸伦敦，但这部分的战斗无关大局，因而不值一提。德国空军在这24小时内共出动约1261架次，其中轰炸机437架次，单发战斗机769架次，双发战斗机约40架次，侦察机约15架次，219架次作战发生在夜间。损失的56架飞机全部发生在白天的战斗中，81名机组人员丧生或失踪，63人被俘，31人负伤。

皇家空军战斗机司令部在9月15日出动797架次，其中705架次发生在白天。8架“喷火”(4%)和20架“飓风”(6%)在战斗中被击毁，其中13架被德军战斗机击落，6架被轰炸机自卫火力击落，其余9架原因不明。12名战斗机飞行员阵亡，另有12人负伤，一人被俘。皇家空军每伤亡一人，德国空军就要付出7名机组人员阵亡、失踪、被俘或受伤的代价。

轰炸机是英国战斗机的主要目标。在中午的战斗中，KG 76的25架Do 17攻击了伦敦，其中6架(24%)被击落。下午越过英国海岸的114架德国轰炸机中，有21架(18%)被击落。正如在大规模的空中战斗中所常见的那样，各参战编队的损失差异很大。损失最严重的是KG 3的19架道尼尔，共有6架飞机损毁(32%)。KG 26的27架He 111得到

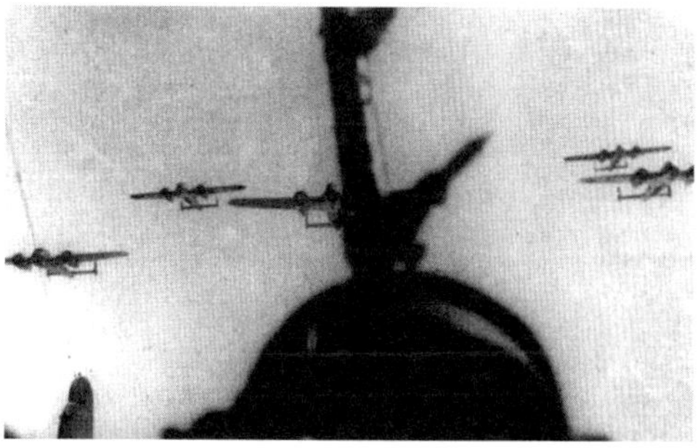

■ 道尼尔轰炸机无线电员的后方视角，紧密编队是遭到战斗机攻击时的最佳防御措施，随着空战强度的提升，每架Do 17Z上会携带多达八挺防御机枪。

了有力的保护，只损失了一架飞机(4%)，是所有编队中战损率最低的。

尽管已经是损失最小的轰炸机编队，但KG 26的He 111飞行员罗德里希·塞斯科蒂少尉这样评价当天的战斗：

我认为9月15日的战斗是最激烈的。我参加的其他战斗没有哪一次给人留下如此深刻的印象。我们被皇家空军那天能够部署的战斗机数量和飞行员们的决心所震撼。很明显，我们很可能比敌人更早崩溃。

KG 3的Do 17Z飞行员霍尔斯特·舒尔茨上士笔下的内容更能反映一线轰炸机飞行员的心声：

当我们回来时，大家都同意这是可怕的一天，但没有进行太多讨论。起初我们很感激自己能活下来，我们受到的震撼太大，无法继续思考了。直到第二天，我们遭受三分之一损失的严重性才显现。我们意识到，如果再有这样的任务，我们的生还率几乎为零。

虽然声称摧毁了51架“喷火”和26架“飓风”，但即使是一向乐观积极的德国空军最高司令部每日战局报告也是用阴沉、近乎失败主义的语调写成的，它指出：

(敌军)战斗机以一定的数量(最多达80架飞机)组成编队出现在目标上空。战斗机们无视防空火力，单独或成对的猛烈攻击，从目标上空一直追击到海峡中部，有的甚至追到了法国海岸。

战后很多书籍在写到这一天时称德国空军的士气在这之后大幅低落。诚然，德国空军自8月18日之后再也没有损失过如此多的飞机，精神上受到的冲击显而易见。然而这一失败对德军士气的影响是否真如那些书本所提到的那样大呢？为了虚幻的海狮行动能够顺利实施，德国空军在8月及9月初这一段时间里的行动强度十分巨大，激烈的战斗导致飞行员们在生理和心理上均高度紧张。因此没有直接的证据表明德军士气的下降是9月15日一天战斗后的结果，在那之前很多飞行员就已经意识到这一次的战斗不再会像入侵波兰和西欧各国时那么轻松了。事实上各空军部队的士气此后仍然得以保持在较高的水平，但是德国飞行员们对元首的信任和取得最终胜利的信心已经受到了无可挽回的打击。

很明显，入侵所需的制空权无法得到保证。第二天，施密德向戈林汇报了这一令人失望的战况。离开前线之前，这位空军总司令将消息转达给了他的元首。

第二天，从空军气象部门那里获知接下来一周天气不佳后，希特勒将海狮行动无限期推迟。预计英格兰南部和英吉利海峡上空将出现大面积的厚重云层，且云底较低，能见度有限。阴云密布的天气将使德军完全无法在穿越广阔的水域时利用月亮进行照明和导航，因此这场规模巨大的作战风险极大。

光线减弱和夜间能见度降低意味着运输船们可能看不见彼此，并且失去组织度。如果没有月亮可供导航，运输队的指挥官将不得不通过航位推算来穿越英吉利海峡，从而使登陆位置的精确度成为未知数。因此，即使没有皇家海军的干涉，想要有组织地到达计划中登陆海滩的机会也是微乎其微的。

这样的天气还使斯图卡和 Ju 88A 无法执行反舰作战。德国空军海上作战的能力将失去用武之地，无法打击皇家海军的水面舰艇部队。同样的，He 111 也无法执行切断交通线的作战，即轰炸火车站、调车场和其他交通枢纽。这就让英国陆军可以相对自由地调动到东南部的海滩附近作战。Do 17Z 也会因低压的云层和有限的能见度从而无法实施战场支援行动。

在之前 5 周的战斗中，凯塞林成功地将帕克的防线从 8 月中旬的霍金奇至曼斯顿逼退到内陆的梅德斯通至坎特伯雷一线，逼得战斗机司令部从霍金奇、曼斯顿和林姆尼撤走作战中队，并在帕克于 8 月 19 日禁止海上拦截作战后在英吉利海峡确立了制空权。虽然没有摧毁战斗机司令部，德国空军战斗机部队一直保持着有利的交换比，这意味着 Bf 109E会继续在天气允许的条件下统治战场。但是，战斗机部队无法在如此糟糕的天气状况下提供战场掩护。

因此，希特勒的结论是综合考虑多种因素得出的，而不仅仅是德国空军未能摧毁英国皇家空军战斗机司令部。在这一决定做出后，从德国空军的角度来看，作为一场进攻性的空中战役，不列颠之战结束了。

在战役期间的最后一次大规模较量落幕后的第二天上午，《泰晤士报》报道说："周日在伦敦及东南部上空击落了 175 架入侵敌机。"第二天，一家皇家空军的出版社将数字

■ 一架 JG 27 第 2 中队的 Bf 109E-1 被放置在伦敦街头展示，这架飞机在 1940 年 9 月 15 日的战斗中被击落。

修改为 185 架，战斗机击落 178 架，防空炮击落 7 架。

公布这一错误的数字不仅是为了鼓舞皇家空军的士气，还在一定程度上减轻了英国公众日益增加的沮丧、不满和担忧情绪，宣传的效果因为随后希特勒取消入侵而得到强化，此后英国每年都会在 9 月 15 日庆祝“不列颠空战之日”。

事实上，对于长期疲劳的英国皇家空军战斗机飞行员和极度沮丧的德国空军机组人员来说，这只是一系列令人疲惫不堪的日常战斗中的又一个受难日。战役仍在继续，但是转变为了另一种形式。

第十章　败局已定：9月16日至12月31日

9月16日至9月23日：鹰击作战的终结

9月16日，戈林的德国空军最高司令部机动专列驶入布洛涅火车站。第二天，帝国元帅主持了他的最后一场鹰击行动作战会议。对9月15日的作战结果倍感沮丧的他预言道："四五天的惨重损失就应该能干掉他(皇家空军)。"

格劳尔特、洛泽尔和他们的轰炸机联队指挥官对15日的轰炸机编队全部遭遇大量拦截机的事实感到气馁。损失极为高昂，所得却不值一提。

在随后的讨论中，第1战斗机指挥部的奥斯特坎普分享了战斗机飞行员与帕克的双中队和利·马洛里的第12大队联队的作战报告："英国人已经采用了新战术。他们现在动用强大的战斗机编队发起大规模攻击……昨天这些新战术让我们大吃一惊。"

不愿意接受奥斯特坎普异议的戈林催促他的指挥官们继续实施对伦敦的空袭，他愚蠢的坚称道："那正是我们想要的！如果他们成群地向我们冲过来，我们就成群地击落他们！"

戈林坚决不承认德国已经输掉了不列颠之战，但是他不得不承认以现有的作战形式付出的代价已经太大了。希特勒之前已经因为白天的轰炸行动失败而指责了戈林，在元首的压力下他再一次将责任丢给了战斗机部队。戈林批评战斗机飞行员们没有尽到保护轰炸机的责任，并称他们的战果中充斥了太多的水分，否则皇家空军此时应该只有不到200架战斗机用来保卫英国了(到了9月，英国皇家空军依然拥有729架战斗机)。这些指责让年轻的战斗机部队指挥官们有苦难言，之前的数周里他们已经拼尽了全力去战斗，各大队遭受的损失也是巨大的。现在戈林下令战斗机不得远离轰炸机，必须始终保持贴身掩护，这就进一步扼杀了战斗机飞行员的主动攻击性。

不愿意接受失败的戈林命令他的指挥官们继续对伦敦(第2航空队)和英国航空工业目标(第3航空队)展开轰炸。把后者选为目标是他意识到：“英国人利用喘息之机(由于天气恶劣)加强他们的战斗机部队，飞行员们从航校加入部队，新的装备从他们的工厂运来，包括那些甚至没有被喷涂的飞机。这样，敌空军得到了极大的增强。”在德国空军最高司令部于9月1日下发到航空队司令部的航空工业目标中，施佩勒的责任区内的超级航海“喷火”工厂、布里斯托尔飞机和航空发动机厂、韦斯特兰飞机厂被选中为优先目标。

同时，凯塞林要继续攻击伦敦城内具有军事价值的目标：铁路、发电站和煤气厂等。每次派出的轰炸机数量仅限于一个Ju 88大队，担任护航的战斗机数量必须足够多。大量的Do 17和He 111轰炸机只被允许在天气绝佳的情况下出动。戈林妄图“单独依靠德国空军打击士气和经济来让英格兰妥协”。虽然对此不抱太大期望，希特勒也不想要解除英国政府和民众的压力，所以他命令戈林继续对英国发动攻击。

德国空军最高司令部战局报告指出日益恶化的天气使空军在接下来两天只能发动骚扰性空袭，所有的轰炸行动都是依靠航位推算法完成的。9月17日下午，JG 26第三大队、JG 27和JG 53第三大队的战斗机飞行员在英格兰南部上空进行了一次自由猎杀式的扫荡。JG 27第一大队在盖特威克(Gatwick)附近攻击了第607中队，大队长爱德华·纽曼上尉击落了两架“飓风”战斗机，JG 26第8中队的王牌飞行员古斯塔夫·斯普利克(Gustav Sprick)少尉则在格雷夫森德附近击落了第1中队的一架“飓风”。

当JG 53第三大队在查塔姆上空8000米处攻击第41中队的“喷火”时，战斗没有那么简单了。在最初的攻击中，德国人成功地击落了两架“喷火”，但随后第41中队的高空掩护分队也加入了游戏。英国人的报告中写道：“后卫飞行员转身攻击了一个由7架Me 109组成的编队，这些飞机立即转身返航，秩序非常混乱，其中两架敌机相撞后坠毁。”JG 53第9中队损失了3架Bf 109。在其中一架飞机内，该中队的队长雅各布·斯托尔(Jacob Stoll)中尉阵亡。斯托尔的损失对于JG 53第三大队来说打击相当严重，因为他是该大队的头号王牌，取得了13次空战胜利。

受创的德国编队返航时，在阿什福德附近遭到了一架孤独的“飓风”攻击。这架飞机由第501中队的詹姆斯·哈里·莱西(James Harry Lacey)中士驾驶，他拥有18次空战胜利，这一次他的攻击有点太过鲁莽。德国人挡住了他的进攻，JG 53第三大队长沃尔夫·迪特里希·维尔克上尉来到莱西的“飓风”身后并点燃了这架飞机。莱西从燃烧的“飓风”中跳出并拉开降落伞的绳索，这是他在不到3周内第3次被击落，也成就了维尔克的第9次空战胜利。

飞行员们越来越感到精神疲惫。赫尔曼·诺伊霍夫上士描述了当时JG 53第三大队的几名飞行员的状况：“我们彻底筋疲力尽。这不是普通的疲劳，而是过度紧张的结果。我看到飞行员们走到指挥所，点燃一支烟，吸两口，扔掉，再拿起另一支烟，吸两口，扔掉，再拿起新的……完全心不在焉，因为他们的神经已经崩溃了!”第二天，诺伊霍夫取得了他在不列颠之战中的最后一次胜利。此后不久，他的大队长维尔克上尉就让诺伊霍夫去“强制休假”。

当云层在9月18日散开后，戴希曼组织了一场对多个主要港口的攻击。12架来自KG 53第一大队的He 111于12时50分向查塔姆皇家码头丢下16.5吨炸弹，34架LG 2第二(对地攻击)大队的战斗轰炸机在16时10分朝维多利亚港燃料库投下6吨炸弹，KG 77第三大队的18架Ju 88A则在16时40分以25吨炸弹攻击了蒂尔伯里港。

这一系列小规模空袭未能对任何一处目标造成较大破坏。“一个海军部油罐(位于维多利亚港)被击中，但是火势迅速得到控制。”查塔姆皇家码头完全未被命中，炸弹落在了吉林汉姆(Gillingham)及其附近。在蒂尔伯里，所有炸弹都落在了城镇中央附近，没有一枚击中了码头。

根据德国空军最高司令部战局报告：“遇到了强大的战斗机防御。(敌军战斗机)攻击以紧密的编队实施并靠近到极近的距离。”激烈的战斗机格斗中，德国战斗机飞行员击落5架“喷火”和7架“飓风”(阵亡负伤各3人)，损失7架“埃米尔”。最严重的是，由于高空天气不佳，JG 54的护航机“在云层中搞丢了(KG 77的)轰炸机”。马克思·克勒斯(Max Kless)少校的KG 77第三大队在换装Ju 88A后执行首次作战任务，结果在没有护航机的情况下遭到8个皇家空军中队的夹击，损失9架轰炸机，相当于编队总数的一半，包括大队长克勒斯在内的36名机组人员阵亡。

这架Ju 88A-1据信属于KG 77第6中队，在9月24日对伦敦的空袭中被击伤，机组成员顺利地越过海峡并迫降在圣奥梅尔。

回到法国后，德国战斗机飞行员们难以解释他们是如何与轰炸机失联的，这样灾难性的结果导致有关的战斗机指挥官在第二天被传唤到第2战斗机指挥部总部，凯塞林元帅和KG 77的联队长约翰·赖特尔中校在那里等着他们。汉斯·特劳夫特回忆道：“我们收到了一片骂声。凯塞林现在要求我们在执行近距离护航任务时要更加靠近轰炸机。”

来自JG 54第三大队的马克思·赫尔穆特·奥斯特曼少尉写道：“现在我们开始感受到在英国上空执行任务所造成的神经紧张的影响。自战役开始以来，第一次听到飞行员们说，他们期待着被解放并被派往一个更平静的区域。比起我们自身的损失，轰炸机的损失更让人情绪低落。”

接下来的一个星期，阴沉潮湿的秋季天

气又来了，这证明气象学家的预测是正确的。9月19日至26日，凯塞林对伦敦的昼间攻击仅限于LG 2第二(对地攻击)大队Bf 109E-7战斗轰炸机的高空突袭(共22架次)和单机骚扰性空袭(32架次轰炸机)。虽然轰炸作战受到了天气的严重影响，德国空军的战斗机部队在这段时间里却没有闲下来。他们抓住一切机会成群地来到英国上空，或掩护小规模轰炸机编队，或进行自由猎杀，试图尽可能地削弱皇家空军的战斗力。

9月20日，在经历了昨日一整天的暴雨和狂风之后，德国战斗机部队在英格兰南部展开了一场大规模的战斗机扫荡。帕克最初认为这是对伦敦进行新一轮大规模空袭的先兆，并命令15个中队起飞。但是当观察团报告他们从云层的缝隙中仅能看到Bf 109后，皇家空军飞行员被召回了基地。后者刚刚降到低空，来自LG 2第二(对地攻击)大队的22架战斗轰炸机来到伦敦上空，并透过云层投下了携带的250公斤炸弹。帕克再次更改了对空中战斗机飞行员的指令，现在他们必须回头以明显更低的飞行高度拦截这些德国的"轰炸机"。

这给了德国战斗机老兵们最好的机会来提升自己的成绩，加兰德少校发现一个"喷火"中队正以呆板的战前密集编队出现在身下。他在"喷火"们转弯离开时全速俯冲，向领飞的V字小队中的右侧飞机开火并俯冲穿过编队，没有一个英国飞行员来得及反应。这架"喷火"在罗切斯特附近坠毁，其飞行员丧生。在伦敦南部，JG 26第一大队和JG 27第三大队攻击了一个"飓风"编队并击落3架飞机。

莫尔德斯少校在飞往英吉利海峡的途中，突然听到他的僚机格奥尔格·克劳斯中尉在无线电中呼叫："在我们身后左侧下方，5架'喷火'！"那是第92中队的编队，当毫无防备的"喷火"飞行员向左转的时候，莫尔德斯和克劳斯俯冲并将自己置于他们编队的后方。莫尔德斯一直接近到相当近的距离，然后以一阵短促的射击将一架燃烧着的"喷火"送入大海，随后他又闪电般地转向下一架"喷火"。那架飞机的飞行员还没有意识到危险，莫尔德斯的机炮就将他的飞机撕成了碎片。随着这两架飞机的先后落水(飞行员都没有生还)，莫尔德斯少校成为在二战中第一位取得40次空战胜利的战斗机飞行员。当天晚上，莫尔德斯被召唤到希特勒的总部，并在那里接受了橡叶骑士十字勋章，他是继纳尔维克的征服者爱德华·迪特尔将军后德国第二位获此殊荣的人。

在这场大规模战斗机扫荡中，德军仅损失了两架Bf 109。

9月21日，厚重的乌云再次低垂在英吉利海峡上空，使德国空军无法在英国上空展开任何重大行动。当天气在傍晚时分稍有好转时，第2航空队进行了一次与前一天类似的战斗机扫荡。共有175架Bf 109战斗机来到英吉利海峡上空。帕克命令出动20个中队，但大多数人在得知这些只是Bf 109后就撤走了。对德国人来说唯一积极的结果是加兰德少校取得了第38次空战胜利，那架受伤的“喷火”后来迫降在了曼斯顿。

9月23日，400多架德国战斗机再次来到英国上空。战斗机司令部派出了14个中队迎敌，这次空中管制员指挥着第92中队来到尽可能高的高度，从那里扑向在高空飞行的Bf 109机群。第92中队成功击落了两架Bf 109，两位属于JG 26第三大队的飞行员成为英国人的俘虏。随后，第41中队的“喷火”发起攻击，击落了LG 2第一(战斗机)大队的3架Bf 109，自身没有任何损失。其中一架梅塞施密特飞机由汉斯·约阿希姆·马尔塞尤驾驶，他在寒冷的海水中浸泡了20分钟后被一架He 59救起。

一群由3个“飓风”中队组成的机群没有获得必要的飞行高度，结果在12000英尺高度遭到了JG 26的惩罚。阿道夫·加兰德率领他的联队朝“飓风”俯冲下去，在一分钟内击落了两架敌机，这是他的第38和第39次空战胜利。加兰德描述了这场战斗：“我从后面发起进攻，在上方800米高的位置。我以几乎是极限高速接近最左边的三机编队，向其中一架英国飞机开火，直到我几乎与他相撞。大块的金属碎片从‘飓风’上飞了下来。当我拉起控制杆，从他上方呼啸而过时，我发现自己正位于敌军编队的中间。我立即对右边的领飞三机编队发起侧向攻击，它几乎就在我上面。大片的金属板再次从‘飓风’上脱落，它燃烧着坠落。所有其他‘飓风’飞行员都非常惊讶和恐惧，没有一个人围过来从后面攻击我。相反，所有人都分散开来俯冲逃窜。两名飞行员在下面500米处打开了他们的降落伞。”

加兰德攻击的是第73中队，在随后的战斗中，JG 26第二大队的飞行员报告击落了5架皇家空军战斗机，第73中队又损失了另外两架飞机，两名飞行员都被严重烧伤。同行的第257中队也受到了加兰德的飞行员们的打击，一架“飓风”被击落。

从泰晤士河口一直到法国海岸，两位老兵展开了激烈的战斗。德国方面是JG 3第三大队长威廉·巴尔塔萨上尉，法国战役中最成功的德国飞行员。英国方面是特伦斯·凯恩(Terence Kane)少尉，他从1938年7月起就在皇家空军服役，现在驾驶着第234中队的“喷火”战斗机。当巴尔塔萨在泰晤士河口上空击落一架“喷火”时，他们发生了冲突。巴尔塔萨事后说道：

在伦敦上空，我的小队遇到了一个英国编队，大约有60架战斗机。我对一架“喷火”发起迎面攻击。敌机的曳光弹飞过我的座舱盖，但那个英国佬燃烧着旋转落下。也许他已经丧失了勇气。现在一场疯狂的格斗战开始了。最好是离开。突然有4架“喷火”在我身后。我在18000米高空，把操纵杆向前推，全速俯冲，在地面高度拉起，机翼都在颤动。没有一架英国战斗机能跟上我的疯狂俯冲。我向身后看。该死的！又有两架“喷火”跟在我后面。简直让人喘不过气来。我逃生的机会仰赖于我的低空飞行能力，在房屋和树木周围朝着海峡进行超低空飞行。没有用，其中一架一直在那里，我无法甩掉它。他就在我身后一百米处。然后我们来到多佛上空。我想：当我在海浪上空飞行时他不可能跟上我，但那架“喷火”还是跟在后面。当飞行员开火时，我左右摇摆，子弹在我面前的水面上飞溅。我眨了眨眼，将眼睛里的汗水挤了出来。现在法国海岸就在眼前。我的燃料越来越少。我不停地眯着眼睛看后面，以免错过他脱离的那一刻。等等，我的朋友，我想，你必须赶快回去，然后我将成为猎手。格里内角在前面隐约可见，我在它上方一米高处掠过。突然，汤米陡然拉升并放慢了速度……我立刻调转我的 Me 109，急转弯陡爬升直奔他而去，引擎发出呼啸声。我从近距离开火射击，几乎撞上了他，那架“喷火”直接坠入海中。他飞得很好！

凯恩少尉被德国人从海中捞起，作为战俘度过了战争的剩余岁月。德国空军削弱战斗机司令部的企图也让他们自己伤筋动骨。当 JG 54 第一大队来掩护第一批 Bf 109 返回英吉利海峡时，双方各有 11 架战斗机被击落。这是 JG 54 第一大队从海峡前线撤出前的最后一次作战，但它并未迎来一个光彩的结局。其第 3 中队被 20 至 30 架“喷火”突袭，赫尔穆特·克尼普舍尔（Helmut Knippscher）上士被击落，跳伞逃生后成为英军的俘虏。第 3 中队以 17 名飞行员开始了对英作战。从那时起，他们中的 15 人已经死亡、失踪、被俘或受伤。

4 天后，JG 54 第一大队撤回德国本土城市耶弗尔，在那里它接受德意志湾战斗机指挥部长官卡尔-奥古斯特·舒马赫（Carl-August Schumacher）上校的指挥。整场不列颠战役期间，虽然双方都将重点放在英格兰南部上空，但是皇家空军轰炸机司令部一直没有放弃对德国占领区港口和机场等目标发起反击。现在，JG 54 第一大队的职责转变为防御丹麦至荷兰的沿海地区。JG 54 第 3 中队长汉斯·施穆勒·哈尔迪中尉回忆道：

在 6 周的时间里，中队失去了除我本人和队副以外的所有飞行员。我们在法国战役开始时拥有 12 位飞行员，然而最近几次作战只有两三位飞行员能飞行。现在我只剩下基青格（Kitzinger）少尉和克尼普舍尔（Knippscheer）上士了，在最后一次作战中，克尼普舍尔被击落了。后来，基青格和我转移到了耶弗尔。基地指挥官，一位中校迎接我并让我带我的中队进来。我指向站在门口的基青格少尉说：“这就是我的中队！”

虽然对伦敦的大规模空袭因为天气原因陷入停滞，但在战场的西面，施佩勒正摩拳擦掌，准备对英国的航空工业发起新一轮打击。

9 月 24 日至 9 月 26 日：对英国航空工业的攻击

9 月 24 日清晨，当赖特尔中校的 KG 77 出发前往伦敦时，机组人员已经得到了战斗机部队指挥官的保证，绝对不会再重复 6 天前的错误了。当汉斯·特劳夫特少校在9时05分率领他的JG 54起飞时，他知道战斗机部队的荣誉受到了威胁。来自JG 2、JG 26、JG 54、JG 77第一大队和LG 2第一(战斗机)大队的近200架Bf 109负责保护轰炸机的安全。

帕克出动了11个中队，但其中只有3个中队在大雾中找到了德国飞机。他们设法击伤了3架Ju 88，然后就被德国护航战斗机赶走，后者击落了3架英国飞机。当第17中队一架"飓风"燃烧着坠落时，加兰德少校成为第二位收获40次空战胜利的飞行员，他对这次战斗做了这样的描述：

我们在伦敦执行轰炸机护航任务，我敏锐地朝各个方向寻找英国战斗机，但在返航时才看到了一些。在绍森德附近，"喷火"和几架"飓风"以密集的队形接近。他们大约有30架，比我们高几百米，但他们似乎有另一个目标。我呼叫我的僚机并发出指令。然后我陡然向英机拉起，我的僚机掩护我的两侧。在下一刻，英国人的编队就被打破了。我选择了一架比其他飞机飞得略高的"飓风"。我一边爬升一边从后面逼近，并从60米处打出两个短点射。一团大火从"飓风"中喷涌而出，它短暂地向前飞行了一会儿后就进入了螺旋。我以为飞行员已经死了，直到一个黑点突然从火焰中脱离出来，然后我看到一个降落伞打开。

被加兰德击落的飞行员严重烧伤，不过第605中队的波兰飞行员维托尔德·约瑟夫·格洛瓦茨基(Witold Jozef Glowacki)情况更加糟糕，他追着返航的德国人穿过海峡。他显然太专注于追击轰炸机，以至于没有注意到他上方的危险。两架Bf 109扑向英国战斗机，重创了它的机翼和机身。几分钟后，"飓风"坠落在吉讷机场旁边的草地上。德国人匆忙把受伤的波兰飞行员从驾驶舱里扶出并送到医务室，但没能挽回他的生命。

两个小时后，KG 27的He 111出动，但很快就不得不返回，因为英格兰东南部地区完全被大雾所笼罩。德国战斗机则继续在英格兰上空飞行，并与来自第41、第66和第92中队的"喷火"交战。这不是理想的空战天气。战斗机飞行员们在雾气中穿梭，但由于能见度低，不断丢失他们的对手。德国人声称击落了8架英国战斗机，但是第41中队的一架"喷火"是双方在这场混战中唯一的损失。

德国空军的作战又一次受制于天气，但这仅仅是个开始，当天的主要目标是位于南安普敦附近伍尔斯顿的超级航海工厂。现在常驻于瑟堡的ErprGr 210被委派发起第一次攻击。该部于14时05分出动11架Bf 110，其中9架装载500公斤的SC500高爆炸弹，3架装载250公斤的大型燃烧弹。护航机包括6架Bf 110，来自ZG 76第4中队。同时，作为进一步的保护措施，JG 2的26架、JG 27的11架和JG 53的5架Bf 109对该地区进行扫荡。英国战斗机的拦截行动完全失败了。被派去迎战的6个中队的飞行员没有一个能在德国人轰炸伍尔斯顿工厂之前找到他们，这是ErprGr 210的又一次经典闪击战。

德国空袭部队一回到基地，Bf 110就开始准备再次实施突击。这一次，战斗轰炸机装载了更多的弹药，当11架Bf 110于17时起飞时，它们总共携带了20枚SC 500炸弹和2枚250公斤的燃烧弹。7个英国战斗机中队起飞拦截，但都卷入与德国护航机的战斗。这次当ErprGr 210到达伍尔斯顿时，高射炮已经做好了准备，5架Bf 110被击中，其中3架坠毁。然而，伍尔斯顿工厂在之前的第一次突袭后已经严重受损。三分之二的工厂被完全摧毁。

9月24日晚，在位于欧当贝尔的JG 26联队司令部，一份电报传来，宣布加兰德少校被授予橡叶骑士十字勋章。他是德国国防军中第三位获此殊荣的人。加兰德立即前往柏林，在那里他将接受希特勒的奖励。

9月25日，施佩勒的目标换成了位于菲尔顿的布里斯托尔飞机和航空发动机厂，这是当时世界上最大的航空业制造厂之一，占地面积250万平方英尺，雇佣37000名工人。随着德国空军最高司令部将战略重心从经济封锁战转移到打击航空工业，布里斯托尔工厂就成为施佩勒的最优先攻击目标。

虽然之前三个月有对其发动过一些攻击，但是一架第123远程侦察机大队第3中队的Ju 88A在9月21日带回的侦察照片显示，在工厂周边范围内只能数出13个弹坑。“9月22日的第382号战局报告中提到的炸弹命中菲尔顿的航空发动机车间没有得到证实。第3航空队司令部影像部门随后进行的检查显示最初的判断有误……必须假定菲尔顿航空发动机车间没有受到明显的损坏。”

施佩勒的参谋长京特·科滕(Günther Korten)上校精心策划了一个联队级别的昼间空袭计划，由于目标远超Bf 109E的航程范围，他设计了一条迂回的攻击线路，并以两个大队级别编队发起佯攻辅助作战，23架KG 51的Ju 88A在主力部队的西边前去威胁朴次茅斯，20架KG 54的Ju 88A则从东边进攻朴次茅斯。主攻部队包括汉斯·科尔特中校的KG 55的64架He 111H/P，JG 2第一、第二大队和JG 53第二大队的约50架Bf 109(JG 2和JG 53的部分大队已经在该月中旬调回到施佩勒的司令部)在前方执行自由猎杀扫荡，相似数量的ZG 26驱逐机负责贴身保护。

■ 1940年9月24日，阿道夫·加兰德(中间背对相机者)在取得第40次空战胜利后，接受JG 26联队众人的祝贺。

■ ZG 26 第二大队的一个 Bf 110 小队越过海峡执行又一次在英格兰南部上空的作战。

科滕计划让突击部队在波特兰附近登陆，然后朝西北方向的威尔士首府卡迪夫进发，穿过多塞特和萨默塞特后向右转弯，沿着布里斯托尔海峡向上，希望布兰德的指挥官们在最后一刻之前都猜不到德军的真实目标。整个作战还将为 11 架 ErprGr 210 的 Bf 110 低空突袭波特兰海军基地提供掩护。

9 时 16 分至 9 时 24 分，KG 55 的 3 个轰炸机大队从位于巴黎西南部的基地起飞，在埃夫勒上空会合后组成了一个联队楔形阵。弗雷德里希·克勒斯（Friedrich Kless）少校的第二大队在中央领头，第一、第三大队分别在左翼和右翼。克勒斯负责在空袭中带领整个联队，他在领飞的亨克尔上担任导航员和投弹手。科尔特也参加此次作战，指挥他的司令部小队在克勒斯的右侧率领第三大队。在每个大队内部，3 个中队组成了巨大的 V 字。整个编队看起来就像是一个宽广的箭头，朝着 16000 英尺高空爬升。

11 时飞临瑟堡后，克勒斯的编队转向北面，朝波特兰方向飞去，并与它的护航机碰面。约阿希姆·弗雷德里希·胡特中校的约 12 个驱逐机四机小队爬升到 19000 英尺高度，位于 3 个轰炸机编队的前部上方，它们以较慢的速度来回穿梭，保持在自己的指定位置。卢茨的战斗轰炸机们看起来像是额外的护航机，它们各携带两枚 SC500 炸弹，来到轰炸机的后下方，跟着它们飞越广阔的海域。在主力编队视野之外的前方，3 个战斗机大队的“埃米尔”们越过海峡，希望能够阻止布兰德的拦截机干扰主攻部队和它侧翼的两股佯攻部队。

■ KG 55 第 9 中队的 He 111P 编队，据信摄于菲尔顿空袭当日。

向北来到海面上空后，克勒斯率领58架亨克尔(6架轰炸机因为各种原因返回基地)向波特兰半岛笔直飞去。沃斯麦特勒佛雷达站在11时04分发现了它们，接下来5分钟内这个主回波和它两侧的两个小回波前进到瑟堡北部50公里的地方，这是近31天以来的第一次。第10大队必须对一场即将来临的大规模昼间轰炸作出回应。看起来这3个德国空军编队正要在宽阔的正面上同时攻击普利茅斯、波特兰和朴次茅斯。布兰德马上命令第609中队从中沃勒普出动，在20000英尺高度巡逻斯沃尼奇。两分钟后，他又派第152中队同样在20000英尺高度前往波特兰巡逻。

然而，此处持续数周的和平状态导致部队的响应速度变慢了，达利(H. S. Darley)少校用了9分钟时间才让第609中队的14架“喷火”升空。这时克勒斯的主力编队已经来到了波特兰半岛东部仅5英里的位置，所以Y分区指挥官大卫·罗伯茨中校修改了给达利的命令，让他的中队向波特兰飞去。彼得·德维特(Peter Devitt)少校的第152中队已经有一对“喷火”在怀特岛上空20000英尺巡逻，它们得到返回沃姆韦尔与母队会合的命令，而此时中队的其他飞机正以小队或多个小队的形式起飞，各组飞机独立进行战斗。

当克勒斯的编队靠近海岸线时，卢茨的战斗轰炸机们在11时20分偏向左边，并加速俯冲到低空。它们攻击了波特兰海军基地的燃料库，面对微弱的防空火力投下12吨炸弹，但除了破坏给海军基地供水的主管路外，几乎没有造成任何损失。

当空袭在进行中时，第601中队的两个“飓风”小队奉命从埃克塞特起飞并前往波特兰。布兰德还出动了来自中沃勒普的第238中队，罗伯茨命令芬顿(H. A. Fenton)少校在约维尔南部15公里上空15000英尺巡逻。

11时23分，克勒斯的编队越过海岸边，波特兰的防空炮台没有对它造成太大影响。佯攻普利茅斯和朴次茅斯的Ju 88A在给第10大队带来足够的迷惑后全部调头返航。不久后，3个战斗机大队在到达作战半径的极限后也选择了撤退，它们没有遇到敌军拦截机。

当亨克尔和驱逐机组成的庞大编队朝着西北方向飞越多塞特郡时，在罗伯茨看来克勒斯的部队可能是要攻击位于约维尔的韦斯特兰飞机厂，他命令所有升空的拦截机在城市南部集合。“4个英军中队(第152、第238、第601和第609中队)全部奉命前往该区域，结果发现德国人已经越过它继续向着布里斯托尔海峡进发。”

现在克勒斯的楔形阵明显在朝着卡迪夫飞去，于是布兰德在11时28分让位于彭布雷附近的第79中队出击，命令它爬升到15000英尺高度并在卡迪夫南部5英里处巡逻。这个中队的动作也拖拖拉拉的，同样花了9分钟时间才升空。升空后，罗伯茨命令它尽快飞往滨海韦斯顿(Weston-super-Mare)，但是第79中队完全错过了入侵敌机。

在穿越萨默塞特郡(Somerset)途中，克勒斯编队的右翼遭到了第152中队两个小队共5架“喷火”的迎面攻击，一架第7中队的亨克尔轰炸机被击伤。11 时 38 分抵达布里斯托尔海峡后，克勒斯在韦斯顿越过海滩，然后将他的编队转向右侧，保持与海岸线平行的航线。现在看起来布里斯托尔才是德军的目标。

布兰德立刻出动来自波斯坎比当的第 56 中队 A 分队，罗伯茨命令每一架在天上的飞机都火速赶往布里斯托尔地区。当入侵者经过波尔特布里(Portbury)时，四门陆军的 3.7 英寸防空炮开火，击中了一架第 5 中队的轰炸机，全部 5 名机组人员跳伞逃生，他们的飞机于 11 时 45 分坠落在佛雷斯伯顿(Flax Bourton)附近，航空机械师卡尔·格茨迈尔(Karl Gerdsmeier)回忆道：

当人们赶来发现躺在地上的我时，我还无法正常呼吸。他们将我拽起来，其中一人将枪口对准我的脸。我仍在拼命呼吸，完全无法动弹，但是看向抓住我的人之外的地方，有一辆汽车在大约 400 米外的路上驶来，一名警察下了车。由于我的手臂无法移动，我无法解开我的降落伞具，也无法拿到我的手枪。雨点般的拳脚向我袭来，我还被枪托击中。我跌倒在地，又被再次拽起来，我的手表和手指上的一枚戒指都被强行摘走。那位警察匆忙穿过田野，高声呼叫，然后那些人就把我放开。来到我们这边后，他抬起我的手臂，让我能够呼吸，并问我是否会说英语，以及是否受伤了。对于这两个问题，我的回答都是"只有一点点"。

回过头看，我确信那位警察救了我的命。

剩余的 57 架轰炸机来到了组成布里斯托尔菲尔顿工厂的全部 3 个主要建筑群上空。尽管敌人大量使用了伪装喷涂，但克勒斯是毫不费力地将他的庞大编队带上了一条完美的轰炸航路。11 时 48 分，大约 350 枚炸弹(96.5 吨)完成了一次特别高效的攻击，摧毁了一片长约一英里，宽约四分之三英里区域内的目标。"破坏非常严重，特别是在罗德尼车间，整架飞机在那里完成组装并在交付前进行测试；直到 10 月中旬，(生产)产量才恢复正常……附近的铁路有 3 处被封锁；菲尔顿机场上有许多弹坑和未爆炸的炸弹……(而且)与第 10 大队司令部的通信被切断。"

清除了目标区域后，克勒斯将楔形编队转向右侧，经由科勒恩和弗罗姆(Frome)撤退。芬顿的 12 架"飓风"从 22000 英尺高度排成一列，俯冲切入轰炸机编队开火射击。在德军的撤退途中，它们持续骚扰着自己的猎物，很快达利的 14 架"喷火"也加入进来。

第 601 中队的一个三机小队对胡特的驱逐机展开攻击，后者此时正在轰炸机的前方掩护撤退路线。一架 Bf 110C 被击落，还有一架重伤落入海峡，最后一架迫降在法国。3 架驱逐机全部来自 ZG 26 第三大队，"喷火"小队没有损失。

德维特的 4 架"喷火"在巴斯(Bath)附近加入了追击战，这 30 架拦截机给德军轰炸机带来了损失，第 6 和第 7 中队各有一架 He 111P 被击落。不过有两架"喷火"(一名飞行员身亡)和一架"飓风"被轰炸机防御火力击落。

■ 照相枪记录下了 KG 55 的亨克尔遭到第 609 中队攻击时的景象。

靠近斯沃尼奇，芬顿的“飓风”们取得了当天的最后一个战果，击落了 KG 55 第 1 中队弗里茨·于尔格斯（Fritz Jürges）上士的 He 111H。

轰炸机观察员卡尔·克特克（Karl Köthke）上尉回忆道：

倒霉的是，我们经过了一个机场，在那里我们可以看到战斗机正在起飞，在它们身后扬起了尘土，我们知道末日就快到了。我们最后试图俯冲寻找云层掩护，但云量不足以满足我们的需求，在大约 6000 英尺的高度，我们又遭到了战斗机的攻击。凭借为数不多的机枪，我们没有任何机会。我们的航空机械师约瑟夫·阿尔特里希特（Josef Altrichter）右腿受了重伤，由于他穿着飞行罩衣，我们无法使用止血带。我们知道救不了他。

然后我们的左侧发动机被击中，在我们越过英国海岸时，发动机停了下来。所有到达海峡中段的希望现在都消失了。我们在大约 1000 英尺的高度转向海岸边试图降落，虽然战斗机仍在跟踪我们，但是它们没有再开枪了。它们知道我们无法逃脱。我们很快就失去了高度，直奔一个采石场，在最后一刻，我们设法获得了一点高度，然后就看见自己正飞过田野，向着一片小树林飞去。我们触地后滑行了一小段距离后停了下来，一棵树拦住了我们。

■ 弗里茨·于尔格斯上士的 He 111H，于 9 月 25 日的菲尔顿空袭中被击落。

菲尔顿空袭可谓是德国空军在整场不列颠空战期间对一个飞机工厂发动的最成功攻击，共计 168 枚炸弹和 24 枚燃烧弹落在了工厂区域内，91 名雇员丧生，另有 166 人负伤。在工业园外面，有 58 人死亡，超过 270 人受伤。以 8 架轰炸机和 3 架护航机为代价，8 架刚完工的布伦海姆和英俊战士被摧毁，还有 24 架飞机受损。主装配间被严重破坏，英俊战士的生产停顿了 4 周之久。这一后果由于德国空军此时正大规模进行夜间轰炸而显得格外严重。因为英国人的夜间防御措施并不完备，而英俊战士是皇家空军急需的夜间战斗机。

第二天，道丁将第504中队从亨顿调来守卫布里斯托尔工厂，10时30分，17架“飓风”在与布兰德的司令部重建联络后进驻菲尔顿机场。

9月26日，49架KG 55的亨克尔和10架ErprGr 210的战斗轰炸机在大量战斗机的掩护下，再次向伍尔斯顿的超级航海工厂投下74.4吨炸弹，造成89人遇难，摧毁3架“喷火”并损伤另外20架。空袭令生产暂时陷入停顿。皇家空军承认：“德国人对英国飞机工业造成了和前一天在菲尔顿一样严重的打击。超级航海工厂的北部遭到大量破坏；两个车间被直接命中，生产完全停止。”

由于不确定德军的目标，布兰德出动的4个中队起初就只是在基地上空巡逻，由于被引导前去拦截的时机太晚，德机毫无阻力的完成了空袭。撤退途中的战斗也仅损失了一架KG 55的轰炸机和两架ZG 26的驱逐机，第152中队反倒损失了两架“喷火”，第238和第607中队损失了3架“飓风”，一名飞行员阵亡。

9月27日至9月30日：对伦敦最后的大规模空袭

与此同时，在战场的东边，连续数日的糟糕天气使凯塞林依然无法攻击他的主要目标。然而在9月27日，云层终于散开了，这足以让第2航空队向伦敦发起大规模空袭，当天第2航空队共出动轰炸机100架次，护航战斗机909架次，是自9月15日以来最多的一天。

作战从一开始就不顺利。一架来自第123侦察机大队第2(远程)中队的Ju 88在空袭前被派去侦察，结果被一架“喷火”拦截并击落。早上，德国空军向伦敦派出了29架轰炸机，分为几个小型轰炸机编队：KG 76第二大队的Ju 88，KG 77的Ju 88和KG 53的He 111。战斗机司令部出动20个中队的超过200架“飓风”和“喷火”来迎接他们。其中大部分集中攻击KG 77第一大队的15架Ju 88。这些飞机得到了来自LG 1第五(驱逐机)大队和ZG 76的23架Bf 110的密接护航。此外，JG 27的40架Bf 109战斗机负责编队的外围掩护。

第213中队的12架“飓风”首先发起攻击。它们越过了Bf 109的屏障，全速向Ju 88冲去。然而，Bf 110拦住了它们并击落了其中一架飞机。在混战中，LG 1第五(驱逐机)大队的Bf 110失去了与轰炸机和其他驱逐机的联系，朝西北方向而不是伦敦飞去。这造成了灾难性的后果。这个大队立即引起了皇家空军指挥官们的注意，多个中队被引导前去对付他们。

LG 1第五(驱逐机)大队的飞行员之一汉斯·伯希特霍尔德下士回忆道：“汉斯报告又有两个攻击者。这次他们同时从上下发起攻击。我的无线电员向这两者稳定地射击。我把飞机转过来，瞄准了一位攻击者。他在被击中后离开了。但我的飞机在这次攻击中也被击中了。”伯希特霍尔德在距离伊斯特本的海岸线 5 公里处的霍拉姆(Horam)上空，当他从燃烧的 Bf 110 上跳伞时，后座机枪手汉斯·科赫(Hans Koch)下士已经死亡。

在多个皇家空军中队的围攻下，LG 1 第五(驱逐机)大队完成了它在不列颠战役中的谢幕演出，当天该部出动了仅剩的 10 架可用 Bf 110，结果被击落了 7 架，阵亡飞行员包括大队长霍尔斯特·连斯伯格上尉和第 15 中队长乌尔里希·冯·格拉芬罗伊特(Ulrich Freiherr von Gravenreuth)中尉。这支一直在前线的部队自 1940 年 7 月初以来在战斗中损失了 42 架 Bf 110，其中有 18 架损失于 9 月。

■ 一架 LG 1 第 14(驱逐机)中队的 Bf 110 正在地面上测试武器。LG 1 第五(驱逐机)大队在不列颠战役期间遭受了严重损失，在大队长霍尔斯特·连斯伯格上尉阵亡后不久的 10 月宣告解散。幸存者被召回国内改组为一支夜间战斗机大队。

ZG 76 在继续向东飞往伦敦的过程中，遭到了第 72 和第 92 中队的 23 架“喷火”的攻击，但击落了其中一架，自身没有任何损失。然后“喷火”们与 JG 27 和 JG 54 的 Bf 109 进行了一场艰苦的战斗，又损失了 5 架飞机。

此时，Bf 109 不得不因为燃料问题返航，ZG 76 无力拯救 LG 1 第五(驱逐机)大队的剩余飞机。ZG 76 联队长瓦尔特·格拉布曼说道：“在伦敦上空，我们遭到了敌方数量众多的战斗机的集中攻击，使我们与轰炸机分离。ZG 76 的 13 架飞机(我指挥的编队)在伦敦上空组成了超过 20 分钟的防御圆环。”

ZG 76 的飞机被第 73 和第 501 中队的 24 架“飓风”压制住了，后者报告与“30 至 40 架在伦敦上空 18000 英尺高度绕圈的 Me 110”交战。第 303 中队的飞行员趁机向轰炸机发起猛烈的攻击，后者随即撤退并转向南方。随后，第 602 中队的 10 架“喷火”也加入攻击轰炸机的行列。4 架 KG 77 第一大队的 Ju 88 被击落，ZG 76 第二大队也损失了两架 Bf 110。

几个小时后，下一批德国空军编队正在前往英国的路上，这次来自第 3 航空队。KG 55 第一、第二大队的 30 架 He 111 和 ErprGr 210 的 19 架 Bf 110 战斗轰炸机在 ZG 26 第一、第二大队的护航下分别试图攻击布里斯托尔工厂和北部 5 公里处的帕纳尔飞机工厂(为皇家空军的轰炸机生产旋转机枪塔)。皇家空军第 10 大队的 5 个中队升空迎敌，当他们在一个小时后降落回基地时，已经取得了一场漂亮的胜利。

首先，他们的猛烈攻击使得亨克尔编队被彻底瓦解。轰炸机飞行员在舍伯恩(Sherbourne)地区扔下炸弹，向英吉利海峡方向逃去。这让位于菲尔顿的布里斯托尔工厂免于再次遭到空袭。随后地面指挥员命令“飓风”和“喷火”飞行员去追击正在飞往布里斯托尔的Bf 110战斗轰炸机。

地面观察哨所如实汇报了Bf 110的全程动向。德国人的报告写道：“在目标前方5公里处，我们遭到了一个包含15架‘飓风’的紧密编队的攻击，扰乱了轰炸的准确性。”这些“飓风”来自一天前进驻菲尔顿机场的第504中队，尽管为ErprGr 210掩护的20架驱逐机占据了高度和数量上的优势，但“飓风”飞行员们很快就占据了上风。

他们击落了4架Bf 110，自身没有任何损失。随后第56中队的12架“飓风”也加入进来，又击落了两架敌机，同样没有损失。ZG 26第一、第二大队不仅损失了3架Bf 110，还完全没能保护好战斗轰炸机。ErprGr 210在布里斯托尔南部的旷野抛下炸弹(杀死4名平民)，放弃了此次作战，大队的19架飞机损失了4架，大队长马丁·卢茨上尉在布里斯托尔上空被击落身亡，其他阵亡者还包括第2中队长威廉·理查德·勒西格中尉。

根据德军的计划，ZG 26第三大队将在Bf 110飞回到斯沃尼奇附近的英国海岸上空时与它们接应。当第609中队的“喷火”突然出现时，ZG 26第三大队的约20架驱逐机正在英国海岸外8000米高度上盘旋。一番恶战后，双方各有一架战斗机被击落。然而，两边都报告取得了6次空战胜利。

在ErprGr 210参战的90天里，该部执行了60多次空袭，大部分是对小型但重要且防守严密的目标进行闪击。胜利和损失数字一直很高，最近13周的战斗中大队已经失去了40位机组人员，其中包括3位大队长和4位中队长，作为对其英勇奋战的肯定，3位ErprGr 210的军官被追授骑士十字勋章，分别是瓦尔特·鲁本斯多弗上尉(8月19日)，马丁·卢茨上尉(10月1日)和威廉·理查德·勒西格中尉(10月1日)。

很明显，比起缓慢而笨拙的Bf 110，Bf 109作为战斗轰炸机的生存能力更强，尽管前者拥有更大的炸弹载荷。另外，虽然年轻的驱逐机飞行员们像他们的Bf 109战友们一样勇敢的奋战，但Bf 110作为昼间战斗机的设计缺陷在英格兰南部上空暴露无遗，无数机组人员献出了他们的生命，两支驱逐机部队——ZG 2和LG 1第五(驱逐机)大队在9月的战斗中被消耗殆尽，不再参加对英作战。与

■ 这架ZG 26第3中队的Bf 110C-4在9月27日被第504中队的一架“飓风”击落，飞行员跳伞被俘，后座机枪手阵亡。

广为流传的谣言相反，在不列颠空战中，所有驱逐机部队的 Bf 110 都没有得到过任何专门护航。它们需要掩护轰炸机深入攻击 Bf 109 无法抵达的内陆目标，唯一得到战斗机掩护的 Bf 110 只有 ErprGr 210 携带炸弹的 Bf 110 战斗轰炸机。

就在 ErprGr 210 浴血奋战的同时，第 2 航空队开始了它对伦敦的另一次作战，这一次德军的表现远胜于上午。这主要是 KG 53 第二大队的 30 架 He 111 得到了至少 200 架 Bf 109 和 Bf 110 的掩护。帕克派出了 20 个中队，当双方的战斗机展开激战时，亨克尔们得以到达伦敦并投下它们致命的货物。JG 52 取得了德军的大部分空战胜利，以两架飞机的损失击落 7 架敌机。总的来说，这次作战对于德国空军来说是成功的，12 架英国战斗机和只有一半的德国战斗机被击落，所有的亨克尔都回到了他们的基地。

几小时后，第 2 航空队开始了它的下一次大规模作战。梅塞施密特部队率先抵达英国上空，他们接到的命令是护送一个由 Do 17 和 Ju 88 组成的大型编队前往伦敦。但这一次，德国人犯了大错。当战斗机飞行员们来到约定的会合点时，他们根本没有看到轰炸机身影。发生了什么事？轰炸机在哪里？

他们不知道的是，当经验不足的 KG 77 第一、第二大队从基地起飞时，天气预报说天气晴朗。但第一批飞机还没完全升空，巨大的云层就向他们飘来。没有回头路可走了，飞机不得不穿过云层。问题来了，KG 77 的大多数刚完成训练的飞行员没有接受过任何仪表飞行训练！于是，他们的编队开始分裂。每个小分队各行其是。一些试图爬到云层之上，一些试图绕过云层，另一些则在迷雾中失去了方向。指挥官们则在拼命努力让机组们组成紧密的队形，以使他们能够以交叉火力迎击英国战斗机的攻击。当 KG 77 最终向英国进发时，该联队在空中拉成了一条长线，使皇家空军可以从各个角度发起攻击。

当这 55 架轰炸机最终与战斗机取得联系时，Bf 109 的燃料已经接近耗尽。这时，几百架“飓风”和“喷火”出击了。德军编队陷入了彻底的混乱。轰炸机飞行员们惊慌失措，忘记了他们所学到的关于迎敌的所有知识。梅塞施密特飞行员们冲下去试图拯救容克斯飞机，但几分钟后，燃料警告灯的闪耀就迫使他们匆匆返回英吉利海峡。拦截机的数量如此之多，以至于护航部队第一次无法避免轰炸机在前进过程中就遭遇严重损失。

在返回法国海岸的路上，毫无防备的德国战斗机飞行员受到了成群英国战斗机的骚扰。战斗机司令部赢得了一场酣畅淋漓的大胜，对于 KG 77 来说，这是 9 月 18 日悲剧的重演：55 架 Ju 88 中有 8 架被击落，这使得该联队在 9 月 27 日的总损失达到 12 架。KG 77自战争爆发以来一直享有“倒霉蛋”的糟糕名声，不仅贡献了德国空军在“二战”中被击落的第一架飞机(存疑)，还在之后的战役中持续遭受严重损失。1940 年 7 月初，它在对英空战初期的一次作战中就损失了 6 架道尼尔，回国换装 Ju 88 时又遭受了明显高于平均值的训练损失。9 月下旬在英国上空的

■ KG 77的队员们正在等待下一次作战任务，背景中是一架第5中队的“3Z+HN”，这个联队在不列颠战役中的表现明显低于预期。

两次空袭中（另一次是9月18日），KG 77贡献了Ju 88部队当月40%的作战损失。

回顾整日的战斗，帕克的指挥官们共出动了513架拦截机迎击入侵者。第11大队在战斗中损失了10架“喷火”和10架“飓风”，15名飞行员阵亡，3人负伤。第12大队联队损失“喷火”及“飓风”各两架，3名飞行员阵亡，一人负伤。所以，守军共损失24架战斗机和18名飞行员，还有4人负伤。但他们共击落了12架轰炸机、9架Bf 110和17架Bf 109E，还有一架Bf 109迫降在法国，两天前重返海峡前线的JG 52第二大队损失了7架梅塞施密特和5名飞行员。第2航空队加起来共有39架飞机被击落，73名机组人员阵亡或被俘。

在旷日持久的不列颠空战中，“飓风”和“喷火”飞行员们的表现第一次同时明显胜过在两个航空队的对手。正如丘吉尔所言：“9月27日可与9月15日和8月15日并称为不列颠战役期间战斗机司令部的第三个伟大的胜利日。”

对于德国空军来说，目前的形势已经十分明显，在帕克采用多中队联合战术后，道丁的部队变得越来越强而不是越来越弱了。皇家空军官方战史总结道：“因此，除了9月30日有些不上心的尝试外，此后他们的攻击主要采取高空战斗机和战斗轰炸机扫荡的形式，也就不足为奇了。”现在，越来越多的德国飞行员开始感到困惑和迷茫，在他们看来继续坚持对英作战的唯一动力就是希望不要让过去几周的牺牲白费。来自JG 52第一大队的乌尔里希·斯坦因希佩尔在给他母亲的信中写道：“看来你不认为圣诞节前会结束。我相信还是有机会的。如果不是这样，那么我们所有对英国战斗机防御系统造成沉重打击的作战都将是无用功。”

9月27日晚，海峡前线的所有德国战斗机联队指挥官再次被召集起来参加由凯塞林元帅和洛泽尔将军主持的会议。凯塞林直言戈林对轰炸机的高昂损失感到非常愤怒，他重申了在派出大规模战斗机编队的同时，只出动小批轰炸机的重要性，这些轰炸机实际上最适合作为诱饵。

这些指示在第二天得到了严格的执行，其结果比27日要好得多。从10时至14时，第2航空队进行了两次大规模作战，每次出动120架战斗机，却只有半打的轰炸机。在这两次作战中，英国雷达和空中观察员都低估了入侵者的飞行高度，结果是英国战斗机飞行员最终在高度上处于劣势。12 架英国战斗机被击落，德军仅损失了两架战斗机，没有一架轰炸机。

第 3 航空队派出了纯粹由战斗机组成的编队，英国雷达探测到似乎有 100 架德国飞机正向朴次茅斯地区飞来，由于对菲尔顿的布里斯托尔工厂和南安普顿的超级航海工厂所遭到的毁灭性轰炸记忆犹新，第 10 大队的指挥官布兰德少将不敢不派出他的战斗机去迎敌。这正是德国人所期盼的，ZG 26 的 42 架 Bf 110 和 JG 2 及 JG 53 的 53 架 Bf 109 击落了 7 架“飓风”，而自身则没有损失一架飞机。

由于恶劣的天气（厚重的云层和持续的降雨），戈林让他的飞行员们在 9 月 29 日休息了一天。第二天，凯塞林最后一次尝试对伦敦实施大规模空袭。

早晨由 JG 26 第三大队和 JG 27 第二大队完成了一次自由猎杀扫荡后，150 架“埃米尔”（JG 27、51、52、53、54 各派出一个大队）在下午早些时候掩护 KG 3 第三大队的 Do 17Z对泰晤士河畔金斯敦的霍克“飓风”生产设施发起小规模空袭。由于目标上空有大量云层，埃里希·拉特曼上尉的 12 架道尼尔向伦敦郊区的格林福德（Greenford，靠近皇家空军诺索尔特机场）投下了约 100 枚炸弹，没有对任何军事目标造成伤害。

帕克出动 14 个中队应战，其中 10 个中队进行了拦截，击落 12 架“埃米尔”和 KG 3 第 8 中队的一架道尼尔，还有一架迫降在法国。自身损失仅为一架“喷火”和一架“飓风”（飞行员一死一伤），这对于守军来说是一场相当罕见的压倒性胜利。

下午晚些时候，一场 KG 77 第一大队的空袭行动再次出现了严重的差错。第 2 航空队的所有可用战斗机被用来支援此次作战，但这个经验不足的大队在云层上方的导航出了问题，约阿希姆·珀特（Joachim Poetter）上尉率领他的编队在太靠西的位置登陆，向北前进后，大队在快要抵达伦敦前莫名其妙地转向了西边，一直飞到雷丁后又调转 180 度，沿着泰晤士河顺流逼近伦敦。地面观察员被阴云天气以及珀特频繁地改变航线给弄懵了，未能组织起有效的拦截。但是天气因素也让这次空袭落了空，地面观察员报告约 18 架容克斯在马洛（Marlow）附近投下约 70 枚炸弹，“绝大多数落在了沼泽地上，没有造成损害”。

当天的德国空军最高司令部战局报告是这样记录的：“58 架被派去攻击伦敦的飞机投下了约 25 吨炸弹和 5 枚燃烧弹。由于天气原因无法清楚的辨认目标，观察空袭效果也是不可能做到的。由于云层不散，更多被派去空袭伦敦的飞机攻击了其他目标。在目标地区上空可以观察到大量敌军巡逻战斗机。”

一架 KG 77 第 2 中队的 Ju 88A 被防空炮火打残，与撤退中的编队脱节后被一架第 501 中队的“飓风”击落。虽然轰炸机的损失并不严重，但 KG 77 的导航错误坑惨了护航的“埃米尔”们，当轰炸机和它们的护航队离开伦敦地区时，许多 Bf 109 已经用掉了三分之二的燃料，但皇家空军战斗机的不断拦截使它们无法离开轰炸机。奇怪的是，KG 77 第一大队没有采取最短的路线（即向东南的加来海峡方向）返回法国，而是转向了西南方向。Ju 88的指挥官们带着Bf 109向西部和西南部绕了一个大弧线，来到了法恩伯勒和温彻斯特上空。

JG 54第7中队的战争日志中写道："随着时间的流逝，我们的燃料储备越来越少，非常危险。在飞行的第62分钟，我们在布莱顿附近卷入了一场格斗战。"Bf 109成了英国人的口中的肥肉，剩余的燃料储备让它们没法进行规避机动。英德双方的对比文件显示，皇家空军成功击落了14架Bf 109，而自身只损失了3架飞机。遭受最严重打击的是JG 26，它损失了5名飞行员，还有两架严重受损的Bf 109迫降在法国。

最终，Ju 88连同它们的Bf 109护航队在怀特岛附近飞到了英吉利海峡。JG 52第4中队长约翰内斯·施泰因霍夫中尉描述了这次痛苦的返航："最后我们不得不把轰炸机留在后面。不管发生什么！很快，战斗机的燃料开始耗尽。我们已经在没有任何方向的情况下飞行了一个小时之久。我们，整支战斗机部队有可能永远无法到达法国海岸。"当他们终于看到法属海峡沿岸的灰色悬崖从面前的薄雾中升起时，无线电中爆发了如释重负的喊声。

有几架Bf 109在海岸线上飞行时，高度仅有几米，螺旋桨叶已经静止不动。JG 54第7中队的战争日志中指出："我们中队只有两架飞机设法到达机场。另外两架飞机在飞行了105分钟后在布洛涅迫降。奥尔特扬上士和施韦泽下士在两天后回到了我们中队。他们在迪耶普迫降时油箱已经空了。在这之后，我们中队只剩下4架作战飞机了。"

■ 这架KG 77第2中队的Ju 88A-1在9月30日的作战中被皇家空军战斗机击落。

在西边，施佩勒试图重现在布里斯托尔和超级航海工厂上取得的成功，命令KG 55第一和第二大队空袭位于约维尔的韦斯特兰飞机厂，KG 51第一大队的11架Ju 88A将对波特兰实施牵制性攻击。科尔特的43架亨克尔由ZG 26的40架驱逐机和JG 2、JG 53的52架"埃米尔"护航。轰炸机向韦斯特兰工厂投下了约47.4吨炸弹，由于云层密布，投弹是以航位推算的方式完成的，无法观察到轰炸效果。实际上，"他们（KG 55）的炸弹全部落在了目标的东边，绝大多数在谢伯恩（Sherborne）小镇上"。唯一具有军事价值的战果是封锁了约维尔和谢伯恩之间的主铁路线。

KG 51第一大队幸运地受到了11架"喷火"的攻击，这让他们仅损失了一架飞机。另一方面，KG 55的He 111则吸引了布兰德的9个中队的注意。后者击落了4架KG 55的轰炸机和一架JG 2的Bf 109E，还有一架ZG 26

的 Bf 110D 在返航后报废。守军损失 6 架来自第 56 和第 504 中队的“飓风”和一架第 152 中队的“喷火”，两名飞行员阵亡，两人负伤。

■ 1940 年 9 月 30 日，这架 JG 53 第 7 中队的 Bf 109E-1被击落在肯特郡斯特鲁德(Strood)附近，飞行员被俘。

■ JG 27 第 7 中队的 Bf 109E-3，9 月 30 日迫降在温莎公园内。

总的来说，9 月 30 日的作战是德国空军的又一次失败。两个航空队的轰炸行动都没能取得理想的效果，第 2 航空队对伦敦的空袭堪称灾难。在这之后，英格兰南部日益恶化的天气让德国空军更加难以实施成功的昼间轰炸作战。在接下来一个月里，他们仅尝试发动了少量的小规模空袭。德国空军轰炸机对英国的最后一次昼间轰炸发生在 10 月 29 日，12 架 LG 1 第一大队的 Ju 88A 空袭了波特兰海军基地。

德国空军在 9 月遭到了决定性的失败，战略上的失误不仅导致消灭英国空军的企图落空，还赔上了大量飞行员，其中不少是空军联队的各级骨干指挥官。该月德国空军共损失(阵亡、失踪和被俘)了 4 位联队长，13 位大队长和 31 位中队长。到 9 月底，海峡前线上的德国空军部队大多伤筋动骨。正如我们所看到的，没有哪支部队比 LG 1 第五(驱逐机)大队受到的打击更大，该部被转移到德国，在那里成为新成立的 NJG 3 第一大队的核心。JG 27 第一大队也在 10 月 1 日离开海峡地区(休整到 10 月 21 日再返回)，这个大队自 7 月下旬以来已经在战斗中损失了 27 架 Bf 109 和 21 名飞行员。整个 JG 27 在 1940 年 9 月的战斗损失为 29 架 Bf 109。同期，ZG 26 遭受了几乎同样多的战斗损失：25 架 Bf 110。在 9 月的战斗中损失最大的战斗机联队是 JG 53，有多达 33 架 Bf 109 被击落。其他一些战斗机部队在 1940 年 9 月的战斗损失为：JG 3 24 架，JG 26 17 架，JG 51 20 架，ZG 2 16 架，ZG 76 18 架。在轰炸机联队中，KG 77 受到的打击最大，仅在 9 月下半月的战斗中就损失了 25 个机组，KG 26 也在 9 月损失了 20 架飞机。

不止一支德国空军部队的士气正在恶化，这对航空部国务秘书埃哈德·米尔希元帅来说是显而易见的，因为几天后他对位于荷兰的德国空军基地进行了一次视察。他访问了 KG 4 第三大队和 KG 30 第三大队。第一个大队的状况不错，但米尔希在视察了 KG 30 第三大队后得出了令人失望的结论，该部的26个机组中只有不超过5个可以被视为“做好战斗准备”。结果是KG 30第三大队被立即调离战斗岗位，重组为一支后备部队，即第6训练轰炸机大队。KG 4第三大队则被编入KG 30，成为新的第三大队。

德国空军的夜间闪击战

与此同时，夜间轰炸的强度从9月底开始提升，并一直持续到了第二年春天。为了配合希特勒的第9和第13号元首令，作为经济封锁战的一部分，德国空军的夜间轰炸始于6月2日至3日夜，当各支轰炸机部队可以参加对英作战时，出动单机或多架飞机单独执行攻击。

对英国的第一次大规模夜间轰炸发生在6月18日至19日夜，由KG 4的He 111执行。此次空袭在满月时进行，而且为了清楚地识别目标，轰炸机的飞行高度较低。结果有6架轰炸机被夜间战斗机击落，其中包括在纽卡斯尔上空被击落的KG 4第二大队长迪

■ 一架在6月18日至19日夜被击落的He 111，隶属于KG 4联队部小队，飞行员跳伞被俘，其余3位机组全部阵亡。

特里希·冯·马森巴赫(Freiherr Dietrich von Massenbach)少校。考虑到皇家空军此时薄弱的夜间防御体系，这一战损率是异常的高，空袭结果说明有利于夜间精确轰炸的条件——晴朗的夜空、明亮的月光和适中的高度——对于防御方来说也是有利的。

这一阶段的夜间轰炸绝大多数是骚扰性质的，他们试图打击英国的工业区和机场，直到8月中旬，共有16家工厂、14个港口和13个机场成为目标。“绝大多数炸弹落在了(附近的)住宅区或无害地落在空旷的郊外。少数工厂受损，国家的铁路和公路运输系统也受到一些干扰。”

为了鹰击行动，戈林认为需要一个更系统的夜间轰炸计划，起初他将航空兵上将格里姆的第五航空军(KG 51、54、55)留下来用于夜间作战。此时，德国空军的夜间轰炸精度远高于皇家空军。早在战争爆发以前，德国科学家就在研究在黑暗或恶劣天气下寻找目标的方法。有两种方法很早就投入使用，一种是代号为“弯腿”的甚高频无线电导航系统，另一种是X无线轰炸瞄准系统。前者非常简单，因此它可以被任何接受过“洛伦茨盲降系统”训练的机组人员使用，而且不需要任何专门的设备。后者要复杂得多，需要特殊的设备和专门的训练才能使用，但它要精确得多。

“弯腿”系统对“洛伦茨盲降系统”进行改进，使用一台强力的无线电发射器，配合天线阵将0.33度的宽波束发射到大约250英里外超过20000英尺高度的飞机上(这一高度限制是地球曲率造成的)。两个“弯腿”波束的交点可以用来指示目标的位置。由于它使用轰炸机的机载无线电着陆辅助系统，飞行员和领航员/投弹瞄准员都接受过使用该系统的训练，因此将其改装成无线电轰炸辅助系统并没有多大难度。

然而，皇家空军在夏天很快就发现英国上空有好几条这样的波束纵横交错，由于该系统非常简单、原始且广为人知，所以英国人不久就找到了破解之道。通过在英国各地散布复制的发射机，在距离目标很远的位置切断“弯腿”的主波束，使其作战效果大打折扣。这可以算的上是最早的电子对抗系统，代号为“阿司匹林”，而“弯腿”则被形象地赋予了“头痛” 这一代号。

此外，还有一些因素使“弯腿”系统失去了德国飞行员的信任。即便是在不被干扰的情况下，它的精确度也是很低的，只能引导轰炸机进行效率低下的区域轰炸。另外，该系统被皇家空军知晓的事实让轰炸机机组人员感到不安，KG 1第三大队的飞行员奥托·冯·巴拉斯科(Otto von Ballasko)评论道：“据我们所知，夜间战斗机可能朝着射向目标的波束集中；越来越多的机组人员开始只使用弯腿波束进行测距，并在飞向目标的过程中远离它们。”

X系统与“弯腿”一样，有一道前进波束，但它与另外三条波束相交。当轰炸机沿着前进波束经过第一道相交波束时，距离目标还有30公里，它在波束中央列队，为侧风留下适当的余量。第二个交叉波束代表距离目标还有20公里，此时轰炸机观察员要按下一个开关，启动一个预先设定好高度的时钟。当经过第三个交叉波束时，离目标仅剩5公里，另一个开关被按下，又一台时钟被启动。这两个时钟准确地测量了轰炸机的对地航速。然后在目标上空自动投下炸弹。该系统最大有效距离略低于300公里，理论上的精度约为300米。对英国人来说幸运的是，该系统也很容易受到反制措施的影响。

X系统在当时是非常先进的，但是它要求在最后的50公里范围内进行极为精确的飞行，并且需要一位训练有素的观察员来准确操作该系统。被选中使用X系统的部队是KGr 100，它曾对波兰的目标进行过精确攻击，尽管当时还不能确认结果。此后，它作为一支普通的一线部队参加了对挪威的军事行动，并在法国沦陷前在伦敦上空进行了X系统的练习，尽管没有投弹。KGr 100是一支精英部队，它的飞行员们具备高超的盲飞技能，观察员们则因其处理复杂电子系统的能力而被选中。大队指挥官是库尔德·阿申布伦纳（Kurd Aschenbrenner）上尉，他是一位管理人员和信号专家，很少参与作战飞行。

当戈林决定让凯塞林的第2航空队集中攻击第11大队的机场时，施佩勒的第3航空队转变角色，几乎专门从事夜间轰炸作战，重启经济封锁战。利物浦和伯肯黑德港作为仅次于伦敦的第二大港，自然成为了新封锁战略的首要目标。

8月28日至29日夜，德国空军发动了针对英国的第一次真正意义上的大规模夜间轰炸。当晚共出动340架轰炸机，最大的攻击波为160架前往利物浦的轰炸机，来自LG 1、KG 27、KG 40第一大队、KG 51、KG 55和KGr 806，其中仅95架轰炸机飞抵目标上空。与此同时，KGr 100和KGr 606攻击了位于胡克里科特（Hucclecote）的格洛斯特飞机制造厂。此次空袭虽然收效甚微，但是德国空军仅损失了KGr 806的一架Ju 88A-1。接下来连续三个晚上，德国空军继续对利物浦发动空袭。“只有在最后一夜利物浦才遭受到严重损失，在市中心和伯肯黑德有160处火情。然而，只有少数炸弹击中了码头，与之前几晚

■ 正在低空掠海飞行执行武装侦察任务的KGr 100，它是使用X系统的专家。

一样，许多炸弹又广泛的散落在塞文河和迪河之间。”

■ 由于在昼间遭受了严重损失，德国空军转而进行夜间轰炸。为此，许多飞机被漆成了黑色。这架 KG 55 的 He 111 摄于巴黎郊外的机场。绝大多数识别代码被抹去，只剩下一个字母“F”。飞机机身上的十字符和万字符也经常会被遮盖。

■ 1940 年 10 月，KG 76 的地勤人员正在给一架 Do 17Z 涂上黑色油漆，以适应夜间作战需求。

空袭行动在 9 月 1 日上午结束，但摄像侦察直到在几天后才发现破坏甚微。“这表明，利物浦和伯肯黑德的码头几乎未受伤害。在市中心可以看到一些破坏，但照片还显示出，在附近空旷的乡村有大量弹坑，其中许多位于最终被确定为是诱饵发射装置的设备附近。”

9 月 3 日，戈林将德国空军的作战重点转移为不分昼夜的轰炸伦敦。

在四天后对东区码头的大规模昼间轰炸后，伦敦遭到了连续 57 个夜晚的轰炸。超过 100 万间房屋被摧毁或受损，超过 4 万平民丧生。在这些空袭行动中，许多是由 KGr 100 的 He 111 使用 X 系统进行引导的。与日后皇家空军的夜间探路部队不同，KGr 100 的轰炸机主要携带燃烧弹而不是专用的信号弹等目标标记物，因此这个大队得到了点火大队的称号。

此时对于德国空军来说，很明显它未能通过持续夜间轰炸伦敦的方式来摧垮英国人的斗志，从而让战争在短期内结束。伦敦的市民拒绝在摧毁他们家园的大轰炸面前做懦夫。英国首都实在是一个太大的目标，仅凭德国空军当时所拥有的数百架中型轰炸机根本不可能彻底摧毁如此广大的地区。这使得德国人再次改变战术，转而攻击英国的工业基地和电力设施。新一轮攻势的首次空袭是在 11 月 14 日，大约 450 架轰炸机发起代号为“月光小夜曲”的作战行动，目标为西米德兰郡的考文垂市，该市拥有大量飞机和航空发动机制造厂。第一批 KGr 100 的 He 111 于 19 时 20 分来到城市上空，一小时过后该市已化为一片火海。空袭一开始考文垂的通信线就陷入瘫痪，燃气管路和供水管路随后也被切断。当晚，德国空军在考文垂上空投下 500 吨炸弹，成功重创了 21 个工厂并扰乱了市内的军工生产达数周时间。不幸的是，由于工业目标都位于居民区附近，共有 554 人在空袭中丧生，865 人重伤，雄伟的中世纪大教堂也被摧毁。德国空军在此次空袭中仅有一架飞机被防空炮火击落。

■ 这架 KG 2 第 5 中队的 Do 17Z 安装了至少八挺 MG 15 机枪，在 1940 年 10 月 27 日夜对伦敦的一次攻击中返航后，在滑跑时陷入一个炸弹坑里。

接下来三晚德国空军又回到了伦敦，并于 17 日对南安普顿发动了次要空袭，之后连续三晚对伯明翰的轰炸同样造成了严重破坏。在这些空袭行动中，一架第 604 中队装有机载雷达的英俊战士于 11 月 20 日在牛津附近击落了一架 KG 54 第 3 中队的 Ju 88，这是装备雷达的英国夜间战斗机实现的首次击落。轰炸机无线电员乔治·佐伊斯(George Seuss)回忆道：

1940 年 11 月 19 日 14 时，我们收到关于攻击英国的一次作战简报。我们将要空袭伯明翰，飞行高度和返航航线已经标注好，这样我们不会有与(其他)来袭飞机撞上的风险。我们在约 23 时 30 分起飞，像我们之前一直做的那样飞行。漆黑的夜晚，清澈的星空，没有什么特别的事情发生。探照灯试图用光束捕捉我们的飞机，向高射炮指示它的目标。我们的飞机底部被涂成黑色，这让他们很难在地面上观察。

抵达目标前约 10 分钟，我们听到飞机内传出撞击声和爆裂声。这一定是夜间战斗机的攻击，因为我们没看到探照灯光束。我们的飞行员弗朗茨·松德迈斯特(Franz Sondermeister)马上让飞机进入俯冲，其间我们从 6000 米降至 3000 米，然后右侧发动机熄火了。虽然左侧发动机全力运作，但是我们依然无法维持高度，一直在向下落。飞行员询问距离法国或爱尔兰有多远。我总是在航行中带着一张标注着我们飞行线路的地图。弗朗茨说他已向法国飞去，因为两处的距离同样远。

随后弗朗茨说我们无法抵达法国海岸了，因为我们的高度不足。我将无线电调至紧急频率，想着在越过英国海岸时发送 SOS 和我们的呼号。突然，一道探照灯光束从下方出现，然后是一架夜间战斗机，但是这架飞机转身离开了。他没有看到我们。接着我们又看到一架夜间战斗机在没有探照灯辅助的情况下迎面朝我们逼近。他开火并点燃了我们的左侧发动机。

我们的飞行员大喊："有人受伤吗?"

没有回应，因为内部通信系统已经失效。

然后他喊道："跳伞!"

我拉下安全栓，机舱盖的后部立即消失了，我们的出口敞开了。我迅速检查了降落伞拉索的手柄：它还在支架上。我把脚伸出来，让自己滑到机翼上。几秒钟后，我拉开了伞绳，在一阵轻微的抽搐后，我被吊在了降落伞下。我作为一名士兵的自由时光结束了。

佐伊斯和松德迈斯特均成为战俘，但是

■ 伦敦城在一次夜间闪击战后的景象。

导航员海因里希·利伯曼（Heinrich Liebermann）下士和机枪手彼得·梅伊（Peter Mey）二等兵都未能生还，这是利伯曼的第一次作战任务。不过，对于1940年的德国空军来说，皇家空军的夜间战斗机不是他们的主要威胁，夜间飞行事故造成的损失远高于敌方的战机。该月的剩余时间里，布里斯托尔、南安普顿、普利茅斯、利物浦和伦敦都遭到了德国空军的夜间轰炸。

由于雨雪天气频繁，德国空军轰炸机在12月的作战受到严重影响。该月有15个夜晚没有任何空袭行动，比较大规模的夜间轰炸包括413架飞机在8日空袭伦敦，278架轰炸机在12日空袭伯明翰，336架飞机在13日空袭谢菲尔德，以及294架飞机在21日空袭利物浦。希特勒在12月24日至26日暂停了针对英国的所有作战，这让英国外交部非常恼火，他们本来准备好在圣诞节期间利用德国空军的轰炸来进行宣传。1940年的最后一次夜间空袭发生在12月29日，136架轰炸机在KGr 100的10架He 111引领下轰炸了伦敦市的目标。

10月：战斗轰炸机的时代

考虑到眼下轰炸机部队持续的减员，ErprGr 210却获得了一系列让人印象深刻的成功，德国空军最高司令部决定用Bf 109E-4和E-7进行俯冲轰炸，来代替传统的轰炸机高空水平轰炸。

魏斯少校的LG 2第二（对地攻击）大队曾活跃的参与对战斗机基地的空袭，还在9月6次袭击伦敦。该月，这支部队执行了19次作战，每次空袭通常出动20至25架战斗轰炸机，共计出动428架次，其中264架次是攻击伦敦。损失4架Bf 109E-7，3架被防空火力击落，一架在9月14日该部对伦敦的首次空袭中被第72中队的一架"喷火"击落在阿什福德上空。

为了保住他那金贵的轰炸机部队，戈林下令所有参加不列颠空战的战斗机联队（JG 2、JG 3、JG 26、JG 27、JG 51、JG 52、JG 53、JG 54）必须将自己三分之一的飞机改造为战斗轰炸机，由ErprGr 210的教官对战斗机飞行员进行技术指导。用携带炸弹的战斗机取代中型轰炸机，特别是在对伦敦的空袭中。戈林希望这些高空高速的战斗轰炸机可以无视敌机拦截，既可以轰炸伦敦，还能够避免让轰炸机部队遭受可怕的损失。这样空战又进入了另一个新阶段，昼间的轰炸任务将主要交给战斗机部队完成。

由于对炸弹挂架及其电动系统的需求量突增，德国的飞机工厂不得不在数周内加倍努力进行这一附件的生产。同样，空军战斗机部队在9月20日至10月1日也一直在忙于进行队伍的重组。各联队在决定将哪些中队转为战斗轰炸机部队时还是拥有充分的自由的，因此在这里没有标准化的问题。比如JG 26选中的是第3、第6和第9中队，JG 52则挑选了第2、第6中队（其第三大队已经回国），不过有资料显示JG 52从未执行过战斗轰炸作战，接下来两个月里它主要负责掩护

LG 2 的战斗轰炸机。唯一可以确定的是只有经验丰富的飞行员才能承担战斗轰炸任务，因为 Bf 109 这种起飞操作困难的飞机在加装了炸弹后对技术的要求只会更高。携有炸弹的 Bf 109 在空中的时速降低了大约 20 英里，只含挂架时则降低 10 英里。最终德国空军在很短的时间里便拥有了一支由 200 至 250 架飞机组成的战斗轰炸机部队，但是他们的战斗力究竟如何呢？事实上德国空军根本没有时间来教会战斗机飞行员如何进行投弹操作，绝大部分人在第一次执行轰炸任务时只是随便地将炸弹扔在伦敦或其他英国城市。

■ 一架携带炸弹的 Bf 109E 战斗轰炸机。

仗打到这个时候，加兰德回忆道绝大部分战斗机飞行员对新任务毫无热情，他们尽一切努力来拖延重组的进度。加兰德声称自己对这一命令感到“愤怒而又无能为力”，他在回忆录里将此举比喻作一个人明知自己的刀变钝的时候不去将其磨砺的更为锋利反而试图使用刀背去攻击敌人。此时身在第 2 战斗机指挥部的奥斯特坎普少将也同样感到十分气愤，他认为这个命令“愚蠢无知”并亲自打电话给空军总参谋长耶顺内克询问作出这一决定的理由。耶顺内克回答他这个命令已经得到了元首的批准并补充道：“我们已经掌握到了可靠的情报显示英国人的士气极为低落，下一次的轰炸可能就会使他们崩溃。”

不过，后来的研究显示加兰德在战后回忆录中关于大多数战斗机飞行员对新任务毫无热情的说法是可疑的。如上所述，Bf 109 在携带一枚炸弹时的机动性和速度都会下降，一旦丢掉炸弹，飞机很快就可以转变为纯粹的战斗机，时速仅因炸弹挂架而降低 10 英里。皇家空军对这段时间里被俘的德国飞行员的审讯记录中也找不到支持加兰德观点的证据，而且难以理解如果加兰德的表述是普遍观点，那为什么维尔纳·莫尔德斯少校还要让他的弟弟维克托·莫尔德斯（Victor Mölders）去指挥一支战斗轰炸机中队。

尽管如此，戈林引入这种新战术的方式毫无疑问是让战斗机飞行员们感到不满的。如果他给予后者更多的是表扬而不是批评，或者他以客观且令人信服的方式提出采用战斗轰炸机战术的理由的话，战斗机飞行员们应该会以更认真的态度对待他们的新任务，就像之前接受为昼间轰炸机提供密接护航的任务一样。然而，戈林选择的是将昼间轰炸作战失败的原因全部推到德国战斗机飞行员身上，在他看来，战斗机部队未能给轰炸机提供足够的保护，那么他们就得自己携带炸弹去轰炸英国。他们被分配到这个新任务是因为他们在其他方面没有表现出作用，如果在这个任务上也失败了，那么战斗机部队就可以被撤销了。用帝国元帅的话说，战斗轰炸机作战是对战斗机部队的一种变相惩罚。

不列颠战役失败的最大罪人当然是戈林本人，德国空军最高司令部其他参谋人员的观点显然与他们的最高长官不同，作战部在10月25日发布的消息中就包含了对战斗机轰炸机的殷切赞扬。然而作战部试图弥补戈林的直接干预所造成伤害的努力是徒劳的，帝国元帅在访问各战斗机联队时提出的刻薄批评已经深深印入了战斗机飞行员们的脑海。

通过在战场上改装364架Bf 109E-4并从工厂交付186架E-7，战斗轰炸机部队在10月迅速扩充。该月共执行140次作战，出动2633架次，其中60%来到了伦敦，37%向其他目标投弹，主要是天气原因，还有3%放弃作战。

皇家空军官方战史承认："相当高比例的小型携弹编队在不受干扰的情况下抵达了它们的目标。"根据道丁日后的报告，在德国空军采用的所有战术中唯有这一种最难进行有效反击。由于战斗轰炸机编队的速度远快于轰炸机编队，这使得它们可以更容易的对伦敦进行突袭。在使用战斗轰炸机时，皇家空军从收到入侵的警告到德机轰炸伦敦之间可以用来进行拦截准备的时间只有20分钟。此外，由于摆脱了双发轰炸机的束缚，德国战斗机现在一般在比以前更高的海拔活动。这样在面对英国战斗机时，德机将拥有一个可以进行俯冲攻击的有利位置。阿道夫·加兰德说道："因为我们总是试图保持在对手的上方，所以空战在越来越高的高度进行。我的个人纪录是8200米，但你可以看到Me 109和'喷火'在超过9000米的高度进行格斗战，接近平流层的下限。你可以看到它们在深蓝色天空下的蒸汽尾迹。"

10月1日10时30分后，德国空军出动约80架来自JG 2、JG 53和ZG 26的Bf 109和Bf 110分成两批向朴次茅斯港逼近。尽管英国派出了数量相当的战斗机迎敌，最后取得胜利的却是德军。总计4架"飓风"战斗机被击落，JG 2第一大队长赫尔穆特·维克上尉在这场战斗中接连取得了个人的第35和第36次空战胜利，另外两架敌机则记在了ZG 26的账下。

■ JG 53的一架Bf 109E战斗轰炸机，注意发动机罩上的红带标记。

JG 53 的红带事件

JG 53 自静坐战争以来一直在他们的 Bf 109 战斗机发动机罩上骄傲地佩戴着联队徽章“黑桃 A”。当他们在 1940 年 7 月底被要求涂掉队徽并在发动机罩上用一条 25 厘米宽的红带代替时，“黑桃 A”联队的队员们感到非常震惊。JG 53 第三大队的飞行员赫尔曼·诺伊霍夫说道：“我们很反感。我们得到的解释是，英国人知道我们‘黑桃 A’联队的存在，所以我们要把我们的‘黑桃 A’拿掉，以免为他们的情报工作提供便利。但我们都不相信这一点。我们知道，我们的联队长汉斯·尤尔根·冯·克拉蒙中校娶了一位所谓的‘非雅利安’女人，这是戈林和其他纳粹大佬们的眼中钉。但他拒绝与她离婚，而他的所有下属都支持我们的指挥官。因此，我们不得不把我们的‘黑桃 A’换成‘红色的耻辱圈’。”

情况是否真的如此一直没有得到澄清，但事实是，莫尔德斯的老部队 JG 53 第三大队确实由于诺伊霍夫所说的原因而反对戈林，这种不信任是相互的。事情始于沃尔夫·迪特里希·维尔克上尉，他曾在莫尔德斯手下担任过中队长，并在多个方面以他为榜样，维尔克于 8 月 13 日接任 JG 53 第三大队长一职。诺伊霍夫说到：“我们从来都只称呼维尔克为‘亲王’，这表达了我们对他的尊重。他不仅是一位优秀的飞行员，而且在各方面都是一个伟大的人。他总是忠于他的战友们，无论是上级还是下级。如果有人犯了错误，维尔克会确保他得到尽可能轻的惩罚。战后，总是流行说某某不是纳粹，但维尔克是真的对纳粹怀有敌意。他最大限度地支持我们的联队长，因为上头有命令要涂掉我们的‘黑桃 A’，维尔克的回应是把我们大队所有飞机尾翼上的万字符涂掉。”

直到不列颠战役已经进入尾声的 11 月 20 日，JG 53 才终于得到允许重新使用他们所钟爱的“黑桃 A”联队徽。此后直到战争结束，“黑桃 A”标志都没有离开过每一架 JG 53 的飞机。

■ 1940 年 11 月 20 日，JG 53 新任联队长京特·冯·马尔灿少校观看“黑桃 A”队徽在飞机发动机上的回归。

13时12分，约50架飞机分两批越过多佛海岸，其中约30架向内陆飞行一段距离后返回了法国。14时02分，又有近100架飞机组成两个编队直逼比金山。虽然第二波部队在越过海峡后不久就因故返航，第一波飞机中剩下的一个包括部分战斗轰炸机的编队则继续前进。英军派出多达13个战斗机中队进行拦截，结果德机依然成功地将炸弹投在新罗姆尼镇并在重重围堵中仅损失一架Bf 109E-1战斗机。这架被击落的德机隶属于JG 26第4中队，两架第41中队的"飓风"在法尔默上空将其打得凌空爆炸，驾驶员汉斯·布鲁德(Hans Bluder)中士当场阵亡。

傍晚，70架德机分三批越过海峡发起新一轮攻击。部分前往肯利地区，剩余的包括38架LG 2第二(对地攻击)大队的Bf 109战斗轰炸机在内的机群则在JG 26和JG 51的保护下直接深入伦敦市中心。尽管遭到了拦截并被打散，但绝大多数高空飞行的战斗轰炸机还是设法将炸弹投在了市南郊并安然逃逸。只有JG 51第1中队损失了一架Bf 109E-4，飞行员在跳伞后被俘。这次攻击没有给英国人造成多大的物质损失，只不过是使工厂的工人们不得不暂时停下工作进入防空掩体。

利用10月2日的好天气，战斗轰炸机们再度蜂拥而出。首先出动的是LG 2第二(对地攻击)大队的老兵们，它的一个中队在9时起飞，由JG 54的大约40架Bf 109掩护飞往伦敦。由于Bf 109在飞到英吉利海峡前爬升到了6000米，所以它们很快就被英国的雷达发现，8个中队升空迎击敌机。当德国人来到英国上空时，皇家空军的战斗机飞行员报告这些只是Bf 109，并收到了地面指挥官的命令不要攻击。JG 54的约30架Bf 109留在多佛上空盘旋，而其余的护航机则和战斗轰炸机一起继续向伦敦飞去。之后不久，道丁收到了一份报告，称炸弹正落在伦敦。他将这一信息发送给帕克，后者将其转发给了他的指挥官们。当英国人终于意识到德军正在使用战斗轰炸机来攻击首都时，进行干预已经太晚了。战斗轰炸机们毫发无损的飞出多佛海峡，返回了它们的基地。

在LG 2第二(对地攻击)大队飞回法国后约半小时，JG 53第8中队的战斗轰炸机就在同联队另外40架Bf 109的护卫下向英国飞去。战斗轰炸机飞行员们分头行动，一些人攻击了林姆尼机场(那里有一个防空掩体和一辆卡车被炸弹击中)，而主力部队则袭击了伦敦。这一次皇家空军的战斗机飞行员没有再放跑敌人，第603中队在高空护航机没有注意的情况下偷袭了战斗轰炸机，使JG 53损失了4架"埃米尔"。

与此同时，共有109架德国轰炸机在英伦三岛上空进行了各种骚扰性空袭。由于战斗机司令部通常不会派出战斗机来对付单飞的敌机，因此尽管没有云层可以躲藏，参加10月2日作战的大部分德国轰炸机也能安全返航。

10月3日的天气状况与前一天完全相反。德国人利用低能见度、降雨、云层和大雾，派出几十个擅长仪表飞行的轰炸机机组，攻击英格兰各地的机场和工业目标。15个空军基地落下了德国人的炸弹。但在大多数地方，损失是轻微的。值得一提的是，由 KG 77 第 4 中队的奥托・比绍夫（Otto Bischoff）少尉驾驶的一架 Ju 88 在 50 米高度向赫特福德郡的哈维兰工厂投下了 4 枚 250 公斤炸弹，这些炸弹在潮湿的草地上弹起，钻入了生产车间。这次空袭造成 22 人死亡，70 人受伤。炸弹还摧毁了全新的"蚊"式轰炸机的 80% 库存材料，当时距离"蚊"式原型机的首飞还有 6 周的时间。

在经历了一整天的云雨天气后，10 月 5 日，德国空军战斗轰炸机继续对英格兰南部进行袭扰，包括多佛和伦敦在内的多座英国城市遭到轰炸。在约 30 架 Bf 109 对多佛的低空袭击后，包括 JG 51 的战斗轰炸机、ErprGr 210和 LG 2 在内的约 150 架飞机在林姆尼附近越过海岸线。同时，另外 100 架战斗机则飞向伦敦。后来，又有 120 架飞机越过肯特郡飞向伦敦和机场。为了对付这些德机皇家空军在一天之内出动了几乎 1200 架次的战斗机，但是效果并不理想。占据优势的英军损失了 5 架战斗机和一名飞行员，德国空军有 7 架 Bf 109 被击落，4 名飞行员被俘，3 人被德军海上搜救队救回。在下午的一场战斗中，JG 2 第一大队长赫尔穆特・维克上尉声称击落了 3 架"飓风"。傍晚，他们又对英格兰南部发起攻击，维克回忆道：

晚上我再次出击。在这一特殊的场合下，我失去了警戒心，这种情况第一次发生。但是我刚取得了自己的第 39 次空战胜利，非常渴望取得我的第 40 次（空战胜利）。这一次我真的要努把力。我从一个不适合的位置向一个"喷火"中队发起攻击，对方清楚地看到了我们。我们的攻击没有效果，敌人从我们下方经过，这对我来说是一个耻辱。我看到身下有一个"喷火"小队。在数千米至五百米之间的高度上爆发了激烈的战斗。我全速追着一位英国佬并向他射击，但在云层中失去了他的身影。随后我看到他从云层中掉出来，失去数块蒙皮并坠落。我朝上看见另外 3 架"喷火"准备攻击我。我转向它们并向右侧的一架开火。另外两架飞机处于无法攻击我的位置，对于我来说幸运的是，它们急转弯后离开了——与它们的战斗可能使我迎来糟糕的结局。

维克声称击落了两架"喷火"，这让他的个人战绩提升至 41 次空战胜利。他在第二天获得了希特勒亲自颁发的橡叶骑士十字勋章，并晋升为国防军最年轻的少校（25 岁）。

ErprGr 210 在对西莫林的攻击中损失了两架 Bf 110，其中包括代理大队长维尔纳・魏曼（Werner Weymann）中尉的座机，他坠入海峡丧生，这已经是这个大队自 8 月 15 日起损失的第四位大队长了，不过部队的士气依然相当高昂。

10 月 6 日的坏天气使任何大规模行动不再可行，但是第二天第 2 航空队再次派出携带炸弹的 Bf 109 和 Bf 110 进行新的攻击尝试。在第一次攻击中，来自 LG 2 第一（战斗机）大队的 9 架 Bf 109 在 JG 3 的护航下试图轰炸位

■ 1940年10月6日，JG 2第一大队长赫尔穆特·维克上尉(中)向两位同僚演示空战战术。

于达利奇(Dulwich)的火车站。在多佛附近，这个编队遭到了“喷火”战斗机的拦截。3架战斗轰炸机不得不提前扔下携带的炸弹，但是剩余的德机依然顶住压力继续前进并在目标上空完成投弹。15分钟后，来自JG 51第一大队的8架战机在前往伦敦的途中同样遭到了“喷火”的攻击并损失了3架飞机。又过了半个小时，LG 2第二(对地攻击)大队的20架Bf 109由JG 27伴随成功突破伦敦上空的防御并目击炸弹命中目标区域。下午，LG 2的两个大队继续完成了各自的单日第二次攻击行动。首先越过海峡的是第二大队的19架Bf 109，虽然有JG 26和JG 27护航，但是他们没能突破皇家空军的空中封锁线。德军报告有两个“喷火”中队和一个“飓风”中队进行了拦截。海因里希·福格勒(Heinrich Vogler)中尉率领的第4中队损失了两架飞机及其飞行员。

下午晚些时候，10架来自JG 3第二大队的战斗轰炸机攻击伦敦并命中了市西北部的西印度码头。一小时后LG 2第一(战斗机)大队再次登场，护航部队依然是JG 26和JG 27。这一次泰晤士河湾的数个码头遭到轰炸，首都的几个区内也引发了新的火灾。在西边，第3航空队派出了20架KG 51第二大队的Ju 88自9月31日后再次前往约维尔攻击韦斯特兰飞机工厂，JG 2和JG 53分别出动了52架和7架Bf 109保护轰炸机，ZG 26也提供了39架Bf 110作为护航兵力。在此次行动中Bf 109部队没有遭受任何损失，但是Bf 110再一次显示出它并不是灵活的英国战斗机的对手，共有7架这种大型双发战斗机被击落，还有两架Ju 88的损失，英国方面也有9架拦截机被击落。对韦斯特兰工厂的空袭是德国空军最后一次针对英国目标的大规模轰炸机昼间作战。未来，德国空军在英国上空的昼间行动就只有战斗轰炸机和轰炸机的小规模骚扰空袭。这样一来，对驱逐机的需求就降低了。与此同时，夜间战斗机部队也迫切需要更多的Bf 110。Bf 109终于在德国空军的昼间作战中彻底占据主导作用。

这一天结束时，德国空军共损失9架Bf 109。6名战斗机飞行员被俘，一人阵亡，两人在跳伞后被友军救回。在被俘者名单上就包括维尔纳·莫尔德斯少校的弟弟——时任JG 51第2中队长的维克多·莫尔德斯中尉，他这样回忆自己的最后一次作战：

10月7日，星期一，10时至10时30分，我的哥哥下达起飞命令。我的中队——8架携带250公斤炸弹的飞机——将要从皮昂(Pihen)起飞，爬升到6000米高度抵达伦敦，并向码头投下炸弹。然后我们要尽快返航。我们将得到司令部小队和另外8架飞机的护航。

抵达泰晤士河口时，我的哥哥告诉我他将留在该高度并返回皮昂，因为他的燃料快用完了。我和我的僚机俯冲入场并在屋顶高度飞过伦敦的街头。看到防空炮弹在我的上方爆炸是一种非凡的体验。我们投下炸弹并朝法国飞去。突然我听道："印第安人(敌机的代称)在你身后!"向周围看去我发现约30架飞机从6000米高度向我们扑来。我等着它们靠得更近一些来做出规避动作并面对它们。然后我只记得散热器被一发命中，乙二醇泄漏出来，发动机温度快速升高。我决定留在低空，因为发动机已无力将飞机抬得更高。我间断地打开和关闭发动机，注意到一架皇家空军战斗机在跟着我。不久后我飞入云中，当我飞出来时，我看见我的追击者就在旁边。然后我在某处和他失散，再也没有见到过。

高度太低无法跳伞，我到处寻找可以降落的地方。我飞过的地方到处停放着旧卡车和其他防空障碍物。最终我不得不降落在一道反坦克壕沟的边缘，我做得相当漂亮。飞机甚至没有着火。我很快就被国土防卫队的人员俘获，他们把我带上一辆劳斯莱斯并回到基地饮茶吃蛋糕。然后他们将我带到了警察局。

■ 10月7日，JG 51第2中队长维克多·莫尔德斯中尉在英国上空被击落，迫降后成为战俘。

当天结束时，德国空军对伦敦共发动了约15次空袭，其中3次Bf 109战斗轰炸机的攻击虽然得到了护航却依然未能抵达目标。一些飞机不得不选择其他备选目标，有的则在伦敦上空过早投下了他们的炸弹。第3航空队也报告："……敌军战斗机的防御表现出了迄今所不曾有过的顽强。"

德国空军在10月8日至24日，这17天中的10天出动了战斗轰炸机，虽然它们的表现相当活跃，但是攻击效果往往很难通过目击来确认。战斗轰炸机战术实施的理想天气状况是多云，这样在遭到拦截时它们能立刻找到云层隐蔽，由此带来的问题就使准确的观测和定位成为不可能。举例来说，10月11日德国空军召回了数批已经出发的战斗轰炸机，原因正是获知目标上空晴朗无云，继续前进可能太过危险。另外，在3000至10000英尺高度以45度角俯冲投下SC250炸弹根本谈不上有什么准度，炸弹大多随机落在了目标周围。加兰德对此给出的评价是："除了它们的骚扰价值外，（它们）几乎没有任何军事价值。"

不过德军战斗轰炸机部队确实是此时真正让战斗机司令部感到头疼的麻烦，这些飞机通常高速飞行在超过32000英尺的高空，而Bf 109的性能则优于任何一款"飓风"战斗机和此时正在服役的"喷火"战斗机。实际上能够真正威胁到它的只有"喷火"，因为唯有这种飞机才能及时在短时间内爬升到30000英尺高度进行拦截。德国战斗轰炸机的目标并不固定，它们时而攻击伦敦，时而攻击战斗机机场。英国战斗机面对这样的敌人往往疲于奔命，花费好大精力却无法打击到对手。更糟糕的是，由于战斗轰炸机往往在多云的天气状况下出动，英国海岸观测员们根本就看不见它们在哪里，报告给上级的敌机组成和高度等信息更充满错误。为了克服这一困难，道丁爵士在9月即下令成立第421和第422观测分队，它们装备了"飓风"Ⅱ型和"喷火"Ⅱ型，主要任务是侦察敌机编队的动向并将信息及时通报给第11大队司令部。尽管担负侦察任务的飞行员被命令避免与德机交火，在实际行动中却很难做到。仅第421观测小队就在10天内遭遇了7次空战，有4架飞机被击落。虽然遭到了一定损失，观测机部队还是证明了其存在价值。它们搜集到的数据由第11大队司令部接收并分析，一旦发现敌机编队中包括战斗轰炸机，司令部将动员各分区的战斗机部队起飞拦截。

然而除了拦截任务外，各"喷火"战斗机中队每天还要执行大量巡逻任务。这主要是为了在德机入侵时能有部分战斗机可以立刻投入战斗，这比起在机场完成大量准备工作后起飞拦截效果好多了。为了节省机上携带的氧气，巡逻时的飞行高度一般维持在需要使用氧气罩的高度以下。这样英国战斗机在面对德机时往往在高度上处于劣势，容易遭到德国护航战斗机的俯冲攻击。

10月8日，德国空军的攻击行动早早开始。伦敦又一次成为主要目标，在8时30分至13时这段时间里遭到了4次战斗轰炸机的攻击。在其中的两次攻击行动中，由于德机的飞行高度极高，皇家空军的战斗机没能来得及作出任何回应。入侵者几乎完全没有受到干扰地突破了空中防御并完成投弹，炸弹命中了查令十字街、政府大楼、塔桥和BBC大楼。为了对付德国战斗轰炸机皇家空军出动战斗机639架次，损失了两架飞机和3名飞行员，在阵亡者中就包括不列颠空战中击落敌机最多的非英籍皇家空军飞行员：来自第303中队的捷克飞行员约瑟夫·弗兰蒂塞克（Josef Frantisek）中士，其最终个人战绩为17架，令人惊讶的是，这全部是在不到一个月的时间内取得的，可能是JG 54第三大队的飞行员击落了他。德军战斗机部队在当天的损失则为两架战斗机及其驾驶员。

■ 约瑟夫·弗兰蒂塞克中士，他先后加入了捷克斯洛伐克、波兰、法国和英国空军，并助力第303中队成为不列颠战役中战绩最高的皇家空军中队。

10月9日风雨交加的天气为战斗轰炸机战术的实施提供了良好的条件，三次大规模攻击的目标主要是伦敦和第11大队下属机场。第二天，第2航空队在同一时间内发起多次攻击行动。17架来自JG 3的Bf 109将炸弹丢向伦敦，JG 54攻击了多佛附近的防空炮阵地，LG 2第二(对地攻击)大队则派出12架战斗轰炸机两次空袭阿什福德。

现在，德国空军最顶尖的三位战斗机飞行员为头号王牌桂冠的竞争已经进入白热化，并将一直持续到1940年结束。莫尔德斯、加兰德和维克在1940年10月10日的空战胜利总数分别为：42次、42次、41次。

10月11日，加兰德和莫尔德斯先后取得了第43次空战胜利，但当加兰德在完成当天的最后一次任务返回法国时，欧当贝尔机场上气氛热烈。通过收听飞行员之间的无线电通信，每个人都知道他们的联队长取得了第44次空战胜利，在王牌飞行员之间的竞争中占据了领先地位。但加兰德并没有保持他的领先优势很久。第二天，莫尔德斯在两次作战中击落两架“飓风”和一架“喷火”，将他的胜利总数增加到46次。

从英吉利海峡上空掠过的浓浓秋雾使白天的空中活动减少了数日，但在10月15日，随着天空放晴，多达7个联队(JG 2、JG 3、JG 26、JG 51、JG 52、JG 54和LG 2)的战斗轰炸机部队继续对伦敦施压。所有联队均在这一天执行了两次空袭任务，此举严重干扰了伦敦的铁路运输系统。

三位德国顶尖王牌飞行员的飞机都来到了英国南部上空。莫尔德斯少校击落了一架第229中队的“飓风”(47次)，加兰德在泰晤士河口以南6500米的高空发现了一个英国战斗机编队。事后他写下了这份战斗报告：“任务，外围掩护LG 2第二大队和我们的战斗轰炸机前往伦敦。在入场飞行途中，我和我的中队保护LG 2第二大队免遭一个‘喷火’中队从后方的攻击。我从下方逼近，攻击了一架与其他飞机分离的单飞‘喷火’。我在150至200米处开火，可以看到子弹取得命中。那架飞机进入平飞。我的僚机和我分别对那架‘喷火’进行了一次攻击，它飞得很慢，没有采取任何规避动作。突然，我们看到飞行员跳伞了。在他的降落伞打开之前，他至少自由落体了1000米。”

与英国方面的报告对比表明，最终成为加兰德第45次空战胜利的“喷火”属于第92中队。维克少校参加了JG 2和ZG 26在怀特岛上空的一次大规模战斗机扫荡，他们遇到了来自第10大队的4个中队，在随后的战斗中，JG 2声称取得了10次空战胜利，但英方实际只损失了两架飞机，这10次空战胜利中的一个被记为维克的第42次空战胜利。

10月10日至15日，与战斗轰炸机和“骚扰”轰炸机有关的空战导致英方损失了40架战斗机，只有19架Bf 109和3架德国轰炸机被击落。没有人比帕克更关心这个问题了。10月15日，他向他的空中管制员和分区指挥官发出了新的指示。为了让他的战斗机有时间比对手爬得更高，帕克决定放弃让中队组对行动，甚至组成大型联队的战术。

10月17日，德国空军向伦敦派出了110架战斗轰炸机，分为4个突击队。前两次几乎没有引发任何空战。但对伦敦的第三次空袭遭到了至少14个英国中队的攻击。这场战斗见证了德国空军第一位阵亡的骑士十字勋章获得者（不计入死后被追授骑士十字勋章的获得者）。JG 53的战斗轰炸机在英国上空与拦截机交手，第一大队长汉斯·卡尔·迈尔上尉此时刚结束休假不久，没有率队参加此次作战，而是驾驶着一架Bf 109E-7进行飞行测试。但在通过无线电听到JG 53，尤其是第一大队陷入苦战后，他可能驾机飞去提供帮助。此后发生了什么仍然是个谜，10天后，一具尸体在肯特郡的利特尔斯通（Littlestone）冲上岸，并被送到皇家空军霍金奇基地的停尸房。这是一具德国飞行员的尸体，除了代表JG 53第1中队的识别号码67005/1-67005外，没有其他可以证明身份的物品。几周后，皇家空军的情报部门才意识到他们将汉斯·卡尔·迈尔作为一名不知名的德国军官埋葬了。迈尔的阵亡不仅对JG 53，而且对德国空军来说都是一个打击，这位优秀的王牌飞行员参加过西班牙内战并获得了8次空战胜利，“二战”爆发后又取得了22次空战胜利，并于1940年9月3日被授予骑士十字勋章。

■ 据信是迈尔上尉在10月17日的最后一次飞行中驾驶的Bf 109E-7，他的具体死亡原因至今不明。

此次作战，进攻方损失了3架Bf 109，全部来自JG 53。莫尔德斯和JG 53的两名飞行员声称各击落了一架“喷火”。事实上，有两架“喷火”被击落，两名飞行员都没有生还。20分钟后，莫尔德斯降落在圣英格利弗（St. Inglevert）机场，报告他的第48次空战胜利：

他的飞机在机场上空咆哮，机翼摆动，表示新的胜利。像往常一样，当他的飞机着陆后滑跑时，全体地勤人员都急忙围了上去。他的手下急切地想知道细节，以及他是否对他们在飞机上的工作感到满意。于是，他打开了驾驶舱盖——然后大笑起来！他的脸上仍有战斗带来的紧张感，但他在笑！他与所有通过辛劳工作保障这次胜利的人握手。对莫尔德斯来说，首先握手的自然是他的地勤人员。他说："在伦敦，几乎没有一张窗户纸留下。人们不禁要问，英国人还能忍受这些昼夜轰炸多久!"

至10月底，德国空军战斗机部队依然装备Bf 109E-1、E-3和E-4，虽然很多已经被改造以适应最新的需求。最新入役的Bf 109E-7基于E-4型，加装了所有必需的轰炸设备，而且它还可以外挂一个300升的油箱。如果这些辅助油箱更早被投入战斗，续航力提升的Bf 109可能对战役的进程产生重大影响。

在1940年10月，大部分德国战斗机飞行员已经知道他们即将装备一种新型的战机，那就是Bf 109F。尽管从外表来看这好像只是更具流线型的Bf 109E，但实际上它已经是一款完全不同的飞机了，在飞行性能上对皇家空军的"喷火"Ⅱ型占据绝对优势。新型Bf 109的弱点是武器装备，机翼上的两门MG FF机炮被替换成了一门通过螺旋桨毂发射的机炮。但这对于像莫尔德斯这样的神枪手来说，并不构成问题。

10月22日，莫尔德斯少校驾驶一架预产型Bf 109F-0首次投入实战，他在梅德斯通西北部的战斗中击落3架敌机(49至51次空战胜利)，迈入新的里程碑，成为二战中第一位击落50架敌机的飞行员，三天后便晋升为中校。11月底，第一批Bf 109F-1型出厂。哪支部队将首先获得这种飞机成为众人关注的问题。在月初的会议中原打算各分配12架飞机给JG 2、JG 27和JG 51，在后来修正的决议中JG 26取代了JG 27获得这一荣誉。这样，新型飞机最终交给了德国空军战斗机部队此时最著名的指挥官(赫尔穆特·维克、阿道夫·加兰德、维尔纳·莫尔德斯)麾下的队伍。

■ 1940年10月22日，莫尔德斯少校在取得第50次空战胜利后与来访的奥斯特坎普少将(左二穿大衣)交谈，中间佩戴骑士十字勋章的是第三大队长瓦尔特·奥绍上尉。

10月25日，战斗轰炸机的攻势达到了高潮，在明媚的阳光照耀下，德国空军派出了634架战斗机(包括186架战斗轰炸机)。JG 27、JG 51、JG 53、JG 54和LG 2第二(对地攻击)大队均对伦敦发起了3次攻击，护航机的数量通常是战斗轰炸机的两倍。战斗机司令部共出动了776架战斗机作为回应。在其中一次战斗中，莫尔德斯再次驾驶Bf 109F-0在僚机的伴随下前往英国寻战，与他同行的还有最近刚调到JG 51联队司令部的汉斯·阿斯马斯(Hans Asmus)上尉，阿斯马斯使用的是莫尔德斯的前任座驾——工厂编号3737的Bf 109E。当在30000英尺高度飞临肯特郡上空时，他们发现约15架“喷火”战斗机正在下方1500英尺的位置相对而行。这几位德国飞行员迅速转向并打算从后方袭击英国编队，但阿斯马斯在转向的过程中注意到他们上方2500英尺处还有一整个中队的“喷火”战斗机！这真是螳螂捕蝉黄雀在后！驾驶着Bf 109F的莫尔德斯利用速度的优势迅速脱离了战斗，此时阿斯马斯发现自己遭到了一整个“喷火”中队的追击。最终阿斯马斯在被击落后当了俘虏，英国人检查他的飞机残骸时惊讶地发现方向舵上竟有多达49个击坠标志，这使得他们以为抓住了一位德军大王牌。而实际上它的真正主人，德国空军头号王牌飞行员莫尔德斯早已安全返回法国并在归途中又取得了两次空战胜利。双发中型轰炸机难得再次现身，攻击了16个皇家空军基地，Bf 109战斗轰炸机也空袭了马特尔舍姆和霍金奇机场。全天德国战斗机部队共执行18次战斗轰炸护航作战。

加兰德在10月25日飞行了3个架次，但颗粒无收。急于追赶莫尔德斯的他在第二天决定冒着恶劣的天气与JG 26第3中队一起飞向英格兰。在8000米的高空，他发现了一架第605中队单飞的“飓风”正在大胆地爬向Bf 109。加兰德立即进行了攻击，将这架鲁莽的飞机击落(第46次空战胜利)。

10月27日，德国空军利用多云的天气，继续以老练的战斗轰炸机战术空袭英格兰南部，当天又出动了少量双发轰炸机加入战斗。朴次茅斯和伦敦均遭到了多次袭击，皇家空军的数个机场也屡遭德机骚扰。皇家空军战斗机司令部总计出动1007架次迎敌，取得的战果不过是7架Bf 109，6名飞行员被俘，一人阵亡。要知道在8月15日皇家空军仅出动974架次战斗机就击落了76架德机。当天JG 52第一大队执行了不列颠战役期间的最后一次作战，3名飞行员成为战俘，四天后，这个疲惫的大队被撤回本土休整，在海峡前线奋战3个月后，这个大队只剩下了7位可用飞行员，开战时的36名飞行员中，此时仅有4人还在队中。

10月29日，第2航空队发起了代号为“歌剧厅”的行动。71架Ju 88(31架Bf 109护航机)和52架Bf 109战斗轰炸机(99架Bf 109及Bf 110护航机)对多个英国空军机场进行低空突袭，造成大量机库、兵营和储油库被破坏。德军报告共在地面上摧毁了27架多引擎飞机，被击伤的飞机数量可能更多。下午，123架战斗轰炸机和75架双发轰炸机在大量战斗机

■ 10月25日，这架JG 54第5中队的Bf 109E-4在护航攻击伦敦的战斗轰炸机时被击落，飞行员成为战俘。

■ 10 月 28 日，戈林来到 JG 2 位于瑟堡的基地访问，他身边穿着皮夹克的就是联队长维克少校。

的护航下继续成功攻击了伦敦和瓦士湾之间的 15 个机场。值得注意的是，这一天德国空军第一次使用了 SD 2 蝴蝶炸弹，这种两公斤重的小炸弹给英国人带来了意想不到的大麻烦。以皇家空军的沃提夏姆机场为例，蝴蝶炸弹造成的后果是大量飞机受损，12 人身亡，27 人负伤。为了彻底清除它们，该机场不得不停止运作达三天之久，在排爆过程中又有两名军械士身亡，一名军械官受伤。SD 2 炸弹造成的威胁是如此之大，以至于 11 月 2 日英国发布一道命令禁止市民在清晨和晚上的一段固定时间内外出到周围的乡村，因为这段时间里德军最有可能前来投弹。

一位年轻的少尉在与皇家空军战斗机的空战后被击落迫降在海峡中，幸运的是他被德国空军有效的海空救援组织救回。这位飞行员就是 JG 52 第 6 中队的格尔哈德·巴克霍恩(Gerhard Barkhorn)少尉，日后他将在俄国上空成长为一位超级王牌，并成为仅有的两位击落敌机数量超过 300 架的飞行员之一(另一位是埃里希·哈特曼)，然而不列颠之战对于巴克霍恩来说毫无疑问是一个苦涩的开始。

ErprGr 210 当天失去了它的第五位大队长——第 3 中队长兼代理大队长奥托·欣策中尉。下午，他驾驶自己的 Bf 109 从加来-马尔克机场起飞执行个人的第 53 次作战飞行，他和他的中队奉命对伦敦的码头地区执行一次佯攻。在简报中没有给出具体的目标，但总体原则是如果他们无法攻击码头，那么就将炸弹投在附近别的地方。一切进展顺利，但是在返航途中，他们遭到了“喷火”的拦截，其中一架飞机从后方对欣策发起攻击。第一轮射击就击伤了冷却系统，欣策的飞机开始冒出一股白烟。他的 Bf 109 随后又遭到第 222 中队“喷火”飞行员伯吉斯(J. H. B. Burgess)中士的俯冲攻击，伯吉斯从 300 码处开火直至接近到 50 码距离，持续 7 秒的射击让梅塞施密特战机的引擎燃起大火。欣策打开座舱盖后跳伞，虽然肩膀被机尾击伤，他还是安全的降落在阿什福德以西，成为一名战俘。欣策于 1940 年 11 月 24 日被授予骑士十字勋章。

在那之后，ErprGr 210 转变回在 7 月刚投入不列颠之战时的角色——攻击商船队。在损失了 5 位大队长后，这支部队由原 ZG 2 第二大队长卡尔-海因茨·利斯曼（Karl-Heinz Lessmann）少校指挥。但他没有任何驾驶Bf 110战斗轰炸机的经验，所以实际上率领ErprGr 210的Bf 110进行作战的是第1中队长沃尔夫冈·申克（Wolfgang Schenck）中尉，他日后将在苏德战争中升任ZG 1联队长，并率领申克飞行队测试Me 262作为战斗轰炸机的表现。

沃尔夫冈·申克

1913年2月7日生于德属西南非的温得和克（Windhoek），他的父亲是一位农民。在他的母亲于1923年去世后，申克和他的妹妹搬回德国柏林生活。1934年，他回到西南非在一个咖啡种植园工作。1936年，申克离开非洲，作为一名候补军官加入德国空军。完成飞行训练后，他于1938年被分配到JG 132第二大队，该大队在1939年5月1日更名为ZG 1第一大队。申克作为ZG 1第1中队的一员参加了1939年9月的波兰战役和1940年春的挪威战役，他在1940年5月11日取得了第一次空战胜利，但是在5月16日与英国皇家空军"飓风"战斗机的交战中身负重伤。伤愈归队后，申克发现他的中队现在已经成为ErprGr 210第1中队。他于9月5日成为大队副官，凯塞林于10月1日访问该部后，任命维尔纳·魏曼为代理大队长，申克则成为第1中队长。后来，ZG 2第二大队的利斯曼少校担任ErprGr 210大队长，由于精通Bf 110作为战斗轰炸机的使用技术，实际上在绝大多数任务中负责率领大队的是申克。1941年4月24日，ErprGr 210更名为SKG 210第一大队，并转移到东部准备参加入侵苏联的战争。8月14日，他在取得9次空战胜利后获得骑士十字勋章。1942年3月7日，申克上尉被任命为ZG 1第一大队长，8月20日，他暂时离开前线到帝国航空部担任技术专家，10月30日被授予橡叶骑士勋章（第139位）。1943年5月17日，他来到SG 2参与该联队的组建，10月11日加入对地攻击机部队总监办公室。1944年6月，他被任命为测试Me 262战斗轰炸机的申克飞行队指挥官。1944年12月5日，已是中校军衔的申克成为KG 51联队长，1945年2月他被任命为喷气机部队总监直至战争结束。申克共执行了超过400次作战任务，击沉至少40000吨船只并取得18次空战胜利。

在北威尔德，LG 2 第二(对地攻击)大队在第 249 和第 257 中队的“飓风”起飞时发起俯冲攻击。第 249 中队有一架“飓风”受损，第 257 中队的一架飞机被炸弹直接命中后烧毁，还有一架飞机在起飞过程中被炸弹重创，飞行员爬升到 3000 英尺高度后跳伞。LG 2 第二(对地攻击)大队在此次作战中损失 3 架飞机，其中包括第 5 中队长本诺·冯·申克(Benno von Schenk)中尉的座机。

与 10 月 29 日的活跃相比，接下来两天德国空军收敛了很多。战斗机部队在 30 日下午对伦敦的 4 次空袭中损失了 4 架飞机和 3 名飞行员，31 日有大面积的降雨和低压的云层，德国空军进行了常规的扫荡和战斗轰炸作战，但是规模大幅缩减，双方在一些小规模的交火中均未损失战斗机。

11 月至 12 月：最后的昼间空战

尽管英国人将不列颠战役的结束日定在 1940 年 10 月 31 日，但是德国空军依然抓住任何可能的机会攻击英国。实际上对英国的空袭将在接下来的三年里继续以各种形式进行下去。尽管在 1940 年的夏天损失惨重，德国空军的战斗机部队却在一批经验丰富的飞行员带领下成长为一支强大的作战力量。这些老手技术精湛，战术灵活多变，深知高度、云层和太阳等因素在战斗中的重要性，更对如何充分发挥手中的 Bf 109 有深刻的理解。例如，剧烈的负 G 机动并不会影响拥有燃油喷注系统的 DB 601 发动机，但如果英国飞行员将飞机翻转过来，或将机鼻突然指向下方时，梅林发动机就会因为断油而熄火。德国飞行员知道如果他们发现一架英国战斗机出现在身后时，最佳的规避动作就是进行一个半滚转和大角度俯冲，对手将无法跟上他们。在数月不间断的行动后，绝大多数德国飞行员们对英国的地形已经极为熟悉，这使得他们可以不用依靠地图来指路。即便是在伦敦这样的城市上空，飞行员通过寻找标志性建筑也能够快速地获得具体方位信息。

■ JG 2 联队长赫尔穆特·维克少校的 Bf 109E-4，机尾方向舵上有 47 个空战胜利标志。

不过，空战始终是王牌飞行员的游戏。以 JG 51 为例，该联队在 1940 年 7 月至 1941 年 6 月的海峡前线上共损失了 100 位飞行员，其中有一半颗粒无收，剩余飞行员中有 35 位击落敌机数量少于 5 架。这就是残酷的“自然选择”，如果一位年轻的飞行员能够从他的头几次作战中生还，那么他在短期内的幸存概率就会高很多。严重的人员损失迫使德国空军缩减新飞行员在航校的训练课程，有些人甚至提前结束训练，直接被送往前线。来自 JG 53 第一大队的菲利克斯·绍尔(Felix

Sauer)一等兵讲述了他在海峡前线执行第一次作战任务时的故事：

1940年9月底至10月初，我和其他几位在梅泽堡(Merseburg)战斗机航校内的飞行学员被召集起来，然后被草率地送往前线。我的战斗机飞行训练还远未完结——此时我还没有驾驶过“埃米尔”，只熟悉“多拉”(Bf 109D)。

我们乘火车从梅泽堡来到勒图凯(Le Touquet)，那里是我被派去的JG 53第一大队驻扎的地方。我们在梅泽堡登上火车时斗志昂扬——我们都已经在满脑子想着骑士十字勋章了。然而，当我们抵达勒图凯并看到一架被击落的布伦海姆的残骸时，我开始悄悄地怀疑空战是否有那么简单。

我被分配到瓦尔特·鲁普(Walter Rupp)中尉的第3中队。它的飞行员们住在勒图凯郊外的一座别墅里，据说房主是一位富有的英国工业家。抵达埃塔普勒(Etaples)机场向鲁普中尉报到后不久，还没来得及在机场上绕一圈，我的小队长托尼(Wolfgang Tonne)少尉就叫上了我：“走吧绍尔，准备好，我们要飞到多佛去射下一些阻拦气球!”我回答道：“但是少尉先生，能不能至少让我先飞几圈来熟悉下‘埃米尔’？我到现在只飞过‘多拉’。我还不知道如何驾驶一架‘埃米尔’!”“不用担心，你会在路上学会的!”这就是给我的回应了，我第一次钻进一架Bf 109E并设法让它飞离了地面。在海峡上空的缓慢爬升过程中，我手忙脚乱的既要应付不熟悉的座舱，还要保持与长机的联系。我除了托尼的飞机方向舵和面前那陌生的仪表板外什么也看不见。突然无线电里传来托尼的声音：“注意，那些是‘喷火’，击败它绍尔，否则你就要被击落!”

一开始我什么也没看不见，但是随后我紧盯前方，那里有3架“喷火”在同一高度向我们飞来。我的脑子里一片混乱，既无法做出半滚转俯冲也没有转向，而是笔直地向前飞，迫使对面的“喷火”做出规避机动。此时一股白雾开始弥漫在座舱内，让我以为自己是被刚才飞过的“喷火”给击中了。我所能想到的只是回应托尼的警告：“太晚了，少尉先生，我已经被击落了!”“别犯傻了，你这个蠢货!”托尼粗声怒吼道，“关掉你的散热器风门片就完事了!”“怎么做？我不知道如何操作!”我无助地回答道。托尼给我进行了讲解，我得以调整好散热器风门片并做了一个半滚转和俯冲。那些“喷火”想必是和我一样受了惊，它们没有试图攻击，而是像出现时那样迅速地消失了。我膝盖颤抖着飞回了埃塔普勒并平安降落。

尽管顶尖的德国王牌飞行员在个人战绩上已经远超英国同行，但是一天出动三四次的高作战频率使他们疲惫不堪，几乎所有的联队都需要一段时间从夏秋的战斗中恢复过来。例如JG 54第8中队长就因为精神过度紧张而被送往后方休息，JG 27也有大量的军官由于紧张或压力导致的胃病而被迫返回德国疗养。JG 27第三大队在7月至12月共击落敌机56架，但是它在同期付出了10名飞行员阵亡、4人负伤、8人被俘的高昂代价。仅第8中队就在10月的两周战斗中损失了两名中队长。

JG 54第三大队的飞行员海因茨·朗格（Heinz Lange）少尉回忆道："到10月底和11月初，我们的血已经流干了。我猜我们损失了三分之一的飞行人员。我们的神经被压垮了。"

对于驱逐机联队来说情况甚至更为糟糕，由于损失比战斗机联队更严重，很多无线电员兼尾部机枪手已经达到了忍耐力的极限。德国空军在不列颠战役开始时拥有237架可用Bf 110驱逐机，并在之后的战役期间损失了至少223架。

■ 一个ZG 2第二大队的机组在他们的Bf 110上留影，以ZG 2为代表的驱逐机部队在不列颠战役中承受了高昂的损失。

尽管德国空军的飞行员们对在1940年令英国投降已不抱任何希望，但是他们依然相信在第二年春天天气好转后，德军发动的登陆行动将令战争在几星期内结束。那些在不列颠空战中被俘的德军飞行员们极不愿意被转送至位于加拿大的战俘营，因为他们认为一旦德军发起大规模登陆英国的战斗，那么自己将很快被释放。

也许此时只有一名飞行员对海狮行动持怀疑的态度，那就是JG 26联队长加兰德少校，尽管他被告知自己的联队将成为第一支登陆英国的战斗机部队。但加兰德并没有将登陆行动当做一回事，他甚至已经意识到这一切的准备不过是一场精心编制的骗局。

11月1日，德国空军对伦敦共发动了三次战斗轰炸行动。第一次行动发生在9时30分，LG 2第二（对地攻击）大队的战斗轰炸机在大量战斗机的护航下成功穿越了市郊的防御圈并将炸弹丢在了城市东区。此次行动中德军没有损失，JG 27第二大队长沃尔夫冈·利珀特（Wolfgang Lippert）上尉击落第605中队的一架"飓风"，当时皇家空军战绩最高（21次空战胜利）的王牌飞行员阿奇·麦凯勒（Archie McKellar）少校阵亡，这是JG 27在不列颠战役中的最后一次空战胜利。第二天，利珀特的大队在英吉利海峡上空执行了最后一次战斗任务。此后，该大队被撤出享受急需的"冬季假期"。JG 27第三大队也在11月10日离开了它位于吉讷的基地。

下午，数个德空军战斗机和战斗轰炸机大队袭击了肯特郡和那些南部沿海城市。15时，Ju 87俯冲轰炸机部队自8月18日以来首次参战，StG 1第三大队攻击了多佛海峡上的一支商船队。为俯冲轰炸机护航的JG 26表现出色，多位飞行员有所斩获，加兰德凭借击落一架"喷火"将空战胜利总数也提升到

50次。

与此同时，第三航空队派出了4架来自ZG 26的Bf 110携带炸弹前去轰炸朴次茅斯。伴随的53架Bf 109来自JG 2。Bf 110成功投下了8枚SC 250炸弹，但是由于云层状况无法观测到攻击效果。不久，又有4架Bf 110在JG 2超过50架Bf 109的护航下攻击了朴次茅斯市的发电站，这一次的准确命中得到了目击证实。皇家空军派出第145和第213中队的“飓风”升空拦截，并成功击落JG 2第1中队长赫尔曼·赖弗沙伊特(Hermann Reifferscheidt)中尉的座机。

第二天早晨，JG 52第二大队和JG 53第三大队掩护两个编队的超过60架战斗轰炸机起飞沿着泰晤士河寻找有价值的攻击目标。糟糕的天气状况再加上英军战斗机的拦截使很多战斗轰炸机被迫返航或寻找其他的目标，尽管如此伦敦还是承受了多达11吨的高爆炸弹。此次行动中德军损失4架飞机，飞行员两死两俘。阵亡者中包括JG 52第二大队长威廉·恩斯伦(Wilhelm Ensslen)上尉，击落他的很可能是第92中队长：来自加拿大的王牌飞行员肯特(J. A. Kent)少校。恩斯伦是JG 52第二大队在不列颠战役中损失的最后一位飞行员，这个大队再次处于崩溃状态，这是自8月该部首次参加对英战斗以来的第二次。JG 52第二大队的战斗损失是他们空战胜利总数的两倍还多，它在三天后被撤回本土休整，至此JG 52也退出了海峡前线的舞台。

当天最后一次战斗机之间的对决发生在11时左右，4架来自JG 54第4中队的Bf 109在肯特郡被巡逻的“飓风”战斗机发现，稍后的战斗中有一架Bf 109被击落。除此以外，第2航空队的战斗轰炸机还攻击了驶离英格兰西南海岸的商船。JG 54出动了11架飞机，JG 51派出了43架，ErprGr 210的Bf 109和Bf 110也投入战斗，但它们未能取得明显战果。

11月3日至4日的天气十分糟糕，这严重影响了双方的行动，德军仅是在荷兰上空声称击落了两架布伦海姆而已。5日，第2航空队试图对伦敦发起两次由战斗轰炸机构成的攻击。但是由于遇到了英军战斗机的强力阻挠，绝大部分飞机未能到达伦敦上空，转而攻击其他目标。在早晨的第一次攻击中，JG 26第9中队长海因茨·艾伯林(Heinz Ebeling)少尉与自己的友机在空中发生碰撞，两架飞机双双坠落，飞行员也都在跳伞后被俘。具有讽刺意味的是，艾伯林正巧在这一天因18次击坠记录和将中队迅速转型为战斗轰炸机部队而获得骑士十字勋章。

14时前，第3航空队派出ZG 26的7架Bf 110，在JG 2的53架Bf 109掩护下攻击波特兰东部的兵营。由于云层的问题，无法识别出主要目标，于是有10枚SC 250炸弹在波特兰市和波特兰港口上空被投下，德机没有看到任何轰炸效果。护航机卷入了与“飓风”的战斗，JG 2损失损伤飞机各两架，声称击落9架英国战斗机，联队长维克少校声称击落两架“飓风”和一架“喷火”。

与此同时，JG 51第二大队也在泰晤士河口上空与“喷火”陷入苦斗，损失两架飞机。

虽然 JG 51 声称击落 3 架“喷火”，但皇家空军在此次战斗中没有飞机损失。

晚些时候，JG 26 在肯特郡东北部上空进行自由猎杀途中，与驻扎在杜克斯福德基地的 3 个中队发生交战。3 个英国中队中，第 310 中队损失最严重，两架“飓风”被击落，另有 3 架受损。JG 26 第一大队长罗尔夫·平格尔上尉击落第 19 中队的一架“喷火”，第 242 中队也损失了一架“飓风”。JG 26 第 1 中队有一位飞行员被击落成为战俘。

此次战斗的硝烟散去后，第 253 中队的“飓风”在福克斯通上空遇到了一群 Bf 109(可能来自 JG 3)，一场小规模战斗后，英方没有人员伤亡，两架 Bf 109 被击伤，其中一架的飞行员在法国弃机。

11 月 6 日的大规模战斗直到下午才打响，在一批前往肯特上空进行自由猎杀的战斗机的配合下，ZG 26 的 6 架 Bf 110 战斗轰炸机与 71 架来自 JG 27 第一大队和 JG 2 的 Bf 109 越过海峡直扑南安普顿。Bf 110 俯冲轰炸并击中了码头和一些建筑，护航战斗机在怀特岛上空与两个英国战斗机中队交战。JG 2 宣称击落 9 架敌机，实际上皇家空军仅损失了 4 架战斗机，JG 2 第 5 中队损失了一架飞机及其飞行员。联队长赫尔穆特·维克少校当天宣称击落两架“飓风”和 3 架“喷火”(48 至 52 次)，超越加兰德(50 次)，仅次于莫尔德斯(54 次)。他在落地后写下了自己的感受：

我无法解释清楚我接下来的经历。也许是我不太适应，或是我的神经崩溃了，但在我的第二个英国对手开始下坠后，我突然有一股窒息的感觉，我已经受够了，想要飞回家。我们重新整队，然后我看到下面有 3 架“喷火”战斗机。我比他们更早发现了对方。我迅速转身，击落了一架，然后我对自己说：“别管另外两架了。你可以明天打下一架。撤退!”但我必须进攻，第二架也被击落。现在我的机炮弹药已经用完了，我只用机枪攻击了第三架。也许是飞行员被击中了，因为那架飞机不受控制地落下了。那架“喷火”翻了个身，坠落在地上。

此时，德国空军的战斗机飞行员们已经无休止的奋战了超过 3 个月，夏季征战所带来的疲劳显而易见。同样，德国空军的战斗轰炸战术也给战斗机司令部疲惫的飞行员带来了难以忍受的压力。这些作战行动贯穿了整个 11 月，当月德国空军有 25 天对英国的目标发动战斗轰炸攻击。然而，随着天气的恶化，大规模作战逐渐让位于小编队的骚扰性袭击。

■ Bf 109E 战斗轰炸机给皇家空军带来了不少麻烦，但是对整体战局没有实质性影响。

11 月 7 日，ErprGr 210 空袭伦敦的计划因冰冻天气而取消。作为代替，德国空军向泰晤士河口及怀特岛地区的航运发起攻击。在第一次攻击中，斯图卡轰炸机在JG 26、51、53的掩护下袭击了谢佩岛附近的一支小船队，但未能击沉任何船只。ErprGr 210的表现稍好，它的10架Bf 110轰炸了在布里克斯顿(Brixton)的货仓并攻击了海岸线附近的商船目标，造成一艘船只在哈里奇外海倾覆，在奥福德纳斯(Orfordness)有一艘货船被击中船头，还有另一艘货船在绍森德遭到机枪扫射。

与此同时，ZG 26的8架Bf 110和StG 2第二大队的8架Ju 87在50架JG 2的Bf 109掩护下，攻击朴次茅斯附近的商船。第145中队落入陷阱，损失4架“飓风”，却没有击落一架德国飞机。德国人报告的空战胜利数正好是英国实际损失的两倍，其中有一个记在了维克的账上(53次)。短暂的休整后，12架ZG 26的Bf 110和38架JG 2及JG 27的Bf 109于16时左右再次出发前去攻击据报告在怀特岛附近的一支商船队。然而，德机未能发现任何船只的身影，在岛屿上空投下了携带的炸弹。在这两次战斗中德国空军都没有任何损失。

11月8日的作战依然以Bf 109的扫荡和对伦敦的战斗轰炸为主，穿插着两次Ju 87对泰晤士河口上船只的攻击。战斗机之间的较量在10时后开始，并间歇的持续了一个早上。德国空军仅损失一架JG 26第6中队的飞机，两架皇家空军的战斗机被击落。14时30分刚过，第41和第222中队与一个Bf 109编队在比奇角附近交战，两架“喷火”被击伤。大约同时，在北方35英里处，第302和第501中队拦截了JG 26的一次自由猎杀作战，两个中队各损失一架“飓风”。

17时后，两个德军编队逼近肯特郡海岸。第一个编队由第603中队迎击，结果是遇到了大量Bf 109，在简短的战斗中，一架“喷火”被击落，还有一架被击伤。在这场战斗正在进行中时，约25架Ju 87试图轰炸泰晤士河口附近的船只，结果在撤退前被第17中队击落了3架轰炸机。JG 51第一大队的护航机被第46、第249和第257中队纠缠住，双方一直战到弹尽粮绝才收兵。3位德国飞行员声称共击落6架敌机，但实际上只有两架皇家空军战斗机被击落。

由于英格兰南部上空持续的阴雨天气，战斗轰炸攻击在8日至9日仅以单机或小编队的形式进行，没有护航机掩护。英国人对这些骚扰行动也不上心，结果就是没有任何值得一提的战斗发生。

11月10日的战斗直到15时20分后才开始，ZG 26的10架Bf 110与JG 2的48架Bf 109前去攻击位于拉尔沃斯湾(Lulworth)的军营。在此区域巡逻的第152中队遭到JG 2的突然袭击，维克声称又击落了一架“喷火”，将空战胜利数提升到54次，但实际上该中队仅有一架飞机受损。由于莫尔德斯近期因为感冒高挂免战牌，维克现在处于领先地位。同一天，加兰德从晋升中校后为期一周的休假中回来，非常渴望在竞争中取得反超。加兰德在战后说：“我承认，我们努力争取获得尽可能多的空战胜利和奖章。然而，就我个人而言，我总是试图确保我的个人野心不会位于我对部队的责任之上。”

■ 阿道夫·加兰德中校驾驶他的 Bf 109E-4/N 准备执行一次作战。

11 月 11 日上午，德国空军的战斗机多次来到伦敦上空扫荡，JG 53 在其中一次作战中遭到两个“飓风”中队的拦截，第 9 中队的一位飞行员被击落成为战俘。上午晚些时候，StG 1 的 Ju 87 在 JG 3、51、53、54 的大量战斗机掩护下，攻击了北福尔兰附近的一支商船队。皇家空军投入了多个中队应对这次空袭，双方在船队上空展开恶战。共有两架 Ju 87和 6 架 Bf 109 被击毁，仅一位 Bf 109 飞行员被救回，英军损失了两架“飓风”及其飞行员。

德国空军在 11 月 12 日的活动仅限于少量的轰炸行动，没有发生较大规模的空战。第二天，第 2 航空队共向英国上空派出了 40 架战斗轰炸机和 130 架护航战斗机，但是对伦敦的空袭计划受到天气和拦截机等因素的影响而受挫。早上，LG 2 第一(战斗机)大队的战斗轰炸机因为天气不佳，转而攻击了机场、工厂和火车等备选目标。JG 26 的编队在肯特郡上空遭到第 249 中队“飓风”的拦截，后者有两架飞机轻微受损。下午，JG 53 第三大队在肯特郡的自由猎杀作战吸引了第 253 和第 605 中队的注意，不过双方都没有损失任何飞机。

现在德国空军高层已经清楚，与原先期望的闪电战相反，对英战争已经演变成一场消耗战。戈林对继续发动空中攻击的兴趣正在降低，他于 11 月 14 日将空军指挥权暂时转交给米尔希元帅，前往他位于东普鲁士罗明登西斯(Rominten Heath)的狩猎小屋度假。

当天的作战以常规的战斗机扫荡开场，但在 11 时，第 2 战斗机指挥部的新任长官奥斯特坎普少将联系了位于圣波尔的 StG 1 第三大队，命令他们起飞去攻击多佛附近的“一支敌军船队”。StG 1 第三大队的作战军官认为他收到的情报含糊不清，大队长赫尔穆特·马赫克也表示同意。“这是我听过的最奇怪的作战命令，”马赫克说道，“难道真的打算让我们以这样一种疯狂的阅兵式飞行成为整个英国防空部队的目标?”

但命令就是命令，14 时 22 分，马赫克上尉从圣波尔起飞，在他之后是 20 架 Ju 87。他们集结成战斗队形后向海岸飞去，战斗机护航队将在那里迎接他们。14 时 45 分，加兰德率领 JG 26 和 JG 51 第三大队从欧当贝尔起飞。斯图卡们在海面上空搜索了老半天，结果连一艘船的影子也没看到，于是马赫克冒险率领他的大队向多佛飞去。

与此同时，皇家空军的 5 个战斗机中队

也在向德机逼近。当斯图卡飞到多佛上空而高射炮没有开火时，马赫克心中充满了不祥的预感。他用对讲机呼叫他的尾部机枪手："这里应该很快就会有战斗机，注意观察!"马赫克的预感完全正确，第74中队的"喷火"如猛虎一般从上空向斯图卡扑去："一架Ju 87燃烧着坠落。机组人员弃机，顶着降落伞落在地面。'喷火'比我们多得多，我们每个人都遭到两三架'喷火'的攻击。我数了数，同时攻击我的有5架之多……我使出了浑身解数：低速急转，有时甚至打开了俯冲减速板，爬升，俯冲，任何能阻止速度较快的'喷火'进行偏转射击的方法。但没办法，我被击中了相当多次。这种情况在我们的护航战斗机出现之前持续了10多分钟，或者说看起来像是那么久？终于来了！如果没有他们，我们就完了。但这次他们让我们挨了好长时间的打。"

加兰德中校是第一个到达现场的德国战斗机飞行员。15时28分，一架"喷火"落入英吉利海峡，成为他的第51次空战胜利。马赫克继续说道："我于15时31分在圣波尔将我们受损严重的飞机落下。我们的两架飞机在不列颠群岛上空被击落。3架遭到重创的飞机迫降在法国。几乎所有的飞机都被子弹打成了筛子。只有第7中队长沙伊尔中尉带着一架完好无损的飞机返回。虽然他也被两三架'喷火'追逐，但他通过不断向不同方向侧滑，躲过了所有的攻击。"

马赫克在向他的联队长瓦尔特·哈根

■ 11月中旬，JG 26第3中队准备起飞执行一次战斗轰炸作战。

(Walter Hagen)中校进行汇报时非常愤怒。他说："这完全是无理取闹。"这句话被传到了第2战斗机指挥部。第二天，马赫克和哈根来到了奥斯特坎普的指挥部。"我同意，"奥斯特坎普承认，"我犯了一个错误。"

尽管如此，德国的王牌飞行员们仍在继续追寻胜利的喜悦。11月15日9时25分，由JG 26和JG 53组成的一个Bf 109大编队前往伦敦进行战斗轰炸作战，在接下来的战斗中，有两架"飓风"被击落。下午，JG 26和JG 54第二大队护送JG 26第3中队的战斗轰炸机再次前往伦敦。这次他们遭到了第92、第501和第605中队的攻击，损失了3架"埃米尔"，而加兰德则疯狂地追逐着一架第605中队的"飓风"，在穿越了半个肯特郡后终于在14时13分将其击落(52次)。

大约同时在西边，6架携带炸弹的Bf 110在7架驱逐机和JG 27第一大队18架战斗机的掩护下，攻击了朴次茅斯附近的军营，他们没有遇到拦截。几个小时后，JG 27第一大队和JG 2的49架Bf 109再次入侵朴次茅斯地区。在与"飓风"和"喷火"的战斗中，JG 2第4中队损失一架Bf 109。JG 2第三大队的3位飞行员各声称击落一架敌机，使联队达到500次空战胜利总数的里程碑，但实际上英军仅有一架"喷火"受损。

虽然16日的天气不佳，德军的"埃米尔"们还是来到英格兰东南部上空扫荡。南安普顿遭到了Bf 110的袭击，ErprGr 210则攻击了泰晤士河上的两支商船队，报告击沉击伤多艘船只。

第二天，第2航空队在昼间出动飞机209架次。上午的第一次作战是在泰晤士运河上空的自由猎杀，JG 54损失了第5中队长和另一位飞行员。在这次扫荡的掩护下，ErprGr 210的15架Bf 110奉命攻击瓦迪谢姆(Wattisham)机场，JG 26负责为此次作战保驾护航。由于目标上空低压的云层，Bf 110们转而飞往哈里奇。两个"飓风"中队拦住了这批德机，第17中队攻击Bf 110，第257中队则纠缠住护航机。加兰德再次声称击落两架"飓风"(53至54次)，尽管取得了个人成功，但必须强调的是，由于被第257中队的飞行员束缚住，护航作战失败了。第17中队对Bf 110实施了有效的攻击，摧毁3架飞机。JG 26第1中队也失去了它的中队长，后者的飞机被击落坠海。

下午晚些时候，第3航空队派出ZG 26的14架Bf 110攻击纽黑文，JG 2和JG 27的60架护航机也参加此次作战。之后的战斗中，第74中队的"喷火"击落了JG 27第一大队的一架飞机。

坏天气在11月18日至22日再次回到英国上空，昼间的攻击行动仅限于对船运的小规模空袭。在此期间，双方都没有战斗机在作战中损失。不过有趣的是，一架KG 53的He 111在21日的恶劣天气条件下飞行时与第603中队的一架"喷火"发生碰撞。

随着天气的改善，德国空军的战斗机在11月23日大规模出击，当天出动的飞机架次数是该月之最，第2战斗机指挥部完成277架次昼间作战，其中25架次由战斗轰炸机完成。早上，4架战斗轰炸机在29架Bf 109的掩护下前去轰炸伦敦，另外13架战斗机在肯特郡上空进行自由猎杀。战斗轰炸机成功轰炸了伦敦，但是当它们转向南方时，遭到了皇家空军第41中队的拦截，JG 77第2中队的一架飞机被击落。下午，77架Bf 109掩护13架战斗轰炸机再次前往伦敦。40架英国战斗机拦截了它们，但仅有JG 53第5中队损失了一架飞机，飞行员成为战俘。

24日的战斗很少，直到下午才有数批战斗机来到英国上空扫荡，以掩护针对埃塞克斯和肯特郡沿海商船的打击。双方的战斗机没有交手，仅有两架战斗轰炸机抵达伦敦，另外9架战斗轰炸机对一支由30至40艘商船组成的船队的攻击未能取得成功。

雾气和低压的云层继续妨碍了11月26日的昼间作战，德国空军仅发动了少量骚扰性空袭。在下午的一次战斗机扫荡中，JG 51第四大队（11月21日由JG 77第一大队改编而来）的一架Bf 109被第66中队击落，飞行员落海身亡。

随着天气的大幅改善，11月27日，第2战斗机指挥部完成了10次战斗机作战，其中JG 51第一大队在下午的一次战斗轰炸任务中发生了糟糕的事情。加兰德中校率领战斗机进行扫荡以支援战斗轰炸机，但是3个中队的“喷火”成功地绕过加兰德的编队。结果是令JG 51第一大队损失了6架飞机，却连一架英国人的飞机都没能击落。当加兰德赶到现场时已经太晚了，无法阻止这场大屠杀，但他至少可以再次击落一架“喷火”（55次）。

不列颠战役中最后一场值得一提的战斗发生在11月28日。那是一个在冬日里难得的大晴天，能见度极佳，当天JG 2联队长维克少校率领他信赖的司令部小队再次来到怀特岛上空进行自由猎杀作战，由于担心有战斗轰炸机存在，皇家空军派出了第213和第602中队迎敌，它们遭到了维克小队的攻击，损失“飓风”和“喷火”各一架。维克声称击落一架“喷火”（可能是第602中队的战机，飞行员阵亡），这让他的个人空战胜利总数达到55次，超越莫尔德斯，追平德国空军当时战绩最高的飞行员加兰德。

当维克回到博蒙勒罗热庆祝他的第55次空战胜利时，他收到了一个消息，加兰德刚刚从一次战斗机扫荡中回来，击落了一架“飓风”（56次），再次取得领先。补充完燃料和弹药后，维克的司令部小队与JG 2第一、第二大队于16时30分再次起飞前往南安普顿。在定位到来袭的德机后，第152和第609中队的“喷火”分别从沃姆韦尔和中沃勒普出动，来到波特兰上空进行巡逻。

位于10500米高度的德机首先看到了正在爬升中的“喷火”编队，维克命令他的小队向第609中队发起攻击，他瞄准保罗·贝伦（Paul Baillon）少尉的座机，以精确的点射让这架飞机起火坠落，贝伦的遗体后来在诺曼底岸边被发现。这是维克的第56次，也是最后一次空战胜利。在从俯冲中拉起后，维克进行大角度侧滑机动，他的飞机来到了一架“喷火”面前，目前的研究认为驾驶它的最可能是第152中队的埃里克·马尔斯（Eric

Marrs)少尉。马尔斯不会错过这样好的机会，他冲上前去，以八挺机枪的短促齐射使梅塞施密特战机受到致命损伤。(虽然难以还原维克最后一战的全部细节，但目前普遍认为击落他的应该是第152中队的埃里克·马尔斯少尉和第609中队的约翰·邓达斯上尉)

■ 第152中队的埃里克·马尔斯少尉。

■ 第609中队的约翰·邓达斯上尉。

可能就在与此同时，第609中队已有11次空战胜利的王牌飞行员约翰·邓达斯(John Dundas)也转过身来，向维克的座机再次开火。维克小队的另一位飞行员鲁道夫·普夫兰茨(Rudolf Pflanz)中尉看到两架飞机在一前一后的飞行，他起初以为是维克和他的僚机。但在下一瞬间，他看到了一架飞机在向另一架开火。普夫兰茨加快了速度并靠近，然后他惊恐地发现前面那架飞机上有联队长的标记。普夫兰茨试图伸出援手，但为时已晚，他看到自己的联队长从Bf 109中跳出并打开降落伞。邓达斯兴奋地在无线电中大喊："我干掉了一架109，哇噢!"然后他很快便被普夫兰茨击落，从此下落不明。普夫兰茨通过无线电呼叫海上救援组织，他看到维克在寒冷的水中爬上了充气橡皮筏。返回基地后，整个JG 2再次出动搜寻维克少校，戈林也派出了搜救艇前往空战海域。尽管付出了最大努力，他们直到天黑也未能找到赫尔穆特·维克，官方直到12月4日才公布了他失踪的消息。

维克的死为1940年的大空战画上了句号。12月5日，德国战斗机在英国上空取得了1940年的最后一些空战胜利，其中一个是加兰德的第57次空战胜利，确立了他在1940年王牌飞行员竞赛中的领先地位。到12月，恶劣的天气让绝大多数沿着海岸线建立的战斗机部队草地机场变成一片泥沼，德国空军战斗机开始停止对英国的作战行动并陆续撤回本土进行休整。部分部队开始换装Bf 109F战斗机，飞行员则得到了14至21天的休假。

■ 摄像枪记录了加兰德在1940年12月5日取得的第57次空战胜利。

12月3日，JG 54第二大队撤往戴尔蒙霍斯特(Delmenhorst)并在那里待到1941年1月23日。12月4日，JG 54第三大队也离开荷兰前往多特蒙德休整。即便是被加兰德认可为不列颠战役中表现最好的战斗机联队，JG 54还是在8月12日至12月1日的战斗中损失（阵亡、失踪或被俘）了至少43位飞行员，相当于联队飞行员总数的40%。

12月3日，JG 27第一大队撤回柏林附近的杜贝利茨并在那里一直待到1941年2月，随即准备开往地中海地区作战。至此，JG 27的全部人员也都退出了不列颠战役。在JG 26，加兰德中校获得许可让他的联队休假，第一批队员在12月7日撤出战斗，飞行人员在奥地利福拉尔贝格（Voralberg）度假，地勤人员则在德国本土休整。圣诞节前一周，JG 53全队返回德国，来到科隆地区休整。同月JG 51也前往曼海姆和居特斯洛（Gütersloh），其第一和第四大队开始装备Bf 109F-1和Bf 109F-2战斗机。

到这里，持续数月的不列颠战役算是基本结束了。英国人最终取得了胜利，但是实际上没有任何一方的空军力量被真正打垮。在很多德国空军飞行员的眼中他们并没有失败，没有完成对皇家空军的致命一击只不过是因为糟糕的天气和战略目标的转移而已。

第十一章　德国空军失败的原因

关于不列颠之战的传统史学界，从防御者的角度出发，将这场战役描述为一场史诗般的、为争夺英国南部制空权而进行的激烈较量，其高潮是在1940年9月15日击败了德国空军对伦敦的第二次大规模进攻。德国空军失败的原因通常被归结为“道丁系统的功效”和“少数人”的勇气、决心和牺牲，并津津乐道于历数德国人犯下的种种失误。

德国方面的历史记载则将德国空军的失败归结于逐渐恶化的天气条件，以及英国皇家空军拦截机中队避免进行战斗机之间的格斗，有效地抵消了训练有素、经验丰富的德国空军飞行员驾驶优越的Bf 109E战斗机时所享有的空战优势，此结论的依据是每当英国防御者接受战斗时德国战斗机飞行员经常能取得极为有利的交换比。

两者的结论都不完全正确。

与地面战斗不同，空战的胜负不能通过城池的得失或歼灭敌军部队来衡量。同样，空战也不能通过比较双方的宣称战果来评定等级。宣称战果只是反映空战强度的一个指标，而不是对方飞机被摧毁的实际数量。它们助长了战时的宣传，并经常被业余历史学家和航空爱好者大肆渲染，但对于专业的军事历史学家来说，这些数字毫无价值，因为它们通常是被严重夸大的。在这场战役中，德国空军的宣称战果是皇家空军实际损失的3倍。战斗机司令部的宣称战果同样被夸大了。在两个战况激烈的日子里（8月15日和18日），皇家空军宣称击落了336架德国空军飞机，而实际损失是143架。在“不列颠空战之日”，皇家空军的宣称战果更为夸张。

实际上，德国空军在这场本质上是战斗机之间的博弈中赢得了数字上的胜利。8月12日至9月15日，英德战斗机部队的总体交换比为1.77∶1，每击落两架Bf 109E战斗机就要付出超过3架皇家空军战斗机为代价。然而，每个月（7月至9月）英国工厂生产的替换飞机数量是梅塞施密特的3倍，实际上在整场不列颠战役期间，道丁从来没有战斗机数量不足的困扰，急缺的始终是有经验的飞行员而已。因此德国战斗机部队在空战中所取得的微弱优势不足以压倒英国人的生产优势，根本不可能摧毁战斗机司令部。

由此得出的计算结果显示，在战略层面上，作为一场“战斗机之战”或“消耗战”，不列颠之战对德国空军来说从来就不是一场可以取得胜利的战斗。

也就是说，使德国人在鹰击行动中失去胜利的根本性错误是戈林决定将作战方式从德国空军此前成功的攻击性战役模式——摧毁在基地内的敌空军(飞机和地面设施)——转变为试图赢得一场空中消耗战。起初，这一策略包括攻击第 11 大队 7 个分区基地中的 6 个，以便皇家空军中队投入防御战。

在 8 月的最后几天里，德国空军开始赢得战役的胜利，给其中的两个基地造成了严重的破坏：比金山和肯利。此外，帕克的“喷火”中队和“飓风”中队在试图保卫这些重要的机场时遭受了严重的损失。对机场的破坏和保卫机场中的损失足以迫使道丁开始考虑是否应该“将第 11 大队从英格兰东南部整体撤离”。

然而，即便发展到这一地步，除伊斯特彻奇和格雷夫森德之外，向泰晤士河北岸进行战术性撤退不一定会使戈林赢得胜利。道丁说的只是把驻扎在肯利和比金山的 6 个中队撤走。把第 11 大队撤到泰晤士河后方会对作战产生重大影响，迫使帕克的中队从霍恩彻奇、北威尔德、诺索尔特和德布登(以及它们的 6 个前线机场)出发进行更长时间的飞行，限制了它们在入侵滩头上空的驻留时间，

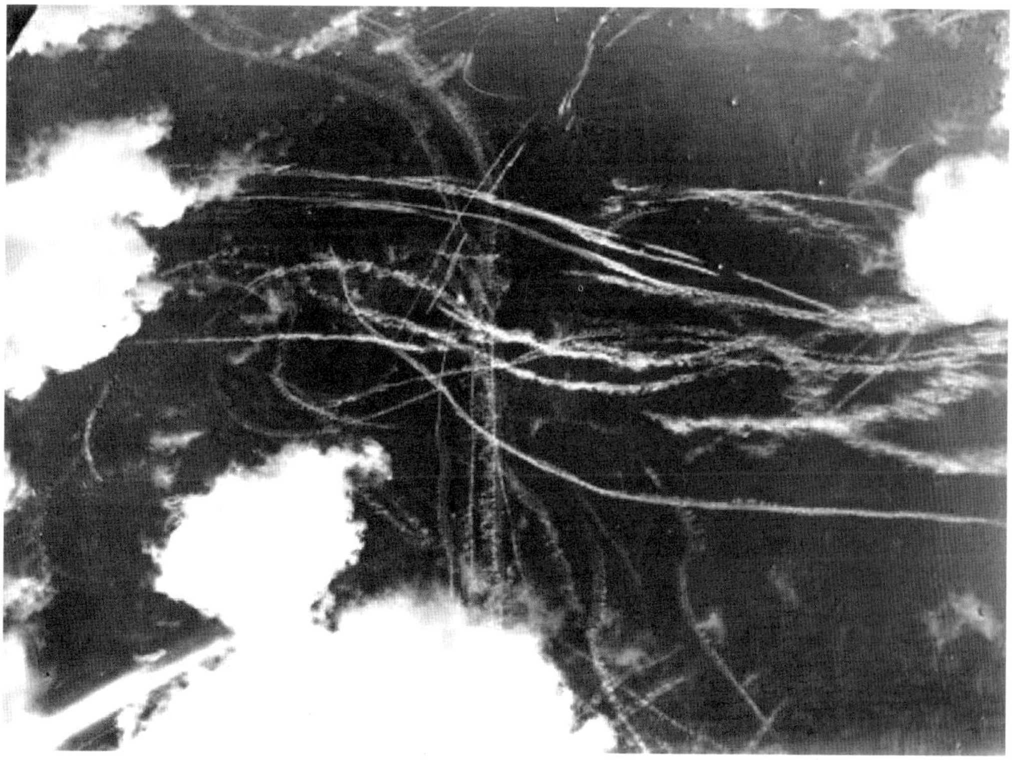

■ 英德战机在空中格斗留下的凝结尾迹。

从而使德国空军能像5月在敦刻尔克上空那样拥有暂时的制空权。

但是，即使是这些战斗机中队可能被撤走，道丁的综合防空系统的指挥和控制能力仍将继续存在和保持。比金山(C分区)作战室从位于潘迪莱斯的应急地点转移到了“塔城”，这是一个离机场3公里远，靠近凯斯顿十字路口的维多利亚式的破旧空宅。C分区作战室设在大宅内宽敞的起居室里，对在8月31日被道尼尔炸弹摧毁的作战室原貌进行了复原。直到9月12日，当第92中队从彭布雷赶来时，它才恢复了对其辖区的完全控制，第二天第72中队也从克罗伊登回到此处增援。还在恢复中的C分区指挥部在抵御9月7日对伦敦的空袭中几乎没有发挥任何作用。

此外，9月3日，肯利(B分区)指挥部将其作战室搬迁到卡特勒姆村的一个空置的肉铺，片刻不停地接管了指挥工作。帕克承认，使用这些临时的作战室“严重影响了战斗机中队的作战效率”，然而在9月12日之后，即便是这两个分区自己的部队被撤走的话，它们也可以对4个(如果它们成对而来的话，就是8个)从诺索尔特、霍恩彻奇及其他北方基地来到B/C分区的中队建立有效指挥。这一点可以从C分区指挥部在三天后协助击败第2航空队对伦敦的攻击中所取得的成功得到证明。

考虑到德国空军的攻击效率逐渐降低，在作战层面上，凯塞林的第2航空队是否能取得希特勒发动海狮行动所需要的制空权水平是存疑的。然而，一箭双雕的轰炸分区基地并消耗防守它们的皇家空军中队，是唯一可能取得成功的方法。当戈林把目标从关键的分区基地转移到伦敦时，取胜的机会就不存在了。因为这样做，他就无法兼顾摧毁分区基地这一决定胜负的要素。作为更有经验的空战专家，施佩勒意识到戈林的想法是错误的，并主张不要放弃原先的作战模式。戈林，这一自私自利、恃强凌弱、渴望权力的政治家，虽有作为战斗机飞行员的履历，但对现代战争或空中战役毫无概念，他拒绝接受或采纳最有经验的空战专家的建议。

凯塞林，这位前陆军炮兵和行政官员，对戈林的解决方案表示拥护。凯塞林还得到了他的参谋长戴希曼的热心支持，后者最想要的就是保存好他那宝贵的轰炸机机组，各航空军指挥官，特别是洛泽尔也支持这一观点。这些人要么是第一次世界大战的战斗机飞行员，从而相信空中的消耗战是解决问题的答案，要么像凯塞林一样是前陆军军官，对空战也没有什么更深的理解。

但帕克无意让他的指挥部卷入一场消耗战。他的两个最具决定性的指示之一是命令威洛比·德·布鲁克男爵和他的大队分区指挥官避免让他们的拦截机中队参与战斗机之间的格斗。战斗机司令部最重要的财富——“少数人”和他们驾驶的飞机——要被保留下来，以应对预期的反登陆作战。

任何军事行动的成功都不能依赖于敌人做出某一特定的反应，这是一条军事公理。

在1940年的那个夏天，德国空军的战略要取得成功，取决于战斗机司令部选择与德国空军战斗机部队进行直接对抗。

帕克并不打算这么做。

凯塞林在他的自传中也承认："虽然我们在9月初的短时间内取得了有限区域内的制空权，但在我们开始突袭伦敦地区后，未能继续保持这种优势……绝对意义上的制空权，换句话说，对空中的统治，只有在敌人的空军接受进行决斗时才能赢得。但情况并非如此。"

此外——甚至更重要的是——帕克的第二个决定性命令克服了高频无线电侧向仪所带来的技术限制，即该系统只能同时控制4个作战单位，通过将各中队配对成联队，使可以被派去拦截的"飓风"和"喷火"中队数量翻倍。

这一战术创新的首次成功使用是在9月15日——"不列颠空战之日"。在那之前，战斗机司令部一直与德国空军打成平手，但从这一天开始，"少数人"开始赢得这场战斗。当天的空战标志着防御者取得了明显的胜利——9月15日的伦敦空袭给敌人带来的惨重损失和心理影响证明了道丁的部队正在通过帕克有效地使用更大的双中队联队和利·马洛里的四或五中队"第12大队联队"赢得统治地位。

德国空军的参战者和他们的指挥官们并没有忽略这一点。

五天后，戈林发布了他对昼间轰炸行动的最后指令：将不再有"瓦尔哈拉"。从此，轰炸机编队将被限制在大队或更小的规模。此外，他还下令派出更多"单架轰炸机……利用云层实施骚扰性空袭以免遭战斗机的攻击"，并且"对英国的轰炸战争将主要转移到黑夜"。亨克尔、道尼尔和容克斯轰炸机的昼间攻击将被Bf 109E战斗轰炸机空袭所取代。所有这些决定都是为了让他的轰炸机部队在道丁日益强大的皇家空军战斗机司令部面前减缓失血速度。

这份德国空军最高司令部的指令是对德国空军战败的不可否认的默许。

尽管随后取得了战术上的成功，特别是德国空军第3航空队(9月25日和26日的菲尔顿和伍尔斯顿空袭)，但凯塞林的部队在9月15日和27日所经历的磨难令人信服地证明了战斗机司令部的潜能在持续上升。9月30日德国空军战斗机部队遭受的非同寻常的损失，以及此战中皇家空军取得前所未有的有利战斗机交换比，则标志着德国空军已经真正地、最终地被打败了。

在损失了508架轰炸机和668架战斗机(Bf 109和Bf 110)后，德国空军的指挥官们清楚皇家空军战斗机司令部仍然是一个强大的对手，并且在每一天的战斗中逐渐成长壮大，这让他们感到非常沮丧。加兰德在他的自传中写道："戈林被击垮了。他根本无法理解越来越惨痛的轰炸机损失是如何发生的。"到10月7日，两支航空队的轰炸机数量从1131架减少到约800架，战斗机数量从813架减少到约600架。其中，只有52%的轰炸机和68%的战斗机仍然可以使用。

■ 一架坠落中的 Do 17 轰炸机，在 8 月 18 日对肯利机场的空袭中被击落。

这是一个让德国空军从未彻底康复的创伤。

道丁的“少数人”、作为战役指挥官的帕克、作为战术协调员的威洛比·德·布鲁克男爵以及指挥“少数人”拦截入侵轰炸机编队的重要分区指挥官，通过不知疲倦的、勇敢无畏的、持续坚定的抵抗，最终获得了胜利。但不是在“不列颠空战之日”。他们是在随后的两星期内取得了胜利。

“战利品属于获胜者”，正如历史后来所证明的那样，英国避免了入侵，赢得了足够的“战利品”。然而，这是以巨大的代价换来的。皇家空军战斗机司令部的 2332 名飞行员中约有 510 人在战役中丧生，人们有理由问，付出的代价是否可以减少。

当然，对于一个岛国来说，没有一个完善的海空救援体系给落入海中的飞行员提供援助是不可思议的。这是整场战争中最可耻和最不光彩的事件之一。一名皇家空军飞行员在海上被击落，如果德国救援人员不在附近，那几乎是必死无疑。许多优秀的战斗机飞行员就这样损失掉了，而他们的价值是无法衡量的。

但重要性大得多的是应尽早采用适合皇家空军的战斗机空战战术。另一条军事公理是：“像打仗一样训练，像训练一样打仗。”从前文叙述中不难看出，那些严格遵循训练单位所教方法的部队，与那些早早丢掉训练手册并采用德国战斗机部队的更灵活战术的部队相比，在战斗中承受了更惊人且可以避免的伤亡。

在离职的几个月后，道丁被要求提交一份对战役的全面总结。不过道丁爵士的不列颠战役备忘录直到 1941 年 8 月 20 日才完成，那时战斗机司令部的许多缺点已经或正在被改正。尽管如此，还是根据道丁的建议编写了一份总结报告，强调了经验教训、建议和采取的措施。

文章的开头是这么说的：“休·道丁爵士备忘录的突出特征是，它构成了对英国防空系统效率的证明……这个系统必定是有史以来组织过的最发达的防空形式，显然，它是不列颠战役中的一个决定性因素。”第二段最后说道：“正是这个系统，在休·道丁爵士本人的统一指挥下，使德国空军被击败，从而阻止了敌人在 1940 年对这个国家的入侵。”

如果需要的话，这也是对“道丁系统”，即战斗机司令部的综合防空系统的重要意义和成功的认可。

最后，重要的是要回顾一下为什么要进行不列颠战役。它是希特勒在 1940 年 5 月 10 日以黄色方案发起西线战役的高潮。希特勒的战略目标是通过战争将英国和法国消灭，这样他就可以转向他的“真正的敌人”——苏联，而不必进行两线作战。这场战役横扫法国，并将英国空军赶出了欧洲大陆。

但是，如果在最后一场战斗中失利，一场战役就不可能取得胜利。

由于未能击败“少数人”，德国空军输掉了这场战役的最后一战。这意味着，从战略上讲，整场战役是失败的。因此，通过击败德国空军的鹰击行动，“少数人”，包括战斗机司令部领导层和复杂精密的综合防空系统，所做的远不止是使英国免遭入侵，他们使希特勒的西线战役以失败告终，给他的第三帝国带来了决定性的灾难后果。

正如希特勒在他的第 16 号元首令中所说，海狮行动的目的是“消灭作为对德战争策源地的英国本土”。通过阻止这场入侵，“少数人”确保了英国能够幸存下来继续进行战争，而西方文明也因此从纳粹德国的最终毁灭中受益。

■ 一架因燃料不足而在返航时迫降在法国海岸边的 Bf 109。

附　　录

德国空军作战单位缩写说明

缩写	作战单位说明
KG	轰炸机联队，一个轰炸机联队常规下辖三个大队，每个大队下辖三个中队。不列颠战役期间，德国空军轰炸机联队装备 Do 17、He 111 和 Ju 88 这三种双发水平轰炸机。
KGr	独立轰炸机大队，常承担某些特殊作战任务。不列颠战役期间，德国空军独立轰炸机大队装备常规的双发水平轰炸机。
StG	俯冲轰炸机联队，一个俯冲轰炸机联队常规下辖三个大队，每个大队下辖三个中队。不列颠战役期间，德国空军俯冲轰炸机联队装备 Ju 87 俯冲轰炸机。
JG	战斗机联队，一个战斗机联队常规下辖三个大队，每个大队下辖三个中队。不列颠战役期间，德国空军战斗机联队装备 Bf 109 单发战斗机。
ZG	驱逐机联队，一个驱逐机联队常规下辖三个大队，每个大队下辖三个中队。不列颠战役期间，德国空军驱逐机联队装备 Bf 110 双发驱逐机。
LG	教导联队，初衷是负责新战术的开发验证，到战争爆发时已成为常规作战单位。一个教导联队的下辖大队数量不固定，且会装备多种型号的战机。例如 LG 1 的第一至三大队装备水平轰炸机，第四大队装备俯冲轰炸机，第五大队装备驱逐机。
ErprGr	测试飞行大队，负责新机型或新战术的开发验证。不列颠战役期间，ErprGr 210 装备 Bf 109和 Bf 110，从事战斗轰炸机战术的开发。
TrGr	舰载机大队，TrGr 186 本计划作为“格拉夫·齐柏林”号航母的舰载机部队，下辖一个斯图卡大队和一个战斗机大队，1940 年 7 月后分别成为 StG 1 第三大队和 JG 77 第三大队。

1940年8月13日德国空军作战序列

作战单位			作战将领	机型	拥有数量/可用数量
德国空军最高司令部直属侦察机大队				多种	47/28
第2航空队	第122侦察机大队第2(远程)中队		阿尔贝特·凯塞林元帅	Ju 88/He 111	10/8
	第122侦察机大队第4(远程)中队			Ju 88/He 111	10/8
第一航空军	第1轰炸机联队(KG 1)	第一大队	乌尔里希·格劳尔特大将	He 111H	27/23
		第二大队		He 111H	35/33
		第三大队		He 111H	32/15
	第76轰炸机联队(KG 76)	第一大队		Do 17Z	29/29
		第二大队		Ju 88A	36/28
		第三大队		Do 17Z	32/24
	第122侦察机大队第5(远程)中队			Ju 88/He 111/Do 17	9/7
第二航空军	第2轰炸机联队(KG 2)	第一大队	布鲁诺·洛泽尔航空兵上将	Do 17Z	43/27
		第二大队		Do 17Z	42/35
		第三大队		Do 17Z	34/32
	第3轰炸机联队(KG 3)	第一大队		Do 17Z	43/31
		第二大队		Do 17Z	35/32
		第三大队		Do 17Z	30/25
	第53轰炸机联队(KG 53)	第一大队		He 111H	28/27
		第二大队		He 111H	33/15
		第三大队		He 111H	33/24
	第1斯图卡联队(StG 1)	第二大队		Ju 87B	38/30
	第2斯图卡联队(StG 2)	第三大队		Ju 87B	39/31
	第1教导联队(LG 1)	第四大队		Ju 87B	36/28
	210测试飞行大队(ErprGr 210)			Bf 109/Bf 110	36/30
	第122侦察机大队第1(远程)中队			Ju 88/He 111	9/6

续表

作战单位			作战将领	机型	拥有数量/可用数量
第9航空师	第4轰炸机联队(KG 4)	第一大队	约阿希姆·科勒少将	He 111H	36/17
		第二大队		He 111P	31/25
		第三大队		Ju 88A	35/23
	第100轰炸机大队(KGr 100)			He 111H-3	41/19
	第126轰炸机大队(KGr 126)			He 111H	34/8
	第40轰炸机联队(KG 40)	第一大队		Fw 200C	9/3
	第106海岸飞行大队			He 115/Do 18	30/23
	第122侦察机大队第3(远程)中队			Ju 88/He 111	11/9
第2战斗机指挥部	第3战斗机联队(JG 3)	第一大队	库尔特·贝特拉姆·冯·德林少将	Bf 109E	33/32
		第二大队		Bf 109E	32/25
		第三大队		Bf 109E	29/29
	第26战斗机联队(JG 26)	第一大队		Bf 109E	42/38
		第二大队		Bf 109E	39/35
		第三大队		Bf 109E	40/38
	第51战斗机联队(JG 51)	第一大队		Bf 109E	32/32
		第二大队		Bf 109E	33/33
		第三大队		Bf 109E	36/34
	第52战斗机联队(JG 52)	第一大队		Bf 109E	42/34
		第二大队		Bf 109E	39/32
	第2教导联队(LG 2)	第一大队		Bf 109E	36/33
	第54战斗机联队(JG 54)	第一大队		Bf 109E	38/26
		第二大队		Bf 109E	36/32
		第三大队		Bf 109E	42/40
	第26驱逐机联队(ZG 26)	第一大队		Bf 110C	39/33
		第二大队		Bf 110C	37/32
		第三大队		Bf 110C	38/27
	第76驱逐机联队(ZG 76)	第二大队		Bf 110C	24/6
		第三大队		Bf 110C	14/11

续表

作战单位			作战将领	机型	拥有数量/可用数量
第3航空队	第123侦察机大队第1(远程)中队		胡戈·施佩勒元帅	Ju 88/He 111	12/8
	第123侦察机大队第3(远程)中队			Ju 88/He 111	11/8
第四航空军	第1教导联队(LG 1)	第一大队	阿尔弗雷德·科勒航空兵上将	Ju 88A	35/24
		第二大队		Ju 88A	34/24
		第三大队		Ju 88A	34/23
	第27轰炸机联队(KG 27)	第一大队		He 111P/H	38/23
		第二大队		He 111P/H	34/21
		第三大队		He 111P	31/23
	第3斯图卡联队(StG 3)	第一大队		Ju 87B	29/16
	第806轰炸机大队(KGr 806)			Ju 88A	33/22
	第31侦察机大队第3(远程)中队			Bf 110/Do 17/Hs 126	
第五航空军	第51轰炸机联队(KG 51)	第一大队	罗伯特·里特·冯·格里姆航空兵上将	Ju 88A	31/22
		第二大队		Ju 88A	34/24
		第三大队		Ju 88A	35/25
	第54轰炸机联队(KG 54)	第一大队		Ju 88A	35/29
		第二大队		Ju 88A	31/23
	第55轰炸机联队(KG 55)	第一大队		He 111P/H	39/35
		第二大队		He 111P	38/28
		第三人队		He 111P	42/34
	第14侦察机大队第4(远程)中队			Bf 110/Do 17	12/10
	第121侦察机大队第4(远程)中队			Do 17/Ju 88	8/5

续表

作战单位			作战将领	机型	拥有数量/可用数量
第八航空军	第 1 斯图卡联队(StG 1)	第一大队	沃尔夫拉姆·冯·里希特霍芬少将	Ju 87R	39/27
		第三大队		Ju 87B	41/28
	第 2 斯图卡联队(StG 2)	第一大队		Ju 87B	39/32
		第二大队		Ju 87R	37/31
	第 77 斯图卡联队(StG 77)	第一大队		Ju 87B	36/33
		第二大队		Ju 87R	41/28
		第三大队		Ju 87B	38/37
	第 1 教导联队(LG 1)	第五大队		Bf 110C	43/29
	第 123 侦察机大队第 2(远程)中队			Ju 88/Do 17	9/8
	第 11 侦察机大队第 2(远程)中队			Bf 110/Do 17	10/8
第 3 战斗机指挥部	第 2 战斗机联队(JG 2)	第一大队	维尔纳·容克上校	Bf 109E	34/32
		第二大队		Bf 109E	39/31
		第三大队		Bf 109E	32/28
	第 27 战斗机联队(JG 27)	第一大队		Bf 109E	37/32
		第二大队		Bf 109E	45/36
		第三大队		Bf 109E	39/32
	第 53 战斗机联队(JG 53)	第一大队		Bf 109E	39/37
		第二大队		Bf 109E	44/40
		第三大队		Bf 109E	38/35
	第 2 驱逐机联队(ZG 2)	第一大队		Bf 110C	41/35
		第二大队		Bf 110C	45/37
第 5 航空队			汉斯·尤尔根·施通普夫大将		

续表

作战单位			作战将领	机型	拥有数量/可用数量
第十航空军	第 26 轰炸机联队(KG 26)	第一大队	汉斯·盖斯勒中将	He 111H	30/29
		第三大队		He 111H	32/32
	第 30 轰炸机联队(KG 30)	第一大队		Ju 88A	40/34
		第三大队		Ju 88A/C	36/28
	第 77 战斗机联队(JG 77)	第二大队		Bf 109E	39/35
	第 76 驱逐机联队(ZG 76)	第一大队		Bf 110C/D	34/32
	第 506 海岸飞行大队			He 115	24/22
	第 120 侦察机大队第 1(远程)中队			Ju 88/He 111	4/4
	第 121 侦察机大队第 1(远程)中队			Ju 88/He 111	7/5
	第 22 侦察机大队第 2、3(远程)中队			Do 17M/P	12/6

1940 年 8 月 1 日皇家空军战斗机司令部作战序列

作战单位			作战将领	机型	拥有数量/可用数量
第 11 大队			基斯·帕克少将		
A 分区	坦迷尔	第 43 中队	大卫·劳埃德少校	飓风	19/18
		第 266 中队		飓风	18/13
		第 601 中队		飓风	18/14
战斗机拦截单位				布伦海姆 IF	7/4
韦斯特汉姆普内特		第 145 中队		飓风	9/6
B 分区	肯利	第 64 中队	安东尼·诺曼少校	喷火	16/12
		第 615 中队		飓风	16/14
	克罗伊登	第 111 中队		飓风	12/10
C 分区	比金山	第 32 中队	理查德·格里斯中校	飓风	15/11
		第 610 中队		喷火	15/12
	格雷夫森德	第 501 中队		飓风	16/11

续表

作战单位			作战将领	机型	拥有数量/可用数量
西莫灵					
D 分区	霍恩彻奇	第 41 中队	塞西尔·布希尔中校	喷火	16/10
		第 65 中队		喷火	16/11
		第 74 中队		喷火	15/12
	曼斯顿	第 600 中队		布伦海姆 IF	15/9
E 分区	北威尔德	第 56 中队	约翰·切里少校	飓风	17/15
		第 151 中队		飓风	18/13
	马特尔舍姆希思	第 25 中队		布伦海姆 IF	14/7
F 分区	德布登	第 17 中队	劳伦斯·富勒·古德中校	飓风	19/14
		第 85 中队		飓风	18/12
Z 分区	诺斯霍尔特	第 1 中队	斯坦利·文森特上校	飓风	16/13
		第 257 中队		飓风	15/10
第 10 大队			昆廷·布兰德少将		
Y 分区	中沃勒普	第 238 中队	大卫·罗伯茨中校	飓风	15/12
		第 609 中队		喷火	16/10
		第 604 中队		布伦海姆 IF	16/11
	沃姆韦尔	第 152 中队		喷火	15/10
W 分区	菲尔顿	第 87 中队	罗伯特·哈默上校	飓风	18/13
		第 213 中队		飓风	17/12
	彭布雷	第 92 中队		喷火	16/12
	圣埃瓦尔	第 234 中队		喷火	16/10
	罗伯勒	第 247 中队		角斗士	12/10
第 12 大队			特拉福德·利·马洛里少将		
G 分区	杜克斯福德	第 19 中队	A. B. 伍德霍尔中校	喷火	15/9

续表

作战单位			作战将领	机型	拥有数量/可用数量
J 分区	科提肖	第 66 中队	W. K. 贝西格尔中校	喷火	16/12
		第 242 中队		飓风	16/11
K 分区	威特灵	第 229 中队	哈利・布罗德赫斯特中校	飓风	18/14
	科利韦斯顿	第 23 中队		布伦海姆 IF	14/9
L 分区	迪格比	第 46 中队	伊恩・帕克中校	飓风	17/12
		第 611 中队		喷火	13/6
		第 29 中队		布伦海姆 IF	12/8
M 分区	林赛的柯顿	第 222 中队	S. H. 哈尔迪中校	喷火	17/14
		第 264 中队		无畏	16/12
第 13 大队			理查德・索尔少将		
N 分区	丘奇芬顿	第 73 中队	C. F. 哈尔迪上校	飓风	16/11
		第 249 中队		飓风	16/11
	莱肯菲尔德	第 616 中队		喷火	16/12
分区机场：尤斯沃斯	尤斯沃斯	第 607 中队	布赖恩・蒂恩中校	飓风	16/12
	阿克灵顿	第 72 中队		喷火	15/10
		第 79 中队		喷火	12/10
	卡特瑞克	第 54 中队		喷火	14/11
		第 219 中队		布伦海姆 IF	15/10
分区机场：特恩豪斯	特恩豪斯	第 253 中队	汉密尔顿和布兰登公爵中校	飓风	16/12
		第 603 中队		喷火	15/11
	德里姆	第 602 中队		喷火	15/11
		第 605 中队		飓风	18/14
	普雷斯特威克	第 141 中队		无畏	12/8

续表

作战单位			作战将领	机型	拥有数量/可用数量
分区机场：威克	威克	第3中队	杰弗里·安布勒中校	飓风	12/10
	萨姆堡	第232中队		飓风	10/6
	奥尔德格罗夫	第245中队		飓风	10/8
	卡斯尔敦	第504中队		飓风	17/13
	戴斯/格兰杰默斯	第263中队（1小队）		飓风	6/4

德国空军航空部队骑士十字勋章获得者名录(1940年7月至12月)

姓　　名	获勋日期	担任职务
阿尔弗雷德·比洛维乌斯	1940.7.4	LG 1 联队长
阿洛伊斯·施特克尔	1940.7.4	KG 55 联队长
斯特凡·弗雷利希	1940.7.4	KG 76 联队长
沃尔夫·冯·施图特海姆	1940.7.4	KG 77 联队长
克莱门斯·冯·舍恩博恩	1940.7.21	StG 77 联队长
瓦尔特·哈根	1940.7.21	StG 1 第三大队长
胡贝图斯·希特朔尔德	1940.7.21	StG 2 第一大队长
瓦尔特·恩嫩瑟鲁斯	1940.7.21	StG 2 第二大队长
瓦尔特·西格尔	1940.7.21	StG 3 第一大队长
弗雷德里希·卡尔·冯·达尔维克·祖·利希滕费尔斯	1940.7.21	StG 77 第一大队长
霍尔斯特·格罗特	1940.7.21	LG 2 第4(对地攻击)中队长
欧根·蒂姆	1940.7.21	LG 2 第5(对地攻击)中队长
沃尔夫迪特里希·佩茨迈尔	1940.7.21	LG 2 第6(对地攻击)中队长
阿洛伊斯·林德迈尔	1940.7.21	KG 76 第三大队队长
卡尔·奥古斯特·舒马赫	1940.7.21	JG 1 联队长
瓦尔特·克劳斯	1940.7.29	第21侦察机大队第2(近程)中队

续表

姓　　名	获勋日期	担 任 职 务
阿道夫·加兰德	1940. 7. 29	JG 26 第三大队长
格尔哈德·伦兹	1940. 7. 31	KG 26 第 2 中队
阿尔伯特·冯·什未林	1940. 7. 31	KG 26 第一大队
瓦尔特·勒贝尔	1940. 7. 29	KG 30 联队长
奥托·艾希洛夫	1940. 8. 16	KG 30 第 4 中队
路德维希·舒尔茨	1940. 8. 16	KG 76 第一大队长
安东·基尔	1940. 8. 19	StG 1 第二大队长
瓦尔特·鲁本斯多弗	1940. 8. 19	ErprGr 210 大队长
瓦尔特·奥绍	1940. 8. 20	JG 51 第 7 中队长
霍尔斯特·蒂岑	1940. 8. 20	JG 51 第 5 中队长
哈里·冯·比洛·博特坎普	1940. 8. 22	JG 2 联队长
马克思·伊贝尔	1940. 8. 22	JG 27 联队长
迪特里希·冯·马森巴赫	1940. 8. 27	KG 4 第二大队长
赫尔穆特·维克	1940. 8. 27	JG 2 第 3 中队长
汉斯·卡尔·迈尔	1940. 9. 3	JG 53 第 1 中队长
奥托·赫内	1940. 9. 5	KG 54 联队长
海因里希·佩普克	1940. 9. 5	KG 30 第 7 中队长
约翰·沙尔克	1940. 9. 5	ZG 26 第三大队长
维尔纳·马霍尔德	1940. 9. 5	JG 2 第 7 中队
约阿希姆·弗雷德里希·胡特	1940. 9. 11	ZG 26 联队长
格尔哈德·舍普费尔	1940. 9. 11	JG 26 第三大队长
赫伯特·伊尔菲尔德	1940. 9. 13	LG 2 第 2(战斗机)中队长
瓦尔特·格拉布曼	1940. 9. 14	ZG 76 联队长
罗尔夫·平格尔	1940. 9. 14	JG 26 第一大队长
约阿希姆·明希贝格	1940. 9. 14	JG 26 第 7 中队长
赫尔曼·弗雷德里希·约皮恩	1940. 9. 16	JG 51 第 1 中队长
约翰内斯·勃兰登堡	1940. 9. 18	StG 2 第 2 中队长
沃尔夫冈·舍尔曼	1940. 9. 18	JG 2 联队长
京特·吕措	1940. 9. 18	JG 3 联队长

续表

姓　　名	获勋日期	担任职务
海因茨·克拉默	1940.9.18	LG 1 第二(轰炸机)大队长
汉斯·哈恩	1940.9.24	JG 2 第 4 中队长
沃尔夫冈·利珀特	1940.9.24	JG 27 第二大队长
西奥多·罗韦尔	1940.9.27	德国空军最高司令部直属侦察机大队长
威廉·理查德·勒西格	1940.10.1	ErprGr 210 第 2 中队长
弗里茨·许迈尔	1940.10.1	德国空军最高司令部直属侦察机大队第 3 中队长
威廉·弗雷德里希·伊尔格	1940.10.1	KG 76 第 9 中队
本诺·科施	1940.10.1	KG 1 第二大队长
埃里希·格罗特	1940.10.1	ZG 76 第二大队长
汉斯·约阿希姆·雅布斯	1940.10.1	ZG 76 第 6 中队长
马丁·卢茨	1940.10.1	ErprGr 210 大队长
沃尔夫冈·法尔克	1940.10.1	NJG 1 联队长
古斯塔夫·施普里克	1940.10.1	JG 26 第 8 中队
沃尔夫冈·冯·夏米尔·格利钦斯基	1940.10.6	KG 3 联队长
维尔纳·施特赖布	1940.10.6	NJG 1 第 2 中队长
威廉·马克罗基	1940.10.6	ZG 26 第一大队长
埃里希·布勒多恩	1940.10.13	KG 4 第三大队长
汉斯·约阿希姆·赫尔曼	1940.10.13	KG 4 第 7 中队长
弗雷德里希·福尔布雷希特	1940.10.13	ZG 2 联队长
迪特里希·佩尔茨	1940.10.14	StG 3 第 1 中队长
弗雷德里希·克勒斯	1940.10.14	KG 55 第二大队长
约瑟夫·普里勒	1940.10.19	JG 51 第 6 中队长
约阿希姆·哈恩	1940.10.21	KGr 606 大队长
埃德加·彼得森	1940.10.21	KG 40 第一大队长
瓦尔特·施托普	1940.10.21	KG 76 第二大队长
海因茨·布雷特纽茨	1940.10.21	JG 53 第二大队长
迪特里希·赫拉巴克	1940.10.21	JG 54 第二大队长
汉斯·菲利普	1940.10.22	JG 54 第 4 中队长

续表

姓　　名	获勋日期	担 任 职 务
奥托·贝特拉姆	1940. 10. 28	JG 2 第三大队长
卡尔·安格尔施泰因	1940. 11. 2	KG 1 联队长
罗尔夫·卡尔德拉克	1940. 11. 2	ZG 76 第三大队长
海因茨·纳克	1940. 11. 2	ZG 76 第 6 中队长
威廉·克纳普	1940. 11. 2	第 123 侦察机大队第 3(远程)中队长
海因茨·艾伯林	1940. 11. 5	JG 26 第 9 中队长
阿诺德·利格尼茨	1940. 11. 5	JG 54 第三大队长
西格弗里德·施内尔	1940. 11. 9	JG 2 第二大队
卡尔·海因茨·克拉尔	1940. 11. 13	JG 2 第一大队长
瓦尔特·阿道夫	1940. 11. 13	JG 26 第二大队长
京特·施瓦茨科普夫	1940. 11. 24	StG 77 联队长
西格蒙德·乌尔里希·冯·格拉芬劳特	1940. 11. 24	KG 30 第 1 中队
赫尔曼·屈尔	1940. 11. 24	KG 4 第 2 中队长
约阿希姆·黑尔比希	1940. 11. 24	LG 1 第 4(轰炸机)中队长
格尔哈德·里希特	1940. 11. 24	LG 1 第 9(轰炸机)中队长
奥托·欣策	1940. 11. 24	ErprGr 210 第 3 中队长
罗伯特·科瓦列夫斯基	1940. 11. 24	第十航空军司令部中队
威廉·迪贝克	1940. 12. 3	LG 1 第 8(轰炸机)中队长
瓦尔德马·普勒维希	1940. 12. 14	StG 77 第二大队长
弗朗茨·冯·维拉	1940. 12. 14	JG 3 第二大队副官
约阿希姆·施利希廷	1940. 12. 14	JG 27 第三大队长
卡尔·巴尔特	1940. 12. 14	第 506 海岸飞行大队第 3 中队
伯恩哈德·约普	1940. 12. 30	KG 40 第 2 中队
京特·冯·马尔灿	1940. 12. 30	JG 53 第二大队长

参考书目

[1. 乔恩・莱克，空中决战(不列颠之战)，航空工业出版社，2015.

[2] 詹姆士・S. 科鲁姆，两次世界大战之间的德军，民主与建设出版社，2021.

[3] Douglas C. Dildy & Paul F. Crickmore, To Defeat The Few The Luftwaffe's Campaign to Destroy RAF Fighter Command August-September 1940, OSPERY Publishing, 2020.

[4] Douglas C. Dildy, Battle of Britain 1940 The Luftwaffe's 'Eagle Attack', OSPERY Publishing, 2018.

[5] Christer Bergström, The Battle of Britain: An Epic Conflict Revisited, Casemate, 2015.

[6] Alfred Price, Battle of Britain: The Hardest Day 18 August 1940, Charles Scribner's Sons, 1980.

[7] Alfred Price, Battle of Britain Day 15 September, 1940, Lume Books, 2018.

[8] Eric Mombeek with J. Richard Smith & Eddie J Creek, Jagdwaffe Attack in the West May 1940, Classic Publications, 2000.

[9] Eric Mombeek with David Wadman & Eddie J Creek, Jagdwaffe Battle of Britain Phase One July-August 1940, Classic Publications, 2001.

[10] Eric Mombeek with David Wadman & Martin Pegg, Jagdwaffe Battle of Britain Phase Two August-September 1940, Classic Publications, 2005a.

[11] Eric Mombeek with David Wadman & Martin Pegg, Jagdwaffe Battle of Britain Phase Three September-October 1940, Classic Publications, 2005b.

[12] Eric Mombeek with David Wadman & Eddie J. Creek, Jagdwaffe Battle of Britain Phase Four November-December 1940, Classic Publications, 2006.

[13] John Weal, Bf 109D/E Aces 1939-41, OSPERY Publishing, 1996.

[14] John Weal, Jagdgeschwader 2 "Richthofen" OSPERY Publishing, 2000.

[15] Krzysztof Janowicz, JG 2 "Richthofen" 1936-1941, KAGERO, 2002.

[16] Donald Caldwell, JG 26 Top Guns of the

Luftwaffe, Frontline Books, 2013.

[17] Donald Caldwell, The JG 26 War Diary Volume One 1939-1942, Grub Street Publishing, 1996.

[18] Krzysztof Janowicz, JG 26 "Schlageter" VOL. I, KAGERO, 2002.

[19] Krzysztof Janowicz, JG 26 "Schlageter" VOL. II, KAGERO, 2003.

[20] John Weal, Jagdgeschwader 51 "Mölders", OSPERY Publishing, 2006.

[21] Marek J. Murawski, JG 51 VOL. I, KAGERO, 2004.

[22] John Weal, Jagdgeschwader 52 The Experten, OSPERY Publishing, 2004.

[23] Marek J. Murawski & Peter Neuwerth, JG 52 VOL. I, KAGERO, 2003.

[24] Jochen Prien, A History of the "Pik As" Geschwader Volume 1: March 1937-May 1942, Schiffer Publishing, 2004.

[25] Chris Goss, Jagdgeschwader 53 "Pik-As" Bf 109 Aces of 1940, OSPERY Publishing, 2017.

[26] John Weal, Jagdgeschwader 53 "Pik-As", OSPERY Publishing, 2007.

[27] John Weal, Jagdgeschwader54 "Grünherz", OSPERY Publishing, 2001.

[28] J Richard Smith & Eddie J Creek, Kampfflieger Bombers of the Luftwaffe July 1940-December 1941, Classic Publications, 2004.

[29] Mike Spick, Luftwaffe Bomber Aces, Greenhill Books, 2001.

[30] John Weal, Ju 88 Kampfgeschwader on the Western Front, OSPERY Publishing, 2012a.

[31] John Weal, He 111 Kampfgeschwader in the West, OSPERY Publishing, 2012b.

[32] Chris Goss, Dornier Do 17 Units of World War 2, OSPERY Publishing, 2019.

[33] Andy Saunders, Stuka Attack! The Dive-Bombing Assault on England During the Battle of Britain, Grub Street Publishing, 2013.

[34] Peter C Smith, Stuka Luftwaffe Ju 87 Dive-Bomber Units 1939-1941, Classic Publications, 2007.

[35] John Weal, Junkers Ju 87 Stukageschwader 1937-41, OSPERY Publishing, 1997.

[36] John J. Vasco, Zestörer Luftwaffe Fighter-Bombers and Destroyers 1936-1940, Classic Publications, 2006.

[37] John Weal, Messerschmitt Bf 110 Zestörer Aces of World War 2, OSPERY Publishing, 1999.

[38] Chris Goss, Sea Eagles Luftwaffe Anti-shipping Units 1939-41, Classic Publications, 2005.